Vertragsgestaltung im Auslandsgeschäft

Vertragsgestaltung im Auslandsgeschäft

Ein Praxishandbuch mit Vertragsmustern

von

Dr. jur. Christoph Graf von Bernstorff

4., neubearbeitete Auflage

Fritz Knapp Verlag Frankfurt am Main

Für Lika

ISBN 3-7819-0616-7

Gesamtherstellung: Druckhaus Beltz, Hemsbach
Printed in Germany

Inhalt

2. Teil: Der Liefervertrag im Außenhandel

4. Teil: Besondere Vertragsarten im Auslandsgeschäft

5. Teil: Vertragsmuster

6. Teil: ECE-Bedingungen und UN-Kaufgesetz

Abkürzungsverzeichnis

aaO	am angegebenen Ort
ABl.EG	Amtsblatt der Europäischen Gemeinschaften
Abs.	Absatz
A.C.	Law Reports, Appeal Cases (seit 1891)
AcP	Archiv für die civilistische Praxis
AGB	Allgemeine Geschäftsbedingungen
AktG	Aktiengesetz
All E. R.	All England Law Reports (seit 1936)
Anh	Anhang
App. Cas.	Law Reports, Appeal Cases (1875–1890)
AWD	Außenwirtschaftsdienst des Betriebsberaters
B & Ad.	Barnewell & Adolphus Reports (1830–1834)
BB	Der Betriebs-Berater
Bd.	Band
BGB	Bürgerliches Gesetzbuch
BGBI	Bundesgesetzblatt
BGE	Entscheidungen des schweizerischen Bundesgerichts
BGH	Bundesgerichtshof
BGHZ	Entscheidungen des Bundesgerichtshofs in Zivilsachen
Bull. civ.	Bulletin des arrêts de la cour de cassation, chambres civiles
Cass. civ.	Cour de Cassation, chambre civile
Cass. com.	Cour de Cassation, chambre civile, section commerciale
C.c.	Code Civil; Codice Civile; Código Civil
Ch.	Law Reports, Chancery Division (seit 1891)
Ch. D.	Law Reports, Chancery Division (1875–1890)
Civ.	Cour de Cassation, chambre civile
Com.	Section commerciale de la cour de cassation
DB	Der Betrieb
Diss.	Dissertation
D. R	Dalloz, Receuil périodique et critique de jurisprudence, de legislation et de doctrine (1825–1940)
DZWiR	Deutsche Zeitschrift für Wirtschaftsrecht
ECE	Economic Commission for Europe
ed.	edition (Auflage)
EG	Europäische Gemeinschaften
EGBGB	Einführungsgesetz zum Bürgerlichen Gesetzbuch
Eng. Rep.	English Reports (1307–1865)
EU	Europäische Union
EuGVÜ	Übereinkommen über die gerichtliche Zuständigkeit und die Vollstreckung gerichtlicher Entscheidungen (27.9.68)
EWiR	Entscheidungen zum Wirtschaftsrecht
Ex.	Law Reports, Exchequer Division (1875–1880)
f	folgende
ff	fortfolgende

F. 2d	Federal Reporter, second series
Fn	Fußnote
FS	Festschrift
F. Supp.	Federal Supplement
Gaz. Pal.	Gazette du Palais
GRUR	Gewerblicher Rechtsschutz und Urheberrecht
HGB	Handelsgesetzbuch
H. L.	House of Lords
ICC	International Chamber of Commerce
IPR	Internationales Privatrecht
IPRax	Praxis des Internationalen Privat- und Verfahrensrechts
iVm	in Verbindung mit
JA	Juristische Arbeitsblätter
J. C. R	Juris-classeur périodique, La Semaine juridique
KB	Law Reports, King's Bench (1901–1952)
L. J.	Law Journal Reports (1831–1949)
Lloyd's Rep	Lloyd's Law Reports (seit 1951)
L. R.	Law Reports
Ltd.	Limited
MK	Münchener Kommentar zum Bürgerlichen Gesetzbuch
mwN	mit weiteren Nachweisen
N E.	North Eastern Reporter
NJW	Neue Juristische Wochenschrift
N. Y.	New York Court of Appeal Reports
N. Y.Sup.Ct.	New York Supreme Court
OGHZ	Entscheidungen des Obersten Gerichtshofes für die britische Zone in Zivilsachen
OLG	Oberlandesgericht
Q. B.	Law Reports, Queen's Bench (1891–1900; seit 1952)
Q. B. D.	Law Reports, Queen's Bench (1875–1890)
RabelsZ	Rabels Zeitschrift für ausländisches und internationales Privatrecht
RGZ	Entscheidungen des Reichsgerichts in Zivilsachen
RIW	Recht der Internationalen Wirtschaft
Rspr.	Rechtsprechung
s.	siehe
S.	Seite
SchdE	Schadensersatz
sec.	section
S. W.	South Western Reporter
UCC	Uniform Commercial Code
U.Mi.L.Rev	University of Michigan Law Review
UNCITRAL	United Nations Commission on International Trade Law
v.	versus
vgl.	vergleiche
VO	Verordnung
WährG	Währungsgesetz
W. L. R.	The Weekly Law Reports
WM	Wertpapier-Mitteilungen
ZGB	(Schweizerisches) Zivilgesetzbuch
ZHR	Zeitschrift für das gesamte Handels- und Wirtschaftsrecht
ZvglRW	Zeitschrift für vergleichende Rechtswissenschaft
ZZP	Zeitschrift für Zivilprozeß

Vorwort

Das Buch *Vertragsgestaltung im Auslandsgeschäft* hat mit seinen Vorauflagen eine sehr positive Resonanz im Markt gefunden. Es hat sich gezeigt, daß die Außenhandelspraxis einen großen Bedarf an grundlegender Information zu den vertragstechnischen Aspekten des Auslandsgeschäfts hat. Diesem Bedürfnis trägt das Buch mit der vorliegenden, neubearbeiteten 4. Auflage verstärkt Rechnung.

Mit dem vorliegenden Buch wird eine Hilfestellung für die Abfassung internationaler Lieferverträge angeboten. Den Allgemeinen Lieferbedingungen wird ebenso Raum gewidmet wie der Behandlung von im Auslandsgeschäft gleichfalls wichtigen Vertragstypen: dem Handelsvertretervertrag, den Lizenz- und Kooperationsverträgen, Joint-Venture-Verträgen u.a.m. Die Besonderheit des Buches besteht darin, daß für alle wichtigen Bereiche des Kaufvertrages Muster von Vertragsklauseln angeboten werden, die in der Regel auch mehrsprachig dargestellt sind, so daß sich die Arbeit des Praktikers vereinfacht.

Hingewiesen werden soll schließlich auf die beiden im gleichen Verlag erschienenen Bücher „Rechtsprobleme im Auslandsgeschäft“ und „Risiko Management im Auslandsgeschäft“, die sich mit weiteren Rechtsgrundlagen des Außenhandels sowie mit der Methodik der Absicherung spezifischer Risiken (Länder-, Schuldner-, Vertrags-, Währungs- und Zinsrisiken) praxisgerecht auseinandersetzen und Hilfsmittel zur konfliktfreien Abwicklung des Auslandsgeschäfts aufzeigen.

Bremen, im Herbst 1997

Dr. jur. Christoph Graf von Bernstorff

Grundlagen

Im Auslandsgeschäft tätige Unternehmen sehen sich bei *jedem* Vertrag vor die Problematik gestellt, Vertragsklauseln sowie Liefer- und Zahlungsbedingungen zur Anwendung zu bringen, die auch für den ausländischen Vertragspartner akzeptabel und auch im Ausland durchsetzbar sind. Es ist daher erforderlich, die Grundzüge des internationalen Vertragsrechts zu kennen und an die jeweiligen Bedürfnisse des Einzelfalles anzupassen.

Ein in Deutschland tätiger Unternehmer muß davon ausgehen, daß die deutschen Regeln des Vertragsrechts – mit sehr wenigen Ausnahmen – jenseits der Grenzen der Bundesrepublik Deutschland unbekannt sind. Dies muß zwangsläufig zu Konflikten mit ausländischen Geschäftspartnern führen, die ihr Vertragsrecht aus einer anderen Sicht kennen und mit den deutschen Rechtsregeln meist überfordert sind.

Mit dieser Problematik setzt sich das Buch auseinander, indem es für alle hier behandelten Problembereiche des internationalen Vertragsrechts zunächst die deutschen Rechtsgrundsätze nennt und dann die andersartigen Regelungen ausländischer Rechtsordnungen gegenüberstellt. Da das weltweite Zivilrecht sich zwar vom deutschen Recht nachhaltig unterscheidet, ansonsten aber in seinen Grundstrukturen starke Ähnlichkeiten aufweist, kann es in einem Buch dieses Umfangs erreicht werden, das deutsche Vertragsrecht vor allem demjenigen des englischen Rechtskreises gegenüberzustellen. Der *englische* (auch: anglo-amerikanische) Rechtskreis umfaßt den gesamten Bereich des Commonwealth, aber auch Nordamerika, somit also insbesondere fast alle wichtigen Finanzplätze der Welt. Das englische Recht ist zudem in vielen internationalen Verträgen zur Grundlage gemacht. Und schließlich geht auch das in diesem Buch näher erläuterte neue internationale Kaufrecht (in der Ausgestaltung des UN-Kaufgesetzes) auf englische Rechtsregeln zurück. Von daher ist es notwendig, vor allem auf die – aus deutscher Sicht meist andersartigen – Rechtsregeln des englischen Vertragsrechts hinzuweisen. Für einen weiteren großen Teil der Welt und insbesondere auch für etwa die Hälfte der Staaten der EU ist das französische Recht beachtlich, welches in ähnlicher Weise – nämlich im *franzö-*

sischen Rechtskreis – weitgehend identisch übernommen wurde. Das Buch folgt daher systematisch dem Gedanken, die Beschreibung der jeweiligen Rechtsfragen im Vergleich zu den Besonderheiten des englischen und französischen Rechtskreises vorzunehmen.

Einleitung

§ 1. Die Rechtskreise der Welt

Literatur: *Coing*, Die Bedeutung der europäischen Rechtsgeschichte für die Rechtsvergleichung, RabelsZ 32 (1968) 75; *Constantinesco*, Über den Stil der „Stiltheorie" der Rechtsvergleichung, ZvglRWiss 78 (1979) 154; *David/Grasmann*, Einführung in die großen Rechtssysteme der Gegenwart, 2. Auflage, München 1988; *Fikentscher*, Methoden des Rechts in vergleichender Darstellung (Band 1, Kap. 6), 1975; *Zweigert/Kötz*, Einführung in die Rechtsvergleichung auf dem Gebiete des Privatrechts, 3. Auflage, Tübingen 1996.

1. Der deutsche Rechtskreis

Für die Vertragsgestaltung ist innerhalb der deutschen Rechtsordnung vor allem das Bürgerliche Gesetzbuch (BGB) als das grundlegende Zivilgesetzbuch heranzuziehen. Wichtige Bestimmungen zum Vertragsrecht finden sich in den ersten beiden Büchern des BGB, dem „Allgemeinen Teil" sowie dem „Schuldrecht". Entscheidend für die Behandlung der Fragen zur Gestaltung und zu den Inhaltsmerkmalen von Außenhandelsverträgen ist die Frage, inwieweit die Grundgedanken des deutschen BGB in ausländischen Gesetzbüchern ihren Niederschlag gefunden haben. In diesem Zusammenhang ist zunächst an die deutschsprachigen Nachbarländer zu denken.

Als das deutsche BGB am 1.1.1900 in Kraft trat, hatten andere zu diesem Zeitpunkt wichtige Rechtsordnungen bereits ihre Zivilrechtsordnung entwickelt und dafür gesorgt, daß ihre Gesetzesbücher (z.B. der französische Code Civil) oder ihr Fallrecht (wie das englische „Case Law") beinahe weltweit Nachahmung fanden. Das deutsche BGB konnte daher nur in den ersten beiden Jahrzehnten dieses Jahrhunderts Einfluß auf die erst noch später in Kraft getretenen Gesetzbücher der einzelnen Republiken der damaligen *Sowjetunion,* auf *Ungarn,* die damalige *Tschechoslowakei* sowie *Ju-*

goslawien ausüben[1], doch traten in diesen Staaten nach dem Zweiten Weltkrieg neue Gesetzesbücher in Kraft. In den zwanziger Jahren lehnte sich *China* stark an das deutsche Recht an und übernahm die ersten drei Bücher des BGB fast wortgetreu[2], und auch *Japan* folgte zu dieser Zeit weitgehend dem BGB, war dann aber nach dem Zweiten Weltkrieg starken anglo-amerikanischen Einflüssen ausgesetzt. Heute kennt Japan das anglo-amerikanische Zivilrecht (bei nach wie vor dem deutschen Recht ähnelnden Zivilprozeßrecht), während sich die VR China seit den Zeiten der Kulturrevolution den Lehren des Konfuzius zuwandte.

Das Zivilgesetzbuch *Griechenlands,* seit dem 23.2.1946 in Kraft, entspricht in der Gliederung dem deutschen BGB, so daß man im Außenhandel davon ausgehen kann, im griechischen Recht teilweise ähnliche Gesetzesbestimmungen zu finden wie im deutschen BGB. Das Allgemeine Bürgerliche Gesetzbuch *Österreichs,* bereits lange vor dem deutschen BGB in Kraft, hat dank gemeinsamer rechtsgeschichtlicher Grundlagen und nach mehreren Novellen Anfang dieses Jahrhunderts viele Gemeinsamkeiten mit dem deutschen BGB, insbesondere im Vertragsrecht. *Liechtenstein* hat das österreichische ABGB größtenteils übernommen und sich erst in den letzten fünfzig Jahren verstärkt dem schweizerischen Recht angepaßt. Dem deutschen Rechtskreis gehört schließlich auch die *Schweiz* an, deren Zivilgesetzbuch erst am 1.1.1912 in Kraft trat und sich am stärksten vom deutschen BGB unterscheidet. Das schweizerische ZGB wurde 1926 vollständig von der *Türkei* übernommen, so daß im Ergebnis in allen genannten Länderkodifikationen Grundgedanken des deutschen Vertragsrechts, soweit sie bis heute Gültigkeit behalten haben, bekannt sind.

2. Der anglo-amerikanische Rechtskreis

Der anglo-amerikanische Rechtskreis unterscheidet sich am auffälligsten von den in Deutschland bekannten Regelungen und ist für international Tätige schon deshalb von besonders großer Bedeutung, weil wichtige Welthandelsplätze sich in Staaten befinden, die bis heute sehr stark vom englischen Recht beeinflußt sind. Dies wird nachstehend zu erörtern sein. Dieses Buch wird daher – ausgehend von der Beschreibung der zu behandelnden Problematik aus deutscher Rechtssicht – die jeweiligen englischrechtlichen Abweichungen vergleichend gegenüberstellen und damit für die Common-

1 *Zweigert/Kötz* aaO, S. 130ff mwN.

2 Im Fernen Osten führte man zwischen 1925 und 1935 in Siam und China Zivilgesetzbücher ein, die (abgesehen vom Familien- und Erbrecht) sich stark an das deutsche Recht anlehnten, *Zweigert/Kötz* aaO, S. 153f.

wealth-Staaten (sowie mit inzwischen größeren Unterschieden auch für die USA) grundlegende Hinweise aufzeigen.

Das Recht Englands als Ausgangsbasis des sogenannten „englischen Rechtskreises“[3] ist deshalb so unterschiedlich vom deutschen Zivilrecht, weil man in England auf oft jahrhundertealtem Fall-Recht der oberen Gerichtsinstanzen aufbaut und nur gelegentlich zusammenfassende Gesetzestexte zu von der Rechtsprechung bereits behandelten Bereichen schafft. In Deutschland geht man genau den umgekehrten Weg, indem die Gerichte bereits vorhandene Gesetzestexte auf den jeweiligen Streitfall bezogen interpretieren. *England* war besonders einflußreich auf das Recht der *USA*, die trotz der Unabhängigkeitserklärung von 1776 noch bis zum Zweiten Weltkrieg dem englischen Recht und den Präzendenzfällen der englischen Gerichte folgten und erst seit etwa 50 Jahren eigene höchstrichterliche Rechtsprechungen in den US-Bundesstaaten entwickelt haben. Auf das Recht der USA wird in einigen Fällen, wo es um große Abweichungen zum englischen Recht geht, gesondert hingewiesen werden. Im übrigen bleibt schon an dieser Stelle festzuhalten, daß das Zivilrecht der US-Bundesstaaten einzelstaatlich unterschiedlich ist. Im vorliegenden Buch wird exemplarisch das Recht des US-Bundesstaats *New York* beschrieben; andere US-Bundesstaaten können abweichende Regelungen kennen.

Auch *Kanada, Australien, Neuseeland, Indien, Pakistan,* die Republik *Südafrika* und viele Staaten in Ost- und Westafrika wie zum Beispiel *Nigeria, Kenia, Uganda* oder *Ghana* folgen als Mitglieder des Commonwealth dem englischen Recht. Da im Commonwealth of Nations etwa 1,5 Mrd. Menschen leben, unterliegt jeder fünfte Mensch der Welt dem englischen Recht. Aus Sicht der wirtschaftlichen Bedeutung der genannten Staaten stellt damit das englische Recht die wohl wichtigste Rechtsordnung und den bedeutsamsten Rechtskreis dar.

3. Der romanische Rechtskreis

Das „romanische“ Recht basiert im wesentlichen auf dem von Napoleon am 31.3.1804 in Kraft gesetzten Code Civil, der in *Frankreich* und in den damals französisch beeinflußten Ländern *Belgien, Luxemburg* und später auch den *Niederlanden* Geltung hatte. Die Niederlande haben Teile ihres Zivilgesetzbuches mit Wirkung vom 1.1.1992 (unter Abwendung vom bis dahin geltenden Recht des französischen Code Civil) geändert. Der Code

3 Vgl. hierzu den Gesamtüberblick zum englischen Recht bei *Graf von Bernstorff*, Einführung in das englische Recht, München 1996.

Civil bekam als Codice Civile Eingang ins Rechts *Italiens* (insbesondere im Schuldrecht und Vertragsrecht) sowie als Código Civil Geltung in *Spanien* und *Portugal,* über die letztgenannten Staaten sogar mit Einflußnahme auf die Staaten *Lateinamerikas.*

Der Code Civil (oder auch „Code Napoléon“) gilt heute noch in den ehemaligen Kolonien *Senegal, Mauretanien, Mali, Niger, Guinea, Tschad, Zentralafrikanische Republik* und anderen Staaten sowie in den „Maghreb-Staaten“ *Tunesien, Algerien* und *Marokko.* Schließlich kennt man das französische Recht noch in zwei Regionen Nordamerikas, die bis heute noch stark französisch beeinflußt sind: im US-Bundesstaat *Louisiana* sowie in der kanadischen Provinz *Quebec.*

4. Weitere Rechtskreise der Welt

Neben den soeben dargestellten deutschen, anglo-amerikanischen und romanischen Rechtskreisen werden noch weitere, kleinere Rechtskreise unterschieden, die jedoch für die hier zu behandelnden Themen und angesichts der Notwendigkeit einer konzentrierten Darstellung dieses Buches nur eine untergeordnete Rolle spielen können.

Aufgrund einer schon immer starken politischen und kulturellen Verknüpfung haben die skandinavischen Länder auch innerhalb der Entwicklung ihres Zivilrechts eine gemeinsame Linie verfolgt und innerhalb ihres *nordischen bzw. skandinavischen* Rechtskreises zwischen 1915 und 1929 mit dem „Gesetz über Verträge und andere Rechtsgeschäfte auf dem Gebiet des Vermögensrechts“ ein Gesetz geschaffen, das gleichermaßen in *Dänemark, Norwegen, Schweden* und *Finnland* in Kraft trat und sich rechtssystematisch von den bisher besprochenen Kodifikationen der anderen Rechtskreise abhebt.

Auf die weiteren Rechtskreise *(fernöstlich:* VR China, Japan, Korea; mit heute z.B. in Japan starkem anglo-amerikanischen Einfluß) und den auf dem Koran aufbauenden *islamischen* Rechtskreis soll nicht näher eingegangen werden.

5. Bedeutung der Rechtskreise der Welt für die Vertragsgestaltung im Auslandsgeschäft

Es wird in dem vorliegenden Buch stets zwischen den für die internationale Wirtschaft bedeutsamen Regelungen insbesondere des *deutschen, englischen* und *französischen* Vertragsrechts verglichen und danach unterschieden, welche Besonderheiten die jeweiligen Rechtsordnungen kennen. Aufbauend auf diesen grundsätzlichen Erörterungen zum Vertragsrecht Deutschlands, Englands und Frankreichs, kann dann zunächst – grundsätzlich betrachtet – eine erste Schlußfolgerung gezogen werden im Hinblick auf die entsprechenden Regelungen des Rechts anderer Staaten des jeweiligen Rechtskreises. Es muß aber ausdrücklich darauf hingewiesen werden, daß die Zugehörigkeit eines Staats zu einem Rechtskreis *nicht* gleichzeitig auch eine völlige Identität des Rechts aller einem Rechtskreis angehörenden Staaten bedeutet. Insofern muß in konkreten Zweifelsfragen nach etwaigen Abweichungen des in Frage stehenden nationalen Vertragsrechts geforscht werden.

Für Außenhandelsunternehmen kann es von entscheidender Bedeutung sein, vor Abfassung eines internationalen Liefervertrags oder sonstiger Vereinbarungen genau über möglicherweise auftauchende vertragsrechtliche Schwierigkeiten informiert zu sein. Dies gilt insbesondere dann, wenn die Verhandlungsposition eines deutschen Vertragspartners nicht stark genug ist, die Geltung des deutschen Rechts für den jeweils anstehenden Vertrag mit einem ausländischen Vertragspartner bindend zu vereinbaren.

Wegen dieser Problematik wird in diesem Buch zuerst erörtert, welche allgemeinen vertragsrechtlichen Bestimmungen insbesondere im Hinblick auf das *Zustandekommen* von Verträgen, das *Stellvertretungsrecht* usw. zu berücksichtigen sind, bevor im 2. Teil dieses Buches der *Aufbau* und alle wichtigen *Inhaltsmerkmale eines internationalen Liefervertrages* detailliert (und mit Mustertexten) besprochen werden. Im 4. Teil des Buches werden weitere im Auslandsgeschäft wichtige Vertragstypen dargestellt; Teil 5 enthält ausformulierte Vertragstexte.

1. Teil

Grundlagen des Vertragsrechts

§ 2. Zustandekommen von Verträgen

Literatur: *Beckmann*, Die Bedeutung der Vertragssprache im internationalen Wirtschaftsverkehr, RIW 1981 S. 79ff; *Graf von Bernstorff*, Lieferverträge im Außenhandel, Stuttgart 1992; *Dilger*, Das Zustandekommen von Kaufverträgen im Außenhandel nach internationalem Einheitsrecht und nationalem Sonderrecht, RabelsZ 45 (1981), S. 169ff; *von Hoffmann*, Vertragsannahme durch Schweigen im internationalen Schuldrecht, RabelsZ 36 (1972) 510ff; *Kötz*, Europäisches Vertragsrecht, Bd. 1, Tübingen 1996, S. 23ff; *Neumayer*, Der Vertragsschluß nach dem Recht des internationalen Warenkaufs (Wiener Übereinkommen von 1980), Festschrift für W. Lorenz (1991), S. 747ff; *Reinhart*, Verwendung fremder Sprachen als Hindernis beim Zustandekommen von Kaufverträgen, RIW 1977 S. 16ff; *ders.*, Zum Sprachenproblem im grenzüberschreitenden Handelsverkehr, IPRax 1982 S. 77ff; *Zweigert/Kötz*, Einführung in die Rechtsvergleichung, 3. Aufl., Tübingen 1996, S. 350ff.

Bevor auf die Abfassung von Außenhandelsverträgen ausführlich eingegangen werden kann, soll vorab noch mit einigen Hinweisen deutlich gemacht werden, welche Grundvoraussetzungen beobachtet werden müssen, wenn ein Vertrag nach deutschem Recht oder aber den Rechtsordnungen, die englischem oder französischem Rechtsdenken folgen, abgeschlossen wird. Auf der Grundlage der obigen Ausführungen zu den Rechtskreisen der Welt sollte deutlich geworden sein, daß bereits die Kenntnis des jeweiligen Vertragsrechts dieser drei Staaten ausreicht, um *Grund*prinzipien des Zivilrechts anderer Staaten eines Rechtskreises beurteilen zu können.

Es muß jedoch nochmals darauf hingewiesen werden, daß nicht in jedem Falle der Begriff „Rechtskreis“[4] gleichbedeutend ist mit Identität der

4 Zu den „Rechtskreisen“ vgl. oben, § 1, sowie vertiefend und mwN *David/Grasmann*, Einführung in die großen Rechtssysteme der Gegenwart, 2. Auflage, München 1988; *Zweigert/Kötz*, Einführung in die Rechtsvergleichung, 3. Auflage, Tübingen 1996.

zivilrechtlichen Gesetzesregelungen in den dem Rechtskreis angehörenden einzelnen Staaten. Im konkreten Einzelfall sollte daher fachkundiger Rat eingeholt werden. Die hier nachstehend gemachten Ausführungen können und sollen nur einen ersten Anhaltspunkt für die Abfassung von Verträgen geben und langwieriges Suchen vermeiden helfen, wenn es lediglich um prinzipielle Fragen geht.

Sind die vorbereitenden Maßnahmen – wie etwa die Analyse und Beurteilung des allgemeinen politischen und wirtschaftlichen Risiken des internationalen Geschäfts – abgeschlossen, dann ist besonderes Augenmerk auf eine sorgfältige Abfassung des internationalen (Kauf-)Vertrags zu richten. Gerade in der grundlegenden Vertragsgestaltung verbergen sich in der Praxis häufig Fehler, die für den Fall einer Auseinandersetzung mit dem ausländischen Vertragspartner leicht zu fatalen Folgen führen können. Immer dann, wenn es um die genaue Erfüllung des Vereinbarten geht, muß der Liefervertrag herangezogen werden. Dieser muß daher zunächst einmal zweifelsfrei rechtswirksam zustande gekommen sein.

Die erste Grundproblematik stellt sich sofort darin, daß nicht klar ist, *nach welchem nationalen Recht das Zustandekommen des internationalen Vertrages zu beurteilen ist.* Für das Zustandekommen von internationalen Verträgen gilt der Grundsatz, daß das „*Vertragsstatut*“[5] anzuwenden ist. Entstehung *und* Wirkung der einzelnen Klauseln des Vertrages unterliegen demselben Recht. Vertragsstatut ist das nach den Regeln für die Ermittlung des Vertragsstatuts (Art. 27ff EGBGB) geltende Recht, wonach diese Rechtsordnung durch ausdrückliche oder stillschweigende Rechtswahl der Parteien oder durch objektive Anknüpfung ermittelt wird. Hierauf wird unten bei Behandlung des Vertraginhalts „Rechtswahl der Parteien“ ausführlich eingegangen. Das Vertragsstatut gilt also auch für die Regeln für Angebot und Annahme.

I. Grundlagen der Vertragsabfassung

1. Die Vertragssprache

Oft kommen erste Kontakte zum Abschluß von Außenhandelsgeschäften auf Messen, Reisen oder in ähnlichen Situationen zustande. Hier wird oft nur mündlich verhandelt, ohne daß es sogleich zum schriftlichen Fixieren

5 Vgl. bezüglich des Zustandekommens von Verträgen Art. 31 EGBGB: „Das Zustandekommen und die Wirksamkeit eines Vertrages oder einer seiner Bestimmungen beurteilen sich nach dem Recht, das anzuwenden wäre, wenn der Vertrag oder die Bestimmung wirksam wäre.“

des Vereinbarten kommt. Den Außenhandelspartnern verbleibt dann die Aufgabe, vor Abschluß eines konkreten Kaufvertrags zunächst einmal ihre jeweiligen Angebote und Annahmeerklärungen auszutauschen. Dabei stellt sich von vornherein oft schon das Sprachenproblem.[6] Sinnvoll ist es in den meisten Fällen, auf *Englisch* als Vertragssprache auszuweichen, wenn der Vertragspartner des deutschen Außenhändlers einem fremdsprachigen Land angehört.[7] Englisch als Vertragssprache hat den Vorzug, beim Handel vieler *Produkte* (zum Beispiel den Rohstoffen) ohnehin vereinbart zu werden; zudem wird im Außenhandel schon wegen der weltweit wichtigsten Handels*nationen* und deren nationaler Sprache (Australien, Neuseeland, USA, Kanada, England, Singapur usw.) oder auch aus Sicht der Finanzierungsinstitute für deren internationale *Finanzierungierungen* Englisch als grundlegende Sprache für ihre Vertragsgestaltung und Abwicklung gewählt.

Auch die standardisierten Richtlinien der UNO sowie deren Ausschüsse (z.B. UNCITRAL u.a.), der Internationalen Handelskammer Paris (Incoterms, Einheitliche Richtlinien für Dokumentenakkreditive, Inkassi, Vertragsgarantien, Schiedsverfahren usw.) und anderer werden stets – zumindest auch – in Englisch herausgegeben, und die deutschen Fassungen sind meist amtliche Übersetzungen. Es liegt daher nahe, vorzugsweise in dieser Sprache zu verhandeln.[8]

2. Das Vertragsangebot

Der ausländische Partner deutscher Geschäftsleute sollte – aus Sicht des exportierenden Deutschen – zunächst ein möglichst klares *Vertragsange-*

6 Hierzu zur Vertiefung *Reinhart*, Zum Sprachenproblem im grenzüberschreitenden Handelsverkehr, IPRax 1982 S. 226ff; *Spellenberg*, Fremdsprache und Rechtsgeschäft, FS für Ferid (1988) S. 463; *Schlechtriem*, Das „Sprachrisiko" – ein neues Problem?, FS für Weitnauer (1980) S. 129.

7 Im internationalen Handel wird man in der Regel die Weltsprache Englisch (ggf. auch Französisch oder Spanisch) voraussetzen können, MK-*Spellenberg*, vor Art. 11 EGBGB Rn 156; vgl. auch *Reinhart* aaO, RIW 1977 S. 20; *Schütze*, Praktizierte Lieferbedingungen im internationalen Handelsverkehr, DZWiR 1992 S. 90.

8 Für die Vertragssprache gilt das „*Vertragsstatut*". Wer das *Sprachrisiko* trägt, also das Risiko, den Inhalt der jeweiligen Erklärung nicht oder nicht vollständig zu verstehen, beurteilt sich danach nach der Rechtsordnung, die auch über das Zustandekommen des Vertrages und die Wirksamkeit der Willenserklärung entscheidet. Haben sich also die Vertragspartner auf eine bestimmte Sprache geeinigt, so sind die Erklärungen in dieser Sprache abzugeben. Benutzt eine Partei dann eine andere Sprache, kann sich der Partner darauf berufen, diese Sprache nicht verstanden zu haben: OLG Frankfurt EWiR 1987 S. 631, wo bei einem deutsch-englischen Warenkauf und englischer Vertragssprache die deutschsprachigen AGB unberücksichtigt blieben!

bot[9] erhalten. Es empfiehlt sich, diesem Angebot auch schon Warenmuster oder -proben hinzuzufügen, sofern diese verfügbar sind; es ist diesbezüglich auf die obigen Aussagen zu verweisen.

Das Vertragsangebot sollte bereits all diejenigen Bestandteile enthalten, die zu einem späteren lückenlosen Kaufvertrag unbedingt erforderlich sind. Insofern ist es besonders ratsam, schon im Vertragsangebot den kompletten Kaufvertragstext aufzunehmen, und nur wenn das Vertragsangebot noch mit mehrfachem Schriftwechsel vonstatten geht, kann – unter Hinweis auf spätere notwendige Ergänzungen – zunächst nur auf die für die konkrete Warensendung notwendigen Bestandteile eingegangen werden. Zur *Form des Angebots* vgl. § 3.

a) Inhalt des Angebots

Wird ein Vertragsangebot vom Ausländer – zum Beispiel nach einem Vorgespräch auf einer Messe oder nach einem Vertreterbesuch – angefordert, dann geht es dem anfordernden Ausländer zunächst vor allem um das Kennenlernen der Bedingungen des Waren- und Liefergeschäfts. Dies wird nachstehend ausgeführt. Leider wird leicht übersehen, daß die Aussagen auch immer zivilrechtliche Folgen haben. Es ist daher in diesem Kapitel insbesondere darauf hinzuweisen, welche Risiken die Abgabe eines Vertragsangebotes sowie der Abschluß des Kaufvertrags an sich bergen und wie man sich vor diesen Risiken schützen kann.

In einer Übersicht sind die typischen Merkmale eines Kaufvertragsangebots aufgeführt.

b) Die Abgabe des Angebots

Nach deutschem Recht ist zu beachten, daß derjenige, der ein Vertragsangebot abgibt, an seine Erklärung gebunden ist, wenn er sich *verbindlich* verpflichten wollte und der Adressat des Angebots das Angebot als verbindlich auffassen durfte. Allerdings steht deutschen Kaufleuten eine weitere Vorschrift zur Seite: Danach muß der Empfänger des Angebots innerhalb einer bestimmten Frist seine Annahme des Angebots erklären, da ansonsten der Anbieter von seiner Erklärung befreit wird (vgl. dazu die §§ 145 bis 150 BGB). Erfolgt die Annahme des Vertragspartners verspätet,

9 Wie bereits weiter oben (§ 2, Einl.) angeführt wurde, beurteilt sich die Frage, nach welcher Rechtsordnung sich das wirksame Zustandekommen des Vertrages richtet, grundsätzlich nach dem „Vertragsstatut". Ob – und wie – der Vertrag zustande gekommen ist, beurteilt sich nach dem Recht des Landes, das gelten würde, wenn der Vertrag wirksam wäre, vgl. Art. 31 Abs. 1 EGBGB. Entscheidend ist also die Frage der Rechtswahl, dazu unten.

Merkmale eines Kaufangebots

Ein Kaufangebot sollte folgende Merkmale aufweisen:
- Beschreibung des Kaufgegenstands nach Größe, Maß, Gewicht, Form, Farbe, Sortierung usw.;
- die Verpackungsart der Ware sowie sonstige Bestimmungen zum Transport des Außenhandelsgutes;
- das Preisangebot mit klarer Festlegung, ob es sich um einen Festpreis, einen Preis mit Gleitklausel, einen freibleibenden Preis oder einen jeweils aktuellen Marktpreis handeln soll;
- die Währung, in der der Kaufpreis beglichen werden soll, sowie die Zahlungsart, die der Verkäufer wünscht (Vorkasse, Einräumung eines Zahlungsziels, Verlangen auf Eröffnung eines unwiderruflichen Dokumentenakkreditivs oder Dokumenteninkassos; Stellen einer Bankgarantie o.ä.);
- die Angabe der Lieferbedingungen, also eine Festlegung danach, wie, wann und wo und auf welcher Grundlage (z.B.: Incoterms) geliefert werden soll und welche Versandart (Schiff; Flug; Bahn; LKW-Transport usw.) zu wählen ist.

Daneben sollte das Angebot die bedeutsamen Festlegungen enthalten,
- ob ein Eigentumsvorbehalt ausbedungen werden soll,
- wie es um Haftungsfragen steht, wenn der ausländische Vertragspartner nicht (oder nicht rechtzeitig) zahlt, liefert o.ä.;
- wie es in diesem Zusammenhang um Schadensersatz steht,
- welches nationale Recht für den Kaufvertrag zur Anwendung gelangen soll und
- welches (Schieds-)Gericht einen etwaigen Streit entscheiden soll.

dann gilt dies als neuer Antrag (nicht mehr als Annahme). Weicht die Annahmeerklärung sogar vom Angebot ab, dann gilt auch dies als neues Angebot. Bei gänzlichem Abweichen kommt also zunächst kein Vertrag zustande.

Die meisten ausländischen Rechtsordnungen kennen diese Prinzipien in etwas abgewandelter Form. So kann in den meisten Ländern der Welt – die auf englischem Recht aufbauen – ein Angebot jederzeit widerrufen werden, solange es vom Vertragspartner nicht angenommen wurde. Dies kann aus deutscher Sicht durchaus problematisch sein, wenn ein deutscher Importeur auf den Fortbestand eines ihm vorgelegten Angebots vertraut, bereits Vorkehrungen trifft und dann einen Widerruf des Angebots hinnehmen muß. Hilfreich ist daher die Regelung aller Länder, die auf französischem Recht aufbauen: Zwar kann auch hier ein Vertragsangebot jederzeit widerrufen werden, doch ist der Widerrufende dem anderen Teil gegenüber zum Schadensersatz verpflichtet, wenn der Angebotsempfänger auf den Fortbestand des Angebots vertraut hat und der Widerruf bei ihm zu einem Schaden geführt hat.

Im Ergebnis bleibt festzuhalten: Es kommt nicht nur auf eine möglichst genaue Formulierung des Vertragsangebots an, sondern es kann entscheidend wichtig sein, auch eine möglichst rasche Annahme des Angebots herbeizuführen, um zu einem formwirksamen, gültigen Kaufvertrag zu kommen.

3. Die Vertragsannahme

Aus den Ausführungen zum *Vertragsangebot* ergeben sich bereits teilweise die Notwendigkeiten und Voraussetzungen für die *Annahme* des Angebots (oft auch – untechnisch – als „Auftrag" bezeichnet). Der ausländische Vertragspartner eines deutschen Außenhändlers erklärt seine Annahme auf der Grundlage des ihm vorliegenden (mündlichen oder schriftlichen) Angebots. Empfehlenswert ist es hier – zum Ausräumen etwaiger Mißverständnisse –, die wesentlichen oder auch alle Merkmale des Vertragsangebots zu wiederholen, um damit deutlich zu machen, daß alle Bestandteile der Vereinbarung ausdrücklich akzeptiert werden.

Da hierbei noch einige Probleme auftauchen können, soll auf einige Besonderheiten besonders hingewiesen werden. Stets geht es darum, wann eine „Annahmeerklärung" *rechtzeitig* ist.

a) Telefonische Vertragsverhandlung

Werden Vertragsverhandlungen *telefonisch* zwischen den Partnern geführt, dann kann es geschehen, daß die Telefonverbindung aus technischen Gründen unterbrochen wird; ein bereits teilweise übermitteltes „Angebot" gilt damit als erloschen. Unterbricht dagegen der Anbietende das Telefonat willkürlich, so gilt die Annahmeerklärung des Vertragspartners als rechtzeitig erfolgt, wenn in einer sofort wiederhergestellten Verbindung die Annahme erklärt wird.

Im deutschen Recht ist § 147 Absatz 2 BGB zu beachten. Die Frist dieser Vorschrift muß nach objektiven Mabstäben ermittelt werden. Es kommt danach nicht darauf an, wann der Anbietende den Eingang der Annahmeerklärung tatsächlich erwartet, sondern *wann* er die Annahmeerklärung *nach den üblichen Gepflogenheiten* und Gegebenheiten erwarten durfte. Wird zum Beispiel ein Angebot per Telex oder Telefax abgegeben, weil es um den Verkauf einer leichtverderblichen Ware geht, dann sollte im Sinne der genannten Gesetzesvorschrift die Annahmeerklärung auf demselben schnellen Ubermittlungswege erfolgen.

b) Verspätete Annahme

Bereits erwähnt wurde, daß aus deutschrechtlicher Sicht eine verspätete Annahmeerklärung als ein neues *Vertragsangebot* gewertet wird (§ 150 BGB). Allerdings kann ein rechtzeitiges Absenden der Annahmeerklärung nach § 149 BGB noch ausreichend sein.

c) Abweichen vom Angebot

Problematisch kann es für Verträge werden, wenn die Annahmeerklärung mit dem Angebot inhaltlich nicht übereinstimmt. Als Annahmeerklärung ist nämlich nur diejenige Erklärung geeignet, die dem Angebot uneingeschränkt zustimmt. Weicht die Annahmeerklärung von dem Angebot aber ab, dann ist sie nach § 150 Absatz 2 BGB als neuer Antrag zu werten – dies gilt aber dann nicht, wenn das Angebot eine abweichende Annahmeerklärung ausdrücklich zuläßt. Will ein deutscher Kaufmann Risiken bei seinen Geschäften vermeiden, sollte er daher stets auf eine Ubereinstimmung der beiden Aussagen achten.

4. Probleme abweichender Erklärungen

Die größten Risiken in diesem Themenbereich treten dann auf, wenn es an einer für den Abschluß des Vertrages notwendigen Einigung – bewußt oder unbewußt – fehlt und eine der Parteien oder beide trotzdem Leistungen erbringen und sie später zurückfordern wollen.

a) Bewußte Vertragslücke

Grundsätzlich gilt, daß der *gesamte* Vertrag *nicht zustande gekommen* ist, wenn die Vertragspartner sich über einen *wesentlichen Punkt nicht geeinigt* haben. Unter wesentlichen Vertragsbestandteilen versteht man dabei alles, was die typischen Hauptleistungspflichten (etwa die Festlegung der Höhe des Kaufpreises) betrifft. Im deutschen Recht regelt § 154 BGB den Fall, daß die Partner (bewußt) einen Vertragsteil nicht geregelt haben. Jeder der Vertragspartner hat es hier in der Hand, den Vertrag noch scheitern zu lassen, was ein nicht geringes Risiko ist, falls diese Konsequenz vergessen werden sollte und einem der Vertragspartner daraus ein Schaden erwächst. Die genannte Vorschrift kann aber abbedungen werden: Es steht den Vertragsparteien danach noch frei, die noch bestehenden Vortragslücken einer späteren Einigung vorzubehalten. Dieses „Abbedingen" des § 154 BGB kann auch durch konkludentes Tun erfolgen: Beginnen die Parteien mit der Ausführung des Vertrages, dann ist ihnen der Weg über § 154 BGB versperrt, und der Vertrag kann nicht mehr wegen Einigungslücken zum Scheitern gebracht werden.

b) Unbewußte Vertragslücke

Größere Risiken bestehen dann, wenn die Parteien meinen, sie hätten alle wichtigen Aspekte des Vertrages berücksichtigt, obwohl in Wirklichkeit vertragswesentliche Punkte fehlen oder gar Angebot und Annahmeerklärung nicht übereinstimmen. Allerdings hilft hier die Vorschrift des § 155 BGB: Hätten die Parteien den Vertrag auch ohne die Vereinbarung über den fehlenden Vertragspunkt geschlossen, dann soll der Vertrag trotz des Einigungsmangels wirksam sein.

Dieser Themenkreis ist für die Außenhandelspraxis aus einem Aspekt besonders bedeutsam. Wird etwa bei Festlegung eines Kaufpreises lediglich von „Dollar" als Vertragswährung gesprochen, dann scheinen zwar die Parteierklärungen übereinzustimmen, obwohl sie tatsächlich mehrdeutig sind. Es ist nämlich nicht klar, welche der weltweiten Dollarwährungen gemeint sind. Ergibt sich aus dieser mehrdeutigen Aussage später ein Streit zwischen den Parteien, dann ist der Vertrag als insgesamt nicht zustande gekommen anzusehen. Es wird mit diesen Aussagen erkennbar, daß es für die später zu behandelnden Inhaltsmerkmale von Außenhandelsverträgen ganz entscheidend auf ein völliges Übereinstimmen in allen wesentlichen Bestandteilen ankommt.

5. Keine Annahmeerklärung

Denkbar ist auch, daß der Anbieter alsbald nach Absenden des Angebots entsprechend den Bestimmungen des Angebots mit seinen Leistungen beginnt, *ohne* daß der Vertragspartner seine ausdrückliche Annahme – im obigen Sinne – erklärt hat. Es ist zu prüfen, ob ein *Schweigen* wie eine Erklärung gewertet werden kann.

Dies ist für die weltweiten Vertragsbeziehungen (mit der Ausnahme der Vereinbarung, daß deutsches Recht zur Anwendung gelangt) strikt zu verneinen. Mit der einen, *nur* im deutschen Recht bekannten Ausnahme eines „Schweigens als Annahme" (und auch in Deutschland nur im Sonderfall des sogenannten „kaufmännischen Bestätigungsschreibens“[10]) ist grundsätzlich davon auszugehen, daß das bloße Schweigen auf ein unterbreitetes Angebot *nicht* ausreicht, um einen Vertrag wirksam werden zu lassen. Schweigen bedeutet demnach weder Zustimmung noch Ablehnung und drückt keinen rechtlichen Willen aus.[11] Hat der Angebotsempfänger im obigen Beispiel die Warensendung erhalten, dann kann der Anbieter (Verkäufer) dennoch – mangels wirksamen Vertrages – den Kaufpreis nicht verlangen. Der Empfänger muß die Ware zur Rücknahme zur Verfügung halten. Für den Außenhandel hat dies folgende praktische Konsequenz: Auch wenn die Außenhandelsgeschäfte schnellebig sind und man nicht auf langwierigen Austausch von Vertragsdokumenten warten will, ist es doch oft von entscheidender Bedeutung, zur Vermeidung von Risiken zunächst die vertraglichen Grundlagen zu schaffen, bevor die praktische Ausführung der Geschäfte beginnt.

6. Zusammenfassendes Ergebnis

Die Aussagen dieses Abschnittes gingen immer davon aus, daß das Zustandekommen des internationalen Vertrages sich nach deutschem Recht richtet. Dies ist immer dann der Fall, wenn ohnehin aufgrund Parteivereinbarung das Vertragsverhältnis dem *deutschen Recht* unterstellt ist (Bedeutung der „Rechtswahl“, dazu unten). Aber auch wenn ein *ausländisches* Recht zur Beurteilung eines internationalen Sachverhalts berufen ist, sind die bisherigen Grundsätze – oft in noch engeren Grenzen – zu beachten.

10 Nach allgemeinem Handelsbrauch in Deutschland (§ 346 HGB) muß der Empfänger eines „kaufmännischen Bestätigungsschreibens“ unverzüglich widersprechen, wenn es seiner Meinung nach den Vertragsschluß falsch wiedergibt. Ansonsten gilt beim kaufmännischen Bestätigungsschreiben das Schweigen als Zustimmung. – Von diesem Institut ist die bloße „Auftragsbestätigung“ zu unterscheiden. Bei dieser bestätigt ein Kaufmann dem Absender gegenüber nur den Erhalt eines Angebots bzw. einer Bestellung und erklärt dann erst seine Annahme dieses Angebots. Nur dadurch kommt dann – bei deckungsgleichen Willenserklärungen – der Vertrag zustande.

11 Andere Rechtsordnungen kennen den deutschen Rechtsgrundsatz nicht, daß bei kaufmännischen Bestätigungsschreiben ausdrücklich widersprochen werden muß, wenn man mit dem Inhalt nicht einverstanden ist. Problematisch ist, wie die Rechtslage zu beurteilen ist, wenn der ausländische Geschäftspartner eines deutschen Kaufmanns ein deutsches Bestätigungsschreiben erhält und darauf schweigt. Überwiegend wird in solchen Fällen nach dem *Recht des Landes* beurteilt, wo der Empfänger des Schreibens seine *geschäftliche Niederlassung* (hilfsweise: seinen gewöhnlichen Aufenthalt) hat (so die ständige Rspr. seit BGH WM 1970, 1050 (Schiedsvertrag zwischen deutschem Käufer und österreichischem Verkäufer), OLG Hamburg NJW 1980, 1232; aus der Literatur insbesondere *Ebenroth*, Das kaufmännische Bestätigungsschreiben im internationalen Handelsverkehr, ZvglRW 77 (1978) S. 161ff; *von Hoffmann*, Vertragsannahme durch Schweigen im internationalen Schuldrecht, RabelsZ 36 (1972) S. 510ff).

Zustandekommen eines Vertrages

1. Notwendigkeit des Vorlegens eines ausführlichen Vertragsangebots

- Mit den Merkmalen des Vertrages, wie in der vorangegangenen Übersicht bereits im einzelnen beschrieben.
- Einbeziehung der Allgemeinen Geschäftsbedingungen.
- Eventuelle Fristsetzung zur Annahmeerklärung bzw. Festlegung, für welchen Zeitraum sich der Anbieter an sein Angebot gebunden hält (wichtig im internationalen Vertragsrecht, da Angebote meist frei widerrufbar sind, solange keine Annahme erklärt wurde).

2. Annahmeerklärung des Vertragsangebots

- Nur möglich, wenn und solange das Angebot (noch) besteht (Problem des Widerrufs, Unterbrechung des Telefonats usw.).
- Die Annahme muß rechtzeitig erfolgen (eventuell abhängig vom Telekommunikationsmittel des Anbieters oder von etwaiger Fristsetzung).
- Eine verspätete Annahme bleibt im ausländischen Recht ohne Wirkung; in Deutschland kann die verspätete Annahmeerklärung als neues Angebot der anderen Vertragspartei herangezogen werden.

3. Vertragslücken

- Wenn sie bewußt bestehen und später einvernehmlich gefüllt werden sollen, sind sie unproblematisch. Der Vertrag ist so lange noch nicht rechtswirksam abgeschlossen, wie die Regelungslücke besteht.
- Wenn sie unbewußt bestehen und die Vertragspartner den Vertrag auch ohne die an sich notwendige Vereinbarung über die fehlenden Punkte abgeschlossen hätten, dann ist der Vertrag trotz des Einigungsmangels wirksam.

4. Schweigen

- auf ein unterbreitetes Angebot hat keine Wirkung; es kommt kein Vertrag zustande.
- Liegt ein kaufmännisches Bestätigungsschreiben einer Partei vor, dann darf (nur nach deutschem Recht) die andere Partei schweigen; der Vertrag kommt dann unter Kaufleuten mit dem Inhalt des kaufmännischen Bestätigungsschreibens zustande. Die ausländischen Rechtsordnungen kennen dieses Prinzip nicht.

So ist in den ausländischen Rechtsordnungen (wie im deutschen Recht) das *Angebot* möglichst genau abzugeben; die ausländischen Rechtsordnungen kennen darüber hinaus noch die Möglichkeit, daß das Angebot meist frei widerrufbar ist (eine aus deutscher Sicht risikobehaftete Situation). Ferner muß die *Annahmeerklärung* deckungsgleich mit dem Angebot sein. Dieser

Grundsatz ist im Ausland ebenfalls anerkannt.[12] Dabei kennt das deutsche Recht eine weitgehende gesetzliche Regelung zum Auseinanderfallen von Angebot und Annahme, welche sich im Ausland meist nicht in ebensolchen Formulierungen in Gesetzen oder Gerichtsentscheidungen wiederfindet, aber in allgemeinen Rechtsgrundsätzen verankert ist.

Aus alldem läßt sich folgern: Die *Risikoabsicherung durch Vertragsgestaltung* beginnt schon damit, daß der Ablauf des Vertragsschlusses ordnungsgemäß ist. Stets muß demnach – auch in anderen Rechtsordnungen – ein Übereinstimmen von Angebot und Annahmeerklärung vorliegen.

II. Besonderheiten nach dem Gesetz zum internationalen Warenkauf

Am 1.1.1991 trat das Gesetz zum internationalen Warenkauf in Kraft. Dieses Gesetz geht auf eine UN-Konvention vom 11.4.1980 zurück, welche das Recht der internationalen Lieferverträge maßgeblich beeinflussen wird. Der Grund dafür liegt einzig in derTatsache, daß es mit dem neuen UN-Kaufrecht erstmals gelungen ist, nunmehr schon 45 Staaten der Welt zur Übernahme ein und desselben Gesetzes zu bewegen. Wird also beispielsweise mit den USA, der VR China, Australien, Kanada oder bestimmten EU-Staaten Handel betrieben, dann gilt in diesen Vertragsstaaten ebenfalls ein Gesetz, welches auch in Deutschland bekannt ist. Zu diesem Gesetz werden weiter unten vertiefende Ausführungen gemacht.

Die Vorschriften zum „*Abschluß internationaler Warenkaufverträge*“ finden sich in den Artikeln 14 bis 24 des UN-Kaufgesetzes. Artikel 14 nennt drei sachliche Anforderungen an das Vertragsangebot: Es muß sich um eine an einen bestimmten Personenkreis gerichtete Erklärung handeln (Art. 14 Abs. 1 Satz 1). Ist dies nicht der Fall, so liegt im Zweifel nur eine Aufforderung zum Angebot vor (Art. 14 Abs. 2). Die Erklärung muß hinreichend bestimmt sein, um den Vertrag mit allen wesentlichen Bestandteilen durch bloße Annahme zustande bringen zu können (Art. 14 Abs. 1). Schließlich muß nach dieser Vorschrift die Angebotserklärung einen rechtsgeschäftlichen *Bindungwillen* zum Ausdruck bringen. Das Angebot wird erst wirksam, wenn es dem Empfänger zugeht (Art. 15 Abs. 1), wobei ein Widerruf immer möglich ist, solange nur sichergestellt bleibt, daß die Rücknahmeerklärung dem Empfänger vor oder gleichzeitig mit dem Angebot zugeht (vgl. Art. 16).

12 Vertiefende Hinweise bei *Zweigert/Kötz*, Einführung in die Rechtsvergleichung, 3. Auflage, Tübingen 1996 S. 351ff mwN.

Artikel 18 des neuen Gesetzes stellt viele Dinge auch international klar, die sich bisher in den einzelnen Rechtsordnungen entwickelt haben. So kann die *Annahmeerklärung* in verschiedenen Formen erfolgen: entweder durch ausdrückliche Erklärung des Empfängers (Art. 18 Abs. 1 Satz 1), die dem Anbietenden zugehen muß. Die Annahme kann auch durch anderes Verhalten zum Ausdruck gebracht werden. Schweigen ist immer als Ablehnung zu verstehen (Art. 18 Abs. 1 Satz 2). Eine Antwort auf ein Angebot, die eine Annahme mit Ergänzungen, Einschränkungen oder Änderungen darstellt, wird als Ablehnung des Angebots und gleichzeitiges Stellen eines Gegenangebots verstanden, entspricht damit der bekannten Regelung des deutschen BGB (vgl. Art. 19 Abs. 1).

§ 3. Formvorschriften

Literatur: *Graf von Bernstorff*, Einführung in das englische Recht, München 1996, S. 37ff; *Fischer*, Die Rechtsstellung des deutschen Notars im Recht der EWG, DNotZ 1989 S. 467ff; *Häsemann*, Die Bedeutung der Form im Privatrecht, JuS 1980 S. 1ff; *Hübner/Constantinescu*, Einführung in das französische Recht, 3. Auflage, München 1994 S. 145ff; *Mann*, Die Urkunde ausländischer, insbesondere englischer Notare und der deutsche Rechtsverkehr, NJW 1955 S. 1177ff; *Sandrock*, Handbuch der internationalen Vertragsgestaltung, Band 1, Heidelberg 1980, S. 371ff.

Alle Rechtsordnungen gehen davon aus, daß bestimmte Geschäfte nur dann rechtswirksam abgeschlossen werden können, wenn sie unter Beachtung besonderer Formen getätigt werden. Diese Formvorschriften sind aber überall nur als Ausnahme von dem ansonsten weltweit geltenden *Grundsatz der Formfreiheit* anzusehen.[13] Den *Notar* als eine mit der Beurkundung von Rechtsgeschäften betraute Amtsperson kennt man in allen kontinentaleuropäischen Ländern, nicht jedoch im anglo-amerikanischen Rechtskreis, wo ein public notary allenfalls Urkunden aufsetzt, die im Ausland benötigt werden, während in den USA der notary public nicht einmal diese

13 So ausdrücklich im schweizerischen (Art. 11 OR) und österreichischen Recht (§ 883 ABGB), wohingegen sich das deutsche Recht knapper in § 125 BGB äußert: Danach unterliegen Rechtsgeschäfte im allgemeinen keinem Formzwang. Für den *französischen* Rechtskreis kann dies aus Art. 1108 Code Civil gefolgert werden (conditions essentielles pour la validité d'une convention), wonach keine Formvorschrift benannt wird. Der *englische* Rechtskreis kennt nur die Formvorschrift des Contract under seal und geht ansonsten von Formfreiheit aus.

Funktion erfüllt, sondern nur Akte wie etwa Beglaubigungen vornimmt. Die Beschreibung der wichtigsten Formvorschriften im internationalen Vertragsrecht ist daher grundsätzlich notwendig.

I. Formfragen im deutschen Vertragsrecht

Die Abgabe von Willenserklärungen und der Abschluß von Verträgen sind nach deutschem Recht grundsätzlich formfrei, sofern nicht das Gesetz eine besondere Form ausdrücklich vorschreibt. Das BGB kennt in den §§ 126 bis 129 unterschiedliche Arten der Schriftform: die gesetzliche (z.B. bei der Bürgschaft) oder gewillkürte (von den Vertragsparteien so gewollte) Schriftform (§§ 126 und 127 BGB), die öffentliche Beglaubigung (§ 129 BGB) und den schärfsten Formzwang der notariellen Beurkundung (§ 128 BGB), bei welcher die gesamte Erklärung dem Formzwang unterliegt. Die Nichtbeachtung der gesetzlich vorgeschriebenen Form führt nach § 125 BGB stets zur Nichtigkeit der Erklärung, soweit nicht Ausnahmeregelungen zur Anwendung gelangen.[14] Diese Hinweise zum deutschen Recht sind insofern von Bedeutung, als beispielsweise das Erfordernis einer *notariellen* Beurkundung, wie man sie im deutschen Recht kennt, in ausländischen Rechtsordnungen meist nicht zu finden ist.

II. Das englische Recht

Das Recht des englischen Rechtskreises weicht von den deutschen Gegebenheiten am stärksten ab. Hier kommt ein Vertrag grundsätzlich erst durch die Annahme eines Angebots zustande. Ein Angebot kann jedoch, anders als im deutschen Recht, jederzeit frei widerrufen werden (revocation), solange eine Annahme des Angebots noch nicht erfolgt ist.[15] Diese Regel gilt sogar für den Fall, daß der Anbietende sich für eine bestimmte Frist an sein Angebot gebunden erklärt. Der Grund für diese aus deutscher Sicht fremd anmutende Regelung liegt in der – in diesem Buch noch mehrfach detailliert zu behandelnden – *consideration*-Lehre. Nach diesem im anglo-amerikanischen Recht bedeutsamen Instrument des Vertragsrechts kann eine *bindende vertragliche Verpflichtung* nur dann wirksam eingegangen werden,

14 So beispielsweise beim Bürgschaftsversprechen des Kaufmanns, § 350 HGB, sowie für Schuldversprechen oder Schuldanerkenntnis, § 351 HGB.

15 Der amerikanische Uniform Commercial Code schreibt für den Handelskauf in § 2–205 vor, daß ein als bindend bezeichnetes Angebot – sofern nicht anderes festgelegt wurde – höchstens für drei Monate unwiderruflich ist.

wenn einer vertraglichen Verpflichtungserklärung eine Gegenleistung (consideration) gegenübersteht. Eine andere Möglichkeit der Begründung von Vertragspflichten besteht bei Verträgen *„under seal*".

1. Contract Under Seal

Das englische Recht unterscheidet zwei Formen der vertraglichen Verpflichtung. Die von den Voraussetzungen her schwierigere Form des gesiegelten Vertrages *(contract under seal),* der unterzeichnet, mit einem Siegel *(seal*[16]*)* verehen und dann ausgehändigt *(delivered)* werden muß, hat das Erfordernis der Gegenleistung nicht. Bestimmte Grundstücksgeschäfte unterliegen dieser Vertragsabschlußform, und auch Unternehmen, die ein company's seal führen müssen, schließen meist Verträge „under seal" ab (signed, sealed and delivered).

2. Simple Contracts

Da im englischen Recht hinsichtlich des Vertragsabschlusses Formfreiheit besteht, hat sich für die überwiegende Mehrheit der alltäglichen Verträge im Handelsverkehr (simple contracts) das Prinzip der Gegenleistung (consideration[17]) herausgebildet. Erbringt also der Versprechensempfänger einer Leistung eine wie auch immer geartete „Gegenleistung", so wird wegen dieser dadurch bewirkten „consideration" der Vertrag damit wirksam. Dabei ist zu beachten, daß stets der Versprechensempfänger selbst eine Gegenleistung erbringen muß. In der Konsequenz bedeutet dies, daß *jede Vertragsänderung*, die ja wiederum eine Art „Angebot" darstellt, eine *erneute* Gegenleistung verlangt, sofern nicht die Vertragsänderung „under seal" erfolgt.

16 Das Siegel ist entweder (selten) aus Wachs oder besteht aus einer Siegelmarke. Oft erfolgt auch nur der Vermerk „L.S." (loco sigilli) an der für die Siegelung bestimmten Stelle. Verträge von Unternehmen mußten bis 1960 stets mit dem Siegel der Gesellschaft (company's seal) gesiegelt werden, doch wurde diese aus dem 17. Jahrhundert stammende Regel immer stärker mit Ausnahmen durchsetzt und schließlich durch den Corporate Bodies Act 1960 für alle Verträge nach 1960 außer Kraft gesetzt.

17 In allen Staaten, die englischem Recht folgen, geht das Consideration-Prinzip auf den alten englischen Fall in *Currie v. Misa* (1875) L.R. 10 Ex. 153 zurück, wonach die consideration als „irgendein Recht, Gewinn oder Vorteil einer Vertragspartei" zu verstehen ist, das „irgendein Unterlassen, einen Nachteil oder eine Belastung der anderen Partei" zur Folge hat, vgl. *Graf von Bernstorff*, Einführung in das englische Recht, München 1996, S. 39ff mwN.

3. Mailbox-Verfahren

Das englische Recht hat wegen der freien Widerruflichkeit eines Angebots die Bestimmungen zur Wirksamkeit der Annahmeerklärung anders gefaßt als das deutsche Recht. Im deutschen Recht ist es erforderlich, daß dem Empfänger eine Willenserklärung zugeht, also so in seinen Machtbereich gelangt, daß er von dem Angebot oder der Annahme Kenntnis nehmen kann. Im englischen Recht[18] dagegen wird die Wirksamkeit der Annahmeerklärung *vorverlegt*. Eine Annahme des Angebots erfolgt danach nicht erst, wenn die entsprechende Erklärung dem Anbietenden zugeht, sondern schon dann, wenn sie vom Annehmenden „auf den Weg gebracht" worden ist, also z.B. in einen Briefkasten (mailbox) geworfen worden ist.

4. Besonderheiten des US-amerikanischen Rechts

Es ist bereits oben bei Behandlung der Rechtskreise der Welt darauf hingewiesen worden, daß das US-amerikanische Recht weitgehend identisch mit dem englischen Recht ist, da sich die amerikanische Entwicklung im zivilrechtlichen Bereich bis etwa vor Mitte des 20. Jahrhunderts ausschließlich nach dem englischen Vorbild richtete. Seither ist aber eine weitgehende Verselbständigung festzustellen, die auch Auswirkungen auf das US-amerikanische Vertragsrecht mit sich bringt.

Nach US-amerikanischem Recht wird das Angebot mit seinem Empfang beim Vertragspartner wirksam, kann aber, auch bei angegebener Verpflichtungsdauer, *jederzeit* vor der Annahme widerrufen werden. Diese Widerrufsmöglichkeit besteht nach der Sonderregelung des Uniform Commercial Code (im nachfolgenden immer mit *UCC* abgekürzt) nicht für Kaufleute. Früher galt im US-Recht noch die Regelung, daß für eine Annahme die gleiche Sendungsart (Post, Telex u.a.) benutzt werden müsse; nunmehr genügt eine gleich schnelle Sendungsart.

Bei abweichendem Inhalt der Annahmeerklärung (acceptance) verfährt das US-Recht anders als das englische Recht. Nach dem *Fallrecht* (case law) muß die Annahme inhaltlich mit dem Angebot übereinstimmen. Ist dies nicht der Fall, liegt ein Gegenangebot vor. Das *Gesetzesrecht* (stat-

18 Seit der Entscheidung in *Adams v. Lindsell* (1818) B. & Ad. 681, 106 Eng. Rep. 250. Dies widerspricht dem ansonsten im anglo-amerikanischen Recht geltenden Prinzip, daß jede Erklärung den Adressaten erreicht haben muß, um rechtswirksam zu sein (dies gilt für das Angebot, den Widerruf des Angebots, die Kündigung usw). Grund für diese abweichende Rechtsprechung beim *Vertragsschluß* mag gewesen sein, dem wirtschaftlichen Bedürfnis Rechnung zu tragen, dem Anbietenden die Widerrufsmöglichkeit möglichst schnell abzuschneiden, *Zweigert/Kötz* aaO, S. 352, 353.

utory law) des UCC dagegen behandelt Änderungen in der Annahmeerklärung als eigenen Zusatzvertrag, der die Wirksamkeit der Annahmeerklärung im übrigen nicht beeinflußt.[19] Dabei werden unter Kaufleuten diese Zusätze sogar zum Vertragsinhalt, es sei denn, der ursprüngliche Anbieter erhebt fristgemäßen Widerspruch (timely objection) oder die Zusätze bewirken eine wesentliche Änderung (material alteration) des Vertragsinhalts.[20]

Wie im englischen Recht spielt auch im US-Vertragsrecht die *consideration* eine große Rolle. Werden also keine besonderen Formerfordernisse für den Vertrag vorausgesetzt, dann kann das Vorliegen der consideration ein wirksames Leistungsversprechen begründen. Diese „consideration“ (Gegenleistung) muß im Austausch für das Leistungsversprechen bewirkt werden, wobei eine schon bestehende Rechtspflicht, eine in der Vergangenheit versprochene Leistung (sog. *past consideration)* in der Regel (anders z.B. im Wechselrecht), nicht ausreicht. Außerdem muß die Gegenleistung irgendein Opfer für den Versprechenden bedeuten, das rechtlichen Wert hat.

Die grundsätzliche Formfreiheit von Verträgen, die zur Wirksamkeit dann lediglich einer Gegenleistung bedürfen, findet eine gewichtige Einschränkung dort, wo ein *Schriftformerfordernis* notwendig besteht. Auf der Grundlage des aus dem 17. Jahrhundert stammenden englischen *Statute of Frauds*, das in den meisten US-Bundesstaaten noch Geltung hat, unterliegen der Schriftform grundsätzlich Verpflichtungen in Form von Garantien und Bürgschaften, ferner die Begründung eines Rechts an unbeweglichen Sachen, außerdem Verpflichtungen, die über ein Jahr hinaus gelten, und solche in Kaufverträgen über bewegliche Sachen, soweit der Kaufpreis mehr als 500 US-Dollar beträgt.

In den meisten US-Bundesstaaten ist das englische Prinzip der Verträge *„under seal“* aufgehoben worden. Einfache Schriftform (also ohne „seal“) ist bereits ausreichend und führt dazu, daß dann eine consideration nicht mehr benötigt wird. Anderes gilt nur für die obengenannten Vertragstypen, für die eine einfache Schriftform von vornherein als nicht ausreichend angesehen wird und bei denen neben der Schrifttorm auf der Grundlage des Statute of Frauds auch eine consideration vorliegen muß.

Wegen der freien Widerruflichkeit eines Angebots hat sich das US-Recht darum bemüht, Regeln für bindende Angebote zu schaffen. Hat der Empfänger im Vertrauen auf das Fortbestehen des Angebots bereits Aufwendungen gemacht, so ist in einigen US-Bundesstaaten eine Schadenser-

19 Uniform Commercial Code (UCC) § 2–207 (1) und (2).
20 Uniform Commercial Code § 2–207 (2).

satzpflicht des Anbietenden gegeben, wenn er sein Angebot zurückzieht; in New York z.B. wird ein Angebot sogar als grundsätzlich verbindlich angesehen, wenn es schriftlich abgegeben und ausdrücklich als unwiderruflich bezeichnet worden ist.

Im übrigen gilt auch im US-Recht die Mailbox-Theorie.[21] Die freie Widerruflichkeit eines Angebots wird dadurch eingeschränkt, daß die Annahme schon mit dem Zeitpunkt der Absendung wirksam wird.

Eine weitere Besonderheit des US-amerikanischen Vertragsrechts soll an dieser Stelle kurz erwähnt werden. Das US-Recht kennt, anders als das englische Recht, Verträge zugunsten Dritter. Dies kann von großer Bedeutung sein, wenn es bei der vertraglichen Absprache darum geht, einem begünstigten Dritten ein eigenes Forderungsrecht einzuräumen.[22]

III. Das französische Recht

Anders als im anglo-amerikanischen Rechtskreis ist *im romanischen Rechtskreis* der Umstand des Zustandekommens von Verträgen von weniger Besonderheiten abhängig. Die verpflichtende Kraft eines Vertragsangebots hat hier weit mehr Gewicht als im zuvor beschriebenen englischen und US-amerikanischen Recht.

Nach französischem Recht kann ein Vertragsangebot so lange widerrufen werden, wie es vom Angebotsempfänger noch nicht angenommen worden ist. Die Rechtsprechung hat diese Widerrufsmöglichkeit eingeschränkt und erlegt dem Widerrufenden eine Schadensersatzpflicht[23] zum Beispiel dann auf, wenn für die Annahme eine bestimmte Frist gesetzt war und der Widerruf vor Ablauf der Frist erfolgt. Gleiches gilt der Rechtsprechung zufolge auch bei unbefristeten Angeboten.[24] Ersetzt werden muß der Schaden, der dem Angebotsempfänger aus dem vorzeitigen Widerruf des Angebots entstanden ist.

21 Dies, obwohl der Fortbestand dieser Regelung heftig umstritten war, nachdem der amerikanische Court of Claims in *Dick v. United States*, 82 F. Supp. 326 (Ct.-Cl. 1949) und in einer folgenden Entscheidung von 1949 diese Regelung ablehnte. Dennoch hat sich das Prinzip erhalten und ist im Restatement Contracts 2d (1981), § 63, erneut festgeschrieben.

22 Restatement Contracts 2d, § 64.

23 Art. 1382f Code Civil. Vorausgesetzt wird, daß der Widerruf mißbräuchlich ist, weil durch ihn berechtigte Erwartungen des Angebotsempfängers enttäuscht wurden, so daß darin ein rechtswidriges und schuldhaftes Verhalten (faute) zu sehen ist. Ein Mißbrauch liegt bei befristeten Angeboten beispielsweise bei einem Widerruf vor Fristablauf vor.

24 Dies, wenn sich aus den Umständen oder aus einem Handelsbrauch ergibt, daß das Angebot für einen délai raisonable offenzuhalten war und es dennoch widerrufen wurde, so die Rspr. Colmar 4.2.1936, D.H. 1936, 187, *Zweigert/Kötz*, Europäisches Vertragsrecht Bd. I, Tübingen 1996 S. 33 mwN.

Der italienische Codice Civile (Art. 1328 und 1329) erklärt ein befristetes Angebot vor Ablauf der Frist immer für unwiderruflich. Liegt keine Befristung vor, entsteht eine Schadensersatzpflicht bei Widerruf, wenn der Angebotsempfänger im Vertrauen auf ein Bestehen des Angebots schon disponiert hat.

§ 4. Stellvertretung

Literatur: Zur **Vollmacht:** *Ebenroth*, Kollisionsrechtliche Anknüpfung kaufmännischer Vollmachten, Juristenzeitung 1983 S. 821ff; *Klinke*, Bemerkungen zum Statut der Vollmacht, RIW 1978 S. 642ff; *Kötz*, Europäisches Vertragsrecht, Bd.I, Tübigen 1996, S. 329ff; *Müller, P.*, Die Vollmacht im Auslandsgeschäft – ein kalkulierbares Risiko?, RIW 1979 S. 377ff; *ders.*, Die Vollmacht in einigen ausländischen Rechtsordnungen, in: Sandrock, Handbuch der internationalen Vertragsgestaltung, Bd. II, Heidelberg 1980, S. 666ff; *Steding*, Die Anknüpfung der Vollmacht im IPR, ZvglRW 86 (1987) 25; *Stöcker*, Das Genfer Übereinkommen über die Vertretung beim internationalen Warenkauf, WM 1983 S. 778[25]. Zum **Gesellschaftsstatut:** *Ebenroth*, Neuere Entwicklungen im deutschen internationalen Gesellschaftsrecht, JZ 1988 S. 18ff und 75ff; *Ebenroth/Einsele*, Gründungstheorie und Sitztheorie in der Praxis – zwei vergleichbare Theorien?, ZvglRW 87 (1988) S. 217ff; *Ebenroth/Sura*, Das Problem der Anerkennung im internationalen Gesellschaftsrecht, RabelsZ 42 (1979) S. 315ff; *Grasmann*, System des internationalen Gesellschaftsrechts (1970); *Großfeld/König*, Das internationale Gesellschaftsrecht in der Europäischen Gemeinschaft, RIW 1992 S. 433ff; *Kaligin*, Das internationale Gesellschaftsrecht in der Bundesrepublik Deutschland, DB 1985 S. 1449ff; *Sandrock/Austmann*, Das internationale Gesellschaftsrecht nach der Daily-Mail-Entscheidung des Europäischen Gerichtshofs: Quo vadis?, RIW 1989 S. 249ff; *Wiedemann*, Internationales Gesellschaftsrecht, FS für Kegel (1977) S. 187ff.

Wenn ein Vertragspartner nicht selbst am Vertragsabschluß beteiligt ist, sondern ein Vertreter für ihn auftritt, gibt es im internationalen Vertragsrecht Schwierigkeiten bei der Feststellung, inwieweit der Stellvertreter

25 Das Genfer Übereinkommen über die Vertretung beim internationalen Warenkauf vom 17.2.1983 ist noch nicht in Kraft getreten. Es vereinheitlicht das Recht der Stellvertretung für internationale Warenkaufverträge. Geregelt wird nur das Außenverältnis (Art. 1 Abs. 3) für die Fälle, in denen ein Vertreter für fremde Rechnung handelt. Die Geltung des Übereinkommens kann durch Parteivereinbarung ausgeschlossen werden, Art. 5; vgl. dazu auch *Bonell*, The 1983 Geneva Convention on Agency in the International Sale of Goods, American Journal of Comparative Law 32 (1984) 717.

überhaupt Befugnisse zur Vertretung hat und ob er in vollem Umfang für seinen Geschäftsherrn auftreten darf.

Grundsätzlich werden Willenserklärungen nur demjenigen zugerechnet, der als der Erklärende erscheint. Die „Stellvertretung“ weicht von diesem Prinzip ab und legt dem „Geschäftsherrn“ die Verantwortung für die Rechtsfolgen einer Willenserklärung auf, wenn er einen dazu Bevollmächtigten bestimmt hat, eine Willenserklärung in seinem Namen abzugeben. Das jeweilige nationale Vertragsrecht hat zu diesem Themenkomplex teilweise sehr unterschiedliche Regelungen. Aus diesem Grund werden hier die Grundzüge des Stellvertretungsrechts aus deutscher, englischer, US-amerikanischer und französischer Sicht dargestellt werden, damit aus diesen Ausführungen Rückschlüsse auf entsprechende oder ähnliche Regelungen des jeweiligen Rechtskreises getroffen werden können. Im übrigen ergeben sich im internationalen Rechtsverkehr gerade auch bei der Stellvertretung kollisionsrechtliche Probleme. Hier geht es um die Schwierigkeit festzustellen, welches *nationale* Recht bei Auftreten eines Stellvertreters im *Ausland* zur Anwendung gelangt.

I. Das deutsche Recht

Der Bereich der Stellvertretung ist im deutschen Recht in den §§ 164ff BGB geregelt. Nach § 164 Abs. 1 BGB können die Rechtsfolgen einer Willenserklärung des Vertreters den Geschäftsherrn nur dann treffen, wenn die Stellvertretung zulässig ist, der Vertreter eine eigene Willenserklärung abgibt, er dabei im fremden Namen auftritt und die erforderliche Vertretungsmacht vorliegt. An der umfangreichen Rechtsprechung in Deutschland ist erkennbar, daß vor allem die Frage der „Vertretungsmacht“ problematisch sein kann. Es ist in diesem Zusammenhang bedeutsam zu wissen, daß derjenige, der einen Vertrag mit einem Vertreter abschließt, im Streitfall beweisen muß, daß der Vertreter die erforderliche Vertretungsmacht besaß.

1. Die Vertretungsmacht

Die *gesetzliche* Vertretungsmacht ermöglicht es aufgrund Gesetzes, für einen anderen rechtswirksam tätig zu werden (z.B. Vormundschaft; elterliche Gewalt etc.). Davon zu unterscheiden ist die Vollmacht, die eine durch *Rechtsgeschäft* erteilte Vertretungsmacht darstellt (§§ 166 Abs. 2 und 167 BGB). Diese kann gegenüber dem Vertreter (Innenvollmacht), dem Geschäftspartner (Außenvollmacht) oder durch öffentliche Bekanntmachung (§ 171 BGB) erklärt werden. Die Vollmacht bedarf – von Ausnahmen[26] abgesehen – keiner Form und kann daher auch durch schlüssiges Verhalten erfolgen. Schließlich ist zu beachten, daß derjenige, der es duldet, daß ein anderer für ihn wie ein Vertreter auftritt, sich dessen Verhalten nach den Grundsätzen der sog. Duldungs- oder Anscheinsvollmacht unter Umständen auch dann anrechnen lassen muß, wenn er keinen Bevollmächtigungswillen hatte. Die Vollmacht ist abstrakt, also unabhängig von dem Bestand und der Wirksamkeit des ihr normalerweise zugrundeliegenden Auftrages, Dienst- oder Geschäftsbesorgungsvertrages.

Von Bedeutung ist der Umfang der Vollmacht, der in bestimmten Fällen auch durch das Gesetz bestimmt sein kann (Prokura und Handlungsvollmacht, §§ 49 und 54 HGB). Die Vollmacht erlischt durch Widerruf, wobei dies bei der Innenvollmacht gegenüber dem Vertreter und bei der Außenvollmacht gegenüber dem Geschäftspartner erfolgen muß.

Die Vertretungsmacht kann schließlich *„organschaftlich"* sein, das heißt, auf der Stellung als Organ einer juristischen Person beruhen. Nach § 26 Abs. 2 Satz 1 BGB wirken Willenserklärungen der Organe für und gegen die juristische Person. Soweit juristische Personen des Privatrechts (z.B. Aktiengesellschaften, Gesellschaften mit beschränkter Haftung und Genossenschaften) betroffen sind, ist die Vertretungsmacht nicht beschränkt; sie erstreckt sich vielmehr auf alle denkharen Rechtsgeschäfte.[27]

Demgegenüher können Organe und Vertreter der juristischen Personen des öffentlichen Rechts (Anstalten und Körperschaften) nur innerhalb des ihnen durch Gesetz oder Satzung jeweils zugewiesenen Aufgaben- und Wirkungsbereichs rechtswirksam handeln (sog. Ultra-vires-Theorie). Auch der Umfang der Vertretungsmacht ergibt sich für sie aus dem betreffenden Gesetz oder aus ihrer Satzung.

Für alle drei Formen der Stellvertretung im deutschen Recht ist die Beschränkung der Vertretungsmacht durch § 181 BGB zu beachten. Das sog. Selbstkontrahieren, also die Tätigkeit eines Vertreters in einem Rechtsge-

26 Gesetzliche Ausnahmen enthalten die §§ 1484 Abs. 2 und 1945 Abs. 3 BGB, § 2 Abs. 2 GmbH-Gesetz und die §§ 134 Abs. 3 und 135 AktG.

27 Sie ist nicht beschränkt durch den Geschäftszweck der juristischen Person, also nicht auf solche Geschäfte, die mit dem Betrieb oder dem Zweck des Unternehmens in einem gewissen Zusammenhang stehen, vgl. § 82 Abs. 1 AktG, § 37 Abs. 2 GmbHG und § 27 Abs. 2 Genossenschaftsgesetz. Bei anderen juristischen Personen des Privatrechts (eingetragener Verein; Stiftung) nimmt die Rechtsprechung eine Begrenzung der Vertretungsmacht des Vorstands auf den Zweck der Vereinigung an. Der Nachweis erfolgt durch Einsichtnahme in öffentliche Register (Vereins-, Genossenschafts- oder Handelsregister) oder durch Vorlage eines öffentlich beglaubigten Registerauszugs. Registereintragungen genießen hinsichtlich der Richtigkeit öffentlichen Glauben, so wie z.B. beim Handelsregister aufgrund des §15 Abs. 2 HGB.

schäft, bei der er für beide Vertragsparteien tätig wird, ist danach verboten. Eine Ausnahme ist nur dann möglich, wenn das betroffene Rechtsgeschäft ausschließlich in der Erfüllung einer Verbindlichkeit besteht oder wenn dem Vertreter der Abschluß des Rechtsgeschäfts in dieser Form gestattet wurde.

2. Bedeutung des Handelsregisters

Für das deutsche Handelsrecht ist das Vorhandensein eines Handelsregisters eine Selbstverständlichkeit im kaufmännischen Verkehr, und es wird beinahe erwartet, daß ausländische Rechtsordnungen ähnliche Institutionen kennen. Darauf wird noch näher einzugehen sein. Im deutschen Recht besteht der Sinn und Zweck des Handelsregisters darin, für den Handelsverkehr rechtlich bedeutsame Tatsachen zu verzeichnen. Für den Bereich des internationalen Handels kann dies zum Beispiel bedeuten, daß für Ausländer leicht mit Hilfe des deutschen Handelsregisters erkennbar ist, ob etwa ein Prokurist wirksam, d.h. mit Vertretungsmacht für seinen Geschäftsherrn auftritt (nach § 53 HGB ist eine Prokura im Handelsregister einzutragen) oder ob ein deutsches Unternehmen überhaupt rechtswirksam errichtet wurde (für die Errichtung einer OHG ist z.B. wegen §§ 105 und 106 HGB, für eine KG wegen §§ 161 und 162 HGB eine Eintragung im Handelsregister erforderlich).

Nach § 15 Abs. 1 HGB kann eine Tatsache, solange sie als eintragungspflichtige Tatsache nicht ins Handelsregister eingetragen und bekanntgemacht worden ist, einem gutgläubigen Dritten nicht entgegengehalten werden. Ist die Tatsache dagegen eingetragen und bekanntgemacht, so muß gemäß § 15 Abs. 2 Satz 1 HGB ein Dritter dies gegen sich gelten lassen. Für das deutsche Recht bietet somit das Handelsregister – wie z.B. für den hier behandelten Bereich des Stellvertretungsrechts – eine große Unterstützung für die Feststellung der Vertretungsmacht an.

3. Stellvertretung und internationaler Sachverhalt

Liegt ein grenzüberschreitendes Rechtsgeschäft, etwa bei einem internationalen Liefervertrag, vor und ist die Überlegung anzustellen, welchem nationalen Recht der internationale Vertrag nun unterliegt, dann ist für den Bereich der Stellvertretung das sog. *Internationale Privatrecht,* also die Summe der nationalen Rechtsregeln zur Behandlung eines internationalen Sachverhalts, zu befragen.

Die Fragen nach der Zulässigkeit der Stellvertretung, der Zurechnung von Willensmängeln und bösem Glauben sowie der Offenlegung des Vertretungsverhältnisses unterliegen nach dem deutschen Internationalen Privatrecht (nachstehend abgekürzt: *IPR)* dem für das Hauptgeschäft maßgeblichen Recht. Die oben bereits erörterte Frage nach der Vertretungsmacht ist allerdings nach der deutschen höchstrichterlichen Rechtsprechung kollisionsrechtlich gesondert anzuknüpfen.[28]

Bei der *gesetzlichen Vertretungsmacht* ist dasjenige Recht anzuwenden, welches das Innenverhältnis beherrscht. Mit Innenverhältnis ist das Rechtsverhältnis gemeint, aus dem die Vertretung hervorgeht.

Bei der *rechtsgeschäftlichen Vertretungsmacht* (Vollmacht) ist dagegen grundsätzlich das Recht des Landes als sog. „*Vollmachtsstatut*"[29] maßgeblich, in dem das Rechtsgeschäft vorgenommen werden soll; es gilt also das Recht des Wirkungslandes.[30] Es gilt hiernach das Recht des Ortes, an dem der Vertrag von (anwesenden Vertragsparteien) geschlossen wurde.[31] Wird der Vertrag unter Abwesenden geschlossen, wirkt die Vollmacht an dem Ort, an dem der Vertreter seine Erklärung abgibt.

Der Grundsatz, daß Vollmachtsstatut das Recht des Landes ist, in dem der Vertreter von der Vollmacht tatsächlich Gebrauch gemacht hat, erfährt Einschränkungen, wenn der Vertreter erkennbar mit einer bestimmten fremden Rechtsordnung stärker verbunden ist. Der Vollmachtgeber kann beispielsweise im Wege einer einseitigen Erklärung gegenüber dem Dritten das Vollmachtsstatut festlegen. Soll also eine Vollmachtsurkunde im Ausland verwendet werden, sollte aus ihr hervorgehen, auf der Grundlage wel-

28 Vgl. BGHZ 64, 183.

29 Die Vollmacht wird nach dem Recht des Landes beurteilt, in dem sie nach dem Willen des Vollmachtgebers ihre Wirkung entfaltet (Wirkungsland), st. Rspr. des BGH seit BGHZ 43, 21,26 = NJW 1965, 487; BGH DNotZ 1994, 485.

30 Soll die Vollmacht in mehreren Ländern Verwendung finden, so wird sie in jedem dieser Länder nach dortigem Recht beurteilt. Diese Anwendung des Rechts am realen Gebrauchsort dient vor allem dem Schutz des Drittkontrahenten. – Dennoch kann es im Interesse des Vollmachtgebers sein, hinsichtlich der Gültigkeit seiner Vollmacht autonom ein Recht wählen zu dürfen. Eine solche Rechtswahl kann aber nur zulässig sein, wenn der Vertreter und auch der Drittkontrahent diesen ausdrücklich geäußerten Parteiwillen des Vollmachtgebers erkennen und zu beachten bereit sind; der Drittkontrahent darf in diesen Fällen den Vertragsschluß mit dem Vertreter ablehnen.

31 Die Vertretungsmacht kaufmännischer Hilfspersonen, die ein Unternehmen ständig im Ausland vertreten, unterliegt dem am Ort der Niederlassung geltenden Recht. Dies gilt auch, wenn diese Person einmal ausnahmsweise außerhalb dieses Landes tätig wird, sofern dem Dritten das Handeln von einer festen Niederlassung aus erkennbar ist. Gleiches gilt für nichtständige Vertreter, sofern sie eine selbständige Stellung im Wirtschaftsleben einnehmen (OLG Frankfurt TransportR 1985, 139f, zur Wirksamkeit einer Inkassovollmacht eines deutschen Spediteurs und BGH NJW 1990, 3088.

chen nationalen Rechts die Gültigkeit der Vollmacht bestimmt werden kann.[32]

Nach dem Vollmachtsstatut sind alle Fragen zu beurteilen, die diese Vollmacht betreffen (also Fragen der Erteilung, des Bestandes und des Erlöschens). Es befindet ferner darüber, in welchem Umfang Willensmängel in der Person des Vollmachtgebers auf die wirksame Erteilung der Vollmacht Einfluß haben. Schließlich richtet sich auch die Auslegung einer Vollmachtsurkunde nach dem für die Vollmacht geltenden Statut.

Soweit die *organschaftliche Vertretungsmacht* betroffen ist, gilt das sog. „*Personalstatut*" der Gesellschaft. Dieses entscheidet darüber, ob einer ausländischen Handelsgesellschaft Rechtspersönlichkeit zukommt, und es regelt auch die gesetzliche Vertretung der Gesellschaft. Im deutschen IPR ist die Anknüpfung des Gesellschaftsstatuts nicht gesetzlich geregelt, so daß hier vieles streitig ist. Die deutsche Rechtsprechung verwendet als Anknüpfungsmerkmal für das Gesellschaftsstatut jedenfalls das Recht, das am Sitz der Hauptverwaltung der Gesellschaft gilt *(Sitztheorie)*.[33] Maßgeblich ist dabei nicht der Sitz der Gesellschaft, wie er satzungsmäßig vorgesehen ist, sondern der tatsächliche Sitz der Hauptverwaltung, also der Ort, an dem die maßgeblichen Entscheidungen fallen und die Geschäftspolitik der Gesellschaft bestimmt wird. Bei Untergesellschaften ist der Ort maßgeblich, an dem die Geschäftsführungs- und Vertretungsorgane der Untergesellschaft tätig sind (eine Beherrschung durch die Obergesellschaft ändert daran nichts![34]). – Dieser Ansicht steht die meist vom Schrifttum verfolgte *Gründungstheorie*[35] gegenüber, wonach eine Gesellschaft derjenigen Rechtsordnung unterliegt, nach der sie gegründet wurde. Diese Gründungstheorie ist insbesondere auch im anglo-amerikanischen Rechtskreis, aber auch in den Niederlanden, Italien und der Schweiz vorhanden.[36]

32 Weitere Ausnahmen: Erteilt ein Wirtschaftsunternehmen an eigene Beschäftigte Vollmachten, dann richtet sich das Statut dieser Vollmachten in der Regel nach dem am Sitz des Unternehmens geltenden Recht. Bei Angestellten, die eine Niederlassung im Ausland leiten, gilt für das Vollmachtsstatut das am Geschäftssitz im Ausland geltende Recht. Hat das vom Vertreter vorzunehmende Rechtsgeschäft seinen Schwerpunkt so eindeutig an einem bestimmten anderen Ort, daß das dortige Recht auch für die Wirkung der Vollmacht gelten muß, dann liegt eine weitere Ausnahme von der Maßgeblichkeit des Rechts des Gebrauchsortes vor.

33 So die ständige höchstrichterliche Rechtsprechung seit BGHZ 53,181,183 und BGHZ 78, 318, 334.

34 OLG Frankfurt/M, EWiR 1988 S. 587.

35 *Beitzke*, ZHR 64,1; *Sandrock*, RabelsZ 1978 S. 227. Zur weiteren Entwicklung in den Staaten der EG vgl. *Ebenroth/Sura*, RabelsZ 1979 S. 319.

36 *Ebenroth/Einsele*, Gründungstheorie und Sitztheorie in der Praxis, ZvglRW 1988 S. 217ff.

II. Das englische Recht

Das Stellvertretungsrecht ist in England, anders als z.B. in Deutschland der Fall, nicht gesetzlich geregelt. Für Fragen der Stellvertretung ist daher wieder das gewohnheitsrechtlich gebildete Common Law, und zwar hier das *Law of Agency*, heranzuziehen. Ein agent (Vertreter) ist eine Person, die aufgrund eines Rechtsverhältnisses *(agency)* befugt ist, für einen Geschäftsherrn *(principal)* zu handeln und diesen rechtlich zu verpflichten.

Mehrere Formen eines Auftretens des Vertreters werden im englischen Recht unterschieden. Tritt der Vertreter im Namen des Prinzipals auf *(named principal)*, dann wird regelmäßig der Geschäftsherr Vertragspartner des Dritten; der Vertreter wird dies nur dann zusätzlich, wenn dies besonders vereinbart wird. Benennt der Vertreter den Geschäftsherrn nicht *(unnamed principal)*, dann wird ebenfalls der Geschäftsherr gebunden, wobei die Rechtsprechung gelegentlich im Wege der Auslegung zu dem Ergebnis kommt. daß auch der Vertreter selbst gebunden ist.

Ist schließlich nicht erkennbar, daß der Vertreter für einen anderen handelt *(undisclosed principal)*, können sowohl Geschäftsherr als auch Vertreter gebunden sein und daher jeder für sich auf Vertragserfüllung bestehen; sobald der Dritte einem der beiden gegenüber erfüllt, erlischt der entsprechende Anspruch des anderen. Dieses Prinzip ist dem deutschen Recht fremd: Hier handelt nämlich der Vertreter stets nur im fremden oder eigenen Namen und bringt damit unmittelbare Vertragsbeziehungen zwischen dem Geschäftsherrn und dem Dritten zustande. Das anglo-amerikanische Prinzip der *undisclosed agency* ist daher eine Besonderheit. Hiernach können selbst dann, wenn der Vertreter im eigenen Namen auftritt, direkte Beziehungen zwischen dem Geschäftsherrn und dem Dritten entstehen. Die englische Rechtsprechung hat dieses bedenkliche Instrument eingeengt und läßt Rechtsbeziehungen nur noch dann zwischen dem verdeckten Geschäftsherrn und dem Dritten entstehen, wenn der undisclosed-tätige Vertreter tatsächlich Vertretungsmacht hatte.

1. Die Vertretungsmacht

Die Vertretungsmacht *(power)* des Vertreters wird durch eine entsprechende Vereinbarung zwischen dem Geschäftsherrn und dem Vertreter begründet.[37] Hierfür reicht jede Form einer Vereinbarung aus, und es ist beacht-

37 Zum englischen Vertretungsrecht vgl. ausführlich *Graf von Bernstorff*, Einführung in das englische Recht, München 1996 S. 47ff.

lich, daß insbesondere der Grundsatz der *consideration* bei der Stellvertretung nicht gilt, und dies, obwohl auch kein Vertrag under seal vorliegt. Allerdings gibt es hierzu Ausnahmen: So muß die Vollmacht „under seal" erteilt werden, wenn der Vertreter berechtigt sein soll, Verträge under seal (z.B. bei Verfügungen über Grundstücksrechte) abzuschließen.

Im Hinblick auf den Umfang der Vertretungsmacht ist ebenfalls zu beachten, daß das englische Recht Besonderheiten kennt. Es wird unterschieden zwischen ausdrücklicher (express authority) und stillschweigender (implied authority) Bevollmächtigung. Bei Zweifelsfragen über den Umfang der Vollmacht ist diese auszulegen, wobei hier danach zu unterscheiden ist, in welcher Form die Vertretungsberechtigung erteilt wurde. Während eine Vollmacht under seal („power of attorney" genannt) eng ausgelegt wird, können bei normalen privatschriftlichen Vollmachtsurkunden auch Umstände eine Rolle spielen, die außerhalb des Vollmachtstextes stehen. Noch weiter ist die Auslegungsmöglichkeit bei einer mündlichen Vollmacht. Um den damit auftretenden Schwierigkeiten aus dem Wege zu gehen, empfiehlt es sich, in eine Vollmachtsurkunde ganz konkret aufzunehmen, für welchen Bereich diese Bevollmächtigung im Einzelfall gelten soll und welche Handlungen von der Vollmacht nicht mehr gedeckt sein sollen.

Für Gesellschaften ist anders als im deutschen Recht der Umfang der Vertretungsmacht beschränkt auf Handlungen, die im Rahmen des gewöhnlichen (satzungsmäßigen) Geschäftsbetriebes der jeweiligen Gesellschaft liegen (sog. „Ultra-vires"-Lehre). Allerdings kann eine englische Gesellschaft nur dann geltend machen, daß ein in ihrem Namen abgeschlossener Vertrag ultra vires ist, wenn entweder der Dritte im bösen Glauben (positive Kenntnis) handelte oder wenn der Vertrag von einer Person abgeschlossen wurde, die keine Ermächtigung zu dem Vertragsschluß hatte.[38]

2. Registereintragung

Es bietet sich an zu prüfen, ob sich die Vertretungsberechtigung bei englischen Unternehmen so wie in Deutschland anhand eines Registers feststellen läßt. Das in England vorhandene Register[39] ist jedoch mit dem deut-

38 Ein guter Glaube wird grundsätzlich vermutet, und es muß nicht mehr beim Registrar of Companies oder in den Articles oder dem Memorandum der Gesellschaftsverträge nachgeforscht werden, ob die Gesellschaftssatzung die Befugnisse des Vertreters (z.B. eines „directors") einschränkt.

39 Es gibt ein englisches und ein schottisches Register. In London ist dies das „Companies Registration Office, 55–71 City Road, London EC 1", in Edinburgh das „Scottish Registrar of Companies, Exchequer Chambers, 102 George Street, Edinburgh EH2 3DJ". Diese Register erstellen nur Gründungsbescheinigungen und bestätigen damit, daß bei Gründung der Gesellschaft die gesetzlichen Gründungsvoraussetzungen erfüllt wurden.

schen Handelsregister nicht zu vergleichen, was seinen Grund in einer unterschiedlichen Verfahrensweise bei der Gesellschaftsgründung hat. In England und Schottland entsteht nämlich eine Gesellschaft nicht durch Registrierung, sondern durch Ausstellung eines *certificate of incorporation*[40] durch den Registrar of Companies.

Das „Gesellschaftsregister“ *(Companies Registry)* hat dadurch eine andere Aussagekraft als z.B. das deutsche Handelsregister. Um eine Gründungsbescheinigung (certificate of incorporation) zu erhalten, müssen die Gesellschaftsgründer (promoters) die Gesellschaft (company) beim *Registrar* zur Eintragung ins Register anmelden. Dazu müssen sie dem Registrar bestimmte Unterlagen vorlegen. Besonders wichtige Unterlagen sind zum einen das *memorandam of association,* das einen Teil der Gesellschaftssatzung darstellt und die Grundlagen und das Außenverhältnis der Gesellschaft zum Inhalt hat, und zum anderen die sog. *articles of association,* also der Teil der Gesellschaftssatzung, der das Innenverhältnis des Unternehmens regelt. Daneben müssen zur Eintragung z.B. auch weitere Erklärungen vorgelegt werden, so unter anderem eine Aufstellung über die Personen, die zugestimmt haben, Direktoren zu werden. Werden all diese Unterlagen nicht vorgelegt, gilt automatisch die Mustersatzung, wie sie in den Companies Regulations 1985 vorgesehen ist.[41]

Der Registrar prüft vorgelegte Dokumente nur auf ihre formelle Ordnungsmäßigkeit hin (ausreichende Zahl von Unterschriften; Beglaubigung durch einen Zeugen (witness), wobei keine notarielle Beglaubigung oder Beurkundung erforderlich ist). Ein Nachweis über die Einzahlung von No-

40 Die Gründungsurkunde (certificate of incorporation) wird beim Registrar of Companies (vgl. vorige Fn) hinterlegt und in ein besonderes Gesellschaftsregister (Companies Registry) eingetragen. Basis dafür ist sec. 10 Companies Act 1989. Eine Bekanntmachung dieser Eintragung erfolgt in der London Gazette (bzw. der Edinburgh Gazette). Obwohl der Drittkontrahentenschutz in England verbessert wurde (sec. 35 A Companies Act 1989), sollte vor Abschluß eines Vertrages mit englischen Gesellschaften die Satzung der Gesellschaft eingesehen werden, um festzustellen, ob das Geschäft im Einklang mit dem Gesellschaftszweck liegt; eine beglaubigte Abschrift ist beim Registrar (s.o.) erhältlich.

41 Companies Act 1985, sections 10 (1) und (2); 12, 13 bis 21 sowie die Companies (Tables A to F) Regulations 1985 in Verbindung mit Companies Act 1985, sections 3 und 8 mit Mustersatzungen für die in England bekannten Gesellschaftsformen *(Table A:* company limited by shares; *Table B:* private company limited by shares; *Table C* company limited by guarantee and not having a share capital; *Table D:* public company limited by guarantee and having a share capital; *Tahle E:* unlimited company having a share capital; *Table F* public company limited by shares). Das das Außenverhältnis regelnde *memorandum* beschreibt Firma, Sitz und Zweck des Unternehmens, Haftungsbeschränkungen, Hohe und Stückelung des Nominalkapitals. Ein Unternehmen englischen Rechts hat keine unbeschränkte Rechtsfähigkeit, sondern ist durch das memorandum beschränkt, wie die Rechtsprechung in *Ashbury Railway Carriage and Iron Co. v. Riche (187* 5) L R. 5 H. L. 6S3 und 670 festgestellt hat. Die *articles* dagegen befassen sich mit dem Innenverhältnis und geben Auskunft über das Gesellschaftskapital, die Geschäftsordnung der Hauptversammlung, Rechte und Pflichten der Direktoren, Gewinnverteilung, Buchführung usw..

minal- oder schon gezeichnetem Kapital ist nicht erforderlich. Die vom Registrar ausgestellte Gründungsurkunde beweist somit nur, daß alle formellen Voraussetzungen für die Gesellschaftsgründung erfüllt wurden.

Das englische Gesellschaftsregister gibt daher nur Auskunft über das tatsächliche Bestehen einer Gesellschaft; weiter gehende Möglichkeiten, wie sie etwa im deutschen Handelsregister über § 15 HGB eröffnet sind, kennt das englische Registerrecht nicht.

Ein Geschäftspartner eines englischen Unternehmens befindet sich daher in Schwierigkeiten, wenn er feststellen möchte, ob sein Vertragspartner, der für das englische Unternehmen auftritt, im Sinne des Unternehmens handelt und die notwendige Vertretungsmacht hat. Der Companies Act 1985[42] hat hier allerdings zu einem erweiterten Gutglaubensschutz im englischen Gesellschaftsrecht geführt. Eine Überprüfung der Vertretungsberechtigung der für eine englische Kapitalgesellschaft handelnden Personen ist nicht mehr mittels Articles of Association erforderlich, soweit nachweisbar ist, daß die handelnden Personen entweder das gesamte Board of Directors darstellen oder durch das gesamte Board bevollmächtigt wurden.[43]

3. Stellvertretung und internationaler Sachverhalt

Das englische Recht weist gegenüber dem deutschen Recht besondere Schwierigkeiten auf, wenn es um internationale Sachverhalte geht und der sog. kollisionsrechtliche Bereich betroffen ist. Gerade bei Fragen der Stellvertretung gibt es uneinheitliche englische Rechtsregeln, die teilweise auf Gewohnheitsrecht aufbauen und sich in der kollisionsrechtlichen Gesetzgebung und Rechtsprechung niederschlagen. Haben ein deutscher und ein englischer Vertragspartner Fragen des Stellvertretungsrechts zu klären, dann ist aus deutscher Sicht folgendes zu beachten: Liegt dem Vertrag englisches Recht zugrunde, muß für die englische Stellvertretung zwischen dem Innen- und Außenverhältnis unterschieden werden. Das Innenverhältnis unterliegt dem sog. *proper law of the contract*[44], also dem Recht des Landes,

42 Sec. 35, Companies Act 1985: „In favour of a person dealing with a company in good faith, any transaction decided by one of the directors deemed to be one which is within the capacity of the company to enter into ..."

43 *Klebs*, Erste Richtlinie 68/151 EWG oder Ultra Vires Lehre und kein Ende, BWNotZ 1995 S. 12ff.

44 Das proper law of the contract ist eine international-privatrechtliche Grundregel des englischen Rechts; vgl. dazu z.*B. Cheshire & Norths*, Private International Law, 11. Auflage, London 1987, S. 447ff, sowie die grundlegende Rechtsprechung in *Vita Food Products Inc. v. Unus Shipping Co. Ltd. (1939)* A. C. 277 auf S. 289–290 und (1939) 1 All E. R. 513, 521; *Armin Rasheed Shipping Corp v. Kuwait Insurance Co.* (1984) A. C. 50, 60; *A B Bofors UVA v. A B Skandia Transport* (1982) I Lloyd s Rep. 410.

in dem der Geschäftsherr tätig ist und in dem die Vertretungsmacht bestimmt wird. Für das Außenverhältnis der Stellvertretung soll nach der überwiegenden englischen Rechtsprechung das Recht des Hauptvertrages maßgeblich sein[45], den der englische Stellvertreter z.B. mit dem deutschen Kontrahenten abschließt. Um Schwierigkeiten in der Praxis zu umgehen, sollte daher schon aus diesem Grunde zumindest der Hauptvertrag (z.B. der internationale Liefervertrag o.ä.) dem deutschen Recht unterliegen, und es muß beachtet werden, daß das Innenverhältnis der Stellvertretung, sofern auf der Seite des Engländers ein Vertreter tätig wird, nach englischem Recht beurteilt werden kann.

III. Das französische Recht

Auch das französischrechtliche Stellvertretungsrecht weicht stark vom deutschen System ab. So gibt es keine zusammenhängende gesetzliche Regelung, wie sie etwa im deutschen BGB in den §§ 164ff vorhanden ist. Der Code Civil enthält in den Artikeln 1984ff für den hier interessierenden Bereich der rechtsgeschäftlichen Vollmacht *(mandat)* einige Bestimmungen. Erst in neuerer Zeit wird im französischen Recht getrennt zwischen der – nach außen wirkenden – Stellvertretung (représentation) und dem Innenverhältnis in Gestalt des Auftrags (mandat), ohne daß es dabei jedoch schon zu einer dogmatisch sauberen Trennung kommt. So wird auch heute noch der Begriff „mandat" oder „procuration" zur Bezeichnung der Stellvertretung verwendet.[46]

Nach Art. 1984 und 1985 Code Civil wird die Vollmacht stets durch Vertrag begründet, wobei sich dessen Zustandekommen nach den Regeln des Abschlusses des Auftragsvertrages richtet. Anders als im deutschen Recht unterliegt die Begründung der Vollmacht denselben Formerfordernissen wie der Hauptvertrag, für den die Vollmacht benötigt wird. Es ist noch auf eine weitere Besonderheit in diesem Zusammenhang hinzuweisen: Art. 1985 Absatz 1 Satz 2 Code Civil verweist auf den Art. 1341 Code Civil, der

45 Die englische Rechtsprechung ist uneinheitlich. So kann es auch auf das Recht des Ortes ankommen, an dem der Stellvertreter handeln soll, *Albeko Schuhmaschinen AG v. Kambonen Shoe Machine Co. Ltd.* (1961) 111 L.J. 519, oder der Hauptvertrag hat sich nach dem für das Innenverhältnis maßgeblichen Recht zu richten: *Ruhy SS Co v. Commercial Union Assurance Co* (1933) All E. R7lO C.A.; *Britannia SS Insurance Association Ltd. v. Ausonia Assicurazioni SpA* (1984) 2 Lloyd's Rep 98, 101. Aus all diesen Gründen empfiehlt sich die Vereinbarung deutschen Rechts für den Hauptvertrag.

46 *Hübner/Constantinesco,* Einführung in das französische Recht, 3. Auflage, München 1994, S. 151f; die Begriffe Vollmacht und Auftrag werden im französischen Recht oft synonym benutzt.

als zwingende Beweisvorschrift bei Geschäften im Wert von über FF 5.000,– Schriftform erforderlich macht. Dies bedeutet für die Praxis, daß jede Vollmacht für Geschäfte über FF 5.000,– schriftlich vereinbart sein muß, um späteren Beweisanforderungen genügen zu können.[47]

1. Die Vertretungsmacht

Wie im deutschen Recht, so entstehen auch in Frankreich Rechte und Pflichten nach Art. 1998 Absatz 1 Code Civil unmittelbar in der Person des Vertretenen, sofern der Vertreter im Rahmen seiner Vertretungsmacht rechtsgeschäftlich im Namen des Geschäftsherrn auftritt.

Es ist im französischen Rechtskreis nicht immer klar erkennbar, welchen Umfang eine Vollmacht hat. Es wird zwar unterschieden nach Generalvollmacht (mandat générale) und Spezialvollmacht (mandat spéciale), doch ist dies noch weiter aufgesplittet in eine Vollmacht „mit allgemeinem Inhalt" (en termes généraux) und mit „speziellem Inhalt" (en termes spéciaux). Aus diesem Grunde empfiehlt es sich, stets in Vollmachtsurkunden ganz konkret aufzunehmen, zu welchen Handlungen der Vertreter berechtigt sein soll, sobald er auf der Grundlage des französischen Rechts für seinen Geschäftsherrn tätig wird. Ein deutscher Kaufmann sollte die von einem französischen Vertragspartner vorgelegte Vollmachtsurkunde dagegen aus den oben geschilderten Gründen sehr eng auslegen und sich etwa nicht genannte Befugnisse des ihm gegenüber auftretenden Bevollmächtigten gesondert bestätigen lassen.

Handelt der Vertreter ohne die erforderliche Vertretungsmacht, so kommt Art. 1375 Code Civil zur Anwendung. Danach muß der Geschäftsherr alle Verbindlichkeiten erfüllen, die der Vertreter ohne Vertretungsmacht für ihn eingegangen ist, sofern dieses Geschäft für den Geschäftsherrn nützlich ist. Damit gelangt das französische Recht auch ohne (die ansonsten nach Art. 1998 Abs. 2 Code Civil mögliche) nachträgliche Genehmigung bei berechtigter Geschäftsführung ohne Auftrag zur Begründung einer wirksamen Verpflichtung gegenüber dem Vertretenden; ansonsten tritt eine Haftung des Vertreters nach Art. 1382 Code Civil ein.

47 Dieses Beweiserfordernis ergibt sich aus Art. 1341 Code Civil (la preuve testimoniale) in Verbindung mit dem Décret No. 80 533 vom 15. Juli 1980, welches die Summe auf FF 5.000 festlegt. Zu diesem gesamten Themenkomplex vgl. die Rechtsprechung Reims, 27.5.1980; Gaz. Pal. 1980. 2.554 (1re esp.); Civ. 1re, 25.1.1989, Bull. Civ. 1., No. 42; Rev.Trim.dr.civ. 1989. 79; Rev. trim.dr.civ. 1990. 79. – Für den Beweischarakter der Vollmacht soll allerdings die Unterschrift des Geschäftsherrn oder auch ein Zeugenbeweis ausreichend sein, *Ferid/Sonnenberger*, Das französische Zivilrecht, Band 1/1., 2. Auflage 1994, Rn 1 F 532 und 1060.

Eine Besonderheit des französischen Rechts besteht darin, daß gesetzlich standardisierte handelsrechtliche Vollmachten (wie etwa die *Prokura* oder *Handlungsvollmacht* im deutschen Recht) nicht bekannt sind. Will ein Kaufmann eine solche Bevollmächtigung vornehmen, geschieht dies nach den obengenannten Vorschriften des Code Civil über das Institut des mandat.

Für Fragen des Umfangs der Vertretungsmacht im Gesellschaftsrecht ist das Reformgesetz Nr. 66–537 vom 24.7.1966 (L. 1966), das einen Anhang des Code de Commerce darstellt, heranzuziehen. Bei der GmbH (Société à Responsabilité Limitée, S. A. R. L.) ist die Vertretungsmacht der Geschäftsführer durch den Gesellschaftszweck begrenzt, wobei eine Überschreitung gutgläubigen Dritten gegenüber nicht entgegengehalten werden kann. Außerdem wirken gemäß Art. 49 Abs. 1 bis 7 des L. 1966 Beschränkungen der Vertretungsmacht nicht gegenüber Dritten.

Die Société Anonyme (S.A.) ist entweder mit einem Verwaltungsrat und einer Hauptversammlung oder aber neuerdings darüber hinaus zusätzlich mit einem Direktorium ausgestattet. Einschränkungen der Vertretungsmacht sowie Überschreitungen des Gesellschaftszwecks können gutgläubigen Dritten gemäß Art. 113 Abs. 1 bis 3 des L. 1966 nicht entgegengehalten werden.

2. Registereintragung

Es stellt sich an dieser Stelle wiederum die Frage, ob das französische Recht, ebenso wie das deutsche, ein Handelsregister kennt, und ob sich mit dessen Hilfe Vertretungsberechtigungen nachprüfen lassen.

Französische Handelsunternehmen (Kaufleute, die in Frankreich ein Handelsunternehmen betreiben) sind verpflichtet, sich in das Handelsregister (registre de commerce et des sociétés) eintragen zu lassen.[48] Das französische Handelsregister unterscheidet sich jedoch im Hinblick auf Inhalt und Funktion, insbesondere bei der Publizität, erheblich vom deutschen Handelsregister, da in Frankreich die Eintragungen viel umfangreicher sind. So müssen auch familien- und personenstandsrechtliche Verhältnisse eingetragen werden, die z.B. im deutschen Handelsregister nicht eintragungsfähig sind, Dritten aber Auskunft über Verpflichtungsfähigkeit und

48 Dieses Handelsregister wurde durch das *décret du* 30 mai 1984 (Nr. 84–406 in der Fassung vom 3.12.1987) reformiert; dieses Décret ersetzt das frühere décret du 23 mars 1967. Einzutragen sind neben den Handelsunternehmen auch ausländische Gesellschaften, die in Frankreich eine Niederlassung oder Agentur eröffnen. Eine Eintragung (immatriculation) dauert wegen Art. 31 Absatz 2 des Registerdekrets 5 Tage.

Vermögenssituation des Kaufmanns geben, mithin also zur Beurteilung der Bonität herangezogen werden können.[49]

Die Registereintragung wird übermittelt an das *Institut National de la Propriété Industrielle* (INPI)[50], wo jeder Interessent Kopien oder Registerauszüge beantragen kann, da es ein öffentliches Register ist. Ebenso kann man sich informieren über das *Bulletin Officiel des Annonces Civiles et Commerciales,* in welchem die Registereintragungen stets veröffentlicht werden müssen.

3. Stellvertretung und internationaler Sachverhalt

Das französische Recht kennt kein umfassendes Kollisionsrecht, so daß bei internationalen Sachverhalten auf das Gewohnheitsrecht zurückgegriffen werden muß. Anders als im deutschen Recht wird – wie oben bereits ausgeführt – nicht klar getrennt zwischen Innen- und Außenverhältnis der Vollmacht. Dies führt im Ergebnis für die Anknüpfung eines Sachverhalts nach international-privatrechtlichen Maßstäben dazu, daß nicht zwischen Grundvertrag und Vollmacht getrennt wird.

Im französischen Recht ist daher für die Beurteilung der rechtsgeschäftlichen Vertretungsmacht das Recht entscheidend, das auch für das Innenverhältnis zwischen Geschäftsherrn und Vertreter gilt. Als weitere Konsequenz bedeutet dies auch, daß kein gesondertes „Vollmachtsstatut" vorhanden ist, sondern die grundsätzliche Parteiautonomie der Vertrags-

49 Es werden sogar einige Straftaten eingetragen. Eintragungen von natürlichen Personen können bereits einen Monat vor Beginn der kaufmännischen Tätigkeit beantragt werden; spätestens innerhalb von zwei Wochen nach Aufnahme der Tätigkeit muß der Eintragungsantrag vorliegen, wenn ein Strafverfahren vermieden werden soll, Art. 7 des Registerdekrets in der Fassung vom 27.12.1985. Das in vier Abteilungen geführte Handelsregister kennt Abteilung A für Einzelkaufleute, Abt. B für Handelsgesellschaften, Abt. C für wirtschaftliche Interessengemeinschaften und Abt. D für Gesellschaften des Code Civil. Für Eintragungen auf der Geschäftsstelle des tribunal de commerce ist ein Verwaltungsangesteller, der sog. *greffe*, zuständig. Er ist als juristischer Laie nicht in der Lage, wie etwa in Deutschland eine richterliche Gründungskontrolle vorzunehmen und weitere rechtliche Gegebenheiten zu überprüfen. Insofern ist die Uberprüfung der eingereichten Unterlagen lediglich eine Verwaltungsaufgabe. Zu dieser Thematik vgl. *Sonnenherger,* Französisches Handels- und Wirtschaftsrecht, 2. Auflage, Heidelberg 1991, S. 79ff mwN.

50 Das INPI, ansässig in 26 bis Rue de Leningrad, 75008 Paris, führt ein zentrales nationales Handels-und Gesellschaftsregister und erleichtert damit den Informationsfluß zwischen den einzelnen Registergerichten. Über das INPI kann man auch Unternehmensauskünfte (z.B. über Bilanzen) erhalten, wie es von Art. 35–1 des arrêt du 9 février 1988 in der Fassung vom 18.10.1988 ermöglicht wird. Der Zugriff auf Geschäftspapiere ist unter den Eintragungsnummern möglich. Die Eintragungsnummer (etwa R. C. S. Paris B. 123 456 789) wird wie folgt zusammengesetzt: R (Registre), C (Commerce), S (Société), Ort des tribunal de commerce (hier im Beispiel Paris), neunstellige Identitätsnummer; hierzu umfassend *Sonnenberger* aaO (vorige Fn), S. 81f.

partner sich auch auf die Vollmacht erstreckt: Beide Vertragspartner können mit ihrer (sonst nur für schuldrechtliche Verpflichtungen möglichen) *Rechtswahl* auch über das für die Vollmacht geltende Recht bestimmen. Fehlt jedoch eine Rechtswahl (auch für den Hauptvertrag), dann kommt aus französischer Sicht das Recht des Ortes zur Anwendung, an dem der Vertreter handelt.

IV. Besonderheiten des Vertretungsrechts in weiteren Staaten

Wegen der großen Bedeutung dieser Thematik – vor allem auch für die Geschäfte innerhalb der Europäischen Union – sollen in diesem Kapitel noch einige Hinweise auf die Besonderheiten des Stellvertretungsrechts einzelner EU- und weiterer Nicht-EU-Staaten gemacht werden.

1. Belgien

In Belgien ist das Recht der Handelsgesellschaften in den Lois coordonnées des sociétés (L.c.s.) vom 30.11.1935 geregelt.[51] Bei einer Société en nom collectif (S.N.C.), vergleichbar einer oHG, ist jeder Gesellschafter einzeln vertretungsberechtigt (Art. 17 L.c.s.). Bei einer Société en commandite simple (S.C.S.), vergleichbar einer KG, erfolgt die Vertretung nur durch die persönlich haftenden Gesellschafter, nicht aber durch Kommanditisten. Die Société Anonyme (S.A.), praktisch eine „AG“, wird durch den Verwaltungsrat (conseil d’administration) vertreten; die Vertretung im täglichen Rechtsverkehr kann auf Direktoren und sonstige Personen übertragen werden (Art. 63 L.c.s.), wenn entsprechende Klauseln im Gesellschaftsvertrag vorhanden sind und eine Veröffentlichung in den „Annexes“ zum „Moniteur Belge“ erfolgt ist (Art. 54 Abs. 5 und 63 Abs. 2 S. 2 L.c.s.).

Bei einer GmbH, der Société à responsabilité limitée (S.P.R.L.), erfolgt die Vertretung durch die von den Gesellschaftern bestimmten Geschäftsführer (géants), die selber keine Gesellschafter sein müssen.[52] Immer ist ein Gesellschafter einzeln vertretungsberechtigt.[53] Anderes kann Dritten ge-

51 Dieses ist Titel IX des 1. Buches des belgischen Code de Commerce. Daneben sind auch die Art. 1832ff des Code Civil Belge heranzuziehen. Allgemein zu diesem Themenkreis: *Hoffmann*, Das neue Recht der Handelsgesellschaften in Belgien, RIW 1985 S. 539ff; *ders.*, Grundzüge des belgischen Handels-, Gesellschafts- und Wirtschaftsrechts, Bern/München 1995, S. 86ff mwN; *Verhoeven/Schwarzt*, Das neue belgische Gesellschaftsgesetz und die entsprechenden Regelungen des deutschen Aktienrechts, RIW 1992 S. 624ff.

52 Art. 129 Abs. 1 L.c.s.

53 Art. 130 Abs. 2 L.c.s.

genüber nur gelten, wenn dies Dritten gegenüber bekanntgemacht wurde. In allen Fällen erfolgt der Nachweis der Vertretungsmacht durch einen Auszug aus dem Handelsregister[54], welches in Belgien bei den Handelsgerichten (tribunal de commerce) geführt wird und den Geschäftszweck sowie Umfang der Vertretungsmacht wiedergibt. Im übrigen kann auf die oben bereits genannten Annexes zum Moniteur belge zurückgegriffen werden.

2. Dänemark

Im dänischen Recht fehlen bislang Regeln über das anwendbare Recht im Zusammenhang mit Fragen der Stellvertretung.[55] In der Regel ist die Vollmacht nach dem Recht des Handlungsortes anzuknüpfen, während die Vertretung von Gesellschaften sich nach dem Sitzrecht der Gesellschaft beurteilt. Gesetzliche Grundlage des dänischen Vertretungsrechts ist das Gesetz Nr. 242 vom 8.5.1917.[56] Nach den §§ 10 und 26 dieses Gesetzes binden Rechtsgeschäfte, die der Vertreter im Rahmen der Vertretungsmacht im Namen des Prinzipals tätigt, den Geschäftsherrn unmittelbar.

Bei der handelsrechtlichen Vertretung ist ein weiteres Gesetz[57] heranzuziehen. Der Geschäftsherr kann einen Prokuristen bestellen; besondere Formvorschriften bestehen nicht. Der Prokurist kann für das Unternehmen zeichnen und es in allen zum Betrieb des Handelsgeschäfts gehörenden Angelegeneheiten vertreten.[58]

3. Irland

Das Recht der Republik Irland stimmt in diesem Bereich mit dem Rechtszustand Englands überein, was seinen Grund darin hat, daß Irland bis 1921 Teil des United Kingdom war. Insoweit ist auf die Anmerkungen oben zuverweisen.

54 Art. 10ff L.c.s.

55 *Sandrock*, Handbuch der internationalen Vertragsgestaltung, Bd. 2, Heidelberg 1980 Rn 117 mwN.

56 Gesetz Nr. 242 vom 8.5.1917 über Verträge und andere Rechtsgeschäfte auf dem Gebiet des Vermögensrechts (Aftalelov), vgl. *Sandrock* aaO (vorige Fn), Rn 123, im übrigen mit Hinweis auf die deutschsprachige Darstellung des dänischen Vertretungsrechts in *Schweisthal*, Die Stellung des Unternehmensleiters nach nationalem Recht der EG-Mitgliedsstaaten, Diss. Bochum 1978.

57 Gesetz Nr. 23 vom 1.3.1883 betreffend Handelsregister, Firma und Prokura, (Firmalov), §§ 25 bis 32.

58 § 25 Satz 1 Firmalov. – Für Handelsvertreter gilt im übrigen das Gesetz über Kommission, Handelsagentur und Handelsreisende vom 8.5.1917.

4. Italien

Das italienische Stellvertretungsrecht ist im allgemeinen Vertragsrecht erfaßt.[59] Bei gegebener Vertretungsmacht muß eine *Offenkundigkeit* des Handels im fremden Namen (contemplatio domini) vorliegen. Dabei ist diese Offenkundigkeit enger als im deutschen Recht: Der Geschäftsherr muß nämlich ausdrücklich genannt werden.[60]

Bei Handelsgesellschaften (Società in nome collettivo, S.N.C.) erfolgt die Vertretung durch einen oder mehrere Geschäftsführer (amministratore), die – anders als im belgischen Recht – stets auch Gesellschafter sein müssen. In der Regel ist jeder Gesellschafter Geschäftsführer und auch einzelnvertretungsberechtigt. Ausnahmen hiervon ergeben sich nach entsprechender Handelsregistereintragung. Der Umfang der Vertretungsmacht ist durch den Gesellschaftszweck begrenzt; Einschränkungen wirken Dritten gegenüber nur, wenn diese im Handelsregister aufgeführt ist. – Bei Kommanditgesellschaften (Società in accomandità semplice, S.A.S.) erfolgt die Vertretung nur durch Geschäftsführer, die immer persönlich haftende Gesellschafter sind. – Die Aktiengesellschaft (Società per azioni, S.p.A.) kann nur durch den Geschäftsführer (amministratore) oder den Verwaltungsrat (consiglio di amministrazione) vertreten werden. Verwaltungsratsmitglieder werden innerhalb von 2 Wochen nach Wahl durch die Hauptversammlung im Handelsregister eingetragen und sind – wenn nichts anderes bestimmt ist – einzelnvertretungsberechtigt[61] – Die GmbH (Società a responsabilità limitata, S.R.L.) wird durch einen oder mehrere Gesellschafter als Geschäftsführer vertreten.

Für Handelsgesellschaften wird in Italien der Nachweis der Vertretungsmacht durch Eintragung in ein dem deutschen Handelsregister vergleichbares Unternehmensregister (Registro delle imprese) erbracht.[62] Für Kapitalgesellschaften ist der amtliche Anzeiger[63] für Aktiengesellschaften und GmbHs heranzuziehen.

59 Art. 1387 bis 1400 Codice Civile; zur Prokura (institore, Art. 2203 bis 2208 Codice Civile), zum Handlungsbevollmächtigten (procuratore, Art. 2209 Codice Civile), hierzu *Kindler,* Einführung in das italienische Recht, München 1993, S. 95ff; *Rahm*, das internationale Gesellschaftsrecht Italiens, Diss. Münster (1990) – zum Recht der Handelsgesellschaften Art. 2247 bis 2510 Codice Civile.

60 Vgl. dazu Art. 1388 Codice Civile.

61 Art. 2266 Abs. 2 Codice Civile. Der Umfang der Vertretungsberechtigung ist auf den gesellschaftszweck begrenzt, Art. 2384 Abs.1 Codice Civile.

62 Dieses besteht erst seit kurzem durch Art. 8 des Gesetzes vom 29.12.1990, n. 580. Das Register wird bei den Handelskammern unter der Aufsicht eines Richters geführt und ist öffentlich.

63 Bolletino delle società per azioni e a responsabilità limitata, „B.U.S.A.“).

5. Luxemburg

Das luxemburgische Stellvertretungsrecht stimmt im wesentlichen mit dem belgischen/französischen Recht überein.

6. Niederlande

Das Vertretungsrecht[64] ist für Handelsgesellschaften im Handelsgesetzbuch und im Bürgerlichen Gesetzbuch geregelt.[65] In Personenhandelsgesellschaften (Vennootschap onder firma, V.O.F.) ist jeder Gesellschafter einzeln zu Vertretung berechtigt, wobei für Kommanditgesellschaften (Commanditaire Vennootschap, C.V.) die Einschränkung gilt, daß nur der persönlich haftende Gesellschafter vertretungsberechtigt ist. Die Aktiengesellschaft, eine in den Niederlanden auch für kleinere Unternehmen gebräuchliche Rechtsform (Naamloze Vennootschap, N.V.) wird, ebenso wie die erst seit Anfang der siebziger Jahre bekannte GmbH (Besloten Vennootschap, B.V.), immer nur durch den Vorstand vertreten. Einschränkungen der Befugnisse können Dritten gegenüber nicht geltend gemacht werden.[66]

Der Nachweis der Vertretungsmacht erfolgt durch Eintragung in das bei den regional zuständigen Industrie- und Handelskammern geführte Handelsregister (Kamers van Koophandel) sowie durch die daneben erfolgende Eintragung im niederländischen Staatsanzeiger (Nederlandse Staatscourant).

7. Österreich

Das österreichische Recht entspricht im wesentlichen den deutschen Prinzipien. Die Vertretungsmacht ist aus den an erstinstanzlichen Gerichten geführten Handelsregistern (in Wien: Handelsgericht) nachvollziehbar bzw. durch die Bekanntmachung der Eintragung im Amtsblatt zur Wiener Zeitung.

64 Hierzu in Auswahl: *Gotzen*, Niederländisches Handels-und Wirtschaftsrecht, Heidelberg 1979; *ders.*, Die GmbH in den Niederlanden (1977); *ders.*, Die Personengesellschaften im niederländischen Handelsrecht, (Internationale Wirtschaftsbriefe) IWB 1981, 697; *Haarhuis*, Gesellschaftsrecht in den Niederlanden, 1995.

65 Wetboek van Koophandel, WvK und Burgerlijk Wetboek, B.W.

66 Vgl. Art. 130 Abs. 2 und 3 B.W. für die N.V. und Art. 240 B.W. für die B.V.

8. Portugal

Auch Portugal[67] hat ein dem deutschen System ähnelndes öffentliches Handelsregister.[68] Handelsgesellschaften (Sociedade em nome colectivo, S.N.C.) werden durch die Geschäftsführer, Kommanditgesellschaften (Sociedade em commandita simples, S.C.S.) durch einen oder mehrere Geschäftsführer vertreten, die stets persönlich haftende Gesellschafter sein müssen. Die Aktiengesellschaft (Sociedade anònima, S.A.) wird durch den Verwaltungsrat und die GmbH (Sociedade de responsabilidade limitada) durch einen oder mehrere Geschäftsführer vertreten, die nicht Gesellschafter sein müssen.

9. Spanien

Ähnlich wie in Portugal ist es auch in Spanien.[69] Das neugeordnete öffentliche Handelsregister[70], das in jeder Provinzhauptstadt besteht, entspricht dem deutschen Handelsregister. Daneben kann ein allgemeines Gesellschaftsregister (Registro Mercantil Central) um Handelsregisterauskünfte gebeten werden. Die Vertretungsbefugnisse entsprechen denjenigen, wie sie für Portugal beschrieben wurden. Allerdings besteht für die durch ein neues Gesetz vom 23.3.1995 neu formierte GmbH-Gesetzgebung eine Besonderheit darin, daß die früheren Befugnisse der Gesellschafter stark eingeschränkt wurden. Nunmehr legt die GmbH-Satzung fest, in welcher Weise Verwalter der Gesellschafter vertretungsberechtigt sind.

10. USA

Das Stellvertretungsrecht der USA[71] baut auf dem Fallrecht der einzelnen Bundesstaaten auf. Es gibt nur wenige bundesgesetzliche Regelungen im UCC für spezielle Fragen der Vollmacht.[72] Im übrigen hat sich das US-ame-

67 Zur Vertiefung: *Jayme*, Neues Gesellschaftsrecht in Portugal – IPR und Fremdenrecht, IPRax 1987 S. 46ff; *Rau*, Die Vertretung der portugiesischen GmbH – ein Lotteriespiel?, RIW 1986 S. 20f.

68 Gesetzesgrundlage ist der Código do Registro Comercial vom 3.12.1986; zuständig ist die „conservatória", in deren Bezirk die Gesellschaft ihren Sitz hat.

69 Zur Vertiefung: *Güntzer*, Die Reform des spanischen Gesellschaftsrechts, RIW 1989 S. 619ff; *Fischer/Fischer*, Spanisches Handels- und Wirtschaftsrecht, 2. Aufl. 1995.

70 Durch Gesetzesdekret vom 29.12.1989; "Regolamento del Registro Mercantil".

71 *v. Samson-Himmelstjerna*, Überblick über die Gesellschaftsformen der Vereinigsten Staaten von Amerika, RIW 1983 S. 152ff; *Elsing*, US-amerikanisches Handels- und Wirtschaftsrecht, Heidelberg 1995.

72 So zum Beispiel im Wertpapierrecht (§ 3–403 UCC).

rikanische Stellvertretungsrecht stark am englischen Vorbild orientiert. Trotz der Ähnlichkeit sollen in Kürze einige wichtige Besonderheiten dargestellt werden.

Eine Stellvertretung (agency) kann durch ausdrücklichen oder stillschweigenden Vertrag entstehen, wobei Schriftform in einigen US-Bundesstaaten dann erforderlich ist, wenn der vom Vertreter abzuschließende Vertrag seinerseits dem Schriftformerfordernis unterliegt.[73] Nach UCC § 4–405 gilt im Hinblick auf das Erlöschen der Vollmacht der Grundsatz, daß Dritte so lange auf das Fortwirken der Vollmacht vertrauen dürfen, bis sie von dem Beendigungsgrund der Vollmacht positive Kenntnis erhalten haben.

a) Die Vertretungsmacht

Im wesentlichen kommen hier die zum englischen Recht gemachten Ausführungen zum Tragen. Bezüglich des Innenverhältnisses der Stellvertretung ist zu beachten, daß das amerikanische Recht ein dem deutschen § 181 BGB entsprechendes Verbot des Selbstkontrahierens und der Mehrvertretung kennt, solange nicht der Geschäftsherr ausdrücklich zustimmt. Im Außenverhältnis tritt wiederum die Problematik der *disclosed agency* auf. Hat der Vertreter die Identität des Geschäftsherrn offenbart, trifft den Vertreter keinerlei Vertragshaftung, solange er wirksame Vertretungsmacht hatte. Fehlte die notwendige Vertretungsmacht, haftet der *agent,* wobei anders als in § 179 BGB der vollmachtlose Vertreter nicht als Vertragspartner angesehen wird und daher nur für den tatsächlich entstandenen Schaden haften muß.

Für den Fall der *undisclosed agency* erkennt das US-amerikanische Recht grundsätzlich den agent als Vertragspartner an. Dies wird jedoch eingeschränkt, wenn der Dritte die Identität des Geschäftsherrn kennt oder selbständig erkennen kann und auch von der Vertretungsmacht des agent weiß; hier gibt die Rechtsprechung dem Dritten ein Wahlrecht und eröffnet die Möglichkeit, wahlweise den Geschäftsherrn oder den Vertreter in Anspruch zu nehmen.

b) Registereintragung

Das US-amerikanische Zivilrecht wirft im Hinblick auf etwaige Registereintragungen ähnliche Probleme auf wie das englische Recht. Auch die USA kennen kein „Handelsregister" im deutschen Sinne, doch gibt es für

73 Dies gilt insbesondere für Grundstücksgeschäfte sowie für die dem Statute of Frauds unterliegenden Geschäfte wie z.B. Bürgschaften, Kaufverträge über bewegliche Sachen mit einem Wert über 500 US-Dollar usw.

Personenhandels- und Kapitalgesellschaften gewisse Registrierungsvorschriften, die zumindest einige Auskunft über das Bestehen eines Unternehmens und über den Unternehmenszweck geben können.

Da es in den USA keinen handelsrechtlichen Begriff des „Kaufmanns" gibt, kennt man auch kein Sonderrecht der Kaufleute. Nur in wenigen US-Bundesstaaten ist die Registrierung eines Namens, unter dem das Unternehmen tätig ist, erforderlich.

Personengesellschaften (partnerships) basieren auf den Grundsätzen der *agency* (Stellvertretung): die partners vertreten sich gegenseitig und haben untereinander Sorgfaltspflichtcn zu beachten. Der in mehr als 40 US-Bundesstaaten angenommene Uniform Partnership Act stellt keinerlei Anforderungen an die Gründung einer Personengesellschaft. So stellt sich bei dieser Unternehmensform auch nicht die Frage einer Registrierung, da dies keine Entstehungsvoraussetzung für die Gründung einer Personengesellschaft ist. Anders ist es bei der *limited partnership,* die etwa mit der deutschen Kommanditgesellschaft vergleichbar ist. Zur Gründung einer solchen Gesellschaft ist der Abschluß eines schriftlichen Vertrages und dessen Registrierung in einem öffentlichen Register erforderlich.[74] Einem limited partner ist jede Beteiligung an der aktiven Geschäftstätigkeit der Gesellschaft verboten.

Bei *Kapitalgesellschaften* (corporations) hat jeder US-Bundesstaat sein eigenes Business Corporations Law. Dabei ist – aus deutscher Sicht – von Interesse, daß das amerikanische System nicht zwischen GmbH und Aktiengesellschaften unterscheidet, sondern nur eine Form der *corporation* kennt. Die Gründung einer corporation setzt die Unterzeichnung einer Gründungsurkunde der Gesellschaft[75] und die Einreichung der Urkunde bei der Registrierungsbehörde (Secretary of State) voraus. Die Gründungsurkunde muß durch einen notary public (Notar) beglaubigt sein, wobei sich diese Beglaubigung lediglich auf die Unterschriften bezieht.

Es sollte erkennbar geworden sein, daß der Blick in ein amerikanisches Register nicht weiterhilft, wenn ein deutscher Außenhandelsvertragspart-

74 Dieses öffentliche Register wird in den meisten US-Bundesstaaten beim sog. county clerk geführt; vgl. z.B. für New York das New York Partnership Law, § 91 (b); *Elsing* aaO S. 153. Das „certificate of limited partnership" enthält den Namen des Unternehmens und macht Angaben über die Geschäftstätigkeit und die von den Kommanditisten zu erbringenden Einlagen.

75 Die Gründungsurkunde enthält Angaben über die Gesellschaft und den Gesellschaftszweck, darüber hinaus in einigen Bundesstaaten auch über ein Mindestkapital (z.B. 1.000 US-Dollar). Die Urkunde wird je nach Staat unterschiedlich bezeichnet als „articles of association" oder „certificate of incorporation" oder als „charter"; vgl. hierzu *Elsing*, US amerikanisches Handels- und Wirtschaftsrecht, Heidelberg 1985, S. 156f, und *Samson/Himmelstjerna,* Überblick über die Gesellschaftsformen der Vereinigten Staaten von Amerika, RIW 1983 S. 152.

ner z.B. über die Vertretungsberechtigung seines amerikanischen Kontrahenten weitere Information sucht. Entweder läßt er sich daher die Gesellschaftsverträge aushändigen, um im Hinblick auf die Vertretungsmacht sicherzugehen, oder aber er bedient sich anwaltlicher Hilfe und erbittet die Erstellung eines Rechtsgutachtens (legal opinion).

c) Stellvertretung und internationaler Sachverhalt

Geht es um einen internationalen Sachverhalt und ergibt sich die Situation, daß entschieden werden muß, nach welchem Recht sich etwaige Fragen des Stellvertretungsrechts klären lassen, dann kann es zu kritischen Problemen kommen. Das Kollisionsrecht für den Bereich der Vollmacht ist in den USA derart differenziert, daß für Ausländer in diesen Dingen eine große Unsicherheit herrscht. Wohl überwiegend stellen Gerichte bei Streitfällen auf das *center of gravity*, also auf den Schwerpunkt des Vertragsverhältnisses, ab, wenn es um Anknüpfungsfragen des Stellvertretungsrechts geht. Dies kann im Ergebnis dazu führen, daß ein deutsches Unternehmen nicht darauf vertrauen kann, daß bei entsprechender Rechtswahl stets auch im Streitfall deutsches Recht für die Beurteilung der amerikanischen Vollmacht zur Anwendung gelangt. Es kann nämlich ein mit einem Streitfall befaßtes amerikanisches Gericht zu dem Ergebnis kommen, daß für die Beurteilung des Falles das *center of gravity,* also das Recht des Ortes zur Anwendung gelangt, an dem die Vollmacht ausgesprochen wurde, und dies ist bei einer US-amerikanischen Bevollmächtigung eines Stellvertreters dann oft das amerikanische Recht.[76]

V. Zusammenfassendes Ergebnis

Die Gegenüberstellung der Regelung unterschiedlicher Rechtsordnungen im Hinblick auf das Stellvertretungsrecht hat einige beträchtliche Unterschiede aufgezeigt. Sei es, daß eine Rechtsordnung im materiellen Teil des Vertretungsrechts keine großen Unterscheidungen trifft, sei es, daß kollisi-

76 Vgl. zu dieser Problematik *Hay,* Einführung in das amerikanische Recht, Darmstadt 1975, S. 144f mwN auf die Rechtsprechung in *Wyntt v. Fulrath,* 16 N Y. 2d 169, 211 N. E. 2d 637 (1965) und *Feinberg v. Auto BanEing Corp,* 353 F Supp. 508 (E. D. Pa 1973). Das europäische Prinzip einer Trennung von Innen- und Außenverhältnis der Vollmacht kennt das US-amerikanische Recht nicht; daher bestimmt zum Beispiel das Recht des Ortes, an dem der Vertreter auftragsgemäß handeln soll, das Innenverhältnis der Vollmacht und daneben auch die Rechte und Pflichten des Geschäftsherrn im Außenverhältnis gegenüber dem Dritten.

onsrechtlich anders angeknüpft wird als in anderen Rechtsordnungen – stets ist bei internationalen Sachverhalten gerade beim Auftreten von Stellvertretern Vorsicht geboten. Auch der Blick in ein „Handelsregister" hilft oft – vor allem in Staaten des anglo-amerikanischen Rechtskreises – nicht weiter. Was ist also zu tun, um in der Praxis größere Risiken beim Abschluß von Außenhandelsverträgen zu vermeiden?

Zunächst ist es aus Beweisgründen – und um in einigen Ländern den Formerfordernissen zu genügen – ratsam, eine Vollmacht grundsätzlich *schriftlich zu* erteilen und in der Urkunde genau aufzuführen, welche Befugnisse der Vertreter im *konkreten* Einzelfall haben soll. Dabei bietet es sich an, bei Kaufverträgen z.B. auch den Verhandlungsspielraum und einen Höchstbetrag für den Abschluß mit anzugeben. Aufgrund des Sprachproblems sollte die Bevollmächtigung *sprachlich* dem Bestimmungsland angepaßt sein. Beim Auftreten ausländischer Stellvertreter sollte die Vollmachtsurkunde *geprüft* und, wenn möglich, die Vertretungsberechtigung durch Einsichtnahme in ein *Register* im Ausland beziehungsweise in die Gesellschaftsverträge/Satzung (ggf. unter Hinzuziehung eines Fachmannes) nachgeprüft werden. Sofern alle diese Maßnahmen nicht weiterhelfen, bietet es sich natürlich immer an, direkt mit dem Geschäftsherrn in Kontakt zu treten, um Risiken zu vermeiden.

§ 5. Vertragsauslegung

Literatur: *Von Hoffmann*, zur Auslegung von Formularbedingungen des internationalen Handelsverkehrs, AWD 1970, 247; *Kötz*, Vertragsauslegung – eine rechtsvergleichende Skizze, FS Zeuner (1994), 219ff; *Lando*, The Interpretation of Contracts in the Conflict of Laws, RabelsZ 38 (1974), 388ff; *Nicklisch*, Die Ausfüllung von Vertragslücken durch das Schiedsgericht, RIW 1989, 15.

I. Grundsätze der Auslegung

1. Das deutsche Recht

Das Schuldverhältnis der Vertragspartner kann einige Bereiche aufweisen, deren Aussage nicht deutlich geworden ist. Im *deutschen* Recht kann dann mit Hilfe der §§ 133 und 157 BGB über den Weg der Auslegung der wirkliche Wille der Vertragspartner erforscht werden. Dabei ist auch die einzelne

Willenserklärung nach Treu und Glauben mit Rücksicht auf die Verkehrssitte auszulegen.[77]

2. Englisches Recht

Hiervon weicht das *englische* Recht mit seinem Beweisrecht (law of evidence) deutlich ab, weil es Regeln aufstellt, wann *außerhalb der Vertragsurkunde* liegende Beweismittel als „extrinsic evidence" herangezogen werden können. Grundsätzlich gilt: Außerhalb der Vertragsurkunde liegende Beweismittel sind nicht zulässig, wenn sie den Inhalt der Urkunde ergänzen, verändern oder ihm gar widersprechen. Was die Parteien während der Vertragsverhandlungen sagen oder was sich aus sonstigen Umständen ergibt, ist unbeachtlich, wenn es von der schriftlichen Vereinbarung abweicht. Ein *extrinsic evidence* ist aber möglich, wenn ein Vertragstext von vornherein nicht alles, sondern nur einen Teil des Vertrages wiedergeben sollte und damit durch das extrinsic evidence beispielsweise eine nachträgliche Vertragsänderung oder etwa auch die Gegenleistung durch Beweismittel außerhalb der Urkunde nachgewiesen wird. Ist ein Vertrag von vornherein nicht als vollständige Vereinbarung anzusehen, wird er in der Rechtssprache meist als „memorandum" bezeichnet – außerhalb der Urkunde liegende Beweismittel sind dann zulässig.

Übereinstimmend mit der deutschen Auslegungspraxis ist das englische Recht jedoch in dem Bereich, wo ein Begriff zwei Bedeutungen zuläßt und dann diejenige vorgezogen wird, die den Vertrag wirksam macht. Stets wird aber der Vertragstext als Ganzes ausgelegt, so daß eine einzelne Klausel eine einschränkende Auslegung erfahren kann. Ein Vertragstext wird zuungunsten der Partei ausgelegt, die sich auf ihn beruft (contra proferentem rule). Bei Aufzählungen kann ein allgemeiner Begriff, der speziellen Begriffen gegenübersteht, restriktiv interpretiert werden (ejusdem generis rule).[78]

77 BGHZ 47, 78; Der Unterschied zwischen § 133 BGB und § 157 BGB besteht darin, daß § 133 BGB auf den empirischen Parteiwillen abstellt (natürliche Auslegung), während § 157 BGB auf die objektive Erklärungsbedeutung verweist (objektiv normative Auslegung).

78 *Triebel/Hodgson/Kellenter/Müller*, Englisches Handels- und Wirtschaftsrecht, 2. Auflage, Heidelberg 1995 Rn 115.

II. Auslegung von Rechtswahl und Hauptvertrag

1. Rechtswahl

Die Vertragsauslegung ist vor allem dann von großer Bedeutung, wenn nicht nur das Schuldverhältnis an sich interpretationsbedürftig ist, sondern wenn auch unklar ist, nach welchem nationalen Recht die Beurteilung der Sachlage zu erfolgen hat[79], weil etwa auch das Zustandekommen der Rechtswahlvereinbarung zweifelhaft ist. Es wird an anderer Stelle bei Behandlung der *Rechtswahl* noch darzustellen sein, daß die Rechtswahlklausel (z.B. „Es gilt deutsches Recht“) für sich gesehen ein eigenständiger Vertrag ist, mithin also für sich allein rechtswirksam vereinbart oder aber unwirksam sein kann. Maßgebliche Norm für die Auslegung der Rechtswahlklausel ist immer Art. 27 EGBGB; es gilt der Grundsatz, daß das gesamte Vertragsverhältnis (also Hauptvertrag und Rechtswahlklausel gemeinsam) sich nach einer einzigen Rechtsordnung beurteilen soll, soweit es nicht ausnahmsweise Ziel der Parteien ist, abtrennbare Teile des Vertrages unter die Anwendung verschiedener Rechtsordnungen zu stellen.[80]

2. Hauptvertrag

Hinsichtlich der Auslegung des *Hauptvertrages* bestimmt Art. 32 Abs. 1 Nr. 1 EGBGB, daß das nach den Artikeln 27 bis 30 und nach Art. 33 auf einen Vertrag anzuwendende Recht auch für die Vertragsauslegung maßgeblich ist. Ist ein streitiger Sachverhalt vor Gericht anhängig, muß ein deutsches Gericht etwa anwendbare Vorschriften einer ausländischen Rechtsordnung von Amts wegen ermitteln.[81] Die Auslegung dient dann – aus deutscher Rechtssicht – der Erforschung des wahren Parteiwillens, während im englischen Rechtskreis über das Prinzip der „implied terms“ ein anderes Ergebnis erreicht wird, weil Gerichte dort von stillschweigenden Parteivereinba-

79 Hierzu *Lorenz*, Die Auslegung schlüssiger und ausdrücklicher Rechtswahlerklärungen im internationalen Schuldvertragsrecht, RIW 1992 S. 697ff.

80 Die Rechtswahl kann für den gesamten Vertrag oder nur einen Teil davon getroffen werden, Art. 27 Abs. 1 S. 3 EGBGB. Das geltende Recht für den Vertragsteil, für den keine Vereinbarung getroffen wurde, bestimmt sich nach Art. 28 EGBGB. Hinsichtlich der abtrennbaren Vertragsteile, die einem unterschiedlichen Recht unterworfen werden könnten, ist an einen abgrenzbaren Regelungsbereich gedacht, z.B. die Form des Vertrages, Regelung des Schadensersatzes o.ä.

81 § 293 ZPO; wird dieser Grundsatz mißachtet und statt dessen einfach die deutsche Rechtsordnung zugrunde gelegt, ist die Entscheidung mit Rechtsmitteln angreifbar.

rungen oder schlicht Unterstellungen ausgehen, die zu „normalerweise passenden“ Rechtsfolgen führen.[82]

Das internationale tätige Institut für die Vereinheitlichung des Privatrechts in Rom, UNIDROIT, beschäftigte sich mit einem Regelungskatalog, um die international anwendbaren Regelungen für die Auslegung von Verträgen zu vereinheitlichen. Diese Richtlinien[83] aus dem Jahre 1994 haben sich bislang noch nicht durchsetzen können.

§ 6. Einreden und Einwendungen

Literatur: *Dannemann/Karatzenis/Thomas,* Reform des Verjährungsrechts aus rechtsvergleichender Sicht, RabelsZ 55 (1991), 697; *Schack,* Wirkungsstatut und Unterbrechung der Verjährung im IPR durch Klageerhebung, RIW 1981, 301.

Es sind an dieser Stelle die möglichen Leistungsverweigerungsrechte darzustellen, die dazu führen können, daß ein einmal abgeschlossener Vertrag nicht erfüllt wird. In diesem Zusammenhang werden die sogenannten Einreden und Einwendungen beschrieben.

I. Das deutsche Recht

Einreden sind vor allem im gerichtlichen Rechtsstreit von Bedeutung, da sie dort ausdrücklich vom Berechtigten geltend gemacht werden müssen, um im Prozeß berücksichtigt werden zu können. Bei Einreden bleibt es daher dem Berechtigten überlassen zu entscheiden, ob er die ihm zustehenden Einreden als Gegenrecht geltend machen will. Dabei handelt es sich bei Einreden um Leistungsverweigerungsrechte, die nur die Durchsetzbarkeit eines Rechts behindern. So kann z.B. der Schuldner gegenüber dem Gläubiger die Einrede der Verjährung[84] des Anspruchs (§ 222 BGB)

82 So werden *vorvertragliche* Korrespondenzen nicht zur Auslegung herangezogen, was folglich dazu führt, daß im Vertragsschluß selbst alles klar und strukturiert ausgedrückt sein muß. Auch in Allgemeinen Geschäftsbedingungen geht man aus Sicht des englischen Rechts davon aus, daß die gesamte vorvertragliche Korrespondenz nicht zur Auslegung unklarer AGB herangezogen werden darf; Unklarheiten gehen zu Lasten des AGB-verwenders, OLG München RIW 1990, 585.

83 Principles of International Commercial Contracts, 1994.

84 Für die Verjährung gilt Art. 32 Abs. 1 Nr. 4 EGBGB. Die Verjährung richtet sich nach dem Recht, das für das Vertragsverhältnis gilt.

geltend machen und damit die geschuldete Leistung mit Recht auf Dauer verweigern. Bei einer Stundungsabrede kann der Schuldner z.B. darauf bestehen, daß der Gläubiger seinen Anspruch für eine vereinbarte Zeit nicht gegen ihn durchsetzt; auch hier macht der Schuldner dann eine Einrede geltend.

Einwendungen sind von Einreden zu unterscheiden. Einwendungen müssen von einem Gericht stets von Amts wegen berücksichtigt werden. Unter Einwendungen versteht man Umstände, die (wie z.B. die Geschäftsunfähigkeit eines Vertragspartners, § 104 BGB) ein Recht gar nicht erst entstehen lassen oder die nach erfolgreicher Anfechtung (§ 142 BGB) ein bereits entstandenes Recht wieder vernichten. Zu diesem Bereich zählen z.B. die vom Gesetz genannten Einwendungen wegen Willensmängeln bei Vertragsabschluß (§§ 116 bis 118 BGB für die bewußt fehlerhafte Abgabe von Willenserklärungen) und die §§ 119ff BGB für die irrtümliche Abgabe von Erklärungen. Daneben sind die gesetzlichen Verbote des § 134 BGB, die sog. Veräußerungsverbote der §§ 135 bis 137 BGB und die Sittenwidrigkeit von Geschäften nach §§ 138 und 123 BGB, zu beachten.

Es würde hier zu weit führen, auf alle diese Instrumente detailliert einzugehen. Wichtig ist nur der Hinweis auf die Einreden und Einwendungen als Leistungsverweigerungsrechte, die das Zustandekommen eines Vertrages oder seine Erfüllung behindern können. Interessant ist in diesem Zusammenhang wiederum, wie die ausländischen Rechtsordnungen sich bei Leistungsverweigerungsrechten verhalten.

II. Das englische Recht

Auch das anglo-amerikanische Recht kennt die Möglichkeiten der leistungshindernden Einreden und Einwendungen. Die wohl wichtigste – und oben bereits beschriebene – Einrede ergibt sich auf der Grundlage der *Statute of Frauds*, der zufolge beim Abschluß von Verträgen bestimmte Formvorschriften beachtet werden müssen.

Geschieht dies nämlich nicht, ist dem Schuldner der Leistung ein Leistungsverweigerungsrecht in Form einer Einrede (defense) eröffnet.[85]

85 Die Statute of Frauds aus dem Jahre 1677 hat heute noch Gültigkeit, vgl. dazu oben § 3 II 4, ist aber durch den Law Reform (Enforcement of Contracts) Act 1954 weitgehend auf die heutigen Bedürfnisse der Praxis hin reformiert worden. Anders als in den USA, die die Statute of Frauds noch in ihrer alten Fassung gelten lassen, ist in England jetzt nur noch formbedürftig: a) ein Interzessionsversprechen (Bürgschaft; Garantie) und b) ein Vertrag, durch den ein Grundstück oder Grundstücksrecht übertragen wird, vgl. *Cheshire Fifoot & Furmston's*, Law of Contract, 11. ed., London 1986 S. 193 und 214; zur Statute of Frauds allgemein vgl. ders. S. 189–215.

Weitere Einreden und Einwendungen werden durch arglistige Täuschung (fraud), Anwendung von Zwang (duress), Verstoß gegen gesetzliche Verbote (illegality), Sittenwidrigkeit (unconscionability), mangelnde Geschäftsfähigkeit (capacity) und schließlich durch Irrtum (mistake) und Verjährung begründet.[86]

Die Irrtumslehre ist in England anders als in Deutschland nur sehr schwer überschaubar. Wo es in der deutschen Rechtsordnung die Vorschriften der §§ 119ff BGB gibt, findet man sich in der englischen Rechtsprechung nur schwer zurecht, zumal es einander widersprechende Entscheidungen gibt. Abgesehen von der gesetzlichen Regelung im – für englische Verhältnisse noch „jungen" – Misrepresentation Act 1967 wird mit dem Begriff *mistake* der Irrtumsbegriff gemeint, der nicht auf unrichtigen Erklärungen basiert. Verträge, die einen „mistake" enthalten, sind dann von Anfang an als nichtig anzusehen, wenn der Vertragsgegenstand bei Vertragsabschluß nicht mehr besteht (z.B. die Kaufsache vor Vertragsabschluß zerstört wurde). Die Rechtsprechung hat sich an dieser Stelle auseinanderentwickelt und läßt durchaus auch eine ab der Gegenwart gültige Vertragsauflösung (rescission) oder eine Richtigstellung versehentlich falsch aufgesetzter Verträge (rectification) zu.

Zum *US-amerikanischen Recht* als teilweise mit Besonderheiten ausgestatteter Rechtsordnung des anglo-amerikanischen Rechtskreises sind an dieser Stelle nur wenige Anmerkungen erforderlich, da sich das amerikanische Recht – zumindest bei der grundlegenden Rechtsprechung – sehr stark am englischen Vorhild orientiert hat. Bedeutsam ist, daß die Statute of Frauds in den USA noch in vollem Umfang gilt, während die hierin geregelten Formbestimmungen in England schon weitgehend abgeschafft wurden.

Die Irrtumslehre ist in den USA etwas liberaler ausgeprägt als in England. Eine Vertragsauflösung wegen der Einrede des Irrtums wird von der Rechtsprechung häufig ausgeschlossen, wenn der Vertragspartner im Vertrauen auf das Bestehen des Vertrages bereits notwendige Leistungen vorgenommen oder erbracht hat und dadurch ein Wiederherstellen der Ausgangsposition nicht möglich ist. Zu einer solchen Rechtsprechung kann es in den USA nur kommen, weil ein Schadensersatzanspruch gegenüber dem

86 Insofern ist auf die gesetzlichen Grundlagen des Misrepresentation Act 1967 für die Rechtsfolgen der Täuschung, auf den Law Reform (Frustrated Contracts) Act 1945 für den Wegfall der Geschäbsgrundlage (frustration) und auf den Limitation Act 1939 für Fragen der Verjährung zurückzugreifen. Eine Gesamtkodifikation für die Fragen des Vertragsrechts, ähnlich der des BGB, gibt es in England nicht. Daher ist ergänzend die Rspr. heranzuziehen.

irrenden Vertragspartner nicht anerkannt wird und statt dessen die Vertragserfüllung verlangt wird.[87]

III. Das französische Recht

Im französischen Recht finden sich Regelungen zu Einreden wegen Willensmängeln. Zwar gibt es keine Gesetzesbestimmungen zum geheimen Vorbehalt (réserve mentale) und Scheingeschäft wie etwa im BGB, doch ist dem gutgläubigen Vertragspartner gegenüber für das Erfüllungsinteresse einzustehen. Die Regelung der Irrtumsfälle in Art. 1110 Code Civil ist undurchsichtig und unklar, da nach dieser Vorschrift „ein Irrtum nur beachtlich ist, wenn er die Substanz des Vertragsgegenstands betrifft".[88] Zur Einrede wegen Drohung und arglistiger Täuschung ist Art. 1117 Code Civil heranzuziehen, zur Sittenwidrigkeit von Geschäften (Art. 1108, 1123ff Code Civil) beziehungsweise zu mangelnder Geschäftsfähigkeit der Art. 1108 in Verbindung mit Art. 1133 Code Civil.

§ 7. Leistungsstörungen

Literatur: *Böckstiegel*, Vertragsklauseln über nicht zu vertretende Risiken im internationalen Wirtschaftsverkehr, RIW 1984, 1ff; *Jayme/Gebauer*, Zahlung einer „caparra" nach italienischem Recht als Verzugsschaden im Sinne des § 286 Abs. 1 BGB, IPRax 1994, 98ff; *Nolting*, Hoheitliche Eingriffe als Force Majeure bei internationalen Wirtschaftsverträgen mit Staatsunternehmen, RIW 1988, 511ff; *Schmitz*, Haftungsausschlußklauseln in AGB nach englischem und internationalem Privatrecht (1977).

Grundsätzlich gehen die Vertragspartner bei Vertragsabschluß davon aus, daß der Vertrag ordnungsgemäß erfüllt wird. Die Erwartung hinsichtlich ordnungsgemäßer Erfüllung der beiderseits versprochenen Leistungen

87 Restatement Contract 2d (1981), 4151ff.

88 Lehre und Rechtsprechung mußten wegen dieser Regelung einen in der Praxis handhabbaren Grundsatz entwickeln. Beachtlich ist ein Irrtum danach dann, wenn er bestimmendes Motiv des Vertragsschlusses war und sich auf wesentliche Eigenschaften bezog, so die Rechtsprechung Civ. 1re, 14.6.1989, und die Lehre in Bull. Civ. 1. No. 240; Rev. trim.dr.civ, 1992 S. 100.

ist im Außenhandel besonders groß, da es im internationalen Geschäft zusätzliche Probleme (fremde Rechtsordnung, Sprache etc.) gibt. Anders als bei den oben beschriebenen Einreden und Einwendungen kann es geschehen, daß der Vertragszweck durch ein Verhalten eines Vertragspartners oder durch außerhalb der Einflußnahme einer Vertragspartei liegende Umstände ganz oder teilweise vereitelt wird. Eine solche Leistungsstörung liegt nämlich dann vor, wenn die geschuldete vertragliche Leistung gar nicht möglich ist (Unmöglichkeit der Leistung) oder schlecht (positive Vertragsverletzung beziehungsweise nur verspätet (Verzug) erbracht wird.

Es ist in diesem Abschnitt, wiederum ausgehend vom deutschen Recht, aufzuzeigen, welche Rechte dem Gläubiger einer Leistung zustehen, sofern eine Leistungsstörung aufgetreten ist. Im internationalen Vertragsrecht kann es von großer Bedeutung sein festzustellen, ob auch ausländische Rechtsordnungen gewisse Prinzipien des Leistungsstörungsrechts kennen und ob der Gläubiger Schadensersatzansprüche geltend machen kann oder seinerseits von seiner Leistungspflicht befreit wird.

Hinsichtlich des anwendbaren Rechts bei einem internationalen Sachverhalt ist zunächst Art. 32 Abs. 1 Ziffer 3 heranzuziehen[89], wonach sich das geltende Recht nach den Regeln des *Vertragstatuts*[90] (Rechtswahl) bestimmt. Ob – und wie – ein Haftungsausschluß bei Leistungsstörungen (Unmöglichkeit, Verzug und positive Vertragsverletzung) möglich ist, richtet sich nach dem Schuldstatut.[91]

I. Das deutsche Recht

Aus deutscher Sicht geht es bei den Leistungsstörungen um die Behandlung der Begriffe Unmöglichkeit der Leistung, Schuldner- und Gläubigerverzug sowie um die sogenannte positive Vertragsverletzung. Um zu umfangreiche Ausführungen in diesem Kapitel zu vermeiden, werden nur wenige für die Rechtsvergleichung notwendige Anmerkungen gemacht.

89 Diese Vorschrift bestimmt: „Das nach den Art. 27 bis 30 … auf einen Vertrag anzuwendende Recht ist insbesondere maßgebend für … (3) die Folgen der vollständigen oder teilweisen Nichterfüllung dieser Verpflichtungen einschließlich der Schadensbemessung …"

90 Der Begriff *Vertragstatut* bedeutet: Die Beziehungen zwischen den Partnern eines schuldrechtlichen Vertrages beurteilen sich nach dem Recht, von dessen Regelungen die Parteien ausgingen. Ist ein Recht vereinbart, so ist das vereinbarte Recht „Vertragsstatut".

91 Unter Schuldstatut versteht man in internationalen Sachverhalten das Prinzip der freien Rechtswahl im Sinne des Art. 27 und 28 EGBGB für den Bereich schuldrechtlicher Beziehungen der Parteien.

1. Unmöglichkeit der Leistung

Im BGB wird zwischen objektiver und subjektiver sowie zwischen anfänglicher und nachträglicher Unmöglichkeit unterschieden. Die sog. objektive Unmöglichkeit liegt vor, wenn die geschuldete Leistung von niemandem erbracht werden kann (weil etwa die Sache nicht existiert oder zum Beispiel der Verkauf einer Ware verboten ist). Dagegen liegt eine subjektive Unmöglichkeit vor, wenn nur der Schuldner nicht in der Lage ist, die geschuldete Leistung zu erbringen (vgl. § 275 Abs. 2 BGB). – Eine anfängliche Unmöglichkeit liegt vor, wenn die Leistung von Anfang an, also schon vor Entstehung des Schuldverhältnisses, nicht erbracht werden kann, während die nachträgliche Unmöglichkeit erst nach der Entstehung des Schuldverhältnisses eintritt.

a) Grundsätze der Unmöglichkeit

Wegen des § 306 BGB ist ein auf eine unmögliche Leistung gerichteter Vertrag nichtig. Ist diese objektive Unmöglichkeit bei Abschluß des Vertrages bekannt (oder fahrlässig nicht bekannnt), dann ist dem Vertragspartner wegen § 307 Abs. 1 BGB der Schaden zu ersetzen, den dieser dadurch erleidet, daß er auf den Fortbestand des Vertrages vertraut (sog. „negatives Interesse"). Ein „positives" Erfüllungsinteresse braucht nicht ersetzt werden; der Vertragspartner trägt also ein gewisses Risiko selbst und kann nicht verlangen, so gestellt zu werden, als würde der Vertrag ordnungsgemäß abgewickelt.[92]

Die subjektive Unmöglichkeit wird im BGB nicht erwähnt. Im Umkehrschluß aus § 306 BGB (für die objektive Unmöglichkeit) wird gefolgert, daß das Vorhandensein anfänglicher subjektiver Unmöglichkeit den Vertrag nicht nichtig macht; trotz Unvermögens des Schuldners bleibt daher seine vertragliche Verpflichtung bestehen. Die herrschende Lehre legt dem Schuldner – auch mangels eigenen Verschuldens – stets eine Schadensersatzpflicht gegenüber dem Vertragspartner auf. Eingetreten werden muß dabei für das Erfüllungsinteresse und nicht nur, wie bei der objektiven Unmöglichkeit, für das Vertrauensinteresse des Vertragspartners.

Wenn eine nachträgliche Unmöglichkeit vorliegt, ist wegen § 275 Abs. 2 BGB zu prüfen, ob der Schuldner diesen Umstand zu vertreten hat. Ist dies nicht der Fall, wird der Schuldner von seiner Verpflichtung zur Leistung frei;

92 Zur Teilunmöglichkeit sind §§ 306 und 307 BGB zu beachten; Ausnahmen enthalten die §§ 437 und 440 Abs. 1 BGB; zur vorübergehenden Unmöglichkeit s. § 308 BGB.

der Gläubiger hat keinen Anspruch auf Schadensersatz. Der Schuldner ist nach § 281 Abs. 1 BGB zur Herausgabe des als Ersatz Empfangenen oder zur Abtretung des Ersatzanspruchs verpflichtet. – Hat der Schuldner die Unmöglichkeit zu vertreten, dann kann der Gläubiger Schadensersatz wegen Nichterfüllung verlangen.

b) Gegenseitige Verträge

Bei gegenseitigen (Leistungsaustausch-)Verträgen sind weiterhin die §§ 323ff BGB hinzuzuziehen. Bei nachträglicher objektiver und subjektiver Unmöglichkeit ist zu fragen, wer die Unmöglichkeit zu vertreten hat. Hat keiner der Vertragspartner für die Unmöglichkeit der Leistung einzustehen, wird der Schuldner von der eigenen Leistung frei, und der Gläubiger braucht die Gegenleistung nicht zu erbringen (§§ 275 und 323 Abs. 1, 1. Hs. BGB). Hat der Gläubiger die Unmöglichkeit zu vertreten, muß er seinen Verpflichtungen nachkommen und zumindest eine Ersatzleistung erbringen. Hat schließlich der Schuldner die Unmöglichkeit zu vertreten, kann der Gläubiger wahlweise Schadensersatz wegen Nichterfüllung verlangen, vom Vertrag zurücktreten oder sich darauf berufen, von der Gegenleistung frei geworden zu sein (§ 325 Abs. 1 BGB).

2. Verzug

Wenn die Leistung nicht rechtzeitig erbracht wird, entsteht dem Vertragspartner ein Verzögerungsschaden.

a) Schuldnerverzug

Befindet sich der Schuldner in Verzug, kann der Gläubiger nach § 286 Abs. 1 BGB den Verzugsschaden ersetzt verlangen, wenn der Schuldner schuldhaft trotz Fälligkeit und Mahnung seine Leistung nicht erbringt (§§ 284, 285 und §§ 276ff BGB). Nach § 286 Abs. 2 BGB kann der Gläubiger unter Ablehnung der geschuldeten Leistung auch Schadensersatz wegen Nichterfüllung verlangen, wenn er an einer Erfüllung kein Interesse mehr hat. Bei gegenseitigen Verträgen ist auf § 326 BGB zurückzugreifen.

b) Gläubigerverzug

Gläubigerverzug liegt vor, wenn der Gläubiger die ihm angebotene Leistung nicht pflichtgemäß annimmt (vgl. §§ 293ff BGB). Das setzt voraus, daß der Schuldner zur Leistung berechtigt und imstande ist (§ 297 BGB) und die Leistung anbietet (§ 293 BGB), aber der Gläubiger die Leistung trotzdem nicht annimmt. Trotz des Gläubigerverzugs wird der Schuldner von seiner Leistungspflicht nicht frei; für leicht fahrlässiges Verhalten oder den zufälligen Untergang der Sache hat er aber nicht einzustehen. Dies geht mit § 324 Abs. 2 BGB sogar so weit, daß der Schuldner vom Gläubiger noch die Gegenleistung verlangen kann, selbst wenn ihm während des Gläubigerverzugs wegen eines von ihm nicht zu vertretenden Umstands die Leistung unmöglich wird.

c) Positive Vertragsverletzung

Das Instrument der positiven Vertrags- (oder „Forderungs"-)Verletzung ist im BGB nicht geregelt, sondern gewohnheitsrechtlich für die Fälle herausgebildet worden, in denen sämtliche von Unmöglichkeit und Verzug nicht abgedeckten Tatbestände der Nicht- oder Schlechtleistung mit einer entsprechenden (analogen) Anwendung der §§ 280, 286 und 325, 326 BGB erfaßt werden. Dieses nur ersatzweise zur Verfügung stehende Instrument setzt voraus, daß der Schuldner durch ein Handeln oder Unterlassen schuldhaft eine vertragliche Pflicht verletzt und dadurch dem Vertragspartner einen Schaden zugefügt hat. Es muß dann dem Vertragspartner in analoger Anwendung der §§ 280 und 286 BGB der durch die Pflichtverletzung entstandene Schaden ersetzt werden; daneben bleibt die Pflicht zur Erfüllung der zu erbringenden Leistung noch bestehen. Hat der Vertragspartner kein Interesse mehr an einer Erfüllung oder ist ihm eine Erfüllung nicht mehr zuzumuten, so kann er bei gegenseitigen Verträgen (also z.B. Kaufverträgen) analog §§ 325 und 326 BGB Schadenersatz wegen Nichterfüllung verlangen oder vom Vertrag zurücktreten.

II. Das englische Recht

Im Bereich der Leistungsstörungen unterscheiden sich das deutsche und das anglo-amerikanische Recht grundlegend. Das englische Recht unterscheidet nämlich nicht zwischen Unmöglichkeit, Verzug und positiver Vertragsverletzung, sondern kennt den zentralen Begriff des Vertragsbruchs (breach of contract).

1. Breach of Contract

Der Ansatz des englischen Rechts ist anders als des deutschen Rechts: Ein Vertrag wird im englischen Rechtskreis stets als ein „Garantieversprechen" aufgefaßt.[93] Wird der „garantierte" Erfolg von einer Vertragspartei nicht erbracht, kann der andere Partner nur wegen Nichteinhaltung der vertraglich übernommenen Garantie, also wegen eines breach of contract, Schadensersatzansprüche stellen. Dies führt im Ergebnis dazu, daß deutsche Voraussetzungen, nämlich Mahnung, Fristsetzung mit Ablehnungsandrohung oder Aufforderung zur Nachbesserung, im englischen Recht gar nicht bekannt sind. Im internationalen Geschäft ist daher zu beachten, daß die in Deutschland gewohnten Vorbedingungen für Ersatzpflichten wegen Leistungsstörungen im internationalen, englischen Rechtsregeln folgenden Markt nicht vorhanden sind und daß daher einem englischen Vertragspartner eine schnellere Durchsetzung seiner Ansprüche ermöglicht wird.

Das Garantieversprechen geht nicht auf Vertragserfüllung, sondern stets nur auf eine Entschädigung in Geld. Nur in bestimmten Einzelfällen kann ein Gericht bei Rechtsstreitigkeiten anstelle einer Entschädigung in Geld urteilen, daß der Vertrag erfüllt werden muß. Ein solcher Einzelfall kann etwa vorliegen, wenn es um den Kauf von seltener Ware geht oder wenn eine besondere Warenknappheit herrscht und daher ein großes Interesse an Vertragserfüllung besteht.

Unter bestimmten Voraussetzungen geht der Anspruch aus „breach of contract" nicht auf Geld. Ist die vereinbarte, aber nicht eingehaltene Vertragsbestimmung wesentlich, kann der „geschädigte" Vertragspartner seine eigene vertragliche Verpflichtung als nicht entstanden ansehen und die vereinbarte Gegenleistung verweigern bzw. eine bereits erbrachte Leistung zurückfordern. Wann eine Leistung wesentlich ist und wann nicht, läßt sich nur auf der Grundlage der englischen Rechtsprechung klären. Das englische Recht unterteilt Vertragsbestimmungen in *wesentliche* (conditions) und *unwesentliche* (warranties). Die Begriffe sind nur zum Teil zu vergleichen mit den deutschen Termini „Haupt-" bzw. „Nebenpflichten" eines Vertrages. Die Konsequenz der Einteilung ist bereits oben beschrieben: Liegt ein breach of contract mit einer condition vor, kann der Vertrag als beendet angesehen werden; liegt aber nur der „beach of warranty" vor, ist nur ein Schadensersatzanspruch in Geld möglich.

93 Vgl. dazu *Cheshire and Fifoot's*, Law of Contract, 11. ed., London 1986, S. 514ff, mwN auf die grundlegende Rechtsprechung zum breach of contract in: *Boone v. Eyree* (1779) I Hy BI 273; *Paradine v. Jane* (1647) Aleyn 26; rechtsvergleichend und mit Darstellung des geschichtlichen Hintergrunds *Zweigert/Kötz*, Einführung in die Rechtsvergleichung auf dem Gebiete des Privatrechts, 2. Auflage, Tübingen 1984, Band 2 S. 222ff 59.

2. Frustration of Contract

Eine wichtige Ausnahme von der Garantiehaftung, wie sie oben beschrieben ist, kennt das englische Recht mit der Lehre der frustration of contract. In einer alten Grundsatzentscheidung der Rechtsprechung wurde der Grundsatz aufgestellt, daß eine Vertragspartei an ihre vertragliche Zusage nicht mehr gebunden ist und auch nicht mehr wegen „breach of contract“ belangt werden kann, wenn die Erfüllung des Vertrages den Fortbestand eines bestimmten körperlichen Gegenstandes voraussetzt und dieser Gegenstand vor dem für die Erfüllung festgesetzten Zeitpunkt durch Zufall untergegangen war.[94] Dieser an die „Unmöglichkeit“ oder an das Institut des „Wegfalls der Geschäftsgrundlage“ des deutschen Rechts erinnernde Grundsatz entbindet im englischen Recht eine Vertragspartei von ihren Vertragspflichten nur in den seltenen Fällen, daß die Vertragserfüllung von der Existenz der untergegangenen Sache ahhängt.

Im Ergebnis kommt also das englische Recht mit nur wenigen Instituten aus, wenn es um den Bereich der Leistungsstörungen geht. Angesichts der Größe und Bedeutung des anglo-amerikanischen Rechtskreises sollte das Prinzip der Garantiehaftung bei Vertragsbeziehungen stets beachtet werden, zumal – und dies wird später bei Besprechung des UN-Kaufrechts noch näher auszuführen sein – sich der Grundsatz der Garantiehaftung auch im neuen UN-Kaufrecht durchgesetzt hat.

III. Abweichende Regelungen im US-amerikanischen Recht

Das *US-amerikanische Recht* folgt für das Gebiet der Leistungsstörungen im wesentlichen den englischen Vorgaben, kennt also auch den Grundsatz der „vertraglichen Garantiehaftung“ mit der Folge eines Schadensersatzanspruchs des Gläubigers, wenn der Schuldner einer Leistung den versprochenen Erfolg nicht herbeiführt. Allerdings hat das US-amerikanische Recht in den vergangenen Jahrzehnten – unabhängig vom englischen Recht – mehrfach die bestehende Rechtspraxis kodifiziert und gerade für den hier interessierenden Bereich des Handelsrechts mit dem Uniform Commercial Code ein Gesetzeswerk geschaffen, das auch die Leistungsstörungen (remedies) erfaßt. Die nachfolgenden Anmerkungen stehen speziell für den Warenkauf.

94 Hierzu ausführlich *Zweigert/Kötz* aaO (vorige Fn), S. 252ff; *Schmitthoff*, Export Trade, 8. Auflage, London 1986 S. 146ff und 154; I Congrese del Partido (1983) 1 A. C. 2 44; *Settlebello Ltd u Banco Totta and Acores* (1985) I W. L. R. 1050.

1. Leistungsstörungen im Warenkauf

Sofern vom Käufer zu vertretende Leistungsstörungen vorliegen, ist § 2–703 des Uniform Commercial Code zu beachten.[95] Danach hat der Verkäufer die nachfolgend beschriebenen, im Gesetz genannten Rechte, die er wahlweise geltend machen kann:

- Er kann seinerseits die Lieferung verweigern, wenn der Käufer insolvent ist, aus sonstigen Gründen nicht zahlt oder sich ohne Begründung vom Vertrag lossagt[96];
- er kann die Lieferung von Waren (unter den gleichen Voraussetzungen wie im zuvor genannten Grund) noch während des Transports an den Käufer stoppen, es sei denn, es sind bereits Orderpapiere über die Ware ausgestellt und an den Käufer übergeben worden[97];
- er kann ferner bei Kreditkäufen bereits ausgelieferte Waren vom Käufer innerhalb von 10 Tagen nach Lieferung zurückverlangen, sofern der Käufer bereits bei Lieferung insolvent war, es sei denn, daß die Ware bereits weiterverkauft wurde[98];
- er kann bei Kenntniserlangung von einer vom Käufer zu vertretenden Leistungsstörung die zu verkaufende Ware aussondern, an einen Dritten verkaufen und den Käufer für etwaige Preisdifferenzen haftbar machen;
- und er kann vom Vertrag zurücktreten oder Schadensersatzansprüche stellen.[99]

95 § 2–703 Uniform Commercial Code listet die Möglichkeiten auf wie folgt: „Where the buyer wrongfully rejects or revoces acceptance of goods or fails to make payment due on or before delivery ... and if the breach is of the whole contract (Section 2–612) ... the seller may (a) withhold delivery of such goods; (b) stop delivery by any bailee ..., (c) proceed under the next section respecting goods still unidentified to the contract; (d) resell and recover damages as provided in Section 2–706; (e) recover damages for non-acceptance (section 2–708) ...; (f) cancel.“

96 Uniform Commercial Code § 2–703 (a) und § 2–702 (2).

97 Uniform Commercial Code § 2–703 (b) und § 2–705; dazu auch *Elsing*, US-amerikanisches Handels- und Wirtschaftsrecht, Heidelberg 1985 S. 75; *White/Summers*, Uniform Commercial Code, 2. Auflage St. Paul (Minn.) 1980 S. 253ff.

98 Uniform Commercial Code § 2–702 (2) und (3); *Elsing* aaO (vorige Fn).

99 Uniform Commercial Code § 2–703 (f) bzw. (e) und (d) und § 2–706 (1) und 2–708; *Elsing* aaO; die Entscheidungen in *Meadowbrook Nat Bank v. Marcios*, 3 UCC 854 (N. Y. Sup. Ct. 1988); *Cole v. Melvin*, 441 F Supp. 193, 22 UCC 1154 (D. S. D. 1977).

2. Breach of Contract durch den Verkäufer

Die entsprechenden Möglichkeiten des Käufers, sofern Leistungsstörungen auf seiten des Verkäufers vorliegen, nennt die Vorschrift des § 2–711 Uniform Commercial Code. Danach kann der Käufer folgende Rechte geltend machen:

- Er ist berechtigt, die Kaufsache bei einem Dritten zu erwerben und vom Verkäufer die Differenz zwischen dem Vertragspreis und dem Beschaffungspreis zu verlangen[100];
- er darf die Annahme der Ware (auch nachträglich) verweigern und kann Rückzahlung des Kaufpreises verlangen[101];
- im Falle der Insolvenz des Verkäufers kann er die Herausgabe der Ware verlangen, sofern die Ware bereits im voraus bezahlt wurde und der Verkäufer sie bereits ausgesondert hatte[102];
- er kann vom Vertrag zurücktreten oder Schadensersatz verlangen oder – bei einmaligen Sachen – einen Anspruch auf Lieferung der Ware (andernfalls Schadensersatz) geltend machen.[103]

IV. Das französische Recht

Das französische Recht hat im Code Civil nur unvollständige Regelungen zum Begriff der Leistungsstörungen. Die Schlüsselvorschriften für Fragen der Leistungsstörungen finden sich vor allem in den Artikeln 1147, 1148 und 1184 des Code Civil. In Art. 1147 Code Civil wird für Leistungsstörungen der Begriff *inexécution de l'obligation* (Nichterfüllung der Verbindlichkeit) verwandt. Es ist festzuhalten, daß dieser Ausdruck all diejenigen Fälle umfaßt, die das deutsche Recht mit den Instituten der Unmöglichkeit, des Verzugs und der positiven Vertragsverletzung untergliedert. Insofern ist es im französischen Rechtskreis etwas einfacher, da nicht nach vielfältigen Gestaltungsrechten der durch Leistungsstörungen des Vertragspartners geschädigten Vertragspartei unterschieden werden muß.

100 Fall des sog. „cover purchase", Uniform Commercial Code § 2–711 (a) und 2–712; vgl. auch *Elsing* aaO S. 75; *White/Summers*, Uniform Commercial Code, 2. Aufl., St. Paul (Minn.) 1980, S. 492ff.

101 Uniform Commercial Code § 2–608 (I); *Elsing* aaO S. 76.

102 Uniform Commercial Code § 2–711 (2) iVm § 2–502; *Elsing* aaO S. 76 mit dem Hinweis darauf, daß dies einer der seltenen Fälle ist, in denen der Käufer einen Anspruch auf Erfüllung und nicht nur auf Schadensersatz hat.

103 Uniform Commercial Code §§ 2–711 (1), 2–713 bis 2–716; zur einmaligen Ware vgl. die Rspr. in *McCormick Dray Line Inc. v. Lovell* 13 Pa. D. & C. 2d 464 (C. P 1957).

1. Richterliche Gestaltungsmöglichkeiten

Das französische Recht kennt im Gegenteil weniger Gestaltungsrechte der geschädigten Vertragspartei. Statt dessen gibt Art. 1184 Abs. 3 Code Civil lediglich Gestaltungsmöglichkeiten eines zur Entscheidung der Streitsache angerufenen Gerichts. Nur ein Gericht kann nach dieser Vorschrift ein „den Umständen des Sachverhaltes gerecht werdendes Urteil“ sprechen und darf dies nach seinem Ermessen in Form einer Gewährung von Schadensersatz oder durch Setzen einer Nachfrist zur Behebung einer Leistungsstörung tun. Der Nachteil einer solchen gesetzlichen Vorgabe liegt auf der Hand: Es kann unter Umständen lange dauern, bis ein zur Entscheidung berufenes Gericht den Fall terminiert. Ferner ergibt sich für die Vertragsparteien die Schwierigkeit, daß nicht klar abzusehen ist, ob das Gericht die Leistungsstörung als geringfügig erachtet und keine Korrektur vornimmt.

2. Pacte Commissoire

In der Praxis ist dieses Verfahren so umständlich, daß es nicht häufig zur Anwendung gelangt. Die höchstrichterliche Rechtsprechung hat daher entgegen dem Wortlaut des Art. 1184 Abs. 3 Code Civil zugelassen, daß beide Vertragsparteien gemeinsam zu dem Ergebnis kommen dürfen, aufgrund von Leistungsstörungen auf seiten einer Partei den Vertrag einvernehmlich aufzulösen. Schließen daher Vertragspartner eine vertragliche Vereinbarung, so sollte eine „*pacte commissoire*“ genannte Vertragsklausel aufgenommen werden, die es einer Vertragspartei ermöglicht, bei Auftreten von Leistungsstörungen auf seiten des anderen Vertragspartners – unter Vermeidung der gesetzlichen Vorgaben – den Vertrag für aufgelöst zu erklären. Dies hat den großen Vorteil, daß es die Vertragsparteien selbst in der Hand haben zu entscheiden, wann sie ein Gestaltungsrecht anwenden wollen. Um willkürliches Vorgehen zu vermeiden, kann die pacte commissoire auch weitere Bedingungen aufnehmen: So kann festgelegt werden, daß vor Erklärung der Vertragsauflösung eine Mahnung zugestellt werden soll oder/und eine Nachfrist gesetzt werden muß.

3. Verfahren

Es geht dem durch eine Leistungsstörung betroffenen Vertragspartner in der Regel nicht um eine einfache Vertragsauflösung, sondern er will meist aufgrund eines bei ihm entstandenen Schadens eine Schadensersatzleistung erreichen. Ist die Vertragserfüllung nicht unmöglich geworden, geht ein Anspruch auf Erfüllung und auf Ersatz des Verzugsschadens (dommages-intérêts moratoires); liegt dagegen Unmöglichkeit vor, geht der Anspruch auf Schadensersatz wegen Nichterfüllung (dommages-intérêts compensatoires).[104] Um eine Schadensersatzleistung zu erreichen, muß der Schuldner gemäß Art. 1146 Code Civil durch eine Mahnung in Verzug gesetzt werden.

Die Mahnung selbst ist entweder durch den Gerichtsvollzieher (huissier) zuzustellen (sog. „sommation“) oder wird durch Klageerhebung ersetzt. Eine briefliche Mahnung genügt nur im Verkehr unter Kaufleuten und auch nur, wenn dies vorher in der pacte commissoire vereinbart wurde.

Außerdem muß dem betroffenen Vertragspartner die vorgeworfene Leistungsstörung auch zuzurechnen sein. Die Vorschriften der Art. 1147 und 1148 Code Civil verstehen darunter, daß ein Verschulden feststellbar sein muß.[105] Ein Leistungshindernis kann nicht als befreiend anerkannt werden.

V. Weitere Hinweise zu Leistungsstörungen

Das Recht der Leistungsstörungen ist in den Rechtsordnungen der Welt grundverschieden geregelt. Die bei grenzüberschreitenden Sachverhalten zutändige Rechtsordnung läßt sich über das Vertragsstatut ermitteln.

Im übrigen ist gerade der Bereich der Leistungsstörungen einer der besonders wichtigen Aspekte, die bei Ausschlußklauseln beziehungsweise in Allgemeinen Geschäftsbedingungen eine besondere vertragliche Ausgestaltung erfahren. Daher wird wegen weiterer Ausführungen zum Bereich der Leistungsstörungen auf das nachfolgende Kapitel „Lieferverträge“ und den dortigen Abschnitt zu Klauseln, die sich mit Leistungstörungen auseinandersetzen, verwiesen.

104 Vgl. Art. 1184 Abs. 2 Code Civil; Civ. 3e, 7 Juin 1989, J.C.P 1990.11.21456; Civ 1re, 29 Nov. 1989; Bull. Civ. 1, No. 365.; zur Möglichkeit einer bloßen Kaufpreisminderung vgl. die Rspr. in Com 12. Nov. 1991, Bull. Civ. IV, No. 345.

105 Nach *Hübner/Constantinesco*, Einführung in das französische Recht, 2. Auflage, München 1988 S. 143f, ist zwischen obligations de moyen und obligations de résultat zu unterscheiden. Für die ersteren ist das Verschulden nachzuweisen, während bei den Erfolgspflichten nur das vom Schuidner zu beweisende äußere Ereignis oder höhere Gewalt den Schuldner entlasten. Bei dieser Problematik können Freizeichnungsklauseln und die Vereinbarung von Vertragsstrafen eine wichtige Rolle spielen. – Die in Art. 1147 und 1148 Code Civil verwendeten Ausdrücke „cause étrangère, cas fortuit und force majeure“ sind synonym als „äußeres Ereignis“ zu verstehen.

Leistungsstörungen im Vertragsrecht

Bei Leistungsstörungen handelt es sich um Umstände, die eine ordnungsgemäße Erfüllung der vertraglich geschuldeten Leistung behindern oder gänzlich vereiteln. Das deutsche Recht unterscheidet in diesem Bereich eine Vielzahl von Begriffen der Leistungsstörungen, während die ausländischen Rechtsordnungen hier einen völlig anderen Weg gehen und, wie etwa das englische Recht, nur den einen zentralen Begriff des „breach of contract" kennen. Die nachfolgende Tabelle zeigt in groben Zügen die wichtigsten Unterscheidungsmerkmale der drei hier behandelten Rechtskreise auf.

Deutsches Recht	**Unmöglichkeit**
	– Anfänglich
	  – Objektiv: Niemand kann die Leistung erbringen. Nach § 306 BGB führt dies zur Nichtigkeit des Vertrages.
	  – Subjektiv: Nur der Schuldner kann die geschuldete Leistung nicht erbringen, arg. e. § 306 BGB: Der Vertrag wird zwar nichtig, aber es gibt einen Ersatz des Erfüllungsinteresses.
	– Nachträglich
	  – Sowohl objektiv wie subjektiv (wegen § 275 Abs. 2 BGB gleich behandelt).
	  – Hat der Schuldner der Leistung die nachträgliche Unmöglichkeit nicht zu vertreten, wird er von der Leistungspflicht befreit; sonst Anspruch auf Schadensersatz wegen Nichterfüllung.
	
	Verzug
	– Schuldnerverzug, §§ 284, 285 und 326 BGB (Verzugsschaden oder Schadensersatz wegen Nichterfüllung).
	– Gläubigerverzug, §§ 293ff, 324 BGB.
	
	Positive Vertragsverletzung
	– Für die Fälle, die von den Regelungen zu Unmöglichkeit und Verzug nicht erfaßt werden (von der Rspr. anerkannt).
	– Es sind unterschiedliche Rechtsfolgen möglich.

Englisches Recht	**Breach of Contract** – Vertragsbruch bei wesentlichen Vertragspflichten (conditions), Folge: Beendigung des Vertrages, Schadensersatzpflicht. – Vertragsbruch bei unwesentlichen Vertragspflichten (warranties), Folge: nur Schadensersatz in Geld.
Französisches Recht	**Inexécution de l'obligation** – Art. 1146 bis 1148 und Art. 1184 C.C; nur Gericht darf über eine Vertragsaufhebung entscheiden; sonst Schadensersatz. – Ausnahme: pacte commissoire (vertragliche Parteiabrede).

2. Teil

Der Liefervertrag im Außenhandel

§ 8. Hilfsmittel für die Vertragsgestaltung

Literatur (mit internationalem Bezug!): *Graf von Bernstorff*, Lieferverträge im Außenhandel, Stuttgart 1992; *Bundesstelle für Außenhandelsinformation* (Bearb.), Vertragsgestaltung bei Kaufverträgen unter ausländischem Recht – zur Ausarbeitung von Exportbedingungen, Köln 1985; *dies.*, Exportbedingungen nach UNCITRAL-Kaufrecht, Köln 1991; *Fosbrook/Laing*, The A–Z of Contract Clauses, London 1996; *Gaus*, Die praktische Bedeutung des UN-Kaufrechts für die Vertragsgestaltung und Abwicklung von internationalen Handelskäufen, WiB 1995, 273; *Meopham*, I.C.E.Conditions of Contract, London 1985; *Münchener Vertragshandbuch* (Bearb.), Band III, 2.Halbband, Internationales Wirtschaftsrecht, München 1997 (Mustertexte in engl.Sprache, dt.Übersetzung und Kommentierung); *Reithmann/Martiny*, Internationales Vertragsrecht, 5. Aufl., 1996.

Für die Vertragsgestaltung im Auslandsgeschäft stehen verschiedene Hilfsmittel zur Verfügung, die herangezogen werden können. Der nachfolgende Abschnitt (§ 9) beschäftigt sich übersichtsartig mit den – wenigen – hierfür im Markt vorhandenen Mustertexten beziehungsweise Hilfsmitteln für einzelne Vertragsbestandteile.

Im darauffolgenden Abschnitt (§ 10) wird dann ein Überblick über das neue internationale Kaufrecht (UN-Kaufrecht) gegeben, da es starke Auswirkung auf die Warenkaufgeschäfte deutscher Außenhändler hat. Der sich daran anschließende, sehr umfangreiche Abschnitt (Beginn mit § 11) befaßt sich dann mit den einzelnen Bestandteilen eines individuellen internationalen Kaufvertrages und behandelt Schritt für Schritt die Vertragskomponenten einschließlich der Darstellung und Besprechung von Mustervertragsklauseln.

I. Übersicht über nutzbare Vertragsgrundlagen

In der Außenhandelspraxis ist ein großer Bedarf an für das Auslandsgeschäft nutzbaren Standard- und Formularverträgen vorhanden. Zwei Organisationen haben sich in der Vergangenheit sehr darum verdient gemacht, die weltweiten Handelsaktivitäten mit Publikationen beziehungsweise Mustervertragsbedingungen zu unterstützen: die Internationale Handelskammer in Paris (ICC) und die UNO (mit zweien ihrer Ausschüsse).

1. Aktivitäten der ICC

An erster Stelle hervorzuheben sind die Aktivitäten der „ICC" (International Chamber of Commerce/Internationale Handelskammer) in Paris, die ein weltumfassender Unternehmensverband mit Mitgliedern aus mehr als 110 Staaten ist, der ca.1500 Wirtschaftsorganisationen und über 5.000 bedeutende Unternehmen der internationalen Wirtschaft umfaßt. Die ICC bildet damit das notwendige Gegengewicht zu staatlichen Organisationen, die sich mit Wirtschaftsfragen beschäftigen, und sie bietet mit dem Internationalen ICC-Schiedsgerichtshof, dem ATA-Carnet System für vorübergehende zollfreie Einfuhr, dem internationalen Seeschiffahrtsbüro (IMB) zum Kampf gegen betrügerische Handlungen im Seeverkehr, dem Counterfeiting Intelligence Bureau (CIB) zur Bekämpfung der Markenpiraterie, dem internationalen Umweltbüro (IEB) zur Unterstützung in Fragen des Umweltschutzes fachliche Unterstützung auf internationaler Ebene. Daneben sind im Außenhandel vor allem die Publikationen der ICC von großer praktischer Bedeutung.

Die Regelwerke der ICC werden meist als sogenannte „*Richtlinien*" publiziert, also in durchnumerierten Publikationen der Internationalen Handelskammer veröffentlicht. Sie dienen der Erleichterung des Außenhandels und geben – freiwillige – Grundlagen für die Abwicklung der Außenhandelsgeschäfte. Das Besondere daran ist also, daß der privatrechtlich organisierte Apparat der ICC lediglich eine Art von Empfehlung publiziert, die in verschiedenen Sprachen der Welt veröffentlicht wird, meist Interpretationsregeln beinhaltet und damit den Vorteil genießt, in allen Staaten gleichermaßen verstanden und interpretiert zu werden. Diese Publikationen werden nur dadurch Vertragsinhalt für die Unternehmen, daß die Außenhandelspartner bzw. der Außenhändler im Kontakt mit der das Auslandsgeschäft abwickelnden Bank sich ausdrücklich auf die Geltung der jeweiligen Publikation einigen.

Besonders bekannte und wichtige Richtlinien und Regelwerke sind etwa die „*Incoterms 1990*“ (Publikation der ICC Nr. 460), in Kraft seit dem 1.7.1990, die „*Einheitlichen Richtlinien für auf Anfordern zahlbare Garantien*“ (Publikation Nr. 458) aus dem Jahre 1992, der Sonderbericht zu „Betrügereien mit Dokumenten erstklassiger Banken“ (Publikation Nr. 530 aus dem Jahre 1994), die „*Einheitlichen Richtlinien und Gebräuche für Dokumentenakkreditive*“ (Publikation Nr. 500, in Kraft seit dem 1.1.1994), die „Einheitlichen Richtlinien für Rembourse zwischen Banken unter Dokumentenakkreditive“ (Publikation Nr. 525, gültig ab dem 1.7.1996) und die „*Einheitlichen Richtlinien für Inkassi*“ (Publikation Nr. 522, gültig ab 1.1.1996) – die kursiv gedruckten Richtlinien spielen im Außenhandel eine besonders herausragende Rolle.

2. UNO-Ausschuß UNCITRAL

Auf die Arbeit des UN-Ausschusses UNCITRAL[106] wird in § 10 vertieft eingegangen. Beachtlich ist, daß der UNO-Ausschuß UNCITRAL von vornherein nicht regulierend in die Außenhandelspraxis eingreift. Statt dessen erarbeiten die Arbeitsgruppen von UNCITRAL unterschiedliche Kodifikationen, die entweder als „Modellgesetz“ oder als „UNO-Konvention“ beraten und von der UNO abschließend verabschiedet werden. Erst wenn eine ausreichende Anzahl von Staaten sich in völkerrechtlich verbindlicher Weise verpflichtet, den Regelungsinhalt der jeweiligen Kodifikation in das nationale Recht zu übernehmen (dies geschieht durch die sog. Ratifikation) – dies sind häufig mindestens 10 Staaten –, wird die UNCITRAL-Regelung für die Unterzeichnerstaaten verbindlich. Für weitere Staaten wird die Regelung weiterhin offengehalten. – Wenn auf diese Weise UN-Regeln innerstaatliches Recht werden, werden auch die jeweiligen Staatsangehörigen von dem Regelungsinhalt der neuen Normen betroffen. Dies ist beispielsweise beim UN-Kaufrecht geschehen. Andere Regelungen stehen an, wie etwa für den Bereich des internationalen Zahlungsverkehrs, die Standby Letters of Credit, den Bereich des internationalen elektronischen Nachrichtenaustauschs (EDI), grenzüberschreitende Insolvenzen usw.

106 UNCITRAL = United Nations Commission for International Trade Law, Wien.

3. UNO-Ausschuß ECE

Ähnlich UNCITRAL arbeitet auch ein weiterer UNO-Ausschuß in Genf, der Wirtschaftsausschuß der Vereinten Nationen für Europa (Economic Commission for Europe), an grundlegenden Publikationen für den Außenhandel. Besonders bekannt und für die Praxis relevant sind die bereits in den sechziger Jahren entstandenen Allgemeinen Liefer- und Einkaufsbedingungen für bestimmte Produktgruppen, insbesondere aber für den Maschinen- und Anlagenbau. Der Vorteil für die Außenhandelspraxis besteht darin, daß die Publikationen in mehrsprachigen Varianten vorkommen, also synoptisch einander gegenübergestellt werden können und damit eine große Hilfe für die Formulierung von internationalen Verträgen darstellen können. Hierauf wird nachstehend noch konkreter eingegangen.

4. Sonstige Textgrundlagen

Neben diesen von internationalen Institutionen oder Organisationen herausgegebenen Textgrundlagen haben auch Verbände Mustervertragstexte herausgebracht, die sie ihren verbandsangehörigen Unternehmen zur Verwendung andienen. Praktisch hat jede größere Industrie oder Branche derartige Klauselwerke. In Deutschland sind beispielsweise die VDMA-Lieferbedingungen oder die Allgemeinen Lieferbedingungen der Elektroindustrie bekannt. Die Vorteile derartiger Vertragsbedingungen liegen auf der Hand: Zugeschnitten auf die spezifischen Bedürfnisse einer bestimmten Branche, können sie in besonderem Maße bei der Wortwahl der Allgemeinen Bedingungen auf die Notwendigkeiten der Geschäfte eingehen. Der Nachteil besteht darin, daß sich solche branchenbezogenen Vertragsbedingungen nicht ohne weiteres auf andere Gebiete übertragen lassen. Insofern soll es an dieser Stelle beim Hinweis auf für bestimmte Geschäftszweige der Praxis bestehende Vertragsformulare, sogenannte „Model Form Contracts“, verbleiben.

II. Publikationen der ICC

Für die Gestaltung internationaler Lieferverträge spielen ICC-Publikationen in drei Teilbereichen eine besonders wichtige Rolle: im Bereich der *Lieferbedingungen*, der *Zahlungsbedingungen* und der *Schiedsvereinbarungen*. In diesen drei Teilbereichen internationaler Kaufverträge kann man also auf bewährte Publikationen der ICC zurückgreifen. Alle drei Bereiche lassen sich selbstverständlich auch individuell gestalten, doch liegt der große Nutzen der ICC-Publikationen vor allem in der weltweit gleichen Interpretation von Begriffen und Abläufen. Dies soll nachstehend kurz beschrieben werden.

1. Lieferbedingungen der ICC

Die Lieferbedingungen der ICC werden mit dem Begriff „*Incoterms*"[107] umfaßt.

Die Versendung von Waren von einem Land zum anderen als Teil eines Handelsgeschäfts ist nicht ohne Risiken: Eine Schlecht- oder Nichtlieferung, sonstige Schäden oder gar der Verlust der Ware können auftreten und Rechtsstreitigkeiten der Vertragsparteien nach sich ziehen. Mit den Incoterms bestimmen Käufer und Verkäufer einfach und sicher ihre gegenseitigen Vertragspflichten hinsichtlich der jeweils durch eine Partei zu übernehmende Sachgefahr für die Ware und die Teilung bzw. vollständige Übernahme aller mit dem Versand der Ware zusammenhängenden Kosten. Das Risiko eines Mißverständnisses und von Streitigkeiten wird dadurch weitgehend begrenzt, weil eine Festlegung der Kosten- und Gefahrtragung aus dem jeweiligen Außenhandelsgeschäft getroffen wird. Auf diese Aspekte wird unten bei der Behandlung der Bestandteile des internationalen Liefervertrages ausführlich einzugehen sein.

2. Einheitliche Richtlinien für das Dokumentengeschäft

In der Außenhandelspraxis haben die Vertragspartner unterschiedliche Gestaltungsmöglichkeiten für die Abwicklung ihrer Warengeschäfte und der Kaufpreiszahlung. Wegen des beiderseitigen Sicherungsbedürfnisses, wonach vermieden werden soll, daß eine Vertragspartei gleichzeitig über Ware und Geld verfügen kann, legen Im- und Exporteure ihren Außenhandelsgeschäften meist dokumentäre Zahlungsbedingungen zugrunde. Die Zahlungsformen „*Dokumente gegen Akkreditiv*", „*Kasse gegen Dokumente*" und „*Dokumente gegen Akzept*" sind vom Grundsatz her eine sichere Basis für die Abwicklung der Geschäfte.

107 Incoterms = International Commercial Terms, derzeit in der Fassung „Incoterms 1990", Publikation Nr. 460. Ältere Ausgaben der Incoterms werden nicht außer Kraft gesetzt, so daß der Hinweis auf die Jahreszahl etwaige Zweifelsfragen ausschließt.

Die Internationale Handelskammer hat mit dem Aufstellen sogenannter Einheitlicher Richtlinien wiederum Regelwerke aufgestellt, die weltweit bekannt sind und überwiegend akzeptiert werden; teilweise haben sich auch eine Reihe von Banken individuell den Empfehlungen der Internationalen Handelskammer unterworfen. Bei der Behandlung der einzelnen Vertragsbestandteile (im Zusammenhang mit den „Zahlungsbedingungen“) wird später ausführlicher auf diese Einheitlichen Richtlinien einzugehen sein.

III. Publikationen der ECE

Die Economic Commission for Europe hat Musterklauseln herausgebracht, die auf wenige Teilbereiche des internationalen Geschäfts (vorwiegend den Maschinen- und Anlagenbau) beschränkt sind.

1. ECE-Bedingungen für Maschinen und Anlagen

Die „Allgemeinen Lieferbedingungen der ECE[108] für den Export von Maschinen und Anlagen“ (sog. ECE-Bedingungen), die von der Wirtschaftskommission der Vereinten Nationen für Europa aufgestellt worden sind, dienen als Grundlage für Exportverträge, mit denen Unternehmen der Industriestaaten Maschinen und Anlagen in Entwicklungsländer exportieren.

2. ECE-Bedingungen für andere Erzeugnisse

Neben den genannten ECE-Bedingungen[109] für Maschinen und Anlagen gibt es die von der ECE erstellten „Allgemeinen Verkaufsbedingungen für den Import und Export von langlebigen Konsumgütern und anderen Seri-

108 ECE steht für „Economic Commission for Europe“, den UN-Wirtschaftsausschuß für Europa, der in Genf ansässig ist.

109 Die ECE-Bedingungen wurden im März 1953 in Genf ausgearbeitet. Es gibt unterschiedliche Fassungen wie etwa die Allgemeinen Liefer- und Montagebedingungen für den Import und Export von Maschinen und Anlagen, Nr. 188 A vom März 1957, die bis heute Gültigkeit haben (mit einer neuen Textanlage vom März 1991), sowie weitere Allgemeine Bedingungen, etwa die Nr. 574 und 188. Interessant ist, daß, für die damalige Zeit passend, von den Texten je eine West- und eine Ostfassung besteht, so daß für Geschäfte mit den Staaten des damaligen Ostblocks gesonderte Bedingungen herangezogen werden konnten. Wegen weiterer Informationen sowie zum Bezug der Texte kann man sich wenden an den Maschinenbauverlag, Lyoner Straße 18, 60528 Frankfurt/M.

enerzeugnissen der metallverarbeitenden Industrie“ sowie weitere Allgemeine Bedingungen, u.a. für den Im- und Export von festen Brennstoffen oder den internationalen Verkauf von Zitrusfrüchten. Diese ECE-Bedingungen sind in der normalen Außenhandelspraxis kaum in Gebrauch, können aber wegen ihres Wortlauts für die Vertragsgestaltung mit anderen Inhalten gut als Formulierungshilfe herangezogen werden.

IV. UNCITRAL-Konvention zum internationalen Warenkauf

Die UNO hat neben dem soeben genannten ECE-Ausschuß einen weiteren Ausschuß, der sich steigender Bekanntheit erfreut: den Ausschuß für das internationale Handelsrecht (*UNCITRAL*[110] = United Nations Commission on International Trade Law, ansässig in Wien), der in den vergangenen Jahren vor allem dadurch berühmt wurde, daß er ein neues internationales Kaufrecht ins Leben rief. Dieses Kaufrecht wird im folgenden Kapitel sehr ausführlich dargestellt und ist im übrigen wegen seiner grundsätzlichen Bedeutung für den deutschen Außenhandel im Anhang dieses Buches vollständig abgedruckt. Die UNCITRAL-Konvention vom 11.4.1980 ist seit dem 1.1.1991 in Deutschland geltendes Gesetzesrecht für grenzüberschreitende Warenkaufgeschäfte. Der Entstehungsablauf des neuen Gesetzes sowie die wichtigsten Aussagen sind im nachfolgenden Kapitel beschrieben.

110 Dieser UNO-Ausschuß wurde 1973 durch Beschluß der Generalversammlung der UNO gegründet, UN-Resolution 2205 (XXI) und UN-Resolution 3108 (XXVIII) vom 12.12.1973. Anfangs waren es nur 29, später 36 Mitgliedstaaten, darunter Deutschland. In verschiedenen Arbeitsgruppen (Working Groups), die bis heute bestehen, werden verschiedene Konventionen, Modellgesetze und Verordnungen erarbeitet, die zunehmend Beachtung finden und die für die Außenhandelspraxis zu besonders großer Bedeutung erwachsen. Das Besondere an dieser Arbeit von UNCITRAL ist, daß die meisten Arbeiten durch Ratifikation der Vertragsstaaten in die jeweilige nationale Gesetzgebung gelangen und damit für die Staatsangehörigen automatisch verbindlich werden – ein deutlicher Unterschied zu den Werken der Internationalen Handelskammer, deren „Richtlinien“ nur durch ausdrückliche Einbindung der Vertragspartner Grundlage der Außenhandelsgeschäfte werden.

§ 9. Das Gesetz zum internationalen Warenkauf

Literatur (Auswahl): *Asam*, UN-Kaufrechtsübereinkommen im deutsch-italienischen Rechtsverkehr, RIW 1989, 942ff; *Blaurock*, Übernationales Recht des internationalen Handels, ZEuP 1993, 247ff; *Bonell*, UN-Kaufrecht und das Kaufrecht des Uniform Commercial Code im Vergleich, RabelsZ 58 (1994), 20ff; *ders.*, Vertragsverhandlungen und culpa in contrahendo nach dem Wiener Kaufrechtsübereinkommen, RIW 1990, 693ff; *v. Caemmerer/Schlechtriem*, Kommentar zum Einheitlichen UN-Kaufrecht, 2. Aufl., München 1995; *Diedrich*, Anwendbarkeit des Wiener Kaufrechts auf Softwareüberlassungsverträge, RIW 1993, 441ff; *Herber/Czerwenka*, Internationales Kaufrecht, Kommentar, München 1991; Karollus, UN-Kaufrecht, Wien, New York 1991; *Lurger*, Die Anwendung des Wiener UNCITRAL-Kaufrechtsübereinkommens 1980 auf den internationalen Tauschvertrag und sonstige Gegengeschäfte, östZRVgl.1991, 415ff; Magnus, Währungsfragen im Einheitlichen Kaufrecht. Zugleich ein Beitrag zu seiner Lückenfüllung und Auslegung, RabelsZ 53 (1989), 116ff; *ders.*, Zum räumlichen internationalen Anwendungsbereich des UN-Kaufrechts und zur Mängelrüge, IPRax 1993, 390ff; *Piltz*, UN-Kaufrecht, 2. Aufl., Bonn 1996; *ders.*, Neue Entwicklungen im UN-Kaufrecht, NJW 1994, 1101ff; *Reinhardt*, UN-Kaufrecht, Kommentar, Heidelberg 1991.

I. Entstehen des UN-Kaufrechts

Das Übereinkommen der Vereinten Nationen über internationale Kaufverträge wurde von der Kommission UNCITRAL erarbeitet und auf einer Konferenz in Wien am 11.4.1980 beschlossen.[111] Zu dieser Beschlußfassung konnte es kommen, weil sich zum einen die damals noch geltenden beiden Haager Kaufrechtsabkommen aus dem Jahre 1964 nicht durchgesetzt hatten (neben der Bundesrepublik Deutschland gab es nur weitere acht Vertragsstaaten) und weil zum anderen die berechtigte Aussicht bestand, daß mit dieser Konvention erstmals in der Geschichte ein wirkliches „*Weltkaufrecht*“ geschaffen werden könnte. Das UN-Abkommen vom 11.4.1980 trat erst am 1.1.1988 in Kraft, nachdem es gelungen war, bis Ende 1986 die erforderliche Zahl von mindestens zehn Ratifikationen (durch Ägypten, Argentinien, VR China, Frankreich, Italien, Jugoslawien, Lesotho, Sambia, Syrien, Ungarn, USA) zu erreichen.

Am 5.7.1989 hat der Deutsche Bundestag das sogenannte „Vertragsgesetz zum Übereinkommen der Vereinten Nationen vom 11.4.1980 über Verträge über den Internationalen Warenkauf“ (nachfolgend abgekürzt mit

111 An der Konferenz nahmen 62 Staaten teil – 42 Staaten paraphierten die Konvention. Heute (Stand Mitte 1997) liegen die Ratifikationen durch 46 Nationen vor.

„*UN-Kaufgesetz*“[112] bezeichnet) beschlossen. Nachdem die Ratifikationsurkunde am 21.12.1989 in New York hinterlegt wurde, trat dieses neue UNCITRAL-Abkommen über den Internationalen Warenkauf am 1.1.1991 für die Bundesrepublik Deutschland in Kraft.

Weltweit haben bereits 47 Staaten das Übereinkommen übernommen[113] und in Geltung gesetzt. Es befinden sich darunter viele sehr wichtige Außenhandelspartner der Bundesrepublik Deutschland (Stand Ende 1997: *Ägypten, Argentinien, Australien, Belgien (1.11.1997), Bosnien-Herzegowina, Bulgarien, Chile, VR China, Dänemark*[114]*, Deutschland, Ecuador, Estland, Finnland, Frankreich, Georgien, Guinea, Irak, Italien, Jugoslawien, Kanada, Lesotho, Litauen, Luxemburg (1.2.1998), Mexiko, Moldawien, Neuseeland, Niederlande, Norwegen, Österreich, Polen, Rumänien, Rußland, Sambia, Schweden, Schweiz, Singapur, Slowakei, Slowenien, Spanien, Syrien, Tschechische Republik, Uganda, Ukraine, Ungarn, USA, Usbekistan (1.12.1997)* und *Weißrußland).*

Das UN-Kaufrecht liegt in sechs verbindlichen Originalsprachen vor[115], wobei die deutsche Sprache keine Originalsprache ist. Bei Streitigkeiten der Außenhandelspartner hinsichtlich der Interpretation des UN-Kaufrechts wird in der Praxis meist auf die englische Textversion zurückgegriffen.

Es ist damit zu rechnen, daß das neue UNCITRAL-Abkommen zum internationalen Warenkauf die weltweiten Erwartungen auf eine Vereinheitlichung des internationalen Warenkaufrechts erfüllt. Für eine günstige Prognose spricht, daß an der Wiener Konferenz 62 Staaten beteiligt waren und daß innerhalb recht kurzer Zeit bereits 46 Vertragsstaaten die Regelungen dieser neuen Konvention in ihr nationales Recht übernommen haben.

112 Eine einheitliche Sprachregelung hat sich bisher immer noch nicht durchgesetzt. In diesem Buch wird stets vom UN-Kaufgesetz gesprochen. Weitere in der Praxis bekannte Bezeichnungen lauten „CISG“, was für den englischen Begriff „United Convention on Contracts for the International Sale of Goods“ steht, daneben „WKR“ (für „Wiener Kaufrecht“) und „UNCITRAL-Kaufrecht.“

113 Gültigkeit erlangt das Gesetz in den Staaten erst durch sog. „Ratifikation“, also durch eine völkerrechtlich verbindliche Weise, durch die sich ein Staat verpflichtet, die Vorgabe in sein nationales Recht zu übernehmen.

114 Dänemark, aber auch Finnland, Norwegen und Schweden haben von den Vorbehalten der Art. 92 (Nichtanwendung der Regeln zum Vertragsabschluß) und Art. 94 Gebrauch gemacht und schließen die Anwendung des Gesetzes bei Geschäften mit Vertragspartnern aus einem der jeweils anderen skandinavischen Ländern aus.

115 Dies sind die Sprachen Englisch, Französisch, Arabisch, Chinesisch, Russisch und Spanisch. Die vorliegende deutsche Übersetzung hat keine Rechtsverbindlichkeit zwischen den Vertragsstaaten und ist daher nur als Arbeitserleichterung für die Anwendung zu betrachten. Zwischen den deutschsprachigen Vertragsstaaten (Deutschland, Österreich, Schweiz) ist die Anwendung des deutschsprachigen Textes vereinbart worden. Im übrigen wird bei Auslegungszweifeln hinsichtlich der Übersetzung meist auf die Textinterpretation der englischen Fassung zurückgegriffen.

II. Grundlagen zum UN-Kaufrecht

Inhaltlich regelt das UN-Kaufgesetz Warenlieferungsgeschäfte im grenzüberschreitenden Verkehr mit besonderem Bezug zu mindestens einem Vertragsstaat. Das UN-Kaufgesetz deckt nicht alle Rechtsfragen des Warenkaufs ab, doch werden die wichtigsten Problembereiche des internationalen Warenlieferungsgeschäfts erfaßt. Besonders wichtig ist die Feststellung, daß das UN-Kaufgesetz mit seinen Spezialnormen die jeweiligen nationalen Rechtsbestimmungen des Kaufrechts (in Deutschland also Regelungen der §§ 433ff BGB) zurückdrängt, soweit es inhaltlich gegensätzliche Aussagen

Überblick über das UN-Kaufgesetz

Hinweis: Das UN-Kaufgesetz regelt nur Teilbereiche des Rechts zum internationalen Warenkauf, wie etwa das Zustandekommen des Vertrages und die Rechte und Pflichten der Vertragsparteien sowie die Rechtsfolgen bei Nichterfüllung dieser Pflichten. Stets ist also ergänzend das jeweilige zur Anwendung berufene nationale Kaufrecht und Vertragsrecht heranzuziehen.[116]

Anwendbarkeit des Gesetzes	– Das Gesetz ist anwendbar auf Kaufverträge über Warenlieferungen, deren Vertragsparteien ihre Niederlassungen in verschiedenen Vertragsstaaten haben, oder wenn das Recht eines Vertragsstaates zur Anwendung gelangt, Art. 1–3. – Die Vertragspartner dürfen die Geltung des UN-Kaufgesetzes ganz oder teilweise ausschließen, Art. 6.
Zustandekommen des Vertrages	– Durch Angebot und Annahmeerklärung, Art. 14–24. – Die Wirksamkeit der Einigung bestimmt sich nach dem geltenden nationalen Recht, Art. 4 Satz 2 Buchst. a. – Es gilt der Grundsatz der Formfreiheit.
Vertragspflichten der Parteien	– Der Verkäufer muß die Ware liefern, die Warendokumente übergeben und das Eigentum an der Ware übertragen, Art. 30–44. – Der Käufer muß den Kaufpreis zahlen und die Ware abnehmen, Art. 53–60. – Besondere Regelungen zum Eigentum sind nicht enthalten.

116 Wegen der Frage, welches nationale Recht anwendbar ist, vgl. unten unter dem Stichwort „Rechtswahl".

Folgen der Nichterfüllung von Vertragspflichten	– Verletzt der Verkäufer seine Pflichten, ergeben sich die wesentlichen Rechte des Käufers aus Art. 45–52. – Verletzt der Käufer seine Pflichten, ergeben sich die Rechte des Verkäufers aus Art. 61–65. – Die durch die Vertragsverletzung geschädigte Partei kann von der anderen Partei Schadensersatz verlangen und – wenn eine „wesentliche" Vertragsverletzung vorliegt – auch die Aufhebung des Vertrages beanspruchen.
Gefahrübergang	– Geht die Ware nach dem (in Art. 66–69 in Abhängigkeit vom Inhalt der Lieferpflicht des Verkäufers bestimmten) Zeitpunkt des Gefahrübergangs unter oder wird sie beschädigt, haftet der Käufer: Er hat den vollen Kaufpreis zu zahlen. – Bereits vorher begründete Rechte gehen aber nicht verloren, Art. 70.
Weitere gesetzliche Regelungen	– Die vertragstreue Partei hat nach Art. 71–72 bei drohenden Vertragsverletzungen der anderen Partei das Recht, die eigenen Leistung zurückzuhalten oder bereits vor Fälligkeit den Vertrag aufzuheben. – Art. 73 regelt die Vertragsaufhebung bei Sukzessivlieferverträgen. – Art. 74–77 bestimmen den Inhalt der Schadensersatzpflicht. Der Schadensersatz ist auf den voraussehbaren Schaden beschränkt. – Art. 85–88 regeln besondere Erhaltungspflichten der Partei, die die Ware im Besitz hat, wenn bei der anderen Partei Leistungsstörungen vorliegen.

gibt. Allerdings bleibt es – auch diese eine Besonderheit – den Vertragspartnern freigestellt zu vereinbaren, daß das UN-Kaufgesetz nicht (oder zumindest nur teilweise nicht) gelten soll und insoweit dann die zurückgedrängten Kaufrechtsregeln des anwendbaren Rechts wiederaufleben.

Das UN-Kaufgesetz wird in der Praxis oft als eher käuferfreundlich charakterisiert, was den Exporteur dazu bewegen könnte, die Normen des Gesetzes glattweg auszuschließen. Genaugenommen ist diese oberflächliche Aussage schädlich und nicht korrekt. Vielmehr ist sehr präzise zu erforschen, in welcher Weise das UN-Kaufgesetz die eine oder die andere Vertragspartei bevorzugt oder benachteiligt; eine generelle Besserstellung einer Partei erscheint jedenfalls bei genauer Prüfung des Gesetzes nicht augenfällig. Der deutsche Importeur wird allerdings, bei Vergleich der Rechtsbehelfe, die ihm aus den Kaufrechtsvorschriften des BGB und des HGB erwachsen, mit denjenigen des UN-Kaufgesetzes vorteilhafter zurechtkommen.

Für die Außenhandelspraxis dürfte von großer Bedeutung sei festzustellen, inwieweit sich Regelungen des UN-Kaufrechts in Widerspruch zum normalen deutschen Zivilrecht (BGB/HGB) setzen. Einen groben Überblick soll die entsprechende Tabelle („Gemeinsamkeiten und Unterschiede“) geben.

Im übrigen werden nachfolgend die wesentlichen Grundgedanken dieses UN-Kaufgesetzes beschrieben. Das UN- Kaufgesetz ist in vier Hauptteile gegliedert: Teil I enthält den Anwendungsbereich sowie Allgemeine Bestimmungen, Teil II regelt den Abschluß des Kaufvertrages, Teil III erfaßt das materielle Kaufrecht und Teil IV enthält völkerrechtliche Schlußbestimmungen.

III. Anwendungsbereich und Allgemeine Bestimmungen des UN-Kaufrechts

Der erste Teil des „Übereinkommens der Vereinigten Nationen über Verträge über den internationalen Warenkauf“ regelt zunächst den Anwendungsbereich. Danach ist dieses Übereinkommen auf *Warenkaufverträge* anzuwenden, wenn die Vertragsparteien ihre Niederlassung in verschiedenen Staaten haben. Diese Staaten müssen entweder Vertragsstaaten der UN-Konvention sein, oder es muß das Internationale Privatrecht zur Anwendung des Rechts eines Vertragsstaates führen. Keine Anwendung findet dieses Übereinkommen auf die Haftung des Verkäufers für den durch die Ware verursachten Tod oder die Körperverletzung einer Person.

1. Ausschlußmöglichkeit

Besonders zu beachten ist Artikel 6 des Übereinkommens. Die Parteien können danach die Anwendbarkeit des Abkommens ausschließen, wobei dieser Ausschluß nicht ausdrücklich erwähnt zu werden braucht, sondern auch stillschweigend erfolgen kann. Dieser Gedanke des stillschweigenden Ausschlusses findet sich nicht ausdrücklich im neuen Übereinkommen. Er ist jedoch zu folgern aus der alten Bestimmung des Artikels 3 des „Einheitlichen Gesetzes über den internationalen Kauf beweglicher Sachen“, also aus dem alten Haager Kaufrecht, in das ein entsprechender Vermerk aufgenommen war. Die höchstrichterliche Rechtsprechung in Deutschland[117] hat hierzu deutlich gemacht, daß allein ein Verweis auf deutsches Recht noch nicht ausreicht, um die Geltung des UN-Kaufgesetzes auszuschließen. Ein Ausschluß des UN-Kaufgesetzes kann auch nicht etwa dadurch erreicht werden, daß man in den Vertrag die Klausel „*Es gilt deutsches Recht*“ aufnimmt. Das UN-Kaufgesetz ist ja gerade Bestandteil auch des deutschen Rechts geworden (durch Ratifikation der Konvention), so daß diese Vertragsklausel für den Kaufmann, der eigentlich die Regelungen des BGB denjenigen des UN-Kaufgesetzes voranstellen möchte, mit einer solchen Vertragsklausel fehlerhaft arbeitet.

Im übrigen kann eine stillschweigende Abbedingung des UN-Kaufgesetzes dann angenommen werden, wenn Allgemeine Geschäftsbedingungen eines Vertragspartners in den Vertrag einbezogen werden und wenn diese AGB erkennbar auf einem bestimmten nationalen Recht aufbauen. Die Vereinbarung von Incoterms etwa deutet dagegen nicht auf eine Abbedingung des UN-Kaufgesetzes hin, da die Incoterms stets nur einzelne Aspekte des Kaufvertrags betreffen.

2. Anwendung auf Warenkaufgeschäfte

Das Übereinkommen regelt den internationalen *Warenkauf*.[118] Unter Waren sind dabei nur bewegliche Sachen zu verstehen, nicht also Grundstücke und Rechte sowie die grundsätzlich ausgeschlossenen Schiffe[119], Luftfahrzeuge, Wertpapiere, Zahlungsmittel oder elektrische Energie. Auch Veräu-

117 So BGHZ 96, 313, 319 = BGH NJW 1986 S. 1429 mit Anm. *Herber*, EWiR 1986 S. 155f; vgl. im übrigen zum UN Kaufrechtsübereinkommen ausführlich *Herber*, RIW 1987 S. 340 mwN; zu den Unterschieden des UN-Übereinkommens und der Haager Kaufrechtsübereinkommen vgl. *ders.*, Wiener UNCITRAL-Übereinkommen über internationale Warenkaufverträge vom 11.4.1980, Band 59 der Schriftenreihe der Bundesstelle für Außenhandelsinformation, 2. Auflage, Köln 1983: *Schlechtriem/Magnus*, Internationale Rechtsprechung zum EKG und EAG, 1987 mit einer Zusammenstellung der Rechtsprechung und einem Überblick über Vorbehalte gegen einzelne Bestimmungen.

118 Tausch- und Kompensationsgeschäfte unterliegen dem UN-Kaufgesetz nicht, doch ist im Einzelfall zu prüfen, ob evtl. wechselseitge Kaufverträge vorliegen, *v. Caemmerer/Schlechtriem /Herber*, Art. 1 Rn18; auch die in Durchführung eines Vertriebshändlervertrages geschlossenen einzelnen Kaufverträge unterfallen wegen der Maßgeblichkeit der Qualität des einzelnen Vertrages im Zweifel dem UN-Kaufgesetz, OLG Koblenz RIW 1993, 934,936. Dagegen fällt der Vertriebshändlervertrag selbst, ebenso wie auch ein Franchisevertrag, aus dem Anwendungsbereich heraus, da der Schwerpunkt der vertraglichen Leistungsabreden keinen kauftypischen Charakter hat. – Das UN-Kaufgesetz ist auch auf dem Kauf verwandte Verträge anwendbar, wenn insgesamt das Kaufelement den Charakter des Vertrages prägt. Leasingverträge fallen nicht unter das UN-Kaufgesetz, weil hier die Gebrauchsüberlassung im Vordergrund steht, *v. Caemmerer/Schlechtriem/Herber*, Art. 1, Rn. 6.

119 Art. 2 spricht von „Seeschiffen“ und „Binnenschiffen“ und versteht darunter offenbar größere Schiffseinheiten. Ein kleines Motorboot kann daher nach UN-Kaufrecht verkauft werden, OLG Koblenz, RIW 1992, 1019.

Überblick über wesentliche Übereinstimmungen und Unterschiede zwischen UN-Kaufgesetz und dem deutschen Recht
(hier genannte Artikel sind diejenigen des UN-Kaufgesetzes)

Anwendungsbereich	– Kaufverträge, wie in § 433 BGB. – Werklieferungsverträge, wenn die herzustellende oder zu liefernde Sache „vertretbar" ist, vgl. § 651 Abs. 1 S. 2 BGB.

Vertragsabschluß	– Art. 14–24 entsprechen §§ 145ff BGB: Angebot und Annahme müssen deckungsgleich vorliegen.
	– Die Bindung des Anbieters an sein Angebot ist modifiziert:
	  – Nach Art. 15 Abs. 2 kann ein Angebot zurückgenommen werden, bis es dem Empfänger zugeht (wie in § 130 Abs. 1 S. 2 BGB);
	  – zusätzlich ist ein Widerruf so lange möglich, wie der Empfänger seine Annahme noch nicht erklärt hat, Art. 16 Abs. 1.
	– Ein Vertragsschluß im Wege des in Deutschland bekannten „kaufmännischen Bestätigungsschreibens" ist dem UN-Kaufgesetz fremd.
	– UN-Kaufgesetz und BGB gehen vom Grundsatz der Formfreiheit bei Abschluß des Vertrages aus.

Pflichten des Verkäufers	– Lieferpflicht (Art. 30 entspricht § 433 Abs. 1 S. 1 BGB) und Eigentumsverschaffung (wie nach BGB). Das UN-Kaufrecht regelt aber nicht, wie die Eigentumsverschaffung erfolgen soll. – Ist eine Beförderung der Ware nötig, geht Art. 31 Buchst. a von einer Schickschuld aus, sonst aber (wie in § 269 Abs. 1 und 2 BGB) von einer Holschuld (Art. 31 Buchst. b und c).
Pflichten des Käufers	– Zahlung des Kaufpreises ist nach Art. 57 Buchst. a eine Bringschuld, während dies nach §§ 269 und 270 Abs. 4 BGB eine Schickschuld ist.
Leistungsstörungen	– Werden im UN-Kaufgesetz (anders als im BGB) nicht unterschieden. – Bei *Nichtlieferung der Ware* gilt: – Nach BGB: Käufer kann weiter Erfüllung verlangen (§ 241 S. 1) und Verzögerungsschaden geltend machen (§ 286 Abs. 1) bzw. Frist setzen, vom Vertrag zurücktreten oder Schadensersatz wegen Nichterfüllung verlangen (§ 326 BGB).

<table>
<tr><td></td><td>
<ul>
<li><ul><li>Nach UN-Kaufgesetz kann Erfüllung (Art. 46 Abs. 1) und Verzögerungsschaden (Art. 45 Abs. 1 Buchst. b) verlangt werden. Will der Käufer nach Art. 49 zurücktreten, muß eine Nachfrist nach Art. 47 gesetzt werden.</li></ul></li>
<li>Bei Sachmängeln gilt:
<ul>
<li>Der Begriff des „Sachmangels" ist dem UN-Kaufgesetz fremd. Wie nach §§ 459 Abs. 1 und 494 BGB wird vom subjektiven Fehlerbegriff ausgegangen; im UN-Kaufrecht können auch mengenmäßige Abweichungen oder Verpackungsfehler zum Sachmangel führen, Art 35.</li>
<li>Art. 38ff nennen die Untersuchungs- und Rügepflicht (wie bei §§ 377, 378 HGB) (gilt im UN-Kaufrecht auch für Nichtkaufleute, wenn das Geschäft trotz Art. 2 Buchst. a unter das UN-Kaufgesetz fällt).</li>
<li>Art. 37 und 48 geben dem Verkäufer das Recht, Mängel von sich aus zu beheben, bevor der Käufer den Sachmangel moniert. Nach §§ 462 und 480 BGB darf der Käufer dagegen sofort Wandlung oder Minderung verlangen.</li>
<li>Gegenüber den BGB-Rechten aus §§ 462, 459 besteht nach UN-Kaufrecht die Möglichkeit zur sofortigen Aufhebung des Vertrages, wenn der Mangel eine wesentliche Vertragsverletzung ist, Art. 25 und 49 Abs. 1 Buchst. a.</li>
<li>Es gilt eine strenge Schadensersatzhaftung für jeden Sachmangel, Art. 45 Abs. 1 und Art. 74, während nach §§ 463 und 480 Abs. 2 nur bei besonderen Zusicherungen gehaftet wird.</li>
</ul></li>
</ul>
</td></tr>
<tr><td>Gefahrübergang</td><td>
<ul>
<li>Art. 66–70 entsprechen den §§ 446 und 447 BGB. Allerdings geht beim Versendungskauf nach Art. 67 das Risiko (anders als bei § 447 BGB) nicht auf den Käufer über, solange der Verkäufer die Ware durch eigene Leute transportieren läßt.</li>
</ul>
</td></tr>
<tr><td>Schadensersatz</td><td>
<ul>
<li>Schadensersatz kann bei jeder objektiven Vertragsverletzung geltend gemacht werden. Dieser Anspruch kann auch neben der Vertragsaufhebung geltend gemacht werden, Art. 45; anders im deutschen Recht.</li>
<li>Schadensersatzansprüche nach UN-Kaufrecht sind verschuldensunabhängig (anders im dt. Recht).</li>
<li>Umfang: Art. 74–77 beschränken auf das bei Vertragsschluß vorhersehbare Maß (entspricht im Ergebnis den §§ 249–254 BGB). Stets geht der Schadensersatz auf Geld (anders nach § 249 S. 1 BGB).</li>
</ul>
</td></tr>
</table>

ßerungsgeschäfte aufgrund von Versteigerungen, Zwangsvollstreckungs- und anderen gerichtlichen Maßnahmen werden von dem Abkommen nicht erfaßt. Wie schon bei dem alten, inzwischen außer Kraft gesetzten Haager Kaufrecht werden aber Kaufverträge mit werk- oder dienstvertraglichen Elementen[120] vom UN-Kaufgesetz erfaßt, sofern nicht der Besteller selbst einen wesentlichen Teil des Stoffes zur Verfügung stellt oder die Dienstleistungen den überwiegenden Teil der Pflichten der liefernden Partei darstellen (Artikel 3).[121]

Artikel 4 macht ausdrücklich klar, daß das neue Übereinkommen keine Fragen zum Eigentumsübergang[122] oder solche zur Gültigkeit oder dem Fortbestand des Vertrages[123] regelt. In diesen Fällen ist also mit Hilfe der Grundregeln des Internationalen Privatrechts zunächst das anwendbare Recht zu ermitteln und dann festzustellen, auf der Basis welchen nationalen Rechts die jeweiligen gewünschten Rechtsfolgen eintreten. Dies kann jedoch nur dort gelten, wo das UNCITRAL-Kaufgesetz nicht selbst eine Regelung enthält, also etwa im Bereich der Geschäftsfähigkeit oder auch der Stellvertretung, so daß die obengenannten Grundsätze zu beachten sind.

120 Art. 3 Absatz 2 des UN-Kaufgesetzes stellt klar, daß Verträge, bei denen die Verpflichtung zur Leistung oder Verschaffung von Arbeit oder anderen Diensten im Vordergrund steht, dem Kaufgesetz entzogen sind. Dies ist immer der Fall, wenn die anderen Leistungen den überwiegenden Teil der Pflichten darstellen, also deutlich über 50% ausmachen. – Unter Art. 3 Absatz 2 des Kaufgesetzes fallen beispielsweise Verträge zur Lieferung einer Industrieanlage (sog. Turn Key Contracts), UNCITRAL Yearbook 1976, 98 Nr. 2 zu Art. 3, da kaufvertragliche Elemente bei diesem Vertrag nicht im Vordergrund stehen. Das UN-Kaufrecht ist über Art. 3 Abs. 2 ebenfalls nicht anwendbar auf sonstige gemischte Verträge wie etwa den Mietkauf und den Leasingvertrag, weil hier mietvertragliche Komponenten überwiegen.

121 Nach Art. 3 Absatz I UN-Kaufgesetz stehen Werklieferungsverträge den Kaufverträgen grundsätzlich gleich. Anderes gilt nur, wenn der Besteller einen wesentlichen Teil der notwendigen Rohstoffe oder Halbfabrikate zur Verfügung zu stellen hat. Dabei ist auf den Einzelfall abzustellen, wobei es wesentlich auf das Verhältnis des Wertes der von den beiden Vertragspartnern zu liefernden Sachen ankommt; dazu schon – im Hinblick auf das alte Haager Kaufrecht – die Rspr. in OLG Hamm, NJW 1985 S. 567f. Keine Warenlieferung ist beispielsweise die Erstellung eines wissenschaftlichen Gutachtens, OLG Köln, RIW 1994, 970f.

122 Damit kommt es zu der aus deutscher Sicht so wichtigen Unterscheidung danach, ob Eigentum erst durch Einigung plus Übergabe (§ 929 BGB) oder aber – wie es das englische und französische Recht vorsehen – bereits mit der Einigung übergeht.

123 Hierzu gehört vor allem der Bereich der *Verjährung von Ansprüchen*. Die UN-Konvention zur Verjährung gilt zur Zeit in 20 Staaten (Deutschland ist nicht dabei); für alle anderen Staaten ist mit Hilfe des IPR zu ermitteln, welches nationale Verjährungsrecht zur Anwendung gelangt. Für Deutschland gilt nach Art. 32 Abs. 1 Nr. 4 EGBGB das Vertragsstatut, also das Recht des Landes, dem der Kaufvertrag unterliegt. – Auch die *Aufrechnung* ist nicht im UN-Kaufrecht geregelt; maßgeblich ist dann das Recht, dem die Hauptforderung unterliegt, gegen die aufgerechnet wird, vgl. auch OLG Hamm IPRax 1996, 29f. – Zur *Abtretung* und zum *Schuldbeitritt* sind ebenfalls nationale Rechtsvorschriften heranzuziehen (OLG Hamm, IPRax 1996,197), und auch Schuld- und *Vertragsübernahme* sind nach dem anwendbaren nationalen Recht zu beurteilen, BGH NJW 1995, 2101f.

Sofern das Parteiverhalten oder Erklärungen von Parteien nicht eindeutig klar sind, ist der Artikel 8 des UN-Kaufgesetzes heranzuziehen. Für die Auslegung von Parteiverhalten und -erklärungen ist danach grundsätzlich der Empfängerhorizont maßgeblich, wobei nach Artikel 8 Absatz 3 UN-Kaufgesetz insbesondere die Gepflogenheiten und Gebräuche zu beachten sind.[124] Gebräuche, deren Geltung die Parteien nicht ausdrücklich vereinbart haben, sollen jedoch nur dann maßgeblich sein, wenn die Parteien sie kannten oder kennen mußten und sie im betreffenden Geschäftszweig internationale Geltung besitzen.

Von Bedeutung ist schließlich bei den generellen Vorschriften noch Artikel 11. In Artikel 11 UN-Kaufgesetz ist das Prinzip der Formfreiheit der Kaufverträge festgehalten. Der Kaufvertrag braucht nicht schriftlich geschlossen oder nachgewiesen zu werden und unterliegt auch sonst keinen weiteren Formvorschriften.[125] Sein Bestand kann auf jegliche Weise bewiesen werden, also auch beispielsweise durch Zeugen. Für den Handelsverkehr, in dem gelegentlich auch durch Telegramme, Fernschreiben oder Faxmitteilungen Willenserklärungen ausgetauscht werden, ist dies von Bedeutung, da diese genannten Telekommunikationsmittel auf jeden Fall dem Erfordernis des Artikel 11 genügen.

IV. Abschluß des Vertrages

Die Artikel 14 bis 24 des UN-Kaufgesetzes befassen sich mit dem Vertragsabschluß. Während zuvor noch in einem der beiden Haager Kaufrechtsabkommen ausschließlich zu den Fragen des Vertragsabschlusses Stellung genommen wurde, ist dieser Bereich nunmehr in dem neuen

124 Besondere Bedeutung kommt gerade im internationalen Handel der verwendeten Sprache zu. Der Vertragspartner braucht nur die für die Handelsgeschäfte übliche Sprache zu verstehen; eine in einer anderen Sprache abgefaßte Erklärung ist deshalb wirkungslos und ihm nicht entgegenzuhalten. Der Erklärungsempfänger muß eine fremdsprachliche Erklärung nur dann gegen sich gelten lassen, wenn er zu erkennen gegeben hat, daß er die fremdsprachige Erklärung verstanden hat. – Hinsichtlich der allgemeingültigen „Gebräuche" ist darauf zu verweisen, daß etwa die deutschen Regeln zum kaufmännischen Bestätigungsschreiben (Schweigen als Annahmeerklärung) mangels internationaler Anerkennung und angesichts Artikel 9 UN-Kaufrecht nur beschränkt anwendbar sein können.

125 Artikel 11 UN-Kaufgesetz schließt damit die Anwendbarkeit nationaler Schutzvorschriften aus, die für die Wirksamkeit von Willenserklärungen bestimmte Formvorschriften kennen (etwa Art. 1341 des italienischen Codice Civile, der für AGB Formvorschriften vorsieht). Die Formfreiheit gilt nur für den Kaufvertrag, nicht dagegen für die Gerichtsstandsvereinbarung (wegen § 38 Abs. 2 Satz 2 ZPO: „Die Vereinbarung muß schriftlich abgeschlossen werden oder, falls sie mündlich getroffen wurde, schriftlich bestätigt werden") und die Schiedsklausel (§ 1027 Abs. 1 ZPO: „Der Schiedsvertrag muß ausdrücklich geschlossen werden und bedarf der Schriftorm … ").

Zustandekommen des Vertrages
(hier genannte Artikel sind diejenigen des UN-Kaufgesetzes)

Grundsätze
- Art. 14ff regeln die Art und Weise des Zustandekommens des Vertrages. Der Vertrag kommt zustande durch
  - Angebot und Annahme,
  - gemeinsame Erklärungen,
  - unter bes. Voraussetzungen auch durch „Schweigen auf ein Bestätigungsschreiben", wenn ein solches aufgrund von Handelsbräuchen (Art. 9) oder durch Parteiabsprachen (Art. 6) zum Vertragsschluß führen soll.
- Wird ein Stellvertreter auf seiten eines Vertragspartners tätig, finden sich keine besonderen Regelungen im UN-Kaufgesetz. Daher ist in diesen Fällen das jeweilige nationale Recht anwendbar. Nach deutschem IPR
  - gilt für die rechtsgeschäftliche Vollmacht das Recht des Landes, in dem von der Vollmacht tatsächlich Gebrauch gemacht wird („Vollmachtsstatut");
  - gilt für die Vertretung durch die Organe einer Handelsgesellschaft das Recht des Landes, an dem die Gesellschaft ihren Hauptsitz/Verwaltungssitz hat („Personalstatut").
- Grundsätzlich gilt „Formfreiheit" für den Vertragsschluß, Art. 11.
- Ist eine Erklärung mißverständlich, erfolgt eine Auslegung nach Art. 8.

Übereinkommen grundsätzlich mit enthalten. Gegenüber dem früheren Einheitlichen Kaufgesetz gibt es nur wenige Abweichungen, so daß auf die zum damaligen Kaufgesetz ergangene Rechtsprechung zurückgegriffen werden kann.

Nach Artikel 14 UN-Kaufgesetz ist eine Mitteilung dann als Angebot zu werten, wenn sie den Bindungswillen des Erklärenden erkennen läßt und hinreichend bestimmt ist. Hierfür wird verlangt, daß der Kaufgegenstand bezeichnet und Menge und Preis bestimmt oder jedenfalls bestimmbar sind.

Eine Annahme eines solchen Angebots kann durch Erklärung oder durch konkludentes Verhalten erfolgen. Nach Artikel 18 Absatz 1 stellt Schweigen oder eine bloße Untätigkeit keine Annahme dar. Die Annahme muß innerhalb einer vom Anbietenden gesetzten bzw. innerhalb einer angemessenen Frist beim Anbietenden zugehen. Eine verspätete Annahme kann trotzdem als wirksam behandelt werden, wenn dies dem Akzeptanten unverzüglich mitgeteilt wird (Artikel 21 UN-Kaufgesetz). – Hierbei ist eine sehr wichtige Abweichung zum deutschen BGB erkennbar: Während das BGB in § 130 für das Wirksamwerden aller Willenserklärungen grundsätzlich den Zugang der Erklärung fordert, gilt die Bestimmung des Art. 18 UN-Kaufgesetz nur für Willenserklärungen, die zum Abschluß des Vertrages führen (Angebot und Annahme). Für alle anderen Willenserklärungen im Sinne des Teils III des UN-Kaufgesetz (Art. 25 bis 88) genügt dagegen lediglich das Absenden einer ordnungsgemäßen Mitteilung (vgl. Art. 27

Probleme bei Angebot und Annahme

(hier genannte Artikel sind solche des UN-Kaufgesetzes)

Angebot

- Ein Angebot ist nach Art. 14 Abs. 1 der an eine oder mehrere Personen gerichtete Vorschlag zum Abschluß eines Vertrages. Es kann in jeder Form, auch durch konkludentes Verhalten, gemacht werden.
  - Es muß *inhaltlich ausreichend bestimmt* sein, so daß durch bloße Annahme der Vertragsschluß bewirkt werden kann, also mindestens
    - die *Ware* (individuell oder gattungsmäßig bezeichnen,
    - die *Menge* zumindest bestimmbar machen
    - und den *Preis* wenigstens bestimmbar machen (Bezugnahme auf Preisliste oder Katalog- oder Börsenpreise genügt). Beachte Art. 55 für den Fall, daß der Vertrag trotz noch offenen Preises – z.B. gemeinsame Unterzeichnung einer Vertragsurkunde – zustande kommt.
  - Es muß den *Bindungswillen des Erklärenden* für den Fall der Annahme deutlich werden lassen. Dies liegt z.B. nicht vor, wenn zur Abgabe von Angeboten aufgefordert wird (invitatio ad offerendum) oder das Angebot als „freibleibend" bezeichnet wurde.
  - Es muß dem Empfänger zugehen (Art. 15 Abs. 1) und darf nicht widerrufen oder erloschen sein. Ein Widerruf ist vor Zugang (Art. 15 Abs. 2) und bis zum Absenden der Annahmeerklärung (Art. 16 Abs. 1) jederzeit möglich.
- Ein Widerruf eines Angebots ist nach Art. 16 möglich, bis die Annahmeerklärung abgesandt wurde. Die Bindung des Anbietenden an das Angebot ist damit weniger streng, als dies nach § 145 BGB der Fall ist. Bei „unwiderruflichen" Angeboten ist aber zu beachten:
  - Bei unwiderruflichen Angeboten Im Sinne des Art. 16 Abs. 2 ist ein Widerruf ausgeschlossen. Dies gilt auch, wenn der Empfänger auf die Unwiderruflichkeit vertrauen durfte.
  - Die Unwiderruflichkeit ergibt sich beispielsweise aus Formulierungen wie „fest" oder „unwiderruflich" oder durch die Festlegung einer exakten Annahmefrist für das Angebot.

Probleme bei Angebot und Annahme, Fortsetzung

Annahme – Nach Art. 18 stellt eine Willenserklärung oder ein sonstiges Verhalten des Empfängers, das seine Zustimmung zum Angebot ausdrückt, eine Annahme dar.
- Die *Annahme* ist nur *unverändert* möglich (oder unter unwesentlichen Abweichungen bzw. dann, wenn der Anbietende die fehlende Übereinstimmung nicht sofort beanstandet).
- Die Annahme wird erst nach *Abgabe und fristgerechtem Zugang* wirksam, Art. 18 Abs. 2 Satz 1. Ist eine Frist gesetzt, muß die Annahme innerhalb der Frist geschehen, Art. 18 Abs. 2 Satz 2. Zur Berechnung der Frist vgl. Art. 20. Eine verspätete Annahme führt zum Vertragsschluß, wenn der Anbietende dies akzeptiert, Art. 21.

– Bei einander widersprechenden AGB der Parteien kann es zum Vertragsschluß kommen:
- Liegen unwesentliche Abweichungen vor und widerspricht der Anbietende nicht, kommt es zum Vertragsschluß.
- Bei wesentlichen Abweichungen kommt der Vertrag nur dann nach den letztgenannten Bedingungen zustande (Last-shot-Lehre), wenn die folgenden Leistungen der anderen Partei als Annahme der Bedingungen zu werten sind. – Sonst Zustandekommen der Vertrages ohne jegliche AGB („Restgültigkeitslehre").

UN-Kaufgesetz). Für Reklamationen und Geltendmachen der jeweiligen Ansprüche ist dies von den Vertragsparteien zu beachten. Es trägt hier nämlich immer der Empfänger das Risiko der Übermittlung, d.h. das Risiko, daß die an ihn gerichtete Mitteilung gar nicht zu ihm gelangt bzw. verlorengeht. Dies entspricht dem englischrechtlichen Grundsatz der „Mailbox-Theorie".

Fallen Angebot und Annahme auseinander, so wertet Artikel 19 Absatz 1 diesen Umstand als Ablehnung, die mit einem neuen (Gegen-)Angebot verbunden ist.[126] Unter den Voraussetzungen des Art. 19 Abs. 2 kommt ein Vertrag mit modifiziertem Inhalt allerdings auch dann zustande, wenn die Annahme *Abweichungen* enthält, wobei die Abweichungen *nur unwesentlich*[127] sind oder der Anbietende die fehlende Übereinstimmung nicht

126 Vgl. § 150 Abs. 2 BGB.

127 Art. 19 Abs. 3 zählt beispielhaft auf, was unter einer „wesentlichen" Abweichung zu verstehen ist, also etwa Abweichungen hinsichtlich der Vertragsbestandteile, bezüglich Gerichts- und Schiedsklauseln usw.

unverzüglich beanstandet. Es ist daher Aufgabe des Anbietenden, Abweichungen von seinem Angebot zurückzuweisen.[128]

V. Materielles Kaufrecht

Der wohl umfangreichste Komplex des neuen Gesetzes findet sich im Teil III. Dieser Teil III ist untergliedert in *Allgemeine Bestimmungen über Rechte und Pflichten der Vertragsparteien*, gefolgt von den Pflichten des Verkäufers und den Rechtsbehelfen des Käufers bei deren Verletzung, den Pflichten des Käufers und den entsprechenden Rechtsbehelfen des Verkäufers, der Gefahrtragung sowie schließlich gemeinsamen Bestimmungen für die Rechte und Pflichten des Verkäufers und Käufers und deren Verletzung.

1. Allgemeine Bestimmungen

Zunächst wird in Artikel 25 UN-Kaufgesetz der Begriff *der wesentlichen Vertragsverletzung* definiert. Eine solche Definition ist deshalb von Bedeutung, weil die Wesentlichkeit der Vertragsverletzung darüber entscheidet, ob die im internationalen Handel besonders einschneidenden Rechtsbehelfe der Vertragsaufnehung und Nachlieferung geltend gemacht werden können und ob die Preisgefahr auf den Käufer übegeht. Artikel 25 stellt deshalb darauf ab, ob einer Partei ein Nachteil entsteht, durch den ihr im wesentlichen das entgeht, was sie aufgrund der vertraglichen Vereinbarung hatte erwarten dürfen.[129]

Eine weitere allgemeine Bestimmung enthält Artikel 29, wonach der Vertrag durch bloße Vereinbarung der Parteien geändert oder sogar aufge-

128 Dies kann auch durch Vertragsgestaltung im Angebot geschehen: „Eine Annahme meines Angebots unter Erweiterungen, Einschränkungen oder – auch geringen – Änderungen gilt als Ablehnung des Angebots, verbunden mit einem neuen Antrag".

129 Anders als das deutsche BGB unterteilt das UN-Kaufrecht begrifflich nicht nach Leistungsstörungen und Falsch- bzw. Schlechtlieferungen und bezieht sich deshalb auf alle Arten der Verletzung des Vertrages. Der Begriff des Nachteils ist weit gefaßt und schließt jegliche Folge von Vertragsverletzungen mit ein. Daher kommt es stets auf den Begriff der Wesentlichkeit (substantial detriment) der Vertragsverletzung an. Es muß sich um eine nach der Verkehrsanschauung schwerwiegende Vertragsverletzung handeln, wobei diese aus dem jeweiligen Zusammenhang heraus zu folgern ist (etwa: Verletzung eines festen Termins, erhebliche Qualitätsmangel, Rechtsmängel sowie Mängel, die den Vertragszweck ernsthaft gefährden). Stets muß der Nachteil auch (im Zeitpunkt des Vertragsschlusses!) für die vertragsbrüchige Partei vorhersehbar gewesen sein. Die Beweislast für die wesentliche Vertragsverletzung trägt die geschädigte Vertragspartei, die mangelnde Vorhersehbarkeit des Schadens muß der Vertragsverletzer beweisen.

hoben werden kann, wobei bei vereinbarter Schriftform eine Aufhebung des Vertrages nur schriftlich möglich ist.

2. Pflichten des Verkäufers und Rechtsbehelfe des Käufers

In den auf den Artikel 30 folgenden Bestimmungen werden die Pflichten des Verkäufers und die Rechtsbehelfe des Käufers beschrieben. Es sollen im nachfolgenden nur wenige Grundgedanken herausgestellt werden.

Artikel 30 UN-Kaufgesetz erfaßt den Pflichtenkreis des Verkäufers mit der Lieferung, Übergabe der Dokumente und der Verschaffung des Eigentums, wobei der Vorrang der Parteiabrede hervorgehoben wird. Eine Lieferung besteht beim Versendungskauf in der Übergabe an die Transportperson und ansonsten darin, daß die Ware in den übrigen Fällen zur Verfügung gestellt wird; eine Aushändigung an den Käufer ist danach nicht erforderlich.[130] Der Lieferort im Sinne des Art. 31 UN-Kaufgesetz entspricht dem Leistungs- bzw. Erfüllungsort im Sinne des § 269 BGB. In der Regel ist dieser Lieferort auch gleichzeitig der Ort, an dem gemäß Art. 67 und 69 UN-Kaufgesetz die Gefahr übergeht. Hinsichtlich des Gefahrübergangs kann es aber noch darauf ankommen, ob die Ware mit Mängeln behaftet ist, die eine wesentliche Vertragsverletzung darstellen.[131]

Ein „*Sachmangel*“ liegt nach Artikel 35 UN-Kaufgesetz dann vor, wenn die Ware in Menge, Qualität oder Art nicht dem vertraglich Vereinbarten entspricht.[132] Die Mängelrüge hat gemäß Art. 39 UN-Kaufgesetz zu erfolgen, wobei die Art der Vertragswidrigkeit (welche Ware ist betroffen, welche Art von Mangel liegt vor, in welchem Umfang ist die Lieferung fehler-

130 Der Verkäufer muß das Erforderliche zur Übergabe tun; eine Annahme durch den Käufer ist nicht vorausgesetzt (vgl. Art. 31 Buchst. a UN-Kaufgesetz). Beim Versendungskauf dagegen muß die Ware nach Art. 31 Buchst. a UN-Kaufgesetz dem Beförderer übergeben werden, so daß hier die Annahme durch den Beförderer vorausgesetzt wird. Beförderer im Sinne dieser Vorschrift ist nur der Frachtführer, also „jeder, der es selbständig übernimmt, Güter zu befördern“. Nicht unter Art. 31a UN-Kaufgesetz fällt der Spediteur (also anders als beim Versendungskauf nach § 447 BGB), außer er tritt zugleich als Frachtführer auf. – Die „Lieferung“ bezeichnet nur die Aktion als solche, nicht aber die Voraussetzung der Verschaffung einer vertragsgemäßen Kaufsache. Die Voraussetzungen hinsichtlich Art, Menge und Qualität der Warenlieferung ist in den Art. 35ff UN-Kaufgesetz gesondert geregelt. – Die Lieferung kann vom Verkäufer nicht verlangt werden, wenn ein Hinderungsgrund im Sinne des Art. 79 Abs. 1 UN-Kaufgesetz vorliegt.

131 Vgl. Art. 70 UN-Kaufgesetz.

132 Die Beweislast für Sachmängel ist nicht geregelt, ergibt sich jedoch aus den Motiven des UN-Kaufrechts. Danach hat bei spezifizierter Beanstandung des Käufers (vgl. Art. 39 UN-Kaufgesetz) immer der Verkaufer die Vertragsgemäßheit der Ware bei Gefahrübergang zu beweisen, während nach rügeloser Abnahme die Beweislast auf den Käufer fällt, da er sich damit in Widerspruch zu seinem früheren Verhalten (rügelose Abnahme) setzt.

Pflichten des Verkäufers, Art. 30ff. UN-Kaufgesetz	
Übertragung des Wareneigentums	– Hierzu keine Regelung im UN-Kaufgesetz; vgl. ausdrücklich Art. 4 Satz 2 Buchst. b). – Daher nach deutschem IPR Anwendung der §§ 929ff BGB immer dann, wenn sich die Ware in Deutschland befindet. Nach dem Grundsatz des Belegenheitsstatuts gilt ausländisches Recht für den Eigentumsübergang (z.B. durch bloße Einigung), wenn sich die Ware in einer fremden Rechtsordnung befindet, die derartige Rechtsgrundsätze kennt.
Lieferung der Ware	– Hierzu grds. Art. 31. Entweder nach Buchst. a) Übergabe an den ersten Beförderer (beim Versendungskauf) oder Buchst. b) und c), wonach der Verkäufer die Ware zur Verfügung halten muß. – Lieferort (arg. e. Art. 31): Beim Versendungskauf: Ort der Übergabe; sonst Niederlassung des Verkäufers. – Lieferzeit gem. Art. 33 nach vertraglich bestimmtem Termin, sonst angemessene Frist nach Vertragsschluß.
Dokumentenübergabe	– Art. 30 und 34 und wie im Vertrag/in den Zahlungsbedingungen (evtl. konkludent) vereinbart.
Sonstige Pflichten	– Ergeben sich aus dem *Vertrag*, – etwaigen *Gebräuchen* (Handelsbräuche iSd Art. 9), – teilweise aus dem *UN-Kaufgesetz* (Mitteilung drohender Leistungshindernisse, Art. 79 Abs. 4; Erhaltung der Ware bei Abnahmeverzug, Art. 85; Pflicht zum Selbsthilfeverkauf, Art. 88 Abs. 2) – und aus dem *guten Glauben* iSd Art. 7 Abs. 1, (z.B. Schutz- und Aufklärungspflichten).

haft) genau bezeichnet werden muß: Ein bloß globaler Hinweis auf Qualitätsmängel, die Ware sei von minderer Qualität, reicht nicht aus. – Bezüglich der „Rechtsmängel“ ist schließlich Artikel 41 UN-Kaufgesetz heranzuziehen. Danach hat der Verkäufer Ware zu liefern, die frei von Rechten oder Ansprüchen Dritter ist, es sei denn, daß der Käufer eingewilligt hat, die mit einem solchen Recht oder Anspruch belastete Ware anzunehmen.

Erfüllt der Verkäufer eine seiner Pflichten nicht, so kann der Käufer Rechte nach den Artikeln 46, 47 und 49 bis 52 UN-Kaufgesetz wahrnehmen. Allerdings kann die *Gewährleistung des Verkäufers im Einzelfall ausge-*

Der Verkäufer verletzt seine vertraglichen Pflichten

In Art. 45 werden alle Vertragsverletzungen des Verkäufers einheitlich als „Nichterfüllung von Vertragspflichten" zusammengefaßt. Dem entspricht synonym der in Art. 25 gebrauchte Begriff der „Vertragsverletzung". Wegen der unterschiedlichen Rechtsbehelfe des Käufers ist dennoch zu unterscheiden.

1. Liefert der Verkäufer nicht vertragsgemäß (gar keine oder eine verspätete Lieferung), kann der Käufer entweder
   - grundsätzlich Erfüllung verlangen, solange noch nicht geliefert wurde, Art. 46 Abs. 1,
   - oder den Vertrag unter bestimmten Voraussetzungen aufheben, Art. 49 (wesentliche Vertragsverletzung, gemessen am Maßstab des Art. 25: aus objektiver Betrachtung schwerwiegender Verstoß).

2. Liefert der Verkäufer vertragswidrig, also mit Sachmängeln im Sinne des Art. 35, kann der Käufer entweder
   - Nachbesserung (Art. 46 Abs. 3) oder Minderung (Art. 50) verlangen, falls er die Ware behalten will,
   - oder aber unter zusätzlichen Voraussetzungen eine Ersatzlieferung nach Art. 46 Abs. 2 oder die Vertragsaufhebung, Art. 49, fordern, falls er die Ware lieber zurückgeben möchte.

3. Liefert der Verkäufer eine mit Rechtsmängeln behaftete Ware, kann der Käufer
   - die Erfüllung, Art. 46 Abs. 1, verlangen
   - oder die Vertragsaufhebung nach Art. 49 fordern, falls ein wesentlicher Mangel vorliegt.

4. Verletzt der Verkäufer sonstige Pflichten (z.B. Pflicht zur Übergabe von Dokumenten nach Art. 34), kann der Käufer
   - die Erfüllung verlangen (Art. 46 Abs. 1)
   - oder den Vertrag unten den Voraussetzungen des Art. 49 aufheben.

5. Liegen auf seiten des Verkäufers Leistungsstörungen vor, kann der Käufer *Schadensersatz* nach Art. 45 Abs. 1 Buchst. b beanspruchen, und zwar *kumulativ* zu den anderen vorgenannten Rechtsbehelfen (vgl. Art. 45 Abs. 2). Da aber diese Anspruchskumulation nicht zu einer Überentschädigung führen darf, umfaßt der Schadensersatzanspruch nur den Schaden, der nach der Geltendmachung der anderen Rechtsbehelfe noch verbleibt.

schlossen sein, wenn der Verkäufer die Vertragswidrigkeit im Rahmen seinen Nacherfüllungsrechts (Art. 48) noch beseitigt, der Käufer seine Untersuchungs- und Rügeobliegenheit nach den Art. 38ff nicht ordnungsgemäß erfüllt, die Gewährleistung durch Vereinbarung ausgeschlossen war oder aber der Käufer den reklamierten Mangel kannte oder kennen mußte, Art. 35 Abs. 3 UN-Kaufgesetz.

Insbesondere zur Untersuchungspflicht des Käufers ist anzumerken: Der Käufer hat die Ware in einer den Umständen angemessenen handelsüblichen Weise zu untersuchen oder durch Dritte untersuchen zu lassen. Diese Prüfung muß geeignet sein, erkennbare Mängel zu offenbaren, wobei die Anforderungen an das Vorgehen mit steigender Sachkunde des Käufers zunehmen. Grundsätzlich ist am Lieferort zu untersuchen (Art. 31), doch wird bei dem international üblichen Versendungskauf die Untersuchung meist aufgeschoben, bis die Ware am Bestimmungsort eingetroffen ist, Art. 38 Abs. 2 UN-Kaufgesetz. Eine Frist von bis zu einer Woche sollte für die Untersuchung ausreichend sein.[133]

Werden die Untersuchungs- und Rügeobliegenheiten durch den Käufer eingehalten, dann kann der Käufer zunächst *Erfüllung* verlangen, Art. 46 Abs. 1 (mit den Einschränkungen in Art. 46 Abs. 2 und 3) UN-Kaufgesetz. Zu beachten ist, daß in einigen Staaten eine Erfüllung nicht klageweise durchgesetzt werden kann, sondern hier die Ansprüche nur auf Schadensersatz gehen können. Es besteht ferner die Möglichkeit der Beanspruchung einer *Ersatzlieferung*, Art. 46 Abs. 2 UN-Kaufgesetz, wenn die Vertragsverletzung „wesentlich" im Sinne des Art. 25 UN-Kaufgesetz ist. Ferner gibt es die Nachbesserung nach Art. 46 Abs. 3 UN-Kaufgesetz und der Nachfristsetzung nach Art. 47 UN-Kaufgesetz (Einschränkung in Art. 47 Abs. 2 UN-Kaufgesetz). Die Aufhebung des Vertrages (Art. 49 UN-Kaufgesetz) kann der Käufer bei einer *wesentlichen* Vertragsverletzung sofort oder nach Ablauf einer angemessenen Nachfrist erklären, so daß dieses Verlangen zur Rückabwicklung des Vertrages nach Art. 81 bis 84 führt. Als letzte Möglichkeit besteht schließlich noch die *Minderung* des Kaufpreises nach Art. 50 UN-Kaufgesetz, wobei diese Vorschrift den §§ 462 und 472 BGB entspricht.

133 BGH NJW 1995 S. 2099, 2101, soweit die Mängel bei äußerlicher Besichtigung ohne weiteres feststellbar sind. Nach OLG Düsseldorf DB 1994, 2492, 2494 ist bei üblicher Handelsware eine zumindest stichprobenartige Untersuchung unmittelbar nach Anlieferung vorzunehmen. – Im übrigen sollte als „Faustregel" eine maximale Fristlänge von bis zu einem Monat, je nach Eigenart des Käufers (Industriebetrieb oder Kleingewerbetreibender usw.), gelten.

3. Pflichten des Käufers und Rechtsbehelfe des Verkäufers

Der Käufer hat grundsätzlich die Pflicht zur Kaufpreiszahlung[134] und zur Abnahme der Ware. Hierzu regeln die Artikel 53ff UN-Kaufgesetz alles weitere. Bei Vertragsverletzungen durch den Käufer stehen dem Verkäufer die Rechtsbehelfe nach Maßgabe der Art. 61ff UN-Kaufgesetz zu.

Der Verkäufer kann nach Art. 62 UN-Kaufgesetz Erfüllung des Vertrages, also Zahlung des Kaufpreises (zuzüglich Zinsen nach Maßgabe des Art. 78 UN-Kaufgesetz), Abnahme der Ware und die Erfüllung sonstiger Pflichten verlangen. Daneben besteht die Möglichkeit der Nachfristsetzung nach

Zahlungspflicht des Käufers

Mit dem Zeitpunkt des Vertragsabschlusses (Art. 23) entstehen zum einen die vereinbarten Pflichten des Käufers: Er muß den Kaufpreis in der vereinbarten Währung zur vereinbarten Zeit und am vereinbarten Ort in der vorgesehenen Art und Weise erbringen. Er muß die Ware wie vereinbart abnehmen. Fehlt eine vertragliche Regelung und sind auch keine Gebräuche und Gepflogenheiten im Sinne des Art. 9 zu beachten, greifen die Vorschriften der Art. 53ff (Pflicht zur Zahlung und Abnahme) mit den Ausführungsbestimmungen der Art. 54ff und Art. 60 ein.

1. Nach Art. 54 sind die „Maßnahmen zu treffen und die Formalitäten zu erfüllen, ... damit Zahlung geleistet werden kann."
   - Der Käufer muß z.B. für die Beantragung devisenrechtlicher Genehmigungen
   - oder für die Zahlungssicherungsmodalitäten (Akkreditiveröffnung oder Stellung einer Bankgarantie, so wie vereinbart) sorgen.

   Wird bereits diese Pflicht verletzt, hat der Verkäufer die Möglichkeit der Rechtsbehelfe nach Art. 61ff

134 Art. 58 UN-Kaufgesetz regelt die Zahlungszeit. Grundsätzlich wird nach Abs. 1 dieser Vorschrift der Kaufpreis fällig, sobald die „Ware ... zur Verfügung gestellt wird". Dem steht die Übergabe von Dokumenten, die zur Verfügung über die Ware berechtigen, gleich. Für den Versendungskauf wird mit Art. 58 Abs. 2 UN-Kaufgesetz festgestellt, daß der Verkäufer die bloße Übergabe der Ware an den Beförderer bzw. die Absendung noch nicht als Fälligkeit der Kaufpreiszahlung ansehen darf; es gibt insofern also keine Vorleistungspflicht des Käufers. – Hinsichtlich der Dokumente, die zur Verfügung berechtigen, ist folgendes anzumerken: Grundsätzlich erfaßt werden alle Traditionspapiere, die den Besitz an der Ware repräsentieren (Transportdokumente oder Lagerscheine, im deutschen Recht also Konnossement, Ladeschein und Lagerschein, §§ 650, 450 und 424 HGB). Darüber hinaus unterliegen dieser Vorschrift aber auch Frachtpapiere, die es dem Inhaber ermöglichen, nachträglich während der Beförderung Weisungen über eine Zurückhaltung oder Umleitung der Warenlieferung zu erteilen. Hierunter fallen das Frachtbriefdoppel, der CMR-Frachtbrief oder das Luftfrachtbriefdritt. Nicht erfaßt werden von Art. 58 UN-Kaufgesetz dagegen bloße Beweisurkunden wie Handelsrechnungen, Versicherungspolicen, Bordempfangsschein o. ä.

2. Bezüglich des Kaufpreises ist zu beachten:
   - Der Kaufpreis bemißt sich hinsichtlich seiner Höhe nach der Parteivereinbarung. Fehlt eine Regelung, kann der Börsen- oder Marktpreis – hilfsweise auch der branchenübliche Preis – bezahlt werden.
   - Es ist grds. in Geld zu leisten; Ratenzahlungen sind nur mit Zustimmungen des Verkäufers statthaft.
   - Es gilt der Grundsatz der Barzahlung bzw. Zahlung im internationalen Bankverkehr. Der Verkäufer ist nicht verpflichtet, Wechsel oder Schecks des Käufers anzunehmen. Im Hinblick auf die Problematik dieser Instrumente im internationalen Geschäftsverkehr kommt diesem Grundsatz besondere Bedeutung zu.
   - Der Kaufpreis ist in der vereinbarten Währung zu entrichten – im Zweifelsfall wird in der Währung des Verkäufers gezahlt, da nach Art. 57 Abs. 1 Buchst. a) der Sitz des Verkäufers der Zahlungsort ist.
3. Für den Zahlungsort gilt:
   - Grds. ist der Zahlungsort einer zwischen den Parteien getroffenen Vereinbarung zu entnehmen.
   - Mangels Vereinbarung ist bei einer Zug-um-Zug-Verpflichtung der Übergabeort gleichzeitig der Zahlungsort (Art. 58 Abs. 1, Art. 57 Abs. 1 Buchst. b). Dies trifft etwa bei einer Zahlungsbedingung wie „Kasse gegen Dokumente" zu.
   - Liegt weder eine Vereinbarung noch ein Zug-um-Zug-Geschäft vor, ist Zahlungsort die Verkäuferniederlassung. Die Zahlungspflicht ist dann – anders als nach § 270 BGB der Fall – als Bringschuld anzusehen, so daß der Käufer die Kosten der Zahlung trägt und für eine Verzögerung oder den Verlust der Zahlung verantwortlich ist.
4. Die Zahlung ist fällig
   - gemäß Parteivereinbarung oder nach den Gebräuchen im Sinne des Art. 9,
   - ansonsten (nach Art. 59), wenn der Käufer über die Ware und die Dokumente verfügen kann (beim Versendungskauf also erst, wenn die Ware am Bestimmungsort eingetroffen und die Dokumente zur Verfügung gestellt wurden).
   - Der Käufer hat zuvor ein Untersuchungsrecht (Art. 58 Abs. 3), welches allerdings bei der Zahlungsbedingung Dokumenteninkasso oder Dokumentenakkreditiv entfällt, da hier bereits gegen die Vorlage von Dokumenten zu zahlen ist.

Art. 63 UN-Kaufgesetz, um dadurch die Voraussetzungen für eine Vertragsaufhebung herbeizuführen. Die Aufhebung des Vertrages nach Art. 64 UN-Kaufrecht kann der Verkäufer bei einer wesentlichen Vertragsverletzung sofort und sonst nach Ablauf einer angemessenen Nachfrist erklären. Die

Vertragsverletzung des Käufers

1. Bei Verletzung der *Zahlungspflicht* hat der Verkäufer
   - das Recht, Erfüllung zu verlangen, Art. 62,
   - das Recht, die Vertragsaufhebung zu verlangen
     - bei wesentlicher Vertragsverletzung, Art. 64 Abs. 1 Buchst. a),
     - oder nach einer Nachfristsetzung nach Art. 64 Abs. 1 Buchst. b);
   - das Recht, (kumulativ zusätzl. auch) Schadensersatz zu verlangen, Art. 61 Abs. 1 Buchst. b).

2. Bei Verletzung der *Abnahmepflicht* kann der Verkäufer
   - Erfüllung verlangen, Art. 62,
   - bei einer wesentlichen Vertragsverletzung (Art. 64 Abs. 1 Buchst. a) oder nach Nachfristsetzung im Sinne des Art. 64 Abs. 1 Buchst. b die Vertragsaufhebung verlangen,
   - das Recht wahrnehmen, eine fehlende Spezifizierung im Sinne des Art. 65 selbst vorzunehmen,
   - und ansonsten (auch kumulativ zu den anderen Rechtsbehelfen) Schadensersatz verlangen, Art. 61 Abs. 1 Buchst. b und Art. 61 Abs. 2.

3. Verletzt der Käufer weitere/sonstige Pflichten (z.B. wettbewerbsrechtlicher Art), darf der Verkäufer
   - Erfüllung nach Art. 62 verlangen,
   - bei einer wesentlichen Vertragsverletzung (Art. 64 Abs. 1 Buchst. a) die Vertragsaufhebung verlangen
   - und kumulativ mit den anderen Rechtsbehelfen (Art. 61 Abs. 2) Schadensersatz verlangen, Art. 61 Abs. 1 Buchst. b.

Vertragsaufhebung führt dann nach Art. 81 bis 84 UN-Kaufgesetz zur Rückabwicklung des Vertrages. Schließlich gibt es die Möglichkeit des Verlangens nach Schadensersatz, Art. 61 UN-Kaufgesetz (in Verbindung mit den Art. 74 bis 77), auf Zinsen, Vertragsaufhebung in den besonderen Fällen der Art. 72 Abs. 1 und 73 Abs. 1 und 2 UN-Kaufgesetz sowie die Aussetzung der eigenen Erfüllung, Art. 71 UN-Kaufgesetz.

4. Gefahrtragung

Vorschriften zur Preisgefahr finden sich im Kapitel IV (Artikel 66–70) UN-Kaufgesetz. Die Vorschriften legen den Zeitpunkt fest, ab dem der Käufer für die Beschädigung und den Untergang der Ware verantwortlich ist, es sei

Gefahrübergang nach UN-Kaufrecht

1. Die Art. 66ff regeln den *Zeitpunkt des Gefahrübergangs*. Bei den Regelungen des Gefahrübergangs ist zu beachten, daß die Vertragsparteien grds. befugt sind, hier durch Parteiabrede eine andere Regelung zum Gefahrübergang zu treffen. Dies geschieht in der Außenhandelspraxis in der Regel durch Vereinbarung der Incoterms. Wegen Art. 6 ist eine Incoterms-Vereinbarung daher als eine entsprechende Außerkraftsetzung der Art. 66ff des UN-Kaufgesetzes zu verstehen. Die gesetzliche Regelung sieht im übrigen vor:
   - Nach Art. 69 Abs. 1, 1. Alt. geht die Gefahr auf den Käufer über, sobald er die Ware übernimmt. (Bei Gattungskäufen muß die Lieferung bereits konkretisiert sein, Art. 67 Abs. 2, Art. 69 Abs. 3.) Der Gefahrtragung ist daher mit der tatsächlichen Sachherrschaft verbunden. Dieser Fall ist selten; in der Regel nur beim „Platzkauf", wo der Käufer die Ware an der Niederlassung des Verkäufers abnimmt.
   - Beim üblichen *Versendungskauf* ist Art. 67 zu beachten (soweit nicht die Incoterms-Klausel – oder eine sonstige Lieferbestimmung – etwas anderes regelt!). Danach geht die Gefahr mit der Übergabe der Ware an den ersten selbständigen Beförderer über.
     - Die Übergabe erfolgt durch Aushändigung der Ware;
     - solange der Verkäufer durch eigene Leute oder einen Spediteur befördert, trägt er die Gefahr;
     - ist ein Übergabeort vereinbart, kann der Gefahrübergang nur an diesem Übergabeort erfolgen (auch wenn vorher schon ein selbständiger Beförderer tätig geworden ist, Art. 67 Abs. 1 Satz 2).
   - Wird auf dem *Transport* befindliche Ware verkauft, geht die Gefahr im Zeitpunkt des Vertragsschlusses auf den Käufer über, Art. 68 Satz 1.
   - Soll die Lieferung nicht an den Ort des Käufers, sondern einen *dritten Ort* erfolgen (Art. 69 Abs. 2) (gilt auch für eingelagerte Güter), erfolgt der Gefahrübergang bei Fälligkeit der Lieferung (Art. 33) bzw. wenn die Ware am vereinbarten Ort zur Verfügung gestellt wurde (bei eingelagerter Ware, wenn der Käufer, mit den notwendigen Warendokumenten versehen, die Herausgabe beanspruchen kann).
   - Bei Abnahmeverzug des Käufers geht die Gefahr ab Zur-Verfügung-Stellen der Ware auf den Käufer über, vgl. Art. 69 Abs. 1, 2. Alt.

2. Hinsichtlich der *Rechtsfolgen des Gefahrübergangs* ist zu unterscheiden:
   - Preisgefahr:
     Geht die Ware nach dem Zeitpunkt des Gefahrübergangs unter oder wird sie beschädigt, muß der Käufer dennoch den Kaufpreis zahlen, Art. 66, 1. Hs.
   - Leistungsgefahr:
     Das Risiko des Verkäufers, nochmals leisten zu müssen, wenn die Ware untergegangen ist oder beschädigt wurde, endet ab Gefahrübergang.
   - Nur wenn der Verkäufer bereits vor Gefahrübergang eine wesentliche Vertragsverletzung begangen hat, bleiben die Rechtsbehelfe des Käufers erhalten; durch den Gefahrübergang gehen bereits vorher begründete Rechte des Käufers nicht verloren.

denn, daß diese Umstände auf ein Verhalten des Verkäufers zurückzuführen sind (Artikel 66). Da das UN-Kaufrecht vom Versendungskauf ausgeht, geht die Gefahr mit Übergabe an den ersten Beförderer[135] auf den Käufer über. Artikel 67 regelt hierzu alles Weitere.

5. Gemeinsame Bestimmungen

Diese im Kapitel V des UN-Kaufgesetzes genannten gemeinsamen Bestimmungen haben einen Schwerpunkt in dem Artikel 74ff UN-Kaufgesetz. Hier geht es um den Inhalt und Umfang des Schadensersatzes. Das UN-Kaufgesetz sieht vor, daß der Schadensersatz für alle Arten von Schäden[136] einschließlich entgangenen Gewinns (Artikel 74 Absatz 1 UN-Kaufgesetz) zu leisten ist. Allerdings darf der Schadensersatz den Verlust nicht übersteigen, den die vertragsbrüchige Partei bei Vertragsabschluß als mögliche Folge der Vertragsverletzung vorausgesehen hat oder unter Berücksichtigung der Umstände, welche sie kannte oder erkennen mußte, hätte voraussehen[137] müssen (Artikel 74 Absatz 2 UN-Kaufgesetz).

Ein weiterer Schwerpunkt liegt in den Artikeln 81 bis 84 UN-Kaufgesetz. Die hier geregelte Vertragsaufhebung befreit die Vertragsparteien von den primären Leistungspflichten, läßt aber Schadensersatzansprüche und Bestimmungen des Vertrages für die Abwicklung unberührt. Empfangene Leistungen sind zurückzugeben (Artikel 81).

135 Also Seeverfrachter, Landfrachtführer oder Durchfrachtführer, nicht aber eigene Leute des Verkäufers oder ein Spediteur, es sei denn, dieser wird nach §§ 412 und 413 HGB als Frachtführer tätig. Letzteres kann angenommen werden, wenn ein Spediteur die Spedition zu festen Gebühren übernimmt.

136 Zu ersetzen sind die tatsächlich erlittenen Vermögenseinbußen und der entgangene Gewinn. Dazu gehören auch Zinsverluste (weil etwa Bankkredit in Anspruch genommen werden muß), Verluste durch Geldentwertung und angemessene Kosten der Rechtsverfolgung (Mahn-, Inkasso- und Anwaltskosten, nicht aber die Erstattung von Prozeßkosten, die im jeweiligen Zivilprozeßrecht der Staaten geregelt sind). Unter Art. 74 UN-Kaufrecht fällt nicht der Ersatz wegen Personenschäden (vgl. Art. 5 UN-Kaufrecht).

137 Voraussehbar ist bei Nichtlieferung oder bei Lieferung vertragswidriger Ware jeder dadurch entstandene Schaden (Produktionsausfall, entgangener Gewinn durch Weiterverkauf, Reparaturkosten, Sachverständigen- und Gutachtenskosten, Kosten für Einlagerung und Zurücksenden der vertragswidrigen Ware etc.). Bei verspäteter Zahlung des Kaufpreises ist die Vorhersehbarkeit zu sehen hinsichtlich etwa entstandener Rechtsverfolgungskosten (Mahnungen, Inkasso) und Kreditkosten, sofern zwischenfinanziert werden mußte. Die Beweislast liegt beim Gläubiger hinsichtlich des Umfangs des Schadens, beim Schuldner hinsichtlich eine mangelnden Vorhersehbarkeit.

VI. Schlußbestimmungen

Der Teil IV des UN-Kaufgesetzes ist für die Außenhandelspraxis von geringer Bedeutung. Er enthält die völkerrechtlichen Bestimmungen über den Beitritt zum UN-Übereinkommen, über dessen Inkrafttreten und das Verhältnis zu anderen internationalen Abkommen sowie die Zulässigkeit von Vorbehalten.

Im Ergebnis bleibt festzuhalten, daß mit dem in Deutschland seit dem 1.1.1991 geltenden UN-Kaufgesetz ein für die Außenhandelspraxis neues Regelwerk aufgestellt wurde, welches nach Maßgabe der oben gemachten Ausführungen im Tagesgeschäft anzuwenden sein wird. Mit seinen Spezialregelungen für den *internationalen* Warenkauf geht es den national gültigen Kaufrechtsvorschriften des BGB vor.

Da das neue UN-Kaufrecht sich, wie beschrieben, nur auf Teilbereiche des internationalen Warenkaufgeschäfts ausrichtet und andere im Hinblick auf Außenhandelsverträge interessierende Rechtsfragen gar nicht erwähnt (z.B. Eigentumsvorbehalt, Verjährung, Stellvertretung, Rechtswahl, Gerichtsstand usw.) und da zudem stets auch die Möglichkeit des (Teil-) Ausschlusses nach Art. 6 UN-Kaufrecht besteht, muß in den folgenden Abschnitten dieses Buches auf die allgemeinen Grundsätze des Rechts internationaler Kaufverträge (unter rechtsvergleichendem Blickwinkel) eingegangen werden.

§ 10. Inhaltsmerkmale internationaler Lieferverträge

Literatur: Vgl. hierzu die Hinweise unter § 8.

I. Grundlagen

Die inhaltliche Gestaltung eines grenzüberschreitenden Liefervertrages bereitet der Praxis häufig Schwierigkeiten, da nicht ohne weiteres erkennbar ist, welche Vertragsbestandteile absolut notwendig sind und auf keinen Fall bei der Vertragsabfassung fehlen dürfen. Wieder andere Vertragskomponenten dienen oft nur der Erläuterung und sind daher leicht entbehrlich.

Typische Inhaltsmerkmale internationaler Lieferverträge

1. Definitions/Interpretation of Terms
   - Diese findet man vor allem im englischen Rechtskreis. Definitions werden dem Vertrag als allgemeingültige Interpretationshilfe vorangestellt.

2. Mindestbestandteile
   Diese müssen immer vorhanden sein, damit ein rechtswirksamer Kaufvertrag vorliegen kann:
   - Nennung der Vertragsparteien,
   - Benennung des Vertragsgegenstands (Kaufsache),
   - Nennung des Kaufpreises (evtl. mit Währungs- und Zinsklauseln).

3. Gefahrtragungsklauseln
   - sind oft in AGB enthalten;
   - eine vertragliche Regelung kann auch durch die „Incoterms" oder eine anderweitige Lieferbedingung erfolgen;
   - wenn keine vertragliche Regelung erfolgt, kommen gesetzliche Vorgaben zur Geltung, z.B. Art. 66ff UN-Kaufgesetz.

4. Mängelhaftungsklauseln (meist in AGB enthalten).

5. Regelungen zu „Leistungsstörungen" (meist in AGB enthalten).

6. Eigentumsvorbehalt (im Export) (meist in AGB enthalten).

7. Lieferbedingungen
   - einzelvertraglich
   - oder meist durch „Incoterms" vereinbart.

8. Zahlungsbedingungen
   - „clean payment"
   - oder „dokumentär", also z.B. Lieferung nur gegen Akkreditivstellung usw.

9. Schadensersatzklauseln, Schadenspauschalierungen und Vertragsstrafen.

10. Ausdrückliche Einbeziehung der eigenen AGB.

11. Rechswahlklausel.

12. Gerichtsstandsvereinbarung oder Schiedsklausel.

Ein klares Vertragsmuster mit weltweiter Anerkennung[138] gibt es bislang nicht. Es hat sich aber in der Praxis ein gewisser Aufbau von Außenhandelsverträgen herausgebildet, der in der Regel folgende Grundkomponenten umfaßt:

II. Die Mindestbestandteile des Kaufvertrages

Ein Vertrag kann nach *deutschem Recht* schon dann wirksam zustande kommen, wenn sich die Vertragspartner über den *Vertragsgegenstand* und den *Kaufpreis* geeinigt haben und wenn schließlich die *Vertragsparteien* selbst genau feststehen. Diese drei Mindestmerkmale eines Kaufvertrages sind für sich alleine zwar ausreichend, doch bleiben auch bei diesen wenigen Bestandteilen noch Fragen offen, wie nachfolgend zu klären sein wird. In ausländischen Rechtsordnungen, insbesondere im *englischen* Recht, ist dagegen mangels allgemeingültiger gesetzlicher Definitionen (z.B. von Fristen, wo im deutschen Recht die §§186ff BGB helfen würden) der Vertragsbeginn meist durch eine umfangreiche Präambel und nachfolgende *Begriffsdefinitionen* eingeleitet. Diese Gesichtspunkte der Mindestbestandteile nach deutschem Recht sowie der Erweiterungen nach englischem Recht *(Definitions/Interpretation of Terms)* sollen nachfolgend beschrieben werden.

1. Mindestbestandteile nach deutschem Recht

Das deutsche Recht erkennt einen wirksamen Kaufvertrag schon dann an, wenn eine Einigung der Parteien über den *Kaufgegenstand*, den *Preis* und die *Parteien* selbst wirksam zustande gekommen ist. Wird ein nur sehr kurzgefaßter Kaufvertrag formuliert, der die „Mindestvertragsbestandteile" enthält, dann könnte der Text so aussehen, wie in der Tabelle *(Textbeispiel Tabelle 2)* formuliert. Wird ein Vertrag mündlich (beispielsweise telefonisch) geschlossen, dann werden die Bestandteile oft ebenfalls nur diese Regelungsinhalte (Mindestbestandteil: Parteien, Ware, Preis) enthalten. Selbst diese wenigen Vertragsbestandteile bergen aber bereits Probleme.

138 Gelegentlich gibt es bilaterale Standardverträge für bestimmte Geschäftsarten wie etwa den Standardvertrag für grenzüberschreitende Kaufverträge im deutsch-chinesischen Handel, herausgelegt von der Sino-German Standard Contract Commission. Dieser Mustertext kann einem Geschäft auf freiwilliger Basis unterlegt werden (keine Verbindlichkeit zur Anwendung!).

a) Kaufpreis

Bei einem internationalen Liefervertrag ist es von Bedeutung, vor Erfüllung des Vertrages klare Absprachen über den Kaufpreis getroffen zu haben. Dies ist aus mehreren Gründen wichtig. Zum einen muß bei Vertragsabschluß deutlich werden, welcher Preis gilt. In Betracht kommen kann nämlich eine Vereinbarung, daß der Preis zur Anwendung gelangen soll, der am Tag der *Warenbestellung* oder aber der *Warenabnahme* Gültigkeit hat. Daneben kann es bei der Frage des Kaufpreises darum gehen festzustellen, ob ein *Festpreis* (also einschließlich der Nebenkosten) oder ob ein Kaufpreis mit *Preisgleitklausel* zur Anwendung gelangen soll. Im letzteren Fall dürfte es schwierig sein zu klären, aufgrund welcher Einflüsse die Preisgleitklausel zu einer Veränderung des Kaufpreises führen soll. In jedem Fall muß schon bei der Preiskalkulation, also vor Abschluß des Liefervertrages, überlegt werden, welche Faktoren auf den Preis einwirken. Tabelle 1 mit den Musterklauseln geht von der weltweit üblichen Vertragssprache Englisch aus und enthält daher einige typische englischsprachige Preisklauseln.

aa) Festpreis

Die Vereinbarung eines Festpreises bindet den Exporteur, und der Exporteur hat auch das Risiko von Kostenerhöhungen der zu liefernden Ware oder zu erbringenden Leistungen zu tragen. Es kann die Frage auftauchen, ob sich daran nichts mehr ändern lasse. Das deutsche Recht bietet mit den Instituten des *„Wegfalls der Geschäftsgrundlage"* und der *„Irrtumslehre"* zwar grundsätzliche Möglichkeiten, an einer Vereinbarung eine Veränderung vorzunehmen.

Soll über den „Wegfall der Geschäftsgrundlage" ein Festpreis vom Exporteur wegen vorliegender Kostenerhöhungen verändert werden, so hat die deutsche Rechtsprechung diese Möglichkeit stark eingeschränkt auf die wenigen Fälle, daß ein Festhalten am Vertrag deshalb nicht möglich ist, weil ein krasses Mißverhältnis zwischen Leistung und Gegenleistung besteht.[139] – Ein Anfechtungsrecht wegen Irrtums dürfte in den meisten Fällen ausscheiden. Ein Vertragspartner, der seinem Gegenüber die Preiskalkulation nicht offenlegt, kann sich nur bei der Preiskalkulation irren; dies ist nach herrschender Auffassung stets ein unbeachtlicher Motivirrtum.

139 BGHZ 7, 346, und BGH WM 1976 S. 429; bei Fremdwährungsvereinbarungen ist ein Wertverlust in Fremdwährung, der unter 33% liegt, unbeachtlich, RGZ 147, 380, und RGZ 145, 55.

bb) Preisgleitklausel

Preisgleitklauseln in Außenhandelsgeschäften finden sich in Form von Richt- oder Schätzpreisen, der Vereinbarung von „Markt"preisen oder der Bezeichnung „Preis freibleibend" beziehungsweise in der Bezugnahme auf eine Preisliste in ihrer jeweils gültigen Fassung. Eine Preisgleitklausel ist also eine Vereinbarung, die die Höhe der Geldschuld an eine vertragsfremde Bezugsgröße bindet und bei Änderung der Bezugsgröße eine automatische Anpassung vorsieht.[140] Kann der Exportcur aufgrund seiner guten Marktposition eine solche Preisgleitklausel durchsetzen, dann hindert ihn die deutsche Rechtsprechung nicht daran, den endgültig zu bezahlenden Kaufpreis bei Lieferung festzusetzen. Bei einem etwaigen Rechtsstreit über die Preisgestaltung obliegt dem Exporteur lediglich die Darlegungslast für die Preisfestsetzung; nur wenn der Preis sich als sittenwidrig herausstellt, kann die „Preisgleitklausel" für den Exporteur ein ungünstiges Ende des Kaufvertrages bedeuten.[141] (hierzu *Textbeispiel in Tabelle 1)*

Zu beachten ist aus Sicht des UN-Kaufrechts, daß dort vom Grundsatz der Preisbestimmbarkeit ausgegangen wird. Um negative Konsequenzen aus der mangelnden Preisbestimmbarkeit zu vermeiden, muß daher dafür gesorgt werden, daß der Preis stets objektiv bestimmt werden kann.[142]

cc) Währungs- und Zinsklauseln

Ist der Liefervertrag mit einem Kaufpreis in DM zustande gekommen, wobei jedoch der Kaufbetrag an eine *fremde Währung als Maßstab* geknüpft ist (z.B. einen Wechselkurs DM/Fremdwährung bzw. an einen Börsenort oder Kursstichtag), dann haben die Vertragspartner damit die Absicht zum Ausdruck gebracht, etwaige Kursverluste vermeiden zu wollen bzw., aus der anderen Sicht, einen Kursgewinn durch Auf- oder Abwertung zu erzielen.[143]

Es besteht auch die Möglichkeit, von vornherein einen Kaufpreis, ausgedrückt in einer Fremdwährung, zu vereinbaren. Nach § 244 BGB ist eine solche Vereinbarung statthaft; es muß lediglich eine eindeutige Parteiver-

140 BGHZ 53, 318, und 63, 134. Eine Anpassung erfolgt mit jeder Änderung der Vergleichsgröße automatisch, BGH NJW 1980, 589.

141 Preisklauseln sind genehmigungsfrei, vgl. BGH BB 1979 S. 213; *Wolf*, ZIP 1981 S. 240; zur Anpassung vgl. die Rechtsprechung in BGH NJW 1980 S. 589; zur möglichen Sittenwidrigkeit vgl. BGH NJW 1969 S. 1809.

142 Hierzu *Herber/Czerwenka*, Internationales Kaufrecht, Anm. 2 zu Art 55; *Bonell*, RIW 1990, 697.

143 Sofern es sich um eine Fremdwährungsforderung zwischen Gebietsansässigen handelt, ist § 3 Satz 2 WährG zu beachten; ein Fehlen der Genehmigung macht den Vertrag schwebend unwirksam, OLG Koblenz NJW 1988, S. 2181, 3099. – Die Problematik der Genehmigungspflicht nach § 3 Satz 2 WährG findet aber dann keine Anwendung, wenn eine der Vertragsparteien ein Gebietsfremder ist.

Textbeispiel Tabelle 1

Preisklauseln

1. Preisbestimmung

- The price of the goods shall be the Seller's quoted price or, where no price has been quoted (or a quoted price is no longer valid), the price listed in the Seller's published price list current at the date of acceptance of the order. Where the goods are supplied for export from ... (name of country), the Seller's published export price list shall apply. All prices quoted are valid for ... days only or until earlier acceptance by the Buyer, after which time they may be altered by the Seller without giving notice to the Buyer.
- Except as otherwise stated under the terms of any quotation or in any price list of the Seller, and unless otherwise agreed in writing between the Buyer and the Seller, all prices are given by the Seller on an ex works basis, and where the Seller agrees to deliver the goods otherwise than at the Seller's premises, the Buyer shall be liable to pay the Seller's charges for transport, packaging and insurance.

2. Preisgleitklausel

- The Seller reserves the right, by giving notice to the Buyer at any time before delivery, to increase the price of the goods to reflect any increase in the cost to the Seller which is due to any factor beyond the control of the Seller (such as, without limitation, any foreign exchange fluctuation, currency regulation, alteration of duties, significant increase in the costs of labour, materials or other costs of manufacture), any change in delivery dates, quantities or specifications for the Buyer or failure of the Buyer to give the Seller adequate information or instructions.

einbarung darüber vorliegen, und die Fremdwährungsvereinbarung ist mit einer „Effektivklausel" zu versehen.[144]

144 Für in ausländischer Währung ausgedrückte, aber im Inland zahlbare Fremdwährungsschulden (Valutaschulden) gibt § 244 BGB dem Schuldner das Recht, auch in inländischer Währung (DM) zu zahlen, wenn nicht ausdrücklich (effektiv; Effektivklausel) etwas anderes vereinbart wurde. § 3 Satz 1 WährG erfordert für den Fall der Vereinbarung von Fremdwährungsforderungen eine Genehmigung der Deutschen Bundesbank, doch gilt dies gemäß § 49 AWG nicht für Verträge zwischen Gebietsansässigen und Gebietsfremden; zu diesen Begriffen vgl. § 4 Abs. 1 Nr. 3 und 4 AWG. Die beiden wichtigen Vorschriften aus Außenwirtschafts- und Währungsgesetz lauten wie folgt: § 3 WährG: „(1) Geldschulden dürfen nur mit Genehmigung der für die Erteilung von Devisengenehmigungen zuständigen Stelle in einer anderen Währung als DM eingegangen werden. (2) Das gleiche gilt für Geldschulden, deren Betrag in DM durch den Kurs einer solchen anderen Währung oder durch den Preis oder einer Menge von Feingold oder von an deren Gütern oder Leistungen bestimmt werden soll." – § 49 AWG: „(1) § 3 Satz 1 WährG findet auf Rechtsgeschäfte zwischen Gebietsansässigen und Gebietsfremden keine Anwendung. (2) Für die Erteilung von Genehmigungen nach § 3 WährG ist die Deutsche Bundesbank zuständig".

Es kann in der Preisvereinbarung auch eine Zinsklausel enthalten sein. Grundsätzlich können die Vertragspartner einen Zinssatz frei vereinbaren. Fehlt eine Vereinbarung, gilt grundsätzlich der gesetzliche Zinssatz. Dieser beträgt im deutschen Recht gemäß § 246 BGB 4%, bei Handelsgeschäften von Vollkaufleuten nach § 352 HGB 5% und bei Wechsel- und Scheckforderungen nach § 1 des Gesetzes über Wechsel- und Scheckzinsen 2% über dem jeweiligen Diskontsatz der Deutschen Bundesbank, jedoch mindestens 6%.

b) Vertragsgegenstand

Da im deutschen Recht ein wirksamer Kaufvertrag voraussetzt, daß sich die Vertragspartner zumindest über den Kaufgegenstand und den Kaufpreis geeinigt haben, muß bei Abschluß eines solchen Vertrages klar sein, daß tatsächlich rechts- und geschäftsfähige Vertragspartner zweifelfrei Willenserklärungen – und für den Fall des Auftretens als Stellvertreter auch mit der nötigen Vertretungsmacht – abgeben. Beachtlich ist, daß nach § 433 Abs. 1 BGB ein „Kaufgegenstand“ sowohl eine Sache als auch ein Recht sein kann. Es ist schließlich nicht erforderlich, daß der Verkäufer auch Eigentümer der verkauften Sache oder Inhaber des Rechts ist.

Textbeispiel Tabelle 2

Mindestbestandteile

This contract of Sale is made this ... (day) of ... (month), 1997

by and between

Messrs. ABC GmbH, Alte Hafenstrasse 15, 28000 Bremen,
– hereinafter referred to as the „Seller" –

and

Messrs. XYZ Ltd., Scrapyard 2, The Docklands, London E 11
– hereinafter referred to as the „Buyer" –

The Seller agrees to sell to the Buyer some products/merchandise as follows: ...
The parties agree upon the following purchase price: .... (Signatures)

Als Kaufsachen kommen bewegliche und unbewegliche Gegenstände in Betracht. Zu beachten ist die Differenzierung des deutschen Rechts nach

„Spezies-“ und „Gattungskauf“, da diese Begriffe in nachfolgenden Darstellungen dieses Buches (z.B. bei der Sachmängelhaftung und bei den Leistungsstörungen) eine wichtige Rolle spielen. Beim Spezies- (oder Stück-)Kauf ist der Kaufgegenstand bereits konkret bestimmt; dieser konkrete Gegenstand wird geliefert. Dagegen handelt es sich beim Gattungskauf im Sinne des § 243 BGB hinsichtlich des Kaufgegenstands um eine Sache, die zunächst nur nach allgemeinen Merkmalen (wie etwa Typ, Sorte, Qualitätsmerkmalen, Preisklasse einer Ware) gekennzeichnet ist, so daß der Schuldner lediglich die Verpflichtung hat, eine Ware mittlerer Art und Güte zu liefern.

Auch Rechte können Gegenstand eines Kaufvertrags sein. Dies gilt sowohl im deutschen Recht wie auch in ausländischen Rechtsordnungen. Dazu müssen die betroffenen Rechte übertragbar sein, wie es beispielsweise bei Forderungen, Pfandrechten und Immaterialgüterrechten (wie z.B. bei Patenten, Gebrauchsmustern und Warenzeichen) der Fall ist. Es können auch erst zukünftig entstehende Rechte ebenso wie Rechte, die dem Verkäufer erst in Zukunft gehören werden, verkauft werden. Diese grundlegenden Ausführungen sind an dieser Stelle notwendig, da der 4. Teil dieses Buches auf bestimmte Vertragstypen des internationalen Geschäfts eingeht, bei denen diese Anmerkungen eine Rolle spielen. Es lassen sich auf die besonderen, später dargestellten Vertragsformen die hier niedergelegten Grundgedanken zum „Recht des internationalen Kaufvertrags“ übertragen.

2. Besonderheiten des englischen Rechtskreises

Eine Besonderheit des englischen Rechtskreises besteht darin, daß mangels allgemeingültiger Gesetzesdefinition (wie etwa für Fristen u.a.) eine Notwendigkeit für eine grundsätzliche Klarstellung einzelner Begriffe in jedem einzelnen Vertrag besteht.

Wer sich mit Verträgen, die dem englischen Rechtsprinzip folgen, befaßt, behebt daher diese Problematik dadurch, daß den Verträgen eine – meist einleitende – Passage zu den sogenannten „Definitions“ oder auch „Interpretation of Terms“ voranstellen oder beifügen. Englischsprachige Verträge beginnen daher meist mit einem langen Definitionenkatalog, in welchem – wie die Klauselbeispiele (*Textbeispiel Tabelle 3*) zeigen – allgemeine Begriffe ausgelegt werden. Für den Kaufvertrag ist es etwa notwendig, die Person des „Verkäufers“ und des „Käufers“ zu beschreiben und welche Personen oder Unternehmen diesen Vertragsparteien noch hinzugerechnet werden sollen (Klauseln unter Ziffer 5). Sehr typisch –

Definitions and Interpretation

4. In these conditions

„Buyer" means the person who accepts a quotation of the Seller for the sale of the goods or whose order for the goods is accepted by the Seller.
„Goods" means the goods (including any instalment of the goods or any parts for them) which the Seller is to supply in accordance with these conditions.
„Conditions" means the standard terms and conditions of sale set out in this document and includes any special terms and conditions agreed in writing between the Buyer and the Seller.
„Contract" means the contract for the purchase and sale of the goods.

5. The Parties

- References in this Agreement to the parties shall include their respective heirs, successors in title, permitted assigns and personal representatives.
- This Agreement shall be binding upon and inure to the benefit of the parties and their respective successors.
- The *„Seller's Group"* shall mean the group composed of the Seller, its Holding Company (if any) and all (wholly-owned) Subsidiary Companies of the Seller and of the Seller's Holding Company (if any).
- An *„Affiliate"* of a party hereto shall mean any corporation controlling or under common control with that party.
- A *„Subsidiary"* of a party hereto shall mean any corporation controlled by such party.
- The *„Group"* of a party hereto shall mean the group composed of that party together with all of its Subsidiaries and Affiliates.

6. Periods of Time

- *„Day"* shall mean a period of twenty four hours ending at twelve o'clock midnight.
- *„Month"* shall mean calendar month.
- *„Year"* shall mean any period of twelve consecutive months.
- *„Business Day"* shall mean any Day on which ordinary banks are open for business.
- *„Holiday"* shall mean any Day on which ordinary banks are closed.
- References to dates which do not fall on a Business Day shall be construed as references to the immediately subsequent Business Day.

7. Miscellaneous Clauses/Definitions

- The Headings in this Agreement shall not affect its interpretation.
- The Headings in this Agreement are for ease of reference only and shall not be taken into account in the construction and interpretation of any provision to which they refer.
- References to any statute or statutory provision include a reference to that statute or statutory provision as from time to time amended, extended or re-enacted.
- The Recitals/Schedules ... constitute an integral part of this Agreement.

und im deutschen Recht wegen der §§ 186 bis 193 BGB unnötig – sind „Definitions“ der Begriffe „Kalendertag, Monat, Jahr“ usw. (Klauseln unter Ziffer 6).

Hinzu kommen Klarstellungen, ob Überschriften (Headings) bei Unklarheiten als Auslegungshilfe herangezogen werden dürfen oder nicht. Dieser Vertragsteil englischer Verträge enthält Hinweise auf die anzuwendenden Gesetze und Verordnungen (references to legislation) sowie darauf, daß Anlagen etc. Vertragsbestandteile sein sollen (Klauseln Ziffer 3).

§ 11. Klauseln zur Gefahrtragung

Literatur: *Finke*, Die Bedeutung der internationalen Handelsklauseln für den Gefahrübergang nach deutschem und US-amerikanischem Recht, 1984; *Hager*, Gefahrtragung – eine rechtsvergleichende Untersuchung, Frankfurt 1982; *ders.*, Gefahrtragung nach UN-Kaufrecht im Vergleich zu EKG und BGB, in: *Schlechtriem*, Einheitliches Kaufrecht und nationales Obligationenrecht, S. 387ff; *Liesecke*, Die typischen Klauseln des internationalen Handelsverkehrs in der neueren Praxis, WM 1978, Beil. 3.

Wenn bei einem internationalen Liefervertrag die Kaufsache verlorengeht, zerstört oder beschädigt wird, stellt sich die Frage, welche der Vertragsparteien für diesen Umstand haftet und den Nachteil dieses Schadens zu tragen hat. In diesem Zusammenhang ist zu unterscheiden zwischen der Sach-, Leistungs- und Gegenleistungsgefahr.

Ob der Verkäufer durch besondere Umstände von seiner Leistungspflicht frei wird (Übergang der *Leistungsgefahr)*, entscheidet das Vertragsstatut, also das für den Vertrag geltende Recht. Ob der Käufer leisten muß, obwohl er die Ware nicht erhält, wird nach der „Preisgefahr bzw. *Gegenleistungsgefahr*“ bestimmt. Auch diese beurteilt sich nach dem für den Vertrag maßgeblichen Recht (Vertragsstatut). Unter welchen Bedingungen der Verkäufer frei wird bzw. der Käufer seine Gegenleistung erbringen muß, ist in den einzelnen Rechtsordnungen unterschiedlich geregelt. Daher ist auch für diesen Rechtsbereich eine Darstellung, getrennt nach den Rechtskreisen der Welt, sinnvoll.

I. Das deutsche Recht

1. Grundsätze

Bei der *Sachgefahr* geht es darum, welche Vertragspartei das Risiko zu tragen hat, daß die Sache selbst verlorengeht oder beschädigt wird. Grundsätzlich muß der Eigentümer dieses Risiko tragen; auf die Eigentümerposition kommt es daher bei der Frage der Sachgefahr ganz entscheidend an. Es ist hier zu klären, ob z.B. der Käufer einer Sache schon Eigentümer geworden ist oder ob der Verkäufer noch Eigentümer geblieben ist.[145] Die Problematik der Sachgefahr steht jedoch nicht allein: Es bleibt nämlich bei einem Vertragsverhältnis die Frage zu klären, ob der Käufer zum Beispiel nach Untergang der Kaufsache noch weiterhin einen Anspruch auf Lieferung hat oder nicht (sog. *Leistungsgefahr*) und ob der Verkäufer trotz Untergangs der Kaufsache vom Käufer Zahlung des Kaufpreises verlangen kann (sog. *Gegenleistungsgefahr*).

Das BGB gibt Anhaltspunkte für eine Regelung der Leistungsgefahr. Geht die Kaufsache nach Vertragsschluß, aber vor Liegerung an den Käufer unter, kann der Verkäufer anstelle der Liefer- und Leistungspflicht unter Umständen eine Schadensersatzpflicht haben. Nach § 275 BGB wird „der Schuldner (Verkäufer) von der Verpflichtung zur Leistung frei, soweit seine Leistung infolge eines nach Entstehung des Schuldverhältnisses eintretenden Umstandes, den er nicht zu vertreten hat, unmöglich wird“. Sofern es sich um eine „Gattungsschuld“ handelt, tritt diese Befreiung nach § 279 BGB erst ein, wenn die ganze Gattung nicht mehr existiert, sofern nicht die Ware bereits konkretisiert war oder der Käufer sich mit der Abnahme der Ware in Verzug befand (vgl. § 300 Abs. 2 BGB).

Selbst wenn der Verkäufer nicht mehr zur Lieferung oder Leistung von Schadensersatz verpflichtet sein sollte, könnte er andererseits noch einen Anspruch auf Gegenleistung, nämlich auf Zahlung des Kaufpreises haben. Nach § 323 BGB braucht der Käufer den Kaufpreis nicht zu bezahlen, wenn keiner der Vertragspartner die Unmöglichkeit der Lieferung zu vertreten hat. Somit trägt der Verkäufer in diesen Fällen die Gegenleistungs- bzw. Preisgefahr. Die Preisgefahr geht aber auf den Käufer über, wenn er die Ware schon erhalten hatte, bevor sie unterging, § 446 Abs. 1 Satz 1 BGB. Besonderheiten für den Versendungskauf enthält im übrigen § 447 BGB.

145 Zu Fragen des Eigentums und Eigentumübergangs bei internationalen Geschaften vgl. eingehend *Graf von Bernstorff*, Rechtsprobleme im Auslandsgeschäft, 3. Auflage, Frankfurt/M. 1992, S. 63f.

2. Gefahrenübergang beim Versendungskauf

Für die Gefahrtragung beim Versendungskauf ist § 447 Abs. 1 BGB zu beachten. Diese Vorschrift lautet: „Versendet der Verkäufer auf Verlangen des Käufers die verkaufte Sache nach einem anderen Orte als dem Erfüllungsorte, so geht die Gefahr auf den Käufer über, sobald der Verkäufer die Sache dem Spediteur, dem Frachtführer oder der sonst zur Ausführung der Versendung bestimmten Person ausgeliefert hat" (§447 Abs. 1 BGB). Diese Vorschrift kommt zur Anwendung, wenn die gekaufte Sache auf dem Wege

Gefahrtragung

1. Grundsätzliches

- Geht bei Abwicklung eines internationalen Liefervertrags die Kaufsache verloren oder wird sie beschädigt oder zerstört, dann stellt sich die Frage, ob für diese Umstände der Käufer oder der Verkäufer die Verantwortung trägt.
- Bei der *Sachgefahr* geht es darum, welche Vertragspartei das Risiko zu tragen aht, daß die Ware verlorengeht oder beschädigt wird. Grundsätzlich muß der Eigentümer das Risiko tragen. Weiter stellt sich die Frage, ob der Käufer nach Untergang der Kaufsache weiterhin einen Anspruch auf Lieferung hat oder nicht (sog. *Leistungsgefahr*) und ob der Verkäufer trotz Untergangs der Kaufsache vom Käufer Zahlung des Kaufpreises verlangen kann *(Gegenleistungsgefahr)*.
- Die hier im Buch beschriebenen vier Rechtsordnungen unterscheiden sich weitgehend; das UN-Kaufgesetz hat ferner eigene Regelungen in den Art. 66ff.

2. Gefahrtragungsklauseln in Verträgen

- Gefahrtragungsklauseln können entweder einzelvertaglich vereinbart werden, oder sie werden – was oft vorteilhafter ist – anhand der Zugrundelegung einer Klausel der Incoterms vereinbart.
- Bei der einzelvertraglichen Vereinbarung von Gefahrtragungsklauseln ist eine Vielzahl unterschiedlicher Formulierungen denkbar. Abhängig ist die Vereinbarung u.a. von der Marktposition der Vertragsparteien (Käufermarkt/Verkäufermarkt) und den Besonderheiten des Vertrages und seiner Abwicklung.
- Meist findet man in Außenhandelsverträgen die Verwendung der sog. „Incoterms 1990" der Internationalen Handelskammer, Paris. Diese haben den Vorteil der gleichen Interpretation auch in unterschiedlichen Sprachen. Daneben gibt es Mustertexte der ECE sowie sonstige Standardformulierungen (Model Form Contracts u.ä.).

vom Verkäufer ohne Verschulden eines der Vertragspartner untergeht oder sich verschlechtert. Der Käufer muß dann dennoch den Kaufpreis zahlen. Dazu ist folgendes anzumerken:

Es muß eine Versendung an einen anderen Ort als den Erfüllungsort vorliegen. Dabei handelt es sich um den Ort, an dem die Leistungshandlung des Verkäufers erbracht werden muß. § 447 BGB greift ein, wenn es sich um eine Hol- oder Schickschuld handelt. In diesen Fällen ist der Wohn- oder Geschäftssitz des Verkäufers auch Erfüllungsort. Handelt es sich um eine Bringschuld, dann erfüllt der Verkäufer erst am Wohn- oder Geschäftssitz des Käufers; § 447 BGB kann dann nicht zur Anwendung gelangen.[146] Eine Bringschuld liegt in der Praxis zum Beispiel bei den alltäglichen Versandgeschäften vor, bei denen sich der Verkäufer eigener Leute bedient.

3. Zusammenfassendes Ergebnis

Für die Vertragsgestaltung im Auslandsgeschäft kann dies, vorausgesetzt, daß der Vertrag deutschem Recht unterliegt, nur folgendes bedeuten: Aus Sicht eines deutschen Exporteurs ist es vorteilhaft, den Eigentumsübergang schnell zu bewirken, um die Sachgefahr auszuschließen.[147] Es sollte auch darauf geachtet werden, daß die Gegenleistungsgefahr möglichst rasch ausgeschaltet wird und die Lieferung selbst schnell vonstatten geht (weil verderbliche Ware sonst z.B. Schaden nehmen kann usw.) und daß die Warenlieferung nicht als Bringschuld vereinbart wird, da ansonsten die begünstigende Vorschrift des § 447 Abs. 1 BGB nicht zur Anwendung gelangt.

II. Das englische Recht

Für die hier zu behandelnden Fragen ist im englischen Recht der Sale of Goods Act 1979 einschlägig. Teilweise entspricht die englische Systematik der Gefahrtragung den deutschen Bestimmungen, teilweise tauchen aber auch entscheidende Abweichungen auf, die im Außenhandel zu beachten

146 Es läßt sich oft nur durch Auslegung des Kaufvertrages ermitteln, ob es sich um eine Hol- oder Bringschuld handelt. Kommt man auch mit der Auslegung nicht weiter, kommt § 269 BGB zum Zuge: Danach ist die Holschuld als gesetzlicher Regelfall zu betrachten.

147 Hierbei ist bei etwaigen Eigentumsvorbehalten abzuwägen, welche Risiken vom Exporteur höher eingeschätzt werden: das des zufälligen Untergangs der Ware (dann sollte Eigentum schnell übergehen und kein Eigentumsvorbehalt ausgesprochen werden) oder das Risiko der Nichtbezahlung der Ware (so daß der Eigentumsvorbehalt zur eigenen Sicherheit benötigt wird, aber die Sachgefahr beim Exporteur verbleibt).

sind. Andere weltweite Rechtsordnungen, die dem englischen Recht folgen, kennen die hier ausgeführten Grundsätze entweder als „Case Law" oder aber ebenfalls in Form von Regelungen eines Gesetzes (Sale of Goods Act). Die Beschreibung der Thematik folgt daher beispielshaft dem englischen Recht.

Zur Sachgefahr (risk of loss) hat der englische Sale of Goods Act 1979 in section 20 die im deutschen Recht ebenfalls vorhandene Regelung aufgestellt: Die Sachgefahr geht mit dem Eigentum über (risk passes with property). Wenn man bedenkt, daß in England das „Vertragsprinzip" herrscht, also Eigentum bereits mit dem Abschluß eines Vertrages übergeht, hat dies aus deutscher Sicht (hier gilt das „Übergabeprinzip") zur Folge, daß es auf eine Warenübergabe grundsätzlich nicht ankommt.[148] Das englische Recht hat also in ein und demselben Moment den Abschluß des Kaufvertrags, den Übergang des Eigentums und der Sachgefahr.

Will ein deutscher Exporteur, sofern der internationale Kaufvertrag englischem Recht unterliegt, diese Rechtsregeln umgehen, dann helfen hier nur entsprechende Vertragsklauseln weiter. Mittels vertraglicher Vereinbarung wird dann das wirtschaftlich interessante Ergebnis erreicht, wonach eine Interessenausgleich zwischen den Parteien dazu führt, daß ab einem bestimmten Punkt die eine Partei das Risiko abgibt und auf die andere überträgt. Eine solche Parteivereinbarung kann beispielsweise durch die Incoterms erfolgen. Wird zum Beispiel eine Lieferung f.o.b. oder c.i.f vereinbart, dann bedeutet dies, daß das Risiko vom Verkäufer auf den Verkäufer nicht schon bei Vertragsschluß, sondern erst zu einem späteren Zeitpunkt übergeht. Auch aus Sicht der englischen Rechtsprechung[149] geht die Sachgefahr erst dann auf den Käufer über, wenn die Waren über die Reling des Schiffes gebracht werden.

Auch die *Gegenleistungsgefahr* hat vom Grundsatz her ähnliche Ansätze wie das deutsche Recht. Nach section 32 Sale of Goods Act 1979 gilt die Übergabe der Ware an eine Transportperson, sofern dies im Auftrage des Käufers erfolgt, als Übergabe an den Käufer. Die Gegenleistungsgefahr geht hier wie bei § 447 BGB über. Der Verkäufer muß allerdings darauf achten, daß er einen Frachtvertrag so abschließt, wie es für die Ware und für die Umstände des Einzelfalls angemessen (reasonable) ist; andernfalls haftet er bei Beschädigung der Ware selbst. Für die Gegenleistungs- bzw. Preis-

148 Anderes gilt zum Beispiel beim Kauf zur Ansicht oder zur Probe, section 18 (Rule 4) Sale of Goods Act 1979; *Bevington and Morris v. Dale & Co Ltd* (1902) 7 Com Cas 112.

149 Dies aber mit der Ausnahme, daß das Eigentum vorbehalten ist: *Ginzberg v. Barrow Haematite Steel Co Ltd.* (1966) 1 Lloyd's Rep. 34 3. – Da auch im englischen Recht das Konnossement (bill of lading) als Traditionspapier angesehen wird, erfolgt der Eigentumsübergang bei Vorhandensein eines solchen Papiers erst mit Übergabe des Konnossements.

gefahr ist schließlich noch section 20 (2) Sale of Goods Act 1979 zu beachten: Hat eine der beiden Vertragsparteien eine Verzögerung der Warenlieferung zu vertreten, dann muß sie auch die Preisgefahr tragen.

III. Das US-amerikanische Recht

Anders als das englische Recht kennt die US-amerikanische Rechtsordnung bezüglich des Eigentumsübergangs nicht das „Vertragsprinzip". Insofern wurde dem englischen Vorbild also nicht gefolgt. Der Uniform Commercial Code bestimmt in § 2–401 (2), daß das Eigentumsrecht erst dann übergeht, wenn der Verkäufer seine Verpflichtungen vollständig erbracht hat. Für einen Kaufvertrag bedeutet dies, daß das Eigentum erst übergeht. wenn der Verkäufer seine Leistungspflichten (Lieferung der Kaufsache, Erfüllung aller Nebenpflichten) erfüllt hat.[150]

Die Regeln der Gefahrtragung sind im amerikanischen Recht unabhängig vom Eigentumsübergang. Es wird im Uniform Commercial Code lediglich danach unterschieden, ob der Verkäufer der Ware Kaufmann ist oder nicht und ob es sich um einen Versendungskauf handelt oder nicht.

Ist der *Verkäufer* ein *Kaufmann,* geht nach § 2–509 (3) 1. Halbsatz Uniform Commercial Code, die Sachgefahr erst auf den Käufer über, wenn dieser auch den Besitz an der Ware erhält (on receipt of the goods). Ist der Verkäufer dagegen *Nichtkaufmann,* geht die Sachgefahr bereits dann auf den Käufer über, wenn ihm die Lieferung der Sache angeboten wird § 2–509 (3) 2. Halbsatz UCC („on tender of delivery").

Beim Versendungskauf ist bezüglich der Gegenleistungsgefahr zu prüfen, wie weit die Leistungspflicht des Verkäufers geht. Die bereits genannte Vorschrift des § 2–509 (1) Uniform Commercial Code bestimmt als Ort des Gefahrübergangs den „Erfüllungsort". Es wird also, ähnlich wie im deutschen Recht, darauf abgestellt, wo die Leistung des Verkäufers erfüllt ist. Liegt eine Bringschuld vor, ist der Erfüllungsort regelmäßig der Wohn- bzw. Geschäftssitz des Käufers. Wird die Ware auftragsgemäß zum Transport übergeben (ship the goods by carrier), was regelmäßig zum Beispiel bei der Liefervereinbarung „f.o.b." der Fall ist, geht nach § 2–509 (1) Uniform Commercial Code die Gefahr bereits dann auf den Käufer über, sobald die Ware an den „carrier" übergeben wird.

150 § 2–401 (2) Uniform Commerciai Code: „Unless otherwise explicitly agreed title passes to the buyer at the time and place at which the seller completes his performance ..."

IV. Das französische Recht

Auch das französische Recht folgt hinsichtlich des Eigentumsübergangs dem „Vertragsprinzip" und unterscheidet sich damit vom deutschen Recht. In der französischen Rechtsordnung ist also, wie auch in der englischen, das Eigentum an einer Sache mit Abschluß des Vertrages übergegangen. Dies gilt jedoch in dieser Weise nur eingeschränkt.

Soweit es um den Eigentums- und Gefahrübergang geht, unterscheidet das französische Recht in den Artikeln 1583ff Code Civil streng nach dem *Stückkauf* einer konkret bestimmten Sache und dem *Gattungskauf* von vertretbaren, noch nicht bestimmten Sachen.

Beim *Stückkauf* geht nach Art. 1583 Code Civil das Eigentum sofort mit Abschluß des Vertrages über.[151] Ebenso geht auf den Käufer die Gefahr des zufälligen Untergangs oder Verlusts der Kaufsache über. Anders als im deutschen Recht (mit der dortigen Regelung der Leistungsgefahr) erfolgt nach französischem Recht der Gefahrübergang auf den Käufer schon vor Lieferung der Kaufsache.

Beim *Gattungskauf* (vente en bloc, Art. 1586 Code Civil) geht das Eigentum an vertretbaren Sachen, ebenso wie die Gefahr, erst dann über, wenn eine Konkretisierung der Ware erfolgt, z.B. durch Angabe des Ortes. an dem sich die Ware befindet. Ist es aber erforderlich, daß die Ware noch vermessen oder gewogen oder sonstwie konkretisiert wird, dann gehen Eigentum und Gefahr erst im Zeitpunkt der Konkretisierung auf den Käufer über. Im übrigen wird dann die Zustimmung des Käufers benötigt.

Auch im französischen Recht kann eine ungünstige gesetzliche Regelung des Eigentums- und Gefahrübergangs durch entsprechende Parteivereinbarung abbedungen werden.

V. Bestimmungen des UN-Kaufrechts

Von der Systematik des Buches her ist es an dieser Stelle erforderlich, nochmals kurz darauf hinzuweisen, daß es im UN-Kaufrecht besondere gesetzliche Bestimmungen zur Gefahrtragung gibt.

151 Art. 1583 Code Civil: „*La vente* est parfaite entre les parties, et la propriété est acquise de droit à l'acheteur à l'égard du vendeur, dès qu'on est convenu de la chose et du prix, quoique la chose n'ait pas encore été livrée ni le prix payé." Hinsichtlich Eigentumsvorbehaltswaren vgl. die Rechtsprechung in Com. 20 Juin 1989, D. 1989. 431; Rev. trim.dr.civ. 1990. 121; Com. 8 Mars 1988, Bull. Civ IV. No. 99: Civ 3e. 26 Juin 1991. J.C.P 1992.II.21825.

Das UN-Kaufrecht hat, wie oben schon ausgeführt[152], die für internationale Lieferverträge geltenden Regeln des *Gefahrübergangs* in den Artikeln 66ff erfaßt. Die Gefahr geht normalerweise zu dem Zeitpunkt auf den Käufer über, zu dem er die Waren am Ort des Verkäufers zu übernehmen hat (vgl. Art. 31 c UN-Kaufgesetz) oder, bei Vereinbarung eines Lieferortes, am dortigen Orte. Ferner geht die Gefahr über mit Übernahme der Ware durch den Käufer oder mit deren Nichtabnahme (vgl. Art. 69 UN-Kaufgesetz). Beim *Versendungskauf* geht die Gefahr grundsätzlich mit der Übergabe der Ware an den ersten Beförderer über (vgl. Art. 67 UN-Kaufgesetz). Diese Regelungen sind, sofern sie den Parteiinteressen widersprechen, wegen Art. 6 UN-Kaufgesetz abdingbar.

VI. Hinweise zur Vertragsgestaltung

Die vorhergehenden Ausführungen zeigen, daß trotz unterschiedlicher Ansatzpunkte die Rechtsordnungen zumindest die Problematik des Übergangs der Sachgefahr und die Fragestellung der Gegenleistungs- bzw. Preisgefahr kennen. Die gesetzlichen Regelungen sind dispositiv. Sie können also durch Parteivereinbarung abbedungen werden.

Will man die mit einer solchen einzelvertraglichen Regelung zusammenhängenden Interpretationsprobleme – unterschiedliche Sprache, verschiedene Auslegung der verwendeten Begriffe durch die Vertragsparteien – vermeiden, bietet sich die Verwendung der international anerkannten *Incoterms 1990* der Internationalen Handelskammer, Paris, an, die ja insbesondere für diese Fragestellung hervorragend herangezogen werden können. Auf den Themenkomplex der Incoterms wird weiter unten bei Behandlung der „Lieferbedingungen" gesondert eingegangen.

Es gibt auch von vielen Verbänden Allgemeine Klauselwerke, sogenannte *Standard Form Contracts.* Für Deutschland sind in diesem Bereich beispielsweise die „VDMA-Musterbedingungen" oder die „Allgemeinen Lieferbedingungen der Elektroindustrie" anzuführen. Diese Regelwerke enthalten stets auch Vorschriften für den Gefahrübergang (vgl. *Textmuster* in *Tabelle 5*, Ziff. 11 bis 13).[153]

152 Oben, § 10, 5 d.
153 So etwa die Allgemeinen Lieferbedingungen für Erzeugnisse und Leistungen der Elektroindustrie in Art. VI oder die VDMA-Musterbedingungen (Allgemeine Bedingungen für Lieferungen von Maschinen, empfohlen vom Verband Deutscher Maschinen- und Anlagenbau e.V.) in Art. V.

Textbeispiel Tabelle 4

Gefahrübergang

8. Deutsche Vertragsklauseln

- Die Gefahr der Verschlechterung und des Verlusts der Ware geht vom Verkäufer auf den Käufer über, sobald die Ware vom Verkäufer beim Käufer angeliefert wird *(oder)*:
- Die Gefahr geht in dem Zeitpunkt auf den Käufer über, in dem er die Ware übernimmt, oder, sofern er sie nicht rechtzeitig übernimmt, in dem Zeitpunkt, in dem ihm die Ware zur Verfügung gestellt wird.
- Erfordert der Kaufvertrag die Beförderung der Ware und ist der Verkäufer nicht verpflichtet, die Ware an einem bestimmten Ort zu übergeben, dann geht die Gefahr auf den Käufer über, sobald die Ware dem ersten Beförderer übergeben wird.
- Auf jeden Fall geht die Gefahr stets erst dann auf den Käufer über, wenn die Ware eindeutig bestimmt und dem Vertrag zugeordnet worden ist.

9. Englische Formulierungen

- The risk in the goods shall pass to the Buyer when the Seller delivers the material to the Buyer.
- Risk passes to the Buyer when he takes over the goods or, if he does not so in due time, from the time when the goods are placed at his disposal.
- If the contract of sale involves carriage of the goods and the Seller is not bound to hand them over at a particular place, the risk passes to the Buyer when the goods are handed over to the first carrier for transmission to the Buyer.
- Risk does not pass to the Buyer until the goods are clearly identified to the contract.

10. Französische Formulierungen

- Les risques sont transférés à l'acheteur à partir du moment où les marchandises sont délivrées à l'acheteur.
- Les risques sont transférés à l'acheteur lorsqu'il retire les marchandises ou, s'il ne le fait pas en temps voulu, à partir du moment où les marchandises sont mises à sa disposition.
- Lorsque le contrat de vente implique un transport des marchandises et que le vendeur n'est pas tenu de les remettre en un lieu déterminé, les risques sont transférés à l'acheteur à partir de la remise des marchandises au premier transporteur.
- Les risques ne sont pas transférés à l'acheteur tant que les marchandises n'ont pas été clairement identifiées.

Textbeispiel

Tabelle 5

Standardklauseln zur Gefahrtragung

11. ECE-Bedingungen

– Allgemeine Lieferbedingungen für den Export von Maschinen und Anlagen, Nr. 188:
– Ziff. 6: „Vorbehaltlich Art. 7 Nr. 6 bestimmt sich der Zeitpunkt des Gefahrübergangs nach den internationalen Regeln für die Auslegung von Handelsklauseln der Internationalen Handelskammer (Incoterms) in der am Tage des Vertragsschlusses geltenden Fassung. – Bestimmt der Vertrag nichts über die Art des Verkaufs, so gilt der Liefergegenstand als ‚ab Werk' verkauft."

12. VDMA-Bedingungen

– Abschnitt V Ziff. 1: „Die Gefahr geht spätestens mit der Absendung der Lieferteile auf den Besteller über, und zwar auch dann, wenn Teillieferungen erfolgen oder der Lieferer noch andere Leistungen, z.B. die Versendungskosten oder Anfuhr und Aufstellung, übernommen hat ..."

13. Elektro-Bedingungen

– Abschnitt VI: „Die Gefahr geht auf den Besteller über, wenn frachtfreie Lieferung vereinbart worden ist: (a) Bei Lieferung ohne Aufstellung und Montage, wenn die betriebsbereite Sendung zum Versand gebracht oder abgeholt worden ist ... (b) Bei Lieferung mit Aufstellung und Montage am Tage der Übernahme in den eigenen Betrieb ...".

Hinzuweisen ist schließlich auch auf die *ECE-Bedingungen,* die jeweils auch Regelungen zum Gefahrübergang enthalten.[154]

Für die Gestaltung des internationalen Liefervertrages (mit einzelvertraglichen Klauseln unter Anwendung der Incoterms 1990 oder sonstiger Regelwerke von Verbänden) wird es im Ergebnis davon abhängen, wie die Verhandlungspositionen der beiden Vertragspartner aussehen. Die Vertragspartei mit der stärkeren Marktmacht wird ihre Formulierungswünsche am ehesten durchsetzen können. Ist aus Sicht des deutschen Geschäftspartners die eigene Marktposition stark genug, um seine Ziele auch im Hinblick

154 So die Allgemeinen Lieferbedingungen für den Export von Maschinen und Anlagen, Nr. 188 *(abgedruckt im 6. Teil, I.)* in Ziffer 6. Zu beachten ist, daß diese ECE-Bedingungen grundsätzlich auf die Anwendbarkeit der *Incoterms* verweisen. – Das UN-Kaufgesetz steht der Anwendbarkeit dieser Regelungen (Incoterms und ECE-Klauseln) im übrigen nicht im Wege, da die Vereinbarung dieser Regelwerke wie eine Parteivereinbarung im Sinne des Art. 6 UN-Kaufgesetz zu werten ist.

auf den Gefahrübergang durchzusetzen, wird er die sicheren Incoterms-Bestimmungen (etwa die Klausel „ex works") wählen oder eine sonstige ihm Vorteile verschaffende Gefahrtragungsklausel durchsetzen können. Gelingt dies dagegen nicht, sollte geprüft werden, ob die *gesetzlichen* Regelungen (UN-Kaufrecht, BGB, Code Civil) den Parteiinteressen ebenfalls ausreichend gerecht werden können.

§ 12. Klauseln zur Sachmängelhaftung

Literatur: *Demirelli*, Die Sachmängelhaftung des Verkäufers beim Kauf beweglicher Sachen nach deutschem und türkischem Recht (1990); *Graue*, Die mangelfreie Lieferung beim Kauf beweglicher Sachen. Eine rechtsvergleichende Untersuchung, 1964; *Kramer*, Der Ersatz des Erfüllungsinteressen bei Sachmängelhaftung. Die Regelungen des österreichischen, deutschen und schweizerischen Rechts sowie des Einheitlichen Kaufgesetzes, RabelsZ 36 (1972) 653; *Reichard*, Garantiehaftung und Freizeichnung nach französischem Recht unter besonderer Berücksichtigung des gewerbsmäßigen Verkäufers, AWD 1971, 207; *Schnyder*, Folgeschäden von Sachmängeln im deutschen und im schweizerischen Kaufrecht, ZvglRW 83 (1984) 84; *Schwenk*, Gewährleistung für Rechts- und Sachmängel nach dem Uniform Commercial Code und dem Einheitlichen Gesetz über den internationalen Kauf beweglicher Sachen, RabelsZ 35 (1971) 645; *Stötter*, Ort und Zeitpunkt der vom Käufer (Importeur) vorzunehmenden Mängeluntersuchung, DB 1976, 949; *Valcárcel Schnüll*, Die Haftung des Verkäufers für Fehler und zugesicherte Eigenschaften im europäischen Rechtsvergleich (Diss.), Bonn 1994.

Vertragsklauseln zur Sachmängelhaftung spielen eine herausragende Rolle für die Vertragsgestaltung. Meist finden sich derartige Vertragsklauseln (schon allein wegen ihres Umfangs) in den Allgemeinen Liefer- oder Einkaufsbedingungen, die zum Bestandteil des Kaufvertrages gemacht wurden.

Selbstverständlich hat bei einem Kaufvertrag der Verkäufer die Verpflichtung übernommen, dem Käufer die Ware zu übergeben und frei von Rechten Dritter das Eigentum daran zu verschaffen. Ist die Ware aber mangelhaft oder fehlt ihr eine zugesicherte Eigenschaft, dann ist aus Sicht des *Käufers* zu prüfen, ob er einen Schadensersatzanspruch oder einen Nachbesserungsanspruch geltend machen kann oder ob er fordern kann, daß der Kaufpreis herabgesetzt oder der Kaufvertrag sogar ganz rückgängig gemacht wird.

Die Sachmängelhaftung ist – neben der im vorangegangenen Kapitel § 11 beschriebenen „Gefahrtragung" – ein weiterer wichtiger Bestandteil der Regelungen des neuen UN-Kaufrechts. Aus diesen Gründen soll auch dieser Abschnitt rechtsvergleichend aufgebaut werden. Das deutsche Recht soll den wichtigen nationalen Regelungen Frankreichs und Englands (als Ausgangspunkte der jeweiligen Rechtskreise) sowie den Bestimmungen des UN-Kaufgesetzes gegenübergestellt werden. Abschließend wird in diesem Kapitel § 12 darzustellen sein, wie diese hier beschriebenen Grundsätze sich auf dic *Vertragsgestaltung* im Außenhandel auswirken.

I. Das deutsche Recht

1. Grundsätze

Die Regelung der Sachmängelhaftung findet sich in den §§ 459ff BGB. Bei Vorliegen eines *Sachmangels* (§ 459 Abs. 1 BGB) und bei Fehlen einer zugesicherten Eigenschaft (§ 459 Abs. 2 BGB) erhält der Käufer durch das Gesetz das Recht, den Kaufvertrag rückgängig zu machen (§ 462 BGB, *Wandlung*) oder eine entsprechende Herabsetzung des Kaufpreises zu verlangen (§ 462 BGB, *Minderung*).

Hat der Verkäufer einen Sachmangel arglistig verschwiegen oder fehlt der Ware eine zugesicherte Eigenschaft, dann hat der Käufer neben dem Anspruch auf Wandlung und Minderung auch einen Anspruch auf *Schadensersatz wegen Nichterfüllung* (§ 462 BGB). Handelt es sich bei der Ware nicht um eine bereits konkretisierte Sache, sondern lediglich um eine noch nicht bestimmte vertretbare Sache (Gattungskauf), dann hat der Käufer schließlich auch einen Anspruch auf *Nachlieferung einer mangelfreien Sache* (§ 480 BGB). Die Verjährungsfristen für Sachmängelansprüche betragen nach § 477 BGB für bewegliche Sachen sechs Monate, gerechnet ab Ablieferung der Ware.

2. Ausschluß der Haftung für Sachmängel

Angesichts der für den Verkäufer manchmal durchaus nachteiligen Regelungen im BGB stellt sich die Frage, ob zum Beispiel bei internationalen Verträgen, die dem deutschen Recht unterliegen sollen, für einen deutschen Exporteur eventuell ein *Haftungsausschluß* durch eine entsprechende Vertragsklausel in Betracht kommt.

a) Vertraglicher Ausschluß der Sachmängelhaftung

Die gesetzlichen Vorschriften der §§ 459ff BGB sind abdingbar. Sofern sich Verkäufer und Käufer entsprechend einigen, ist ein einvernehmlicher Ausschluß der Sachmängelhaftung durch Vertragsvereinbarung[155] möglich.

In Kaufverträgen erfolgt diese Einigung meist als eine wichtige Klausel in einem *Einzelvertrag* oder aber generell in den *Allgemeinen Geschäftsbedingungen, so* daß es gerade auch im Hinblick auf die Sachmängelhaftung für den Verkäufer sehr wichtig ist, seine Allgemeinen Geschäftsbedingungen wirksam in den Vertrag einzubeziehen. Die Problematik der AGB wird weiter unten eingehend dargestellt. Hinsichtlich der Gewährleistungsrechte sollte dem Käufer auferlegt werden, ordnungsgemäß zu rügen (vgl. *Textmuster in Tabelle 6,* Ziff. 14 und 15), und es sollte klargestellt sein, welche Rechte dem Käufer für den Fall eines Gewährleistungsanspruchs zustehen sollen (*Textbeispiel* Ziff. 16). Ein Ausschluß weiter gehender Haftung sowie eine Befristung für die Erhebung von Gewährleistungsansprüchen (*Textbeispiel* Ziff. 17) sollte ebenfalls im Vertrag aufgenommen sein.

Es ist dabei der § 476 BGB zu beachten. Nach dieser Vorschrift ist eine Vereinbarung nichtig, „durch welche die Verpflichtung des Verkäufers zur Gewährleistung wegen Mängeln der Sache erlassen oder beschränkt wird, ... wenn der Verkäufer den Mangel arglistig verschweigt". Für diesen Umstand ist der Käufer beweispflichtig.

Wird der Ausschluß der Sachmängelhaftung in Allgemeinen Geschäftsbedingungen ausgesprochen, darf § 11 Nr. 10 und Nr. 11 AGB-Gesetz nicht außer acht gelassen werden. Gemäß § 11 Nr. 10 AGB-Gesetz ist in Allgemeinen Geschäftsbedingungen „eine Bestimmung (unwirksam), durch die bei Verträgen über Lieferungen neu hergestellter Sachen und Leistungen: (a) Gewährleistungsansprüche ausgeschlossen werden und auf Dritte verwiesen wird, (b) eine Gewährleistung nur auf Nachbesserung beschränkt ist, (c) Aufwendungen für Nachbesserungen nicht getragen werden sollen, (d) eine Mängelbeseitigung bis zur vollständigen Bezahlung vorenthalten wird, (e) für die Mangelanzeige eine Ausschlußfrist gesetzt wird und (f) die gesetzlichen Gewährleistungsfristen verkürzt werden". – Nach § 11 Nr. 11 AGB-Gesetz ist eine Klausel in Allgemeinen Geschäftsbedingungen unwirksam, durch die die Haftung des AGB-Verwenders für zugesicherte Eigenschaften ausgeschlossen oder eingeschränkt wird.

Zwar ist (unter anderem auch) der § 11 AGB-Gesetz nicht anwendbar, wenn die Allgemeinen Geschäftsbedingungen zum Beispiel gegenüber

155 Gesetzesgrundlage für den Vertrag ist § 305 BGB und der Rückschluß aus § 476 BGB; ständige höchstrichterliche Rechtsprechung seit BGHZ 74, 383.

Textbeispiel

Tabelle 6

Gewährleistungsklauseln

14. Die Gewährleistungsrechte des Warenkäufers setzen voraus, daß dieser seinen nach den §§ 377 und 378 HGB geschuldeten Untersuchungs- und Rügepflichten ordnungsgemäß nachgekommen ist. Gleiches gilt, soweit eine Rügepflicht nach Art. 46 UN-Kaufgesetz besteht.

15. Der Käufer kann dem Verkäufer eine angemessene Nachfrist zur Erfüllung seiner Pflichten setzen. Vor Ablauf dieser Frist kann der Käufer keinen Rechtsbehelf wegen Gewährleistung geltend machen, es sei denn, der Verkäufer hat dem Käufer mitgeteilt, daß dieser seine Pflichten nicht innerhalb der gesetzten Frist erfüllen kann.

16. Soweit ein Mangel der Kaufsache vorliegt, ist der Verkäufer nach seiner Wahl zur Beseitigung des Mangels oder zur Ersatzlieferung berechtigt. Sofern Mängel beseitigt werden, ist der Lieferant verpflichtet, alle zum Zweck der Mängelbeseitigung erforderlichen Aufwendungen zu tragen. Ist der Lieferant dagegen zur Mängelbeseitigung oder Ersatzlieferung nicht bereit oder nicht in der Lage, so ist der Warenkäufer berechtigt, vom Vertrag zurückzutreten oder eine Herabsetzung des Kaufpreises zu verlangen. Weiter gehende Ansprüche des Käufers sind ausgeschlossen.

Das Recht auf Kaufpreisminderung steht dem Käufer nach Maßgabe der vorigen Klausel unabhängig davon zu, ob der Kaufpreis bereits bezahlt worden ist oder nicht. Der Kaufpreis ist dann in dem Verhältnis herabzusetzen, in dem der Wert, den die tatsächlich gelieferte Ware im Zeitpunkt der Lieferung hatte, zu dem Wert steht, den eine vertragsgemäße Lieferung zu diesem Zeitpunkt gehabt hätte.

17. Der Lieferant haftet nicht für Schäden, die nicht am Liefergegenstand selbst entstanden sind, insbesondere nicht für sonstige Vermögensschäden des Warenkäufers oder für etwa entgangenen Gewinn.

Diese Haftungsbegrenzung und -freizeichnung gilt nicht, wenn die Schadensursache vom Lieferanten vorsätzlich oder grob fahrlässig herbeigeführt wurde. Hat der Lieferant fahrlässig eine vertragswesentliche Pflicht verletzt, ist die Ersatzpflicht für Sach- oder Personenschäden auf die Deckungssumme der Haftpflichtversicherung beschränkt. Der Warenlieferant gewährt dem Warenkäufer auf dessen Wunsch hin entsprechenden Einblick in die Versicherungsunterlagen.

Die Gewährleistungsfrist nach Maßgabe der vorgenannten Bestimmungen beträgt 6 Monate ab Gefahrübergang auf den Käufer; nach Ablauf der Frist gelten Ansprüche auf Gewährleistung und etwaige Mangelfolgeschäden als verjährt.

einem Kaufmann verwendet werden (vgl. § 24 Ziff.1 AGB-Gesetz), doch ist dann die Generalklausel des § 9 AGB-Gesetz hinzuzuziehen (§ 24 Ziff 2 AGB-Gesetz), die gleichfalls geeignet ist, die den Vertragspartner unangemessen benachteiligende Vertragsklauseln für unwirksam zu erklären. Sollte eine Vertragsklausel nach diesen Inhaltskontrollvorschriften (§§ 9 bis 11 AGB-Gesetz) unwirksam sein, dann bleibt nach § 6 Abs. 1 AGB-Gesetz der Vertrag im übrigen wirksam.

b) Gesetzlicher Ausschluß der Sachmängelhaftung

Die Sachmängelhaftung des Verkäufers kann auch *gesetzlich* ausgeschlossen sein. Erhält der Warenkäufer *nach* dem Vertragsabschluß, aber noch vor der Annahme der Ware Kenntnis von einem Mangel der Ware, dann muß er aufgrund dieses Mangels seine Gewährleistungsrechte in Anspruch nehmen. Das Gesetz sieht es als einen *Verzicht* auf die Gewährleistungsansprüche aus den §§ 462 und 463 BGB an, wenn der Käufer die mangelbehaftete Ware in Kenntnis des Mangels annimmt. Diese gesetzliche Fiktion umgeht der Warenkäufer dadurch, daß er sich gemäß § 464 BGB seine Rechte bei der Warenannahme vorbehält.

Kannte der Käufer den Mangel der Ware schon beim Vertragsabschluß, so kann er den Schutz der Gewährleistungsvorschriften nicht für sich beanspruchen (vgl. § 460 Satz 1 BGB).

Auch grob fahrlässige Unkenntnis von einem Mangel der Ware schließt es aus, daß Mangelgewährleistungsansprüche geltend gemacht werden können; dabei sind aber die gesetzlichen Ausnahmen des § 460 Satz 2 BGB zu beachten.

Schließlich ist auch § 377 HGB bedeutsam. Ist der Kauf für beide Vertragspartner ein Handelsgeschäft, was bei internationalen Lieferverträgen wohl die Regel ist, dann muß – unterstellt, daß deutsches Recht zur Anwendung kommt – der Käufer die gelieferte Ware unverzüglich untersuchen und erkannte Mängel unverzüglich dem Verkäufer anzeigen, da er ansonsten seine Ansprüche wegen der Sachmängel verliert.

II. Das englische Recht

In der englischen Rechtsordnung ist das Recht der Sachmängelhaftung nicht in einen eigenständigen Bereich des Zivilrechts eingeordnet, sondern es geht bei dieser Problematik – wie schon bei der Leistungsstörung – um das einheitliche Institut des *breach of contract.* Dies kann für deutsche Vertragspartner, die mit englischem Recht konfrontiert werden, auf den ersten Blick sehr einfach erscheinen. Allerdings bedarf es innerhalb des Begriffs „breach of contract" unterschiedlicher Differenzierungen, um zu sachgerechten Ergebnissen zu gelangen.

Unterschieden werden muß vor allem zwischen *wesentlichen* und *unwesentlichen* Vertragsbestimmungen. Wie bereits oben ausgeführt, hat diese Trennung Auswirkungen auf den Anspruch der geschädigten Vertragspartei.

1. Breach of Warranty

Wenn der Warenverkäufer eine *unwesentliche* Vertragsbestimmung *(warranty)* verletzt, kann der Warenkäufer nur Schadensersatz *(damages)* verlangen. Hier ist für den Käufer nach englischem Recht ein Vorteil gegenüber einem nach deutschem Recht behandelten Käufer sichtbar: Der Schadensersatzanspruch des englischen Käufers ist *vom Verschulden des Verkäufers unabhängig,* und er beschränkt sich auch nicht nur auf den Minderwert der Ware (wie bei der Minderung nach deutschem Recht), sondern umfaßt auch Mangelfolgeschäden. Schließlich gilt es für den Käufer auch nicht eine nur sechsmonatige Verjährungsfrist zu beachten (wie im deutschen Gewährleistungsrecht), sondern die geschädigte Vertragspartei hat das Recht, Ansprüche innerhalb von sechs Jahren durch Klage geltend zu machen.[156]

Diesen Vorteilen des englischen Rechts stehen auch Nachteile gegenüber. Beurteilt sich der konkrete Außenhandelsvertrag nach englischem Recht, muß der Warenkäufer stets die gerügte Ware annehmen und auch behalten; er erhält bei Mängeln statt dessen den Schadensersatz. Im deutschen Recht gibt es dagegen das Recht der Wandlung, also der Rückgängigmachung des Kaufvertrages: Die geschädigte Vertragspartei kann die Ware zurückgeben und hat Anspruch auf Rückerstattung des Kaufpreises.

2. Breach of Condition

Eine Verweigerung der Warenannahme oder eine Rückgabe der Ware an den Verkäufer ist im englischen Recht nur möglich, wenn eine *wesentliche* Vertragspflicht *(condition)* verletzt ist. *Daneben* kann die geschädigte Ver-

156 Zur Vertiefung dieses Themenbereichs *Graf von Bernstorff*, Einführung in das englische Recht, München 1996, S. 44f mwN. Außerdem S. 53 (3 Sale of Goods Act 1979).

tragspartei auch Schadensersatz verlangen und insoweit die Ansprüche der geringer bewerteten warranty auch bei der höherrangigen condition geltend machen.

Allerdings ist die großzügigere Möglichkeit des geschädigten Käufers dadurch eingeschränkt, daß er nicht – wie bei der warranty – eine sechsjährige Frist bis zur spätesten Geltendmachung seiner Ansprüche durch Klageerhebung hat. Der Käufer muß im Gegenteil schon bei Annahme der Ware (acceptance) sein Annahmeverweigerungs- oder Rückgaberecht geltend machen.

Section 35 (1) Sale of Goods Act 1979 definiert, was unter *acceptance of goods* zu verstehen ist. Eine Annahme liegt vor, wenn der Käufer dem Verkäufer gegenüber die *Annahme* bestätigt und weiterhin die Ware *wie* seine *eigene* behandelt oder aber länger als eine „angemessene" Zeit damit *wartet,* seine Mängelrüge vorzubringen. Ist die Ware angenommen, dann verliert der Käufer nur sein Rückgaberecht. Schadensersatzansprüche wegen Sachmängeln, wie er sie ja wegen eines breach of warranty immer innerhalb sechs Jahren geltend machen kann, bleiben dagegen bestehen.

3. Vertragliche Ausgestaltung

Die Vertragsparteien dürfen grundsätzlich selbst festlegen, welche Vertragsbestimmungen nur eine *warranty* darstellen sollen und welche Vertragsbestimmung wesentlich, also eine *condition* ist. Nach Section 11 (3) Sale of Goods Act 1979 ist aber eine von den Parteien vorgenommene Bezeichnung nicht bindend. Einige gesetzliche Vorgaben müssen die Parteien befolgen, wenn es um die Ausgestaltung von Vertragsbestimmungen als warranty oder condition geht. Der Supply of Goods (Implied Terms) Act 1973 und der Consumer Credit Act 1974 stufen bestimmte Vertragsbedingungen zwingend ein.[157]

Auf der Grundlage von zwei Vertragssonderformen des englischen Rechts kann der Begriff der *condition* deutlich werden. Die englische

157 Vgl. hierzu die Vorschriften in den sections 1 (2), 3 (4) und 4 Supply of Goods (Implied Terms) Act 1973, *Triebel/ Hodgson/ Kellenter/ Müller,* Englisches Handels- und Wirtschaftsrecht, 2. Aufl., Heidelberg 1995, S. 104ff. Vgl. hierzu auch section 14 Sale of Goods Act 1979: Es gilt in Form einer „condition" die handelsübliche Qualität einer Ware (merchantable quality) als zugesichert, wenn der Verkäufer die Ware im Zusammenhang mit einem Geschäft (in the course of business) verkauft. Eine solche Garantie gibt es nur dann nicht, wenn der Käufer auf Mängel hingewiesen wird oder Fehler leicht erkennbar sind.

Rechtsordnung kennt die Kaufvertragsformen *„sale by description“* und *„sale by sample“*.[158]

a) Sale by Description

Liegt ein Kauf nach Beschreibung (by description) vor, dann ist es wesentlicher Bestandteil des Vertrages (also *condition),* daß die Ware der Beschreibung entspricht. Auch Gattungssachen können „by description“ verkauft werden. Der Begriff des Kaufs nach Beschreibung entspricht nicht der „zugesicherten Eigenschaft“ des deutschen Rechts.[159]

b) Sale by Sample

Beim Kauf nach Muster (by sample) liegt eine wesentliche Vertragsbestimmung (condition) nur vor im Hinblick auf Größe, Menge, Verpackung usw. der verkauften Ware, die dem Muster entsprechen muß. Es wird daher empfohlen, bei Warenbeschreibungen englischen Kaufleuten gegenüber mit Bedacht vorzugehen, um nicht in die Haftung nach Section 15 Sale of Goods Act 1979 zu gelangen. Hilfreich können „Ungefähr-Klauseln“ (more or less; about ...) sein.

4. Auslegung

Es ist oft nicht deutlich vereinbart, ob eine Vertragsbestimmung wesentlich oder unwesentlich sein soll. In diesen Fällen gelingt es meist mit Hilfe der Auslegung der Vertragsbestimmungen, die Klauseln als wesentlich oder unwesentlich zu qualifizieren. Hilft auch die Auslegung nicht weiter, dann wird eine Festlegung anhand des aufgetretenen Schadens vorgenommen: Ist der eingetretene Schaden sehr schwer, kann der Vertrag (wie bei einer condition) aufgelöst werden; ansonsten gibt es nur das Recht einer warranty, nämlich Entschädigung in Geld.

158 Section 13 Sale of Goods Act 1979 (sale by description) und Section 15 Sale of Goods Act 1979 (sale by sample);vgl. auch *Triebel u.a. aaO* (vorige Fn.) S. 104 und 106f.

159 Dies geht aus Section 13 (1) Sale of Goods Act 1979 hervor: „... there is an implied condition that the goods will correspond with the description“. Vgl. hierzu auch die Rechtsprechung in *Ashington Piggeries Ltd. v. Christopher Hill Ltd.* (1971)1 All E.R. 847.

5. Vertraglicher Ausschluß der Mängelhaftung

Es liegt nahe, auch im englischen Recht nach vertraglichen Ausschlußmöglichkeiten der Mangelhaftung zu suchen. In der Tat spielen in England wegen der strengen Garantiehaftung die vertraglichen Haftungsausschlüsse eine große Rolle. Da das englische Recht vom Prinzip der Vertragsfreiheit ausgeht, war ein vertraglicher Ausschluß der Mängelhaftung innerhalb der englischen Rechtsordnung weitgehend möglich (vgl. die Textbeispiele in Tabelle 7, Ziffern 18ff). Erst in den letzten etwa zwanzig Jahren ist angesichts immer häufiger werdender Haftungsbeschränkungen und -ausschlüsse die Zurückhaltung englischer Gerichte gewichen, eine verstärkte Kontrolle

Textbeispiel — Tabelle 7

Gewährleistungsklauseln (engl.)

18. The seller warrants that all items delivered under this agreement will be free from defects in material and workmanship, conform to applicable specifications, and, to the extent that detailed designs have not been furnished by the buyer, will be free from design defects and suitable for the purposes intended by the buyer.

The buyer's approval of designs furnished by the seller shall not relieve the seller of his obligations under any provisions of this agreement including the warranty.

19. The seller's warranties hereunder shall extend to any defect or non-conformity arising or manifesting itself within ... months/years after delivery. With respect to items not in accordance with any such warranties, the buyer, without waiving any rights or remedies provided by law and/or elsewhere under this agreement, may require the seller:
– to correct or replace such items at the seller's risk and expense, or
– to refund such portion of the price as is equitable under the circumstances.

Items corrected or replaced shall be subject to the provisions of this agreement in the same manner as those originally delivered hereunder. If the seller refuses or fails promptly to correct or replace such items when requested by the buyer, the buyer may itself correct or replace such items and the seller agrees to reimburse the buyer for the costs incurred thereby.

Products delivered by the seller are subject to inspection and test by the buyer, and, in the event that during a period of ... months/years from the date of delivery/installation to/at the buyer any product is found to be defective in material or workmanship, or not in conformity with the relevant specifications, the buyer shall have the right to reject the same.

20. The buyer shall then use ist best efforts to repair or replace, at the seller's option, and at the seller's sole expense, such product within ... days of receipt of such product, and to return the same, at the seller's expense, to the buyer.

If the seller is unable to repair or replace such product in accordance with the requirements of the relevant specifications, the seller shall, upon the buyer's request, accept the return of such product, and refund in full any amounts paid by the buyer therefor.

A replacement of such product, or replacement parts supplied for such product, or repairs made to such product, during the original warranty period for such product, shall be warranted for an additional period of three months after the buyer's receipt of such replacement or replacement parts or repaired product.

21. This warranty does not cover defects in or damage to the products which are due to improper installation or maintenance, misuse, neglect or any cause other than ordinary commercial application.

22. The seller grants no warranties relating to defects in the design workmanship or materials of the goods, and all other conditions, warranties, stipulations or other statements whatsoever, whether express or implied, relating to such defects in the goods, are hereby excluded. In particular the seller grants no warranties regarding the fitness for purpose, performance, use, quality or merchantability of the goods.

vertraglicher Vereinbarungen vorzunehmen. Als Folge der ursprünglich nur geringen Eingriffe der Rechtsprechung ist seit den sechziger Jahren eine intensivere Tätigkeit des englischen Gesetzgebers auf dem Gebiet der Haftungsbeschränkungsklauseln zu beobachten.[160]

Es ist auffällig, daß bisher kein englisches Gesetz eine Gesamtkodifikation des Rechts der Allgemeinen Geschäftsbedingungen darstellt, sondern daß die jeweiligen Gesetze immer nur einen Teilbereich der schon bestehenden englischen Rechtsprechung in Gesetzeswortlaut fassen. Dies wiederum entspricht englischer Gesetzestechnik, auf dem geltenden Fallrecht

160 Nach einem Verbraucherschutzgesetz aus dem Jahre 1961 (Consumer Protection Act 1961, section 3 (1)) folgten ab 1967 wichtige Kodifikationen wie der *Misrepresentation Act 1967,* der in Section 3 Haftungsausschlußklauseln für unwirksam erklärt, die nicht dem Erfordernis der Angemessenheit (reasonableness) im Sinne der Section 11(1) des *Unfair Contract Terms Act 1977* genügen. Diese Gesetzgebung setzte sich unmittelbar fort mit dem *Sale of Goods Act 1979* und dem *Supply of Goods and Services Act 1982.*

aufzubauen und dieses nur in wenigen Punkten zu ergänzen oder abzuändern.

Soweit also bei internationalen Lieferverträgen, die englischem Recht unterliegen sollen, Haftungsausschlußklauseln aufgenommen werden, die sich wiederum in Allgemeinen Geschäftsbedingungen befinden, ist (anders als zum Beispiel in Deutschland mit den §§ 9 bis 11 AGB-Gesetz) in der englischen Rechtsordnung gleich auf mehrere Gesetze zurückzugreifen, um zu überprüfen, ob eine Haftungsausschlußklausel im Streitfall vor einem Gericht auch Bestand hat.

So hat die Rechtsprechung des House of Lords in einer Grundsatzentscheidung[161] im Jahre 1980 festgelegt, daß eine Freizeichnung von wesentlichen Vertragspflichten (conditions) nur möglich sein soll, wenn die Freizeichnung *„fair and reasonable"* ist.

Die Inhaltskontrolle des Unfair Contract Terms Act 1977 erfaßt eine Vielzahl von Haftungsausschlüssen und erklärt sie entweder für von vornherein unwirksam[162] oder unterzieht sie einer Angemessenheitsüberprüfung anhand eines „reasonableness-test".[163]

Nur wenn der Vertragspartner als Konsument (und nicht als Kaufmann) auftritt, tritt die Schutzwirkung des Unfair Contract Terms Act 1977 ein und schließt eine Beschränkung der Sachmängelhaftung aus, wenn bestimmte Rechte des Käufers eingeengt werden.[164]

Zu beachten ist, daß der Unfair Contract Terms Act 1977 als Verbraucherschutzgesetz weitestgehend Haftungsfreizeichnungen überprüft, die gegenüber einem *„Konsumenten" zur* Anwendung gelangen sollen. Wann Verbraucherhandeln (dealing as consumer) vorliegt, bestimmt Section 12 des Gesetzes. Bei internationalen Lieferverträgen jedoch, die in der Regel zwischen Kaufleuten abgeschlossen werden, kommen viele Vorschriften des Unfair Contract Terms Act 1977 nicht zum Tragen. Eine Generalklausel, wie sie das deutsche Recht in § 9 AGB-Gesetz kennt, soll es nach der oben erwähnten Rechtsprechung des House of Lords bei einer Kontrolle von Freizeichnungsklauseln nicht geben, da mit dem „reasonableness-test", also einer Überprüfung auf die „Angemessenheit" der Haftungsfreizeichnung,

161 *Photo Production Ltd. v. Securicor Transport Ltd.* (1980) 2 W L. R. 283; vgl. auch die Entscheidung des Court of Appeal in *Lloyds Bank Ltd. v. Bundy* (1975) Q. B. 326; 3 W L. R. 501, wonach auf die ungleiche Verhandlungsmacht der Vertragspartner abgestellt wird, wenn geprüft werden soll, ob eine unbillige Vertragsklausel verwendet wurde.

162 Unfair Contract Terms Act 1977, section 6. Dies gilt nur für Waren- und Abzahlungskaufgeschäfte (sale and hire-purchase).

163 Nach Unfair Contract Terms Act 1977, section 6 (3), gilt dies für alle Vertragsarten mit Ausnahme des sale and hire-purchase.

164 Nach Unfair Contract Terms Act 1977, section 6 (2) in Verbindung mit Sale of Goods Act 1979, sections 13 bis 15, gilt dies für Rechte, die beim „sale by description" und „sale by sample" sowie bei der Warenqualität eingeengt werden.

bereits genügend Möglichkeiten bestehen. Das deutsche Recht dagegen benötigt § 9 AGB-Gesetz, da diese Vorschrift die Funktion einer allgemeinen Auffangvorschrift für alle ungeregelten Vertragstypen erfüllt und zudem die gesamte Inhaltskontrolle im kaufmännischen Geschäftsverkehr wegen des § 24 AGB-Gesetz (Ausschluß der §§ 10 und 11 AGB-Gesetz für Kaufleute) über § 9 AGB-Gesetz läuft.

Im Ergebnis ist festzuhalten, daß aufgrund des Prinzips der Vertragsfreiheit in England ein Ausschluß der Sachmängelhaftung durch Vertrag oder Allgemeine Geschäftsbedingungen – in den Grenzen der Rechtsprechung und der Gesetze „Supply of Goods (Implied Terms) Act 1973“ sowie „Unfair Contract Terms Act 1977“ – möglich ist.

Für die konkrete Vertragsgestaltung in englischen AGB oder Einzelverträgen empfiehlt sich die Vereinbarung einer ausdrücklichen „Garantiehaftung“ für eine mangelfreie Warenlieferung *(Textbeispiele Tabelle 7, Klauselbeispiel 18)* mit Befristung *(Klauselbeispiel 19)* sowie den aus Gewährleistung resultierenden Rechten des Warenkäufers. Dabei sind die Ansprüche (Minderung, Nachbesserung, *Klauselbeispiel 19*) hinsichtlich ihrer Ausgestaltung näher zu konkretisieren *(Klauselbeispiel 20 bis 22)* beziehungsweise einzuschränken.

III. Das US-amerikanische Recht

Ursprünglich gab es im US-amerikanischen Recht keine Institution des „Gewährleistungsrechts“. Lag eine fehlerhafte Warenlieferung bei einem Kaufvertrag vor, dann wurde nur danach unterschieden, ob eventuell eine zugesicherte Eigenschaft fehlte und damit eine *guarantee* oder nur eine *warranty* vorlag. War eine guarantee ausgesprochen und lag die zugesicherte Eigenschaft nicht vor, dann kam nur eine deliktische Haftung (wegen „fraud“) in Betracht.

Im heute in den USA gültigen Uniform Commercial Code wird zwischen gesetzlicher und vertraglicher Gewährleistung unterschieden. Die gesetzliche Gewährleistung (implied warranty) hat andere Voraussetzungen als die vertragliche Gewährleistung; auch der Haftungsausschluß ist bei beiden Formen unterschiedlich.

1. Implied Warranty

Die Sachmängelhaftung in Form der implied warranty ist im Uniform Commercial Code in den Vorschriften der §§ 2–314 und 2–315 geregelt.

Danach haftet der Verkäufer dafür, daß die Kaufsache für den normalen Gebrauch geeignet ist (merchantability). Dies gilt insbesondere verschärft für Kaufleute, da diese Vorschrift ausdrücklich nur an Kaufleute (merchants) und nicht an Private gerichtet ist.[165] An alle Verkäufer, also Kaufleute und Private, ist dagegen § 2–315 Uniform Commercial Code gerichtet: Danach besteht grundsätzlich eine Sachmängelhaftung des Verkäufers dafür, daß die Kaufsache für einen bestimmten Vertragszweck geeignet ist (fitness for a particular purpose).

Nach der Rechtsprechung werden von der gesetzlichen Sachmängelhaftung auch Schäden umfaßt, mit deren Eintritt bei Vertragsschluß vernünftigerweise nicht gerechnet werden konnte; wegen der „Garantiehaftung" kann es danach auf den Aspekt des Verschuldens nicht ankommen.[166]

2. Express Warranty

Der Warenverkäufer kann gemäß § 2–313 Uniform Commercial Code auch eine ausdrückliche Haftung für bestimmte zugesicherte Eigenschaften des Kaufgegenstandes übernehmen (express warranty by affirmation, promise, description and sample). Diese Haftungsübernahme kann durch bindendes Versprechen, ausdrückliches Beschreiben oder Hergabe eines Musters, aber auch durch konkludentes Verhalten geschehen.

Dabei ist im Hinblick auf die *consideration* eine Besonderheit beachtlich. Da eine express warranty normalerweise schon bei Vertragsschluß mitvereinbart wird, stellt sich die Frage, ob für eine nachträgliche express warranty wiederum eine Gegenleistung vom Käufer (consideration) erbracht werden muß. In § 2–209 Uniform Commercial Code wird klargestellt, daß für nachträgliche Vertragsveränderungen (von Verträgen im Sinne des Article 2 UCC) eine weitere Gegenleistung nicht erbracht werden muß.

165 Artikel 2 des Uniform Commercial Code behandelt in seinen 104 Paragraphen den Warenkauf (sale of goods), nicht aber andere Kaufverträge wie z.B. den Grundstückskauf. Bei manchen Vorschriften wird vorausgesetzt, daß eine oder beide Kaufvertragsparteien Kaufleute (merchants) sind, wie z.B. §§ 2–314, 2–205 und 2–207. Die Definition des „merchant" ist sehr weit gefaßt. § 2–104 (1): „alle Personen, die Waren vertreiben oder den Anschein erwecken, besondere Kenntnisse oder Fähigkeiten im Hinblick auf den Kaufgegenstand zu haben". Daher findet im Ergebnis der Uniform Commercial Code im Grunde auf jeden Warenkauf Anwendung.

166 *Elsing,* US-amerikanisches Handels- und Wirtschaftsrecht, Heidelberg 1985 S. 77 mit Hinweis auf die Rechtsprechung in *Cunningham v. Mc. Neal Memorial Hosp.,* 266 N. E. 2d, 897 (1970).

3. Ausschluß der Gewährleistung

Auch im US-amerikanischen Recht besteht die Möglichkeit, die Gewährleistung vertraglich auszuschließen. Hierfür gibt es die nachfolgend beschriebenen Alternativen nach dem Uniform Commercial Code.

a) Möglichkeiten nach dem Uniform Commercial Code

Sowohl die gesetzliche *(implied)* als auch die vertragliche *(express)* Sachmängelhaftung kann ausgeschlossen werden. Dafür ist § 2–316 Uniform Commercial Code als Grundlage heranzuziehen.

Die gesetzliche Sachmängelhaftung kann nach § 2–316 (2) Uniform Commercial Code abbedungen oder verändert werden. Dies muß deutlich hervorgehoben werden. Soll die Haftung für einen besonderen Zweck ausgeschlossen werden, dann muß dies schriftlich und unter Verwendung der „üblichen Formulierungen" geschehen.[167]

b) Ausschluß durch Vertrag

Auch die vertragliche Sachmängelhaftung kann abbedungen werden, soweit dies „reasonable" (angemessen) ist, § 2–316 (1) Uniform Commercial Code. Sofern der Haftungsausschluß durch Allgemeine Geschäftsbedingungen erfolgt, muß – wie auch schon für das deutsche und englische Recht dargestellt – die entsprechende AGB-Rechtsprechung und Gesetzgebung herangezogen werden. Für den Bereich des Kaufrechts ist § 2–302 Uniform Commercial Code einschlägig.

Nach § 2–302 Uniform Commercial Code hat ein Gericht das Recht, zumindest für den Bereich des Warenkaufs, Verträgen wegen darin enthaltener unbilliger Vertragsbedingungen die Wirkung zu versagen. Ins Deutsche übertragen lautet diese wichtige Vorschrift etwa wie folgt: „Wenn das Gericht als Rechtsfrage befindet, daß der Vertrag oder irgendeine Vertragsklausel im Zeitpunkt des Abschlusses sittenwidrig (unconscionable) gewesen ist, kann das Gericht die Durchsetzung des Vertrages verhindern, oder es kann den übrigen Vertrag ohne die sittenwidrige Klausel durchsetzen oder die Anwendung irgendeiner sittenwidrigen Klausel so einengen, daß ein unbilliges Ergebnis vermieden wird".

Kernpunkt ist dabei die Problematik, was genau unter dem oben mit „sittenwidrig" übersetzten Begriff der „unconscionability" zu verstehen ist.

167 § 2–316 (3) (a) Uniform Commercial Code: Formulierungen sind etwa: „as is" oder „with all faults" oder andere Ausdrucke, die den Haftungsausschluß deutlich machen.

Der Uniform Commercial Code selbst gibt keine nähere Definition, so daß es an Rechtsprechung und Literatur liegt, Konkreteres herauszubilden und festzulegen, wann eine Vertragsklausel *unconscionable* ist und daher nicht durchgesetzt werden kann.[168]

In der offiziellen Kommentierung (§ 2–302 Uniform Commercial Code, Official Comment (1)) gibt der Gesetzgeber seine Gründe für die Abfassung der Vorschrift. Mit Rückgriff auf die Rechtsprechung[169] soll § 2–302 Uniform Commercial Code vor allem eine Druckausübung (oppression) durch die andere Vertragspartei verhindern und vor ungerechtfertigter Überraschung (unfair surprise) schützen. Insgesamt gesehen ist diese Vorschrift jedoch auslegungsfähig, so daß bei Abfassen eines internationalen Liefervertrages und bei Ausschluß der Sachmängelhaftung in Allgemeinen Geschäftsbedingungen große Vorsicht bei der Formulierung geboten ist; im Zweifel sollte für derartige Vertragsklauseln auf anwaltlichen Rat zurückgegriffen werden.

IV. Das französische Recht

1. Verborgene Mängel

Erfüllt der Verkäufer seine Lieferpflichten nicht oder hat die Ware einen bei der Abnahme verborgenen Mangel, dann hat der Käufer unterschiedliche Rechte. Bei *ventes à distance*[170] gibt das Gesetz dem Käufer das Recht, innerhalb von sieben Tagen ab Lieferung die Ware zurückzugeben und einen Umtausch oder die Erstattung des Kaufpreises zu verlangen. Offensichtlich spielt es bei Wahrnehmung dieses Käuferrechts keine Rolle, ob die Ware einen Qualitäts- oder Sachmangel aufweist. Insofern sollte die Erwähnung dieser Neuerung im französischen Recht *vor* Beschreibung des übrigen Gewährleistungsrechts erfolgen.

Bei Sachmängeln (defauts de la chose vendue) entstehen Gewährleistungsansprüche des Käufers nur, wenn die Mängel verborgen, nicht aber offenkundig sind.[171] Diese verborgenen Mängel müssen bereits bei Vertragsabschluß bzw. bei Lieferung vorhanden sein und so schwerwiegend sein, daß die Ware für den gewöhnlichen Gebrauch nicht mehr tauglich ist.

168 *Davenport,* Unconscionability and Uniform Commercial Code, 22 U. Mi. L. Rev 121ff; *Hippel,* Zur richterlichen Kontrolle unlauterer Geschäftsverbindungen in den Vereinigten Staaten, RabelsZ 33 (1969) S. 564ff.

169 *Campbell Soup C v. Wentz,* 172 E 2d 80, 3d Cir (1948); *Kansas City Wholesale Crocery Co v. Weber Packing Corporation,* 93 Utah 414, 73 P 2d 1272 (1937).

170 Vgl. hierzu das Gesetz Loi No. 88–21 du 6 Janvier 1988, Art. 1.

171 Art. 1641 Code Civil (vice cache); vgl. auch die Rechtsprechung in 21.3.93 D.P. 94. 1374.

In diesen Fällen kann der Käufer die Ware zurückweisen und die Auflösung des Vertrages verlangen. Die Auflösung des Vertrages läuft aber nicht ab wie ein Rücktritt nach deutschem Recht, sondern der Käufer muß Klage erheben und das stattgebende Urteil des Gerichts muß den Vertrag für aufgelöst erklären. Diese Wandlung *(action rédhibitoire)* – und auch die Minderung des Kaufpreises *(action estimatoire),* die ebenfalls als Gestaltungsrecht nach Art. 1644 Code Civil in Betracht kommt – müssen innerhalb einer „kurzen Frist" (en bref délai) gerichtlich geltend gemacht werden, wobei das Gesetz diese Frist nach einer Novelle des Artikels 1648 Code Civil auf ein Jahr ab Erkennen des Mangels festlegt. Von im Außenhandel mit Frankreich tätigen Kaufleuten sollte daher diese Vorschrift besonders beachtet werden.[172]

2. Geringfügige Mängel

Liegen nur geringfügige Mängel vor, dann gewährt das französische Recht lediglich ein Nachbesserungsrecht. Sowohl bei den schweren als auch bei den geringfügigen Mängeln haftet der Verkäufer dem Käufer gegenüber auf Schadensersatz, wenn er den Sachmangel kannte, während er bei Nichtkenntnis des Mangels nur den Kaufpreis zurückzuzahlen sowie die gewöhnlichen Vertragskosten zu erstatten hat (Art. 1645 und 1646 Code Civil).[173]

Anders als in § 377 HGB ist zur Wahrung der Ansprüche vom Code Civil weder vorgeschrieben, daß die Ware unverzüglich auf Fehler zu untersuchen ist, noch muß ein erkannter Mangel unverzüglich angezeigt werden. Da aber ein Mangel nur dann beachtlich ist, wenn er nicht erkennbar war, ist im Grunde die sofortige Überprüfung der Ware – vor allem von Kaufleuten als Vertragspartei – erforderlich.

172 So Artikel 1648 Code Civil in Verbindung mit Loi No. 67 – 547 du 7 Juillet 1967: „Dans le cas prévu par l'article 1642 – 1, l'action doit être introduite, à peine de forclusion, dans l'année qui suit la date à laquelle le vendeur peut être déchargé des vices apparents". Vgl. die Rechtsprechung Civ. 1re, 22.5.1991, Bull. Civ. 1, No. 165.

173 Nach Art. 1645 Code Civil können auch Mangelfolgeschäden ersetzt werden. Im Handelsverkehr wirkt sich zu Lasten des Verkäufers die gerichtliche Vermutung aus, daß er Kenntnis vom Mangel gehabt haben müsse, da er gewerbsmäßiger Warenverkäufer oder gar Hersteller der Ware ist, Civ. 1re, 3.7.1985, Bull. Civ. 1, No. 210; Civ. 3e, 12.1.1988, Bull. Civ. 111, No. 7. Zu beachten ist, daß Art. 1645 Code Civil nur auwendbar ist, soweit es um Schäden an der mangelhaften Sache selbst und um allgemeine Vermögensschäden infolge des Sachmangels geht. Werden durch den Sachmangel aber die Person oder andere Sachen des Käufers geschädigt, greift das Produkthaftpflichtgesetz ein, und Art. 1645 Code Civil ist ausgeschlossen.

3. Ausschluß der Gewährleistung

a) Einschränkung durch Gesetz

Da bei berufs- oder gewerbsmäßigen Verkäufern eine Kenntnis des Sachmangels vermutet wird und Art. 1645 Code Civil die Verpflichtung zur Leistung von Schadensersatz aufstellt, ist ein Ausschluß der Sachmängelhaftung in diesen Fällen nicht möglich, es sei denn, der Vertragspartner ist selber Kaufmann bzw. aufgrund seiner Sach- und Fachkenntnis ein besonders versierter Vertragspartner, so daß er den Sachmangel hätte erkennen können und daher des Schutzes der Vorschrift des Art. 1645 Code Civil nicht bedarf.

Im übrigen ist die Sachmängelhaftung des Code Civil stets durch Vertragsvereinbarung abdingbar. Es ist an dieser Stelle zu untersuchen, ob Gesetzgebung oder Rechtsprechung vorhanden sind, die in der französischen Rechtsordnung eine zu weitgehende Haftungsfreizeichnung von der Verantwortlichkeit für Sachmängel untersagt.

In Frankreich wurde zwar ein Gesetz zur Kontrolle von Allgemeinen Geschäftsbedingungen entworfen, doch wurde der Entwurf bisher nicht in Kraft gesetzt. Es gibt bislang lediglich ein allgemeines Konsumentenschutzgesetz[174], das aber nicht allgemein für AGB Gültigkeit hat, sondern das eine Inhaltskontrolle praktisch aller Vertragsklauseln ermöglicht, die zwischen Vertragsparteien vereinbart werden. Für den hier zu behandelnden internationalen Liefervertrag kann aber dieses Konsumentenschutzgesetz nicht einschlägig sein, da es nur für Vertragsparteien Verwendung findet, die nicht von Berufs wegen mit „Leistungen der vertraglich vereinbarten Art" befaßt sind.

b) Einschränkung durch die Rechtsprechung

Eine unbillige Haftungsfreizeichnungsklausel läßt sich also nicht mit Hilfe von Gesetzen, sondern allenfalls durch Entscheidungen der Rechtsprechung außer Kraft setzen. Da aber auch keine offene Inhaltskontrolle wie etwa im AGB-Gesetz oder im englischen Unfair Contract Terms Act 1977 bekannt ist, schließlich auch die in Art. 6 Code Civil enthaltenen Grundbegriffe des „ordre public" und der guten Sitten nicht weiterhelfen kön-

174 Das sogenannte „Loi No. 78–23 du 10 Janvier 1978 sur la protection de consommateurs de produits et de services", ermöglicht eine Inhaltskontrolle für praktisch alle Verträge, die zwischen Vertragspartnern abgeschlossen werden. Die Vertragspartner dürfen aber nicht von Berufs wegen mit Leistungen der vertraglich vereinbarten Art befaßt sein.

Textbeispiel Tabelle 8

Gewährleistungsklauseln (frz.)

23. Le vendeur est responsable des conséquences directes des erreurs ou des omissions commises par lui ou ses employés ou ses sous-traitants dans le cadre défini au présent contrat, le vendeur n'étant pas responsable des dommages tels que les pertes de profit.

L'étendue de la responsabilité du vendeur est expressément limitée au montant de sa rémunération totale du présent contrat, quel que soit le nombre des ayants droit à une éventuelle indemnisation.

Le vendeur n'assure aucune responsabilité pur les parties de l'ouvrage qu'il n'a pas conçues ou pour lesquelles il n'a pas d'obligation de supervision.

24. Il est expressément convenu entre les parties que la responsabilité aux termes du présent contrat, est limitée, toutes causes confondues, à ... étant entendu que cette somme est égale au plafond garanti par l'assurance contractée conformément aux dispositions de l'article ... ci-dessous moyennant le paiement d'une certaine prime, et que si, par le jeu d'une assurance collective dont les effets seraient identiques, ce montant de ... pouvait être majoré sans modification du montant de la prime due par ... le plafond de la garantie stipulée au présent article ... serait majoré dans la même proportion.

25. L'acheteur est tenu de donner au vendeur le temps et les moyens nécessaires pour procéder à toutes les réparations et livraisons de remplacement, faute de quoi le vendeur est dégagé de son obligation de garantie. En cas de réclamation ou de la livraison des marchandises de remplacement, les frais de remplacement y compris les frais de son expédition.

26. Toutes autres réclamations de l'acheteur, en particulier toute demande en remboursement de dommages qui ne sont pas survenus sur le matériel même, objet de la livraison, sont exclus. Le droit de l'acheteur à faire valoir ses réclamations est prescrit dans tous les cas dans le délai de ... (semaines/mois), à compter de la dénonciation du vice dans le délai.

nen[175], bleibt schließlich für eine richterliche Kontrolle von unbilligen Haftungsfreizeichnungsklauseln kaum Raum. Es wird als ausreichend angesehen, daß wegen der Art. 1382ff Code Civil eine Haftung für Vorsatz

175 Vgl. dazu *Hippek,* Der Schutz des Verbrauchers vor unlauteren Allgemeinen Geschäftsbedingungen in den EG-Staaten, RabelsZ 41 (1977) S. 258f; *Neumayer,* Länderbericht Frankreich, in: Richterliche Kontrolle von Allgemeinen Geschäftsbedingungen, Frankfurt/ Berlin 1968 S. 20ff, 30.

(dol) und grobe Fahrlässigkeit (faute lourde) nicht ausgeschlossen oder beschränkt werden kann. Es bleibt damit nur der Bereich des Haftungsausschlusses für leicht fahrlässige Vertragsverletzungen für die internationale Vertragsgestaltung von Interesse. Berücksichtigt man dann noch die obenerwähnte Situation, daß eine Haftung für verborgene Mängel der Kaufsache nicht ausgeschlossen werden darf, wenn der Käufer nicht als Kaufmann auftritt, dann bleibt für eine Sachmängelhaftungs-Ausschlußklausel im französischen Recht nur wenig Raum.

4. Hinweise für die Vertragsgestaltung

Auf der Grundlage dieser Aussagen zum französischen Recht empfiehlt sich auch für diese Rechtsordnung eine vertragliche Ausgestaltung der Gewährleistungsrechte (vgl. dazu die *Texttabelle 8, Klauselbeispiele 23 bis 26*). Hierbei ist das Verschulden des Verkäufers für eigenes oder das Verhalten seiner Leute erfaßt *(Klausel 23)* und hinsichtlich des Haftungsbetrages begrenzt. Die Möglichkeit zur Nachbesserung ist zu regeln *(Klausel 25)* sowie schließlich die Haftung des Verkäufers für alle weiter gehenden Umstände abzubedingen *(Klausel 26)*. Im übrigen ist eine Frist für die Geltendmachung der Gewährleistungsansprüche festzulegen. Die in der Übersicht aufgeführten Klauselbeispiele verstehen sich hier als kurzer Formulierungsvorschlag. Angesichts der Fülle möglicher Formulierungen würde eine weiter gehende Darstellung von Klauselbeispielen den Rahmen dieses Buches sprengen.

V. Rechtsmängelhaftung in den einzelnen Rechtsordnungen

Die Rechtsmangelhaftung soll an dieser Stelle kurz behandelt werden, da sie häufig im Zusammenhang mit der Sachmängelhaftung angesprochen wird.

1. Das deutsche Recht

Im deutschen Recht ist für den Kaufvertrag in § 434 BGB geregelt, daß der Verkäufer dem Käufer den verkauften Gegenstand *frei von Rechten Dritter* verschaffen muß. Mit Rechten Dritter sind dingliche Rechte (z.B. Pfandrechte), persönliche Rechte (z.B. Mietrecht) oder öffentlich-rechtliche Befugnisse am Kaufgegenstand (Veräußerungsverbot; Beschlagnahmerecht)

Sachmängelhaftung (im Rechtsvergleich)

Aus dem Kaufvertrag ergibt sich für den Verkäufer die Pflicht, dem Käufer eine mangelfreie Ware liefern zu müssen. Ist die Ware mangelhaft oder fehlt ihr eine zugesicherte Eigenschaft, dann ist aus Sicht des Käufers zu prüfen, ob er einen Schadensersatz- oder Nachbesserungsanspruch hat oder ob ihm andere Gewährleistungsansprüche zustehen. Das deutsche Recht löst diese Problematik anders, als es in den beiden anderen großen Rechtskreisen geschieht.

Deutsches Recht

Unterscheidung nach Stückkauf und Gattungskauf:
- Mindert der Fehler den Warenwert, § 459 Abs. 1 BGB, hat der Käufer die Auswahl zwischen Wandlung und Minderung, § 462 BGB.
- Fehlt eine zugesicherte Eigenschaft, § 459 Abs. 2 BGB, oder verschweigt der Verkäufer einen Mangel, hat der Käufer die Auswahl zwischen Wandlung und Minderung (§ 462 BGB) oder Schadensersatz wegen Nichterfüllung, § 463 BB.
- Beim Gattungskauf gilt § 480 BGB: Es besteht die Auswahl zwischen Wandlung, Minderung oder dem Anspruch auf Nachlieferung.

Englisches Recht

Unterscheidung zwischen Breach of Warranty/Breach of Condition:
- Ein breach of warranty geht nur auf Schadensersatz in Geld; die Ware verbleibt beim Käufer.
- Ein breach of condition gibt wahlweise ein Recht auf Verweigerung der Ware oder Schadensersatz.

US-amerikan. Recht

Unterscheidung nach Implied Warranty und Express Warranty:
- Eine implied warranty ist gesetzlich in §§ 2–314 und 2–315 UCC erfaßt. Der Verkäufer haftet danach für die „merchantability" und die Eignung der Kaufsache „fitness for purpose".
- Eine express warranty wird vertraglich festgelegt. Nach § 2–313 UCC haftet der Verkäufer für zugesicherte Eigenschaften.

Französisches Recht

Unterscheidung nach verborgenen und erkennbaren Mängeln:
- Für verborgene Mängel gilt: Sind sie schon bei Vertragsabschluß oder Lieferung vorhanden, kann wahlweise die Ware zurückgewiesen oder (auf dem Klagewege) eine Vertragsauflösung erreicht werden; Minderung ist möglich.
- Bei erkennbaren Mängeln besteht nur der Anspruch auf Nachbesserung.

UN-Kaufrecht

Vgl. hierzu die Art. 45ff UN-Kaufgesetz. Der Käufer hat folgende Wahlmöglichkeiten:
- Anspruch auf Erfüllung, Art. 46 Abs. 1, oder Ersatzlieferung, Art. 46 Abs. 2,
- Anspruch auf Nachbesserung, Art. 46 Abs. 3 UN-Kaufgesetz,
- Anspruch auf Vertragsaufhebung, Art. 49,
- Anspruch des Kaufpreises, Art. 50.

gemeint, die die erworbenen Rechte des Käufers an der Kaufsache geringwertiger machen. § 434 BGB gibt dem Käufer wegen des *Rechtsmangels* einen Anspruch gegen den Verkäufer auf Beseitigung. Sofern dies nicht gelingt, ist über § 440 Abs. 1 BGB auf die Regeln über die Nichterfüllung bei gegenseitigen Verträgen zurückzugreifen (§§ 320 bis 327 BGB), allerdings unter der Einschränkung des § 440 Abs. 2 bis 4 BGB. Die Rechtsmängelhaftung ist ausgeschlossen, wenn sie durch Parteivereinbarung ausgeschlossen wurde (§ 443 BGB), der Käufer bei Abschluß des Kaufvertrages den Rechtsmangel kannte (§ 439 BGB) oder wenn eine bewegliche Sache im Wege der Zwangsvollstreckung versteigert wird (vgl. § 806 ZPO; § 56 Ziff 3 ZVG).

2. Das englische Recht

In der englischen Rechtsordnung ist wiederum auf die Lehre des *breach of contract zu* verweisen. Regelmäßig dürfte die Rechtsmängelfreiheit – zumindest im Wege der Auslegung zu ermitteln – als „condition" einzustufen sein, da es eine wesentliche Vertragspflicht ist, die Kaufsache an den Käufer frei von Rechten Dritter auszuliefern. Daher ist auf die oben gemachten Ausführungen zu verweisen.

3. Das US-amerikanische Recht

Im Kaufvertragsrecht der USA gehört die Rechtsmängelhaftung in den Bereich der *implied warranties* (dazu oben). Der Verkäufer einer Ware hat dafür einzustehen, daß das von ihm übertragene Eigentum an der Kaufsache unbelastet übertragen wird *(warranty of title)*.[176]

4. Das französische Recht

Nach Art. 1625 Code Civil hat der Verkäufer die Verantwortung dafür, daß der Käufer einen ungestörten Besitz an der Kaufsache (possession paisible de la chose vendue) erhält. Der Begriff des Rechtsmangels in den Art. 1625

176 Dazu § 2–312 Uniform Commercial Code; dessen Absatz (3) für Kaufleute legt den Verkäufern auch die Verpflichtung auf, dafür zu garantieren, daß die Kaufsache keine Patente, Warenzeichen oder Urheberrechte Dritter verletzt; zur Problematik der abhanden gekommenen Sache *Ricklefs v. Clemens* 216 Kan. 128, 531 P 2d 94, 16 UCC 322 (1975); *Itoh v. Kimi Sales,* 74 Misc. 2d 402, 345 N. Y S. 2d 416 13 UCC 64 (1973).

bis 1640 Code Civil ist allerdings nicht zu vergleichen mit dem des BGB: Da der Code Civil vom „ungestörten Besitz" ausgeht, muß der Verkäufer selbst auch sämtliche Beeinträchtigungen des Besitzes des Käufers (z.B. Eröffnung eines Konkurrenzunternehmens zum Verkauf der gleichen Ware in unmittelbarer Nähe) unterlassen.

5. Rechtsmängelhaftung nach UN-Kaufrecht

Das UN-Kaufrecht hat auch diesen Bereich von Außenhandelsverträgen mit seinen Bestimmungen erfaßt. Im Teil III des UN-Kaufgesetzes finden sich die Vorschriften zur Mängelhaftung.

Wichtig ist in diesem Zusammenhang Art. 25 UN-Kaufgesetz, der vom Begriff der *wesentlichen Vertragsverletzung* ausgeht. Schließlich wird – und darauf ist oben bereits hingewiesen worden – zwischen Rechten und Pflichten der beiden Vertragsparteien und deren jeweiligen Rechtsbehelfen unterschieden. Dies soll an dieser Stelle nicht erneut ausgeführt werden.[177]

VI. Weitere Hinweise zur Vertragsgestaltung

Alle Rechtsordnungen kennen – wenn auch in sehr unterschiedlicher Form – Regelungen zur Sachmängelhaftung, entweder ausdrücklich oder innerhalb eines Oberbegriffs (z.B. breach of contract). Überall ist auch ein Haftungsausschluß möglich, doch gibt es Vorbehalte entweder im Zivilgesetzbuch (BGB, Code Civil) oder eine Einschränkung der Verwendung unbilliger Klauseln durch die Rechtsprechung. Bei Verwendung von Haftungsausschlußklauseln in Allgemeinen Geschäftsbedingungen ist zu beachten, daß oft nach AGB-Gesetz (soweit vorhanden) eine Inhaltskontrolle erfolgt und bestimmte Klauseln für unwirksam erklärt werden.

Angesicht der Vielfalt der aus der Sachmängelhaftung resultierenden Rechtsfolgen (Schadensersatzanspruch im englischen Recht, Wahlmöglichkeit zwischen Wandlung und Minderung im deutschen und französischen Recht) liegt es nahe, daß der Warenkäufer möglichst alle denkbaren Rechtsbehelfe zu seinen Gunsten vereinbart haben möchte. Dem steht

177 Zur Vertiefung wird verwiesen auf *Bartels/Motomura,* Haftungsprinzip, Haftungsbefreiung und Vertragsbeendigung beim internationalen Kauf, RabelsZ 43 (1979) S. 649ff; *Frense,* Grenzen der formularmäßigen Freizeichnungen im Einheitlichen Kaufrecht, Heidelberg 1992 S. 58ff; *Holthausen,* Die wesentliche Vertragsverletzung des Verkäufers nach Art. 25 UN-Kaufrecht, RIW 1990 S. 101ff; *Huber,* Die Haftung des Verkäufers für Verzug und Sachmängel nach dem Wiener Kaufrechtsübereinkommen, JBL. 1989 S. 273ff; *ders.,* Die Haftung des Verkaufers nach dem UN-Kaufrecht und nach deutschem Recht, Berlin 1990.

möglicherweise der Wunsch des Verkäufers gegenüber, die Folgen von Mängeln des Kaufgegenstands möglichst einheitlich regeln zu wollen und außerdem dem Käufer die Inanspruchnahme seiner Rechtsbehelfe zu erschweren, indem er ihm bestimmte Pflichten (schriftliche Behauptung und eventuell Nachweis des Mangels) auferlegt. Schließlich ist es aus Sicht des Verkäufers sinnvoll, die Sachmängelhaftung zeitlich einzugrenzen. Angesichts der internationalen Vielfalt von Regelungen (sechs Monate Frist nach deutschem Recht; bis sechs Jahre für breach of contract nach englischem Recht) ist eine Befristung durch Vertrag sinnvoll.

1. Beschränkung der Rechtsbehelfe

Zunächst ist es aus Sicht des Verkäufers gut, wenn er die Haftungsfolgen für Sachmängel auf bestimmte Rechtsbehelfe des Käufers konkretisieren bzw. begrenzen kann. In den oben dargestellten Grenzen der Gesetzgebung (AGB-Gesetz; Unfair Contract Terms Act; Uniform Commercial Code u.a.) ist dies möglich. Eine Festlegung auf ein bloßes Nachbesserungsrecht oder einen Ersatzlieferungsanspruch kann als Vertragsvereinbarung Vorteile bringen.

2. Konkretisierung der Rechtsbehelfe

Es sollten darüber hinaus auch Regelungen in den Vertrag aufgenommen werden, die die genaue Konkretisierung des Rechtsbehelfs erleichtern. So kann festgestellt werden, in welcher Weise und innerhalb welcher Fristen eine Nachbesserung oder Ersatzlieferung zu erfolgen hat. Schließlich kann es günstig sein, weiter gehende Rechte des Käufers – zum Beispiel die Forderung nach Ersatz für Mangelfolgeschäden – einzugrenzen, soweit dies in den Grenzen der Gesetzgebung und Rechtsprechung zulässig ist.

3. Schadenspauschalierungen und Vertragsstrafen

Auf diese bedeutsamen Vertragsmerkmale, die bei Leistungsstörungen und der Sachmängelhaftung eine Rolle spielen können, wird weiter unten in einem gesonderten Gliederungspunkt eingegangen.

§ 13. Leistungsstörungen

Literatur: S. Hinweise unter § 8; ferner: *Böckstiegel*, Vertragsklauseln über nicht zu vertretende Risiken im internationalen Wirtschaftsverkehr, RIW 1984, 1ff; *Kleinwächter*, Möglichkeiten einer Haftungsbeschränkung im französischen Recht, RIW 1984, 690ff; *Kötz*, Economic Loss in Tort and Contract, RabelsZ 58 (1994), 423ff; *Krämer*, Die Berechnung des Nichterfüllungsschadens bei der Sachmängelhaftung im amerikanischen Recht des Warenkaufs, RIW 1994, 123ff; *Nolting*, Hoheitliche Eingriffe als Force Majeure bei internationalen Wirtschaftsverträgen mit Staatsunternehmen, RIW 1988, 511ff; *Schmitz*, Haftungsausschlußklauseln in AGB nach englischem und internationalem Privatrecht, 1977.

Zum Recht der Leistungsstörungen in ausgewählten Rechtsordnungen ist oben[178] bereits Stellung genommen worden. Es bleibt bei der Behandlung der Inhaltsmerkmale eines internationalen Liefervertrags nun noch zu klären, worauf bei der Abfassung des Vertrages im einzelnen zu achten ist, um den Vertragszweck nicht nachhaltig zu gefährden und um – etwa aus der Sicht eines deutschen Importeurs – das Auftreten von Leistungsstörungen (insbesondere Lieferverzug) beim Vertragspartner soweit wie möglich auszuschließen.

In grenzüberschreitenden Lieferverträgen finden sich am häufigsten Vertragsklauseln, die zum *Liefer-* und *Zahlungsverzug* Stellung nehmen. Hier geht es im wesentlichen darum zu prüfen, ob sich bei dem Liefergeschäft Termine und Fristen im Ausland ebenso bemessen lassen wie im Inland, ob eventuell dem ausländischen Exporteur gegenüber fest bestimmte Liefertermine vorgegeben werden können und welche Ansprüche bei Liefer- und Zahlungsverzug für die geschädigte Vertragspartei bestehen.

I. Liefertermine und Lieferfristen als Vertragsinhalt

Oft lassen sich im Auslandsgeschäft Liefertermine und Lieferfristen nicht so gut einhalten wie im Inlandsgeschäft. Meist vereinbaren Vertragspartner daher auch einen Lieferzeitraum bzw. einen Termin, bis zu dem spätestens die Ware beim Empfänger einzutreffen hat.

178 Siehe oben, § 8.

1. Das deutsche Recht

Nach § 271 Abs. 1 BGB ergibt sich die Lieferzeit aus der Parteivereinbarung und den Umständen des jeweiligen Rechtsverhältnisses. Mangels anderer Anhaltspunkte kann der Gläubiger die Lieferung sofort verlangen und der Schuldner sie sofort bewirken. Gehört der Liefertermin derart zum Inhalt der vertraglichen Leistung, daß bei ihrer Nichteinhaltung Unmöglichkeit der Leistung eintritt, dann liegt ein sogenanntes *Fixgeschäft* vor. Wenn ein Liefertermin zu einer wesentlichen Vertragsbedingung gemacht werden soll, mit der Folge, daß eine Überschreitung dieses Termins eine wesentliche Vertragsverletzung darstellt, können Begriffe wie „prompt", „genau", „präzise am" in Verbindung mit der Angabe eines exakten Datums verwendet werden.

Es hängt vom jeweiligen Einzelfall ab, ob es vorteilhaft ist, ein Fixgeschäft zu vereinbaren. Wenn der Termin für die Lieferung einer Ware wichtig ist und es nicht in Frage kommt, bei einer verzögerten Lieferung noch eine angemessene Nachfrist zu setzen, dann ist ein Fixgeschäft angebracht. Dies hat für den Importeur den Vorteil, daß er sich sofort um eine Ersatzlieferung bemühen kann und nicht erst noch das Ablaufen einer Nachfrist abwarten muß. Stets muß aber schon bei Abfassung des Vertrages darauf geachtet werden, daß die auf ein Fixgeschäft hinweisenden Klauseln deutlich enthalten sind. Wegen des grenzüberschreitenden Geschäfts ist wiederum zu untersuchen, ob auch ausländische Rechtsordnungen „Lieferfristen" als wichtige Vertragsbestimmungen anerkennen und welche Rechtsfolgen eine Verzögerung bewirkt.

2. Das englische Recht

Die englische Rechtsordnung unterscheidet zwischen *wesentlichen* und *unwesentlichen* Vertragsbestimmungen. Die Parteien haben es bei Abfassung ihres Kaufvertrags selbst in der Hand zu bestimmen, ob die Lieferfrist oder die Angabe des Liefertermins eine wesentliche Vertragsbestimmung sein soll. Soll also ein zwischen einem deutschen und einem englischen Kaufmann geschlossener Vertrag englischem Recht unterliegen, dann ist zu überlegen, ob es vorteilhaft ist, den Liefertermin als sehr wichtig herauszustellen. Fehlt im Vertrag ein Hinweis darauf, ob die vereinbarte Lieferzeit eine condition oder warranty darstellt, wird nach Sale of Goods Act 1979, section 10, stets eine condition angenommen. Bei Überschreiten des Liefertermins braucht der Käufer die Ware dann grundsätzlich nicht mehr anzunehmen; eine Nachfrist – wie im deutschen Recht in § 326 BGB enthalten – braucht nicht gesetzt zu werden.

3. Das US-amerikanische Recht

Im amerikanischen Uniform Commercial Code ist in § 2–309 eine Aussage über das Fehlen einer vereinbarten Lieferfrist enthalten. Nach dieser Vorschrift muß, sofern kein konkreter Liefertermin genannt ist, stets eine angemessene Nachfrist gesetzt werden. Wird dagegen ein Fixgeschäft vereinbart, dann stellt die Überschreitung des vereinbarten Termins sich als breach of contract (§ 2–711 Uniform Commercial Code) dar.

4. Das französische Recht

Das französische Recht geht davon aus, daß ein Liefervertrag, der Angaben über die Lieferzeit enthält, in der Regel als Fixgeschäft anzusehen ist. Fehlen Angaben zur Lieferzeit gänzlich, dann kann, wie im deutschen Recht, die Lieferung sofort verlangt werden, wobei handelsübliche Lieferfristen dennoch zu beachten sind.

II. Lieferverzug (Vertragsgestaltung)

Auch auf den Schuldner- (bzw. Liefer-)Verzug in der deutschen, englischen, US-amerikanischen und französischen Rechtsordnung ist oben bereits eingegangen worden. Es ist daher an dieser Stelle nur noch erforderlich, konkrete Hinweise für die Vertragsabfassung zu geben, die über die bereits gemachten Ausführungen hinausgehen.

1. Pflicht zum Setzen einer Nachfrist

Die verkäuferfreundlichen Regelungen des deutschen und französischen Rechts, wonach für das Eintreten der Rechtsfolgen eines Schuldnerverzugs zuvor eine Mahnung und das Setzen einer Nachfrist nötig sind, findet sich, wie gezeigt, schon in den anglo-amerikanischen Rechtsordnungen nicht mehr. Dort muß damit gerechnet werden, daß der Warenkäufer den Verkäufer bei Überschreiten eines besprochenen Liefertermins schadensersatzpflichtig machen kann. Daher ist es ratsam, entweder im internationalen Liefervertrag selbst oder in den Allgemeinen Geschäftsbedingungen, die in den Vertrag einbezogen sind, den Käufer ausdrücklich zu verpflichten, daß zunächst eine Nachfrist zu setzen ist, damit der Verkäufer die Möglichkeit hat, den Verzugsfolgen zu entgehen. Es kann – für herstellende Unternehmen – auch sinnvoll sein, im Vertrag die Möglichkeit einer Verlängerung der Lieferfrist vorzusehen, damit bei etwaigen Arbeitsausfällen wegen unvorhergesehener Ereignisse (Streik) die verspätete Fertigstellung von Erzeugnissen nicht unmittelbar zum Lieferverzug des Warenverkäufers führt.

2. Bemessung einer Nachfrist

Die Bestimmung, wonach eine Nachfrist bei Auftreten eines Lieferverzugs zu setzen ist, kann unangemessen und gegebenenfalls vor Gericht angreifbar sein. Es ist also zu prüfen, wann eine solche Frist „angemessen" ist. Angesichts der besonderen Problematik der Lieferungen im Außenhandel kann das Setzen einer Nachfrist von mehreren Wochen Dauer noch angemessen sein, doch ist stets im Auge zu behalten, daß Kalkulation und Preisberechnung der Vertragspartner auch von einer pünktlichen Lieferung abhängig sind, so daß die Nachfrist nicht zu stark ausgedehnt werden darf.

3. Vorbehalt behördlicher Genehmigungen

Für bestimmte Produkte kann es erforderlich sein, für die Ein- bzw. Ausfuhr behördliche Genehmigungen zu erhalten oder eine zollamtliche Abfertigung von längerer Dauer vornehmen zu lassen. Diese Liefer- und Leistungshindernisse, die zu Verspätungen führen können, sollten dann nicht zu Lasten des Verkäufers gehen, wenn er auf den Verfahrensgang bei Behörden keinen Einfluß nehmen kann. Der Hersteller darf also z.B. nicht dafür verantwortlich sein, daß behördliche Genehmigungen nur deshalb nicht rechtzeitig zu erhalten sind, weil der Hersteller notwendige Dokumentationen nicht oder nicht rechtzeitig erstellt hat. Um den Exporteur von außerhalb seines Einflußbereichs liegenden Verzögerungen zu befreien, empfiehlt es sich, den Warenliefertermin unter den Vorbehalt zu stellen, daß auch die behördlichen Genehmigungen rechtzeitig vorliegen.

4. Haftungsbegrenzung

Läßt sich das Eintreten des Lieferverzugs trotz dieser Einschränkungen nicht vermeiden, dann wird dem Verkäufer daran gelegen sein, die auf ihn zukommenden Ersatzleistungen bzw. die Wandlung oder Minderung des Kaufpreises möglichst in Grenzen zu halten.

Der Warenkäufer dagegen wird versuchen, die volle Verantwortlichkeit des Verkäufers durchzusetzen. Er ist an einer vollen Schadensersatzleistung bzw. einer möglichst großen Minderung des Kaufpreises (sofern die jeweilige Rechtsordnung das Institut der Minderung überhaupt kennt) interessiert. Die Vertragsvereinbarung wird daher – je nach Stellung der Vertragspartner (bargaining power) – eher eine Kompromißlösung sein müssen.

a) Nachweis des Schadens

Zunächst kann der Warenempfänger verpflichtet werden nachzuweisen, daß ihm ein Verzugsschaden entstanden ist, der vom Verkäufer zu vertreten ist. Dies macht dann deutlich, daß tatsächlich nur eine Minderung des Kaufpreises in Frage kommen kann und alle weiteren Schadensfolgen wegen der Lieferverzögerung ausgeschlossen sein sollen. Diese vertragliche Abrede kann auch dazu führen, daß in Rechtsordnungen, die das Institut der Minderung nicht kennen, ebenfalls eine Minderung des Kaufpreises in Frage kommt.

b) Bemessung des Schadens

Der Schaden sollte nicht willkürlich beziffert werden, sondern die Vertragspartner müssen sich bereits bei ihren Vertragsverhandlungen darüber klar sein, nach welchen objektiven Kriterien der Schaden bemessen werden kann. Im Zweifel sollte eine Einigung darüber erzielt werden, ob der jeweils eingetretene Schaden durch einen unabhängigen Gutachter – für beide Parteien verbindlich – festgesetzt werden soll.

5. Regelungen zum Rücktrittsrecht

Nicht alle Rechtsordnungen kennen das Recht der Rückgängigmachung des Kaufvertrages[179] wegen des Eintritts eines Lieferverzugs. Dennoch sollte auch für diesen Fall eine klare Vertragsregelung getroffen werden, damit die Vertragspartner für diese besonders nachteilige Situation der Vertragsrückabwicklung disponieren können. Es empfiehlt sich hier, alle über die Rückgängigmachung des Vertrages hinausgehenden Ansprüche (z.B. auf Schadensersatz etc.) auszuschließen, soweit dies im Einklang mit der jeweiligen Rechtsordnung steht.

179 So verlangen das belgische und auch das französische Recht (Art. 1184 Code Civil) statt der Ausübung eines einseitigen Rücktrittsrechts eine richterliche Vertragsauflösung.

§ 14. Eigentumsvorbehalte

Literatur: *Baumgarte*, Eigentumsvorbehalt in Großbritannien, RIW 1981, 733ff; *Graf von Bernstorff*, Der Eigentumsvobehalt in den EG-Staaten, RIW 1993, 365ff; *Callewaert*, Zum Recht der besitzlosen Mobiliarsicherheiten in Belgien – Eigentumsvorbehalt und Auflösungsklausel, RIW 1989, 683ff; *Coester-Waltjen*, Deutscher Eigentumsvorbehalt vor irischen Gerichten, IPRax 1983, 315ff; *Desper*, Der neue französische Eigentumsvorbehalt, RIW 1984, 176ff; *Drobnig*, Eigentumsvorbehalt bei Importlieferungen nach Deutschland, RabelsZ 32 (1968), 450ff; *ders.*, Mobiliarsicherheiten im internationalen Wirtschaftsverkehr, RabelsZ 38 (1974) 468ff; *Fischler*, Grundsatzentscheidungen zum Eigentumsvorbehalt bei Warenlieferungen nach Schweden, RIW 1978, 819ff und RIW 1979, 215ff; *Gutschke*, Der Eigentumsvorbehalt in den nordischen Ländern, AWD 1968, 10ff; *Hanisch*, Deutscher Eigentumsvorbehalt im französischen Insolvenzverfahren, IPRax 1992, 187ff; *Kieninger*, Der Eigentumsvorbehalt im Wirtschaftsverkehr mit Spanien nach der Novellierung des spanischen Abzahlungsgesetzes, RIW 1994, 287ff; *Klötzel*, Publizitätslose Mobiliarsicherheiten – verlängerter Eigentumsvorbehalt in England, RIW 1983, 822ff; *Shook-Wiercimok*, Eigentumsvorbehalt nebst Verlängerungs- und Erweiterungsformen im deutsch-amerikanischen Rechtsverkehr, RIW 1986, 954ff; *Schulze*, Eigentum und Sicherungsrechte in den baltischen Staaten, RIW 1994, 713ff; *Stüttgen*, Eigentumsvorbehalt und Abzahlungsgeschäfte im portugiesischen Recht, RIW 1982, 403ff; *Wattenberg*, Der Eigentumsvorbehalt und seine Erweiterungsformen im schottischen Recht, RIW 1988, 98ff; *Wenckstern*, Die englische Floating Charge im deutschen IPR, RabelsZ 56 (1992) 624ff; *Wiesbauer*, Die Anerkennung des Eigentumsvorbehalts in Westeuropa, ZIP 1981, 1063.

Typisches Merkmal eines Kaufvertrages über bewegliche Sachen ist die Vereinbarung eines Eigentumsvorbehaltes, mit welchem sich der Warenverkäufer das Eigentum an der Ware bis zur vollständigen Bezahlung des Kaufpreises vorbehält. Sobald ein internationaler Sachverhalt vorliegt, wird die Situation jedoch schwierig, da nicht alle Rechtsordnungen die in Deutschland bekannten Formen eines Eigentumsvorbehalts kennen und zudem die Problematik besteht, daß nach international-privatrechtlichen Grundsätzen bei Rechtsstreitigkeiten ein mit dem Fall befaßtes Gericht stets auf der Grundlage desjenigen nationalen Rechts urteilen muß, innerhalb dessen Geltungsbereich sich die unter Eigentumsvorbehalten gelieferte Ware befindet. Der Ort, an dem sich die Ware befindet, entscheidet also über das anwendbare Recht.

Für im Außenhandel tätige Kaufleute ist dies beachtlich, denn es kann im Einzelfall bei Abfassung des Liefervertrages von entscheidender Bedeutung sein, zu wissen, ob die Vereinbarung eines Eigentumsvorbehalts überhaupt sinnvoll ist. Dies um so mehr, als der sachenrechtliche Eigentumsvorbehalt hinsichtlich des anwendbaren Rechts der Dispositionsfreiheit der Vertragspartner entzogen ist. Hier hilft also auch eine ausdrückliche Wahl eines anderen Rechts nicht weiter, da weltweit der Grundsatz des „Rechts der Belegenheit der Sache“ gilt.

Es ist daher erforderlich, zwei Dinge bei der Vertragsgestaltung zu beachten: Zum einen ist die Vereinbarung eines Eigentumsvorbehalts immer dann sinnvoll, wenn die unter Eigentumsvorhehalt gelieferte Ware sich (vor oder nach Lieferung) innerhalb des Bereichs der Geltung der deutschen Rechtsordnung befindet, da dann in jedem Fall Grundsätze des deutschen Rechts, welches den Eigentumsvorbehalt anerkennt, zur Anwendung gelangen.

Zum anderen kann die Vereinbarung der Geltung eines Eigentumsvorbehalts so ausgestaltet werden, daß auch die Voraussetzungen, die andere Rechtsordnungen aufstellen, eingehalten werden. Auf diese Weise wird für den Warenverkäufer eine weitgehende Sicherung seines Anspruchs auf vollständige Kaufpreiszahlung erreicht. Als Hilfe zum Erkennen der Anforderungen ausländischer Rechtsordnungen werden nachfolgend, ausgehend vom deutschen Recht, die wichtigsten Grundfragen des Eigentumsvorbehaltsrechts erörtert. Dabei werden an dieser Stelle insbesondere die Eigentumsvorbehaltsbestimmungen aller EU-Staaten mitbeschrieben, so daß für den Europäischen Binnenmarkt die entsprechenden Länderregelungen nachlesbar sind.

I. Grundprobleme des Eigentumsvorbehalts in europäischen Staaten

Ein Grundproblem des Eigentumsvorbehalts im internationalen Warenverkehr – und auch in Europa – liegt darin, daß es für die Staaten der Welt noch kein einheitliches Recht des Eigentumsvorbehalts gibt. Überall hat der Eigentumsvorbehalt unterschiedliche Entstehungsvoraussetzungen mit unterschiedlicher Ausprägung. So ist in jedem Einzelfall zu überprüfen, auf welche Weise der Eigentumsvorbehalt in den fraglichen Staaten wirksam begründet werden kann, und es stellt sich immer auch die Frage, wieweit der Eigentumsvorbehalt, der ja zwischen den Kaufvertragsparteien vereinbart wurde, auch gegenüber Dritten Wirksamkeit entfaltet. Dieses Problem stellt sich immer im Zusammenhang des gutgläubigen Erwerbs der betroffenen Ware durch Dritte sowie in Fällen der Insolvenz des Warenabnehmers, wenn der Warenverkäufer auf der Grundlage seines Eigentumsvorbehalts die Ware heraus- beziehungeweise zurückverlangen möchte.

Diese Fragestellungen sind deshalb von Bedeutung, weil ein weiteres grundlegendes Problem besteht: Die Wirksamkeit des Eigentumsvorbehalts bestimmt sich immer nach dem Recht des Landes, innerhalb dessen Rechtsordnung sich die Vorbehaltsware befindet. Entscheidend für Warenlieferungen, die Deutschland verlassen, dürfte daher immer die Frage sein, ob die Vorbehaltsware sich noch in Deutschland (also Anwendbarkeit des deutschen Eigentumsvorbehalterechts) oder schon im Empfangsland befindet (dann würde das dortige Recht für den Eigentumsvorbehalt gelten). Dieser Grundsatz der lex rei sitae ist für das Recht des Eigentumsvorbehalts, soweit es um das sachenrechtliche Verfügungsgeschäft geht, anwendbar.[180]

Geht man vom Grundsatz der lex rei sitae aus, dann muß es jeden Warenlieferanten interessieren, wie das Empfangsland seiner Warenlieferung den Eigentumsvorbehalt behandelt. Es ist zu prüfen, ob man den Eigentumsvorbehalt überhaupt (aner-)kennt, wie er nach dortigen Grundsätzen begründet werden kann, ob besondere Voraussetzungen für die Wirksamkeit (etwa Registrierung oder auch notarielle Beurkundung usw.) bestehen und schließlich, ob eine Wirksamkeit gegenüber Dritten gegeben ist. Im folgenden wird nunmehr zuerst für die EU-Staaten in alphabetischer Reihenfolge auf diese Rechtsfragen eingegangen.

II. Der Eigentumsvorbehalt in den EU-Staaten

1. Belgien

In Belgien ist ein Eigentumsvorbehalt äußerst problematisch. Er kann zwar zwischen den Vertragsparteien vereinbart werden, entfaltet jedoch – wie seit einer grundlegenden Rechtsprechung des Kassationenhofes vom 9.2.1993 feststeht[181] – keinerlei Außenwirkung. Zwar kann nach belgischem Recht ein Eigentumsvorbehalt vereinbart werden, doch kann im Konkurs des Vorbehaltskäufers dieser Eigentumsvorbehalt den Konkursgläubigern und dem Gerichtsvollzieher nicht entgegengehalten werden, so daß der Verkäufer keinen Aussonderungsanspruch hat.[182]

180 Zur Problematik der lex rei sitae vgl. *Graf von Bernstorff*, Rechtsprobleme im Auslandsgeschäft, 3. Auflage, Frankfurt/M. 1992, S. 62 und 67.

181 Cour de Cassation, 9.2.1933, Pas.,1933, I.S. 103.

182 So die Rechtsprechung des Berufungsgerichts Liège (23.1.1985), Jur. Liège,1985, S. 253 auf der Basis des belgischen Konkursgesetzes vom 18.4.1851, welches eine Gleichheit der Konkursgläubiger untereinander gewährleisten will und deswegen Ausnahmen nur sehr restriktiv zuläßt. Vgl. zu diesem Themenbereich auch *Callewaert*, Zum Recht der besitzlosen Mobiliarsicherheiten in Belgien, RIW 1989 S. 683ff (684).

a) Eigentumsvorbehalt und Konkurs

Als Alternative zum nicht konkursfesten Eigentumsvorbehalt bietet sich eine ausdrückliche Auflösungsklausel (pacte commissoire exprès) an. Hierbei handelt es sich um eine ausdrückliche Vereinbarung einer auflösenden Bedingung. Liegt eine schuldhafte Vertragsverletzung durch einen Vertragspartner vor[183] und gäbe es keine ausdrückliche Auflösungsklausel für den Vertrag, dann würde der Vertrag nicht aufgelöst. In diesen Fällen gelänge eine Vertragsauflösung nur mit gerichtlicher Hilfe. Wurde dagegen eine pacte commissoire exprès vereinbart, erfolgt die Vertragsauflösung von Rechts wegen – ohne Gerichtsentscheidung. Erforderlich ist aber immer eine sogenannte notification, also Benachrichtigung des Schuldners mittels Gerichtsvollzieher (huissier) oder per Einschreibebrief.

Eine Vertragsauflösung wirkt grundsätzlich nur vor einer etwaigen Konkurseröffnung. Fällt der Käufer nach Auflösung des Vertrages in Konkurs, kann der Verkäufer die Vorbehaltsware aus der Konkursmasse herausverlangen. Anders ist es, wenn die Vertragsauflösung erst nach Konkurseröffnung erklärt wird. Art. 546 des belgischen Konkursgesetzes versagt der Vertragsauflösung hier die Wirkung. Maßgeblich ist immer der Zeitpunkt (Tag) des Auflösungsbegehrens des Vorbehaltsverkäufers.

b) Gutgläubiger Erwerb

Erwirbt ein Dritter gutgläubig die Ware vom Käufer der Vorbehaltsware, so wird er durch Art. 2279 Abs. 1 Code Civil Belge gegen jede Herausgabeklage des Verkäufers geschützt und braucht deshalb die Ware nicht herauszugeben. Der Anspruch des Verkäufers auf Herausgabe der Ware verwandelt sich in eine Forderung in Geld oder Schadensersatz gegen den ersten Warenkäufer.

2. Dänemark

Das dänische Recht erkennt einen Eigentumsvorbehalt an, wenn er zwischen den Vertragspartners ausdrücklich vereinbart wurde. „Ausdrückliche Vereinbarung“ ist dabei so zu verstehen, daß eine entsprechende Eigentumsvorbehaltsklausel in Allgemeinen Geschäftsbedingungen allgemein

183 So auch *Callewaert* aaO, S. 685. Dazu Art. 1184 Abs. 1, und Art. 1654 Code Civil Belge.

nicht ausreichend ist und von den dänischen Gerichten als nicht formwirksam anerkannt wird. Sollen Eigentumsvorbehaltsklauseln in AGB verwendet werden, dann ist auf jeden Fall das ausdrückliche Einverständnis des Vertragspartners zu diesen Bedingungen und besonders zur Eigentumsvorbehaltsvereinbarung einzuholen. Eine Besonderheit kennt das dänische Recht bei Abzahlungsgeschäften, bei denen die Zahlung des Kaufpreises in Raten erfolgt. Das dänische Recht erkennt den Eigentumsvorbehalt ausdrücklich an, wenn bei der Übergabe des Kaufgegenstands mindestens zwanzig Prozent des Kaufpreises bezahlt sind. Andernfalls wird der Eigentumsvorbehalt nicht gültig.

Wie im belgischen Recht, so entfaltet auch in Dänemark der Eigentumsvorbehalt keine Rechtswirkung gegenüber Dritten. Ein Eigentumsvorbehaltsverkäufer hat daher keinen Aussonderungsanspruch, wenn der Käufer der Vorbehaltsware in Konkurs fällt. Nur bei nicht zum Verkauf bestimmten Gegenständen, die der Käufer für seine eigene Produktion angeschafft hat, aber nicht weiterveräußern will, kann der Eigentumsvorbehalt im Verhältnis zu Dritten oder zur Konkursmasse anerkannt werden. Aber auch dies ist schwierig: Möglicherweise gilt der betroffene Gegenstand (z.B. eine Maschine) sachenrechtlich als „Zubehör" des Grundstücks, an dem sich Dritte keine Rechte vorbehalten können. Nur wenn der Käufer seinen Geschäftsbetrieb in gemieteten Räumen betreibt, behält der Eigentumsvorbehalt an solchen Kaufgegenständen seine Wirksamkeit.

Für die Handelspraxis ist angesichts dieser Situation ein Ausweg gangbar: derjenige eines Konsignationslagers. Wird ein schriftlicher Vertrag geschlossen und die Absonderung von den übrigen Waren des Käufers gewährleistet und wird schließlich über das Konsignationslager gesondert Buch geführt und regelmäßig vom Lieferanten kontrolliert, daß diese Vorschriften befolgt werden, dann ist ein Eigentumsvorbehalt haltbar. Allerdings widerspricht ein solches Vorgehen dem ursprünglichen Ziel eines Warenlieferanten, seine Ware zu verkaufen, so daß das Konsignationslager wohl nur selten eine anzuwendende Methode sein dürfte.

3. Deutschland

Auf das deutsche Eigentumsvorbehalterecht soll an dieser Stelle lediglich zur leichteren Vergleichbarkeit mit den Rechtsordnungen der EU-Staaten kurz eingegangen werden.

a) Der einfache Eigentumsvorbehalt

Beim Eigentumsvorbehalt nach deutschem Recht ist der schuldrechtliche Kauf dadurch gekennzeichnet, daß die Kaufpreisforderung ganz oder teilweise gestundet wird und der Verkäufer zum Rücktritt vom Kaufvertrag berechtigt sein soll, falls der Käufer mit der Zahlung des Kaufpreises in Verzug gerät.[184] Die Rückabwicklung des Kaufvertrages richtet sich in diesem Fall nach den §§ 346ff BGB; diese Vorschriften werden bei Abzahlungskäufen durch Bestimmungen des AbzG ergänzt.

Die sachenrechtliche Seite wird durch den Eigentumsvorbehalt bestimmt. Der Verkäufer übergibt dem Käufer zwar den Besitz an der Sache, an die sich die dingliche Einigung gemäß § 929 Satz 1 BGB mit dem Käufer anschließt. Der dingliche Einigungsvertrag enthält jedoch die aufschiebende Bedingung der vollständigen Zahlung des Kaufpreises.

In Deutschland ist zugunsten des Käufers ein Anwartschafterecht als dingliches Recht an der Sache anerkannt. Dieses ist als gesichertes Erwerbsrecht eine Vorstufe des künftigen Eigentums, das in seinem wirtschaftlichen Wert mit fortschreitender Abzahlung des Kaufpreises ständig steigt. Das Anwartschaftsrecht besteht jedoch nur so lange, wie die Bedingung eintreten kann. Sobald durch Zahlung des Kaufpreises die Bedingung eintritt, verwandelt sich das Anwartschaftsrecht des Käufers automatisch in das Eigentum an der Sache. Das Anwartschaftsrecht kann im Rechtsverkehr übertragen und von Gläubigern des Käufers im Wege der Zwangsvollstreckung gepfändet werden. Die Gläubiger des Vorbehaltseigentümers können auch versuchen, im Wege der Zwangsvollstreckung an das Vorbehaltseigentum zu gelangen. Dies ist möglich, indem sie die Kaufpreisforderung nach den §§ 828ff ZPO sowie das Rücktrittsrecht vom Kaufvertrag nach § 857 ZPO pfänden und nach § 835 ZPO ausüben.

b) Verlängerter und erweiterter Eigentumsvorbehalt

Das deutsche Recht kennt den erweiterten Eigentumsvorbehalt. Ein solcher findet sich insbesondere dann, wenn der Käufer der Ware diese im Rahmen seines Betriebes verarbeiten oder an eigene Kunden weiterveräußern will. Ist der Vorbehaltseigentümer damit einverstanden, daß der Käufer die unter Eigentumsvorbehalt ausgehändigte Ware weiter veräußert, dann kann er darauf bestehen, daß sein eigener Eigentumsvorbehalt sich „verlängert“, so daß der neue Erwerber ebenfalls nur ein Anwartschaftsrecht an der Kaufsache erlangen kann. Liefert dagegen der Vorbehaltsei-

184 Vgl.§ 455 BGB.

Textbeispiel Tabelle 9

Eigentumsvorbehalt (deutsch)

27. Der Verkäufer behält sich das Eigentum an der Ware bis zum Eingang aller Zahlungen aus dem Liefervertrag vor. Bei vertragswidrigem Verhalten des Käufers, insbesondere bei Zahlungsverzug, ist der Verkäufer berechtigt, die Ware zurückzufordern, und der Käufer ist verpflichtet, die Ware zurückzugeben. Der Verkäufer ist nach Rücknahme der Ware zu deren Verwertung beziehungsweise anderweitiger Veräußerung befugt. Bereits erfolgte Teilzahlungen des Käufers – gegebenenfalls abzüglich auf seiten des Verkäufers entstandener Kosten – sind dem Käufer zurückzuerstatten.

28. Der Käufer ist berechtigt, die Ware im ordentlichen Geschäftsgang weiterzuveräußern. Er tritt bereits jetzt dem Verkäufer alle Forderungen in Höhe des Rechnungsbetrages ab, die ihm aus der Weiterveräußerung gegen seine Abnehmer oder Dritte zustehen, und zwar unabhängig davon, ob die Kaufsache ohne oder nach Verarbeitung weiterverkauft worden ist.

Die Verarbeitung der Kaufsache durch den Käufer wird stets für den Verkäufer vorgenommen. Wird die Kaufsache mit anderen, nicht dem Verkäufer gehörenden Gegenständen verarbeitet, so erwirbt der Verkäufer das Miteigentum an der neuen Sache im Verhältnis des Wertes der Kaufsache zu den anderen verarbeiteten Gegenständen zur Zeit der Verarbeitung.

29. Der Warenkäufer ist verpflichtet, die Ware pfleglich zu behandeln. Er muß die unter Eigentumsvorbehalt stehende Ware auf eigene Kosten gegen jedliche Art von Schäden ausreichend sichern bzw. versichern. Sofern Wartungs- und/oder Erhaltungsarbeiten vorzunehmen sind, wird der Käufer diese Arbeiten auf seine Kosten ausführen lassen. Bei Pfändungen und sonstigen Eingriffen Dritter hat der Käufer den Verkäufer unverzüglich zu unterrichten.

gentümer Waren an einen Abnehmer, der diese im Rahmen seines Geschäftsbetriebs verarbeitet, so erwirbt der Abnehmer nach § 950 BGB als Hersteller das Eigentum, und der Vorbehaltseigentümer verliert es. Der Vorbehaltseigentümer kann allerdings versuchen, sich hiergegen durch sogenannte „Verarbeitungsklauseln“ zu sichern.

Der erweiterte Eigentumsvorbehalt, auch als Kontokorrentvorbehalt bezeichnet, kann mit dem verlängerten Eigentumsvorbehalt kombiniert werden. Die Besonderheit dieses Instituts besteht darin, daß nicht nur die dem Kaufvertrag zugrundeliegende Kaufpreisforderung erfüllt wird, sondern daß daneben noch weitere Forderungen erfüllt sein müssen, damit der Erwerber endgültig Eigentümer der Ware werden kann. Der erweiterte Eigentumsvorbehalt findet hauptsächlich Anwendung bei finanzierten Abzahlungskäufen. Hier ist dann der Eigentumsübergang nicht nur von der Bezahlung der Kaufpreisforderung, sondern auch von der Bezahlung der Darlehensforderung abhängig.

4. Finnland

Finnland regelt den Eigentumsvorhehalt nicht gesetzlich, kennt ihn aber aus täglicher Praxis. Auch in normalen Kaufverträgen darf ein Eigentumsvorbehalt vereinbart werden, doch muß dies schriftlich und mit für den Handel üblichen Bedingungen geschehen. Die Waren müssen alle gesondert genannt werden, und für jedes neue Geschäft muß ein Eigentumsvorbehalt erneut vereinbart werden.

In Finnland eignet sich der Eigentumsvorbehalt zur Forderungssicherung nur bedingt, da er bei Waren versagt, die zum Einbau oder die (wegen der Gefahr eines gutgläubigen Erwerbs) zum Weiterverkauf bestimmt sind. Die Möglichkeit eines verlängerten Eigentumsvorbehalts mit Vorausabtretungs- oder Verarbeitungsklausel ist nicht gegeben.

Im Konkurs des Käufers kann der Eigentumsvorbehaltsverkäufer sofort die Herausgabe der Sache verlangen, weil alle gegen den Käufer gerichtete Forderungen dann fällig werden.

5. Frankreich

a) Grundsätzliches

Das französische Recht kennt den Eigentumsvorbehalt. Seit 1980 ist ein einfacher Eigentumsvorbehalt nunmehr auch konkursfest.[185] Durch Gesetz vom 12. Mai 1980 wird das französische Konkursgesetz[186] ergänzt mit der Folge, daß ein Aussonderungsanspruch des Eigentumsvorbehaltskäufers auch für unter Eigentumsvorbehalt gelieferte Waren gilt. Voraussetzung ist, daß Käufer und Verkäufer einen einfachen Eigentumsvorbehalt spätestens bei Lieferung der Ware schriftlich vereinbart haben und daß die Ware beim

185 Loi No. 80–335 du 12 Mai 1980 rélative aux effets des clauses de réserve de propriété dans les contrats de vente. Vgl. zu diesen Fragen auch grundlegend *v. Breitenstein*, Eigentumsvorbehalt im französischen Recht, RIW/AWD 1980 S. 682ff; *Desper*, Der neue französische Eigentumsvorbehalt in Frankreich, RIW 1987 S. 384ff; *Klein*, Schutzwirkung des Eigentumsvorbehalts im französischen Insolvenzverfahren, RIW 1991 S. 809ff.

186 Vgl. dort die Artikel 59 und 65.

Käufer unverändert vorhanden bleibt. Schließlich hat der Verkäufer für die Ausübung des Aussonderungsanspruchs eine Frist von drei Monaten, die mit dem Zeitpunkt der Veröffentlichung des Urteils über die Eröffnung des Konkurs- oder Vergleichsverfahrens zu laufen beginnt.

Der verlängerte und der erweiterte Eigentumsvorbehalt sind in Frankreich nach wie vor nicht anerkannt.[187]

b) Besonderheiten des einfachen Eigentumsvorbehalts

In Frankreich soll es für den einfachen Eigentumsvorbehalt grundsätzlich erforderlich sein, daß beide Vertragsparteien die unter Eigentumsvorbehalt verkauften oder gekauften Waren in einem besonderen Posten in der Bilanz aufführen. Es gibt zur Zeit noch keine höchstrichterliche Rechtsprechung zu der Frage, ob die Nichtbilanzierung dann auch die Nichtigkeit der Eigentumsvorbehaltsklausel zur Folge hat.

Auf die Wirksamkeitsvoraussetzungen des französischen Eigentumsvorbehalts soll nachfolgend noch genauer eingegangen werden.

aa) Schriftlichkeit des Eigentumsvorbehalts

Eine besondere Dokumentation ist für die Eigentumsvorbehaltsklausel nicht erforderlich. Es reicht nach französischem Recht aus, wenn die Eigentumsvorbehaltsklausel in der Auftragsbestätigung, auf dem Lieferschein, der Rechnung oder in sonstiger Geschäftskorrespondenz festgehalten wird. Es reicht auch aus, daß es sich aus dem Schriftstück heraus erkennen läßt, daß der Käufer die Vereinbarung des Eigentumsvorbehalts genehmigt hat und mit dem Eigentumsvorbehalt einverstanden ist. Immer trifft den Verkäufer für das Vorliegen des Einverständnisses die Beweislast, falls die Parteien später über diese Einverständniserklärung streiten sollten.

Auch wenn es nach dem Vorgesagten ausreichend erscheint, einen Eigentumsvorbehalt beispielsweise in den Allgemeinen Geschäftsbedingungen zu verankern, sollte darüber hinaus der Eigentumsvorbehalt auch immer in den individuell vereinbarten Kaufverträgen mit aufgenommen sein. Der Grund für diese Empfehlung liegt in dem „Zustimmungserfordernis" des französischen Käufers.

Eine Genehmigung des Käufers kann nämlich auch konkludent erfolgen, wenn beispielsweise in sämtlichen früheren Geschäftsunterlagen eine

187 So die neuere Rechtsprechung des Cour de Cassation, Chambre Commerciale, in zwei Entscheidungen vom 8.3.1988 und 15.3.1988, besprochen in RIW 1989 S. 66. Vgl. zum verlängerten Eigentumsvorbehalt in Frankreich auch Art. 122 des Konkursgesetzes von 1985.

Textbeispiel Tabelle 10

Eigentumsvorbehalt (frz.)

30. Il est expressément stipulé à titre de condition essentielle de la présente vente, faute de quoi celli-ci n'aurait pas été conclue, que le transfert de propriété des marchandises livrées est suspendu au paiement intégral du prix par l'acheteur.

En cas de non-paiement, même partiel, du prix de vente le vendeur peut demander la restitution des marchandises.

Dès la mise à disposition des marchandises, le transfert des risques s'effectue à la charge de l'acheteur.

Erwähnung des Eigentumsvorbehalts vorhanden war und die Verträge danach entsprechend durchgeführt wurden.[188] Die zitierte Rechtsprechung hat eine stillschweigende Annahme des Eigentumsvorbehalts anerkannt, fordert aber einen deutlich erkennbaren Hinweis im Vertrags- (beziehungsweise AGB-)Text. Deshalb kann eine stillschweigende Annahme einer Eigentumsvorbehaltsklausel nur dann wirksam sein, wenn etwa die Klausel in Fettdruck oder mit besonderer Färbung der Schrift deutlich hervorgehoben wird. Dies wird allerdings wohl in den meisten Fällen der Praxis nicht in dieser Weise geschehen. So bleibt es bei der Empfehlung, immer auf eine ausdrückliche Genehmigung der Eigentumsvorbehaltsklausel durch den Käufer Wert zu legen.

bb) Zustand der Ware

Unbezahlte Ware muß sich in unverändertem Zustand („en nature") im Besitz des Käufers befinden.[189] Diesen Zustand hat der Vorbehaltsverkäufer nachzuweisen.[190] Die Rechtsprechung hat diese Gesetzesvorschrift noch nicht weiter interpretiert. Man kann daher negativ formuliert festhalten, daß der Zustand der Ware „en nature" zumindest dann nicht mehr gegeben ist, wenn die ursprünglich gelieferte Vorbehaltsware nicht mehr als

188 Der Cour de Cassation hat in einem solchen Verhalten eine schlüssige Zustimmung des Käufers gesehen, Cour de Cassation vom 5.7.1988, Bull. Civ. Nr. 7 S. 158; vgl. zur stillschweigenden Annahme auch die Rechtsprechung des Tribunal de Commerce de Paris, 25.10.1984 und 28.3.1984, Dalloz 1985 I.R. S. 1.

189 Vgl. hierzu Art. 121 Absatz 2 des französischen Insolvenzgesetzes.

190 Gegebenenfalls läßt sich diese Tatsachenfeststellung mit gerichtlicher Hilfe durchführen. Nach Antrag beim zuständigen Handelsgericht (ordonnance sur enquête) kann ein Gerichtsvollzieher bestellt werden, der die Überprüfung des Warenzustands durchführt.

solche und ohne größeren Aufwand identifizierbar ist. Dies muß also insbesondere für die Verarbeitung oder Verbindung der Vorbehaltsware gelten.

Wurde die Ware an einen gutgläubigen Dritten weiterveräußert, kann die Ware von diesem nicht mehr herausverlangt werden, so daß dem Vorbehaltsverkäufer nur noch ein Schadensersatzanspruch in Höhe des noch nicht geleisteten Kaufpreises verbleibt.[191]

6. Griechenland

Nach Art. 532 des griechischen Bürgerlichen Gesetzbuches ist ein Eigentumsvorbehalt anerkannt, wobei für die Vereinbarung des Eigentumsvorbehalts keine besondere Form vorgeschrieben ist. Es genügt, in dem notariell beurkundeten oder privatschriftlichen Vertrag, welcher einer Stempelgebühr unterliegt, die Eigentumsvorbehaltsbestimmung aufzunehmen. Eine ausdrückliche Eigentumsvorbehaltsklausel ist in jedem Fall erforderlich, und die Abrede darf nicht erst nach Vertragsschluß, sondern muß stets vor oder bei den Vertragsverhandlungen getroffen worden sein. Der Abschluß eines Kaufvertrages in notarieller Form erscheint – obwohl bei beweglichen Sachen nicht vorgeschrieben – vorteilhaft, weil dann die Möglichkeit eröffnet ist, den Vertrag gegebenenfalls ohne Anrufung der Gerichte zu vollstrecken.

Trotz dieser günstigen Ausgangslage bleibt der Eigentumsvorbehalt auch in Griechenland problematisch. Dies gilt in den Fällen des Konkurses und des unberechtigten Weiterverkaufs der Ware.

Fällt der Käufer in Konkurs und wird die Handelsware in seinem Lager oder einem öffentlichen Lager zu seiner Verfügung aufbewahrt, dann verliert der Verkäufer seinen Herausgabeanspruch. Gleiches gilt, wenn die verkaufte Sache einem Dritten, der von der Vorbehaltsklausel keine Kenntnis hatte, übereignet wurde. Der gutgläubige Dritte wird in diesem Fall Eigentümer der Sache; der urspüngliche Warenverkäufer kann gegen den Käufer, der die Ware unterschlagen hat, nur strafrechtlich vorgehen.

7. Großbritannien

Für Fragen des Eigentumsvorbehalts ist in England insbesondere der Sale of Goods Act 1979 einschlägig. Section 17 Sale of Goods Act 1979 stellt

191 Art. 2279 Code Civil schützt den gutgläubigen Dritten. Vgl. im übrigen Art. 122 des französischen Konkursgesetzes.

dabei den Grundsatz auf, daß sich der Zeitpunkt des Eigentumsübergangs beim Verkauf beweglicher Sachen nach der Absicht der Vertragsparteien richtet.[192]

Der Eigentumsvorbehalt muß nach englischem Recht spätestens bei Abschluß des Kaufvertrages vereinbart sein. Wie aus Sale of Goods Act, section 18, erkennbar ist, unterscheidet das englische Recht nicht zwischen schuldrechtlichem Kaufvertrag und sachenrechtlichem Übereignungsgeschäft. Wird also beispielsweise nach Abschluß des Kaufvertrags[193] erst ein Lieferschein oder eine Rechnung mit dem Aufdruck einer Vorbehaltsklausel an den Abnehmer übersandt, so ist diese Vorbehaltsklausel wegen des „Vertragsprinzips" wirkungslos.

a) Der einfache Eigentumsvorbehalt

Beim einfachen Eigentumsvorbehalt wird vereinbart, daß das Eigentum an den Waren erst dann auf den Käufer übergeht, wenn er den Kaufpreis in vollem Umfang bezahlt hat. Gemäß Sale of Goods Act, 1979, section 19, sind solche Vereinbarungen nach englischem Recht wirksam.[194] Es sollte allerdings bei Abfassung der Eigentumsvorbehaltsklausel eindeutig klarge-

192 Sale of Goods Act 1979, Section 17 (1). Die Bestimmungen des Sale of Goods Act, 1979, s. 17 (2) und s. 18 enthalten Regelungen für die Feststellung der notwendigen Übereignungsabsicht. Section 17 lautet in der unverbindlichen Übersetzung wie folgt: (1) Im Falle des Kaufvertrags über bestimmte bewegliche Sachen geht das Eigentum daran zu dem von den Parteien gewollten Zeitpunkt auf den Käufer über. (2) Bei der Bestimmung des Parteiwillens sind die Vertragsbestimmungen, das Verhalten der Parteien sowie die Umstände des Falles heranzuziehen.

193 Nach dem auch für England geltenden Vertragsprinzip ist ein Kaufvertrag wirksam mit einer Einigung der Vertragspartner geschlossen. Damit geht auch automatisch das Eigentum auf den Käufer über – auf eine „Übergabe der Kaufsache" kommt es nach diesem Prinzip nicht an, vgl. *Graf von Bernstorff*, Rechtsprobleme im Auslandsgeschäft, 3. Auflage, Frankfurt/M. 1992, S. 63f.

194 In der unverbindlichen Übersetzung lautet diese Vorschrift wie folgt: 19 (1): Im Falle eines Kaufvertrags über bestimmte bewegliche Sachen oder wenn die Sache in Erfüllung des Vertrages konkretisiert wird, kann sich der Verkäufer im Vertrag oder bei der Konkretisierung das Verfügungsrecht über die Sachen vorbehalten, bis bestimmte Bedingungen erfüllt sind; in einem solchen Falle geht das Eigentum an den Sachen ungeachtet ihrer Übergabe an den Käufer, Beförderungsunternehmer oder sonstigen Verwahrer zum Zwecke der Beförderung zum Käufer nicht auf den Käufer über, bis die Bedingungen des Verkäufers erfüllt sind. – Wegen der Bedeutung der Vorschrift hier der Originaltext: 19 (1): Where there is a contract for the sale of specific goods or where goods are subsequently appropriated to the contract, the seller may, by the terms of the contract or appropriation, reserve the right of disposal of the goods until certain conditions are fulfilled; and in such case, notwithstanding the delivery of the goods to the buyer, or to a carrier or other bailee or custodier for the purpose of transmission to the buyer, the property in the goods does not pass to the buyer until the conditions imposed by the seller are fulfilled.

Textbeispiel Tabelle 11

Eigentumsvorbehalt (engl.)

31. The ownership of the goods shall remain with the seller until payment in full for all the goods has been received by the seller.

32. Title to the goods shall not pass to the customer but shall be retained by the seller until the contract price has been paid to the seller in full by the customer. Until such time as title in the goods has passed to the customer:
- the seller shall have absolute authority to retake, sell or otherwise deal with or dispose of all or any part of the goods in which title remains vested in the seller;
- for the purpose specified above, the seller or any of ist agents or authorised representatives shall be entitled at any time and without notice to enter upon any premises in which the goods or any part thereof is installed, stored or kept, or is reasonably beleived so to be;
- the seller shall be entitled to seek a court injunction to prevent the customer from selling, transferring or otherwise desposing of the goods.

Notwithstanding the foregoing, risk in the goods shall pass on delivery of the same to the customer, and until such time as title in the goods has passed to the customer, the customer shall insure such goods to its replacement value and the customer shall forthwith, upon request, provide the seller with a certificate or other evidence of such insurance.

Payment shall not be withheld on account of any claim the buyer may have against the seller.

Where the seller recovers possession of a consignment of the products title in which has not yet passed to the buyer such recovery of possession shall be without prejudice to the rights of the seller to sue for the purchase price under this clause.

stellt werden, daß der Lieferant der Ware rechtlicher Eigentümer bleibt, obwohl der Käufer bereits Besitz an der Ware erlangt hat.[195]

Der einfache Eigentumsvorbehalt kann problemlos vereinbart werden, da es sich beim einfachen Eigentumsvorbehalt nicht um eine Vereinbarung eines Sicherungsrechts handelt, bei welchem der Schuldner die Belastung

195 Die englische Rechtsprechung hat in *Bond Worth Ltd. v. Mansanto* (1979) 3 All E.R. 919ff klargestellt, daß eine Klausel, in der sich der Verkäufer nur das „equitable and beneficial ownership" vorbehielt, nicht anerkannt werden könne. Ein einfacher Eigentumsvorbehalt sollte daher beispielsweise durch eine Klausel wie „seller retains property in the goods until full payment has been received" vereinbart werden.

des ihm gehörenden Gegenstands zugunsten eines kreditgebenden Gläubigers genehmigen müßte.[196] Im Gegenteil wird bei Vereinbarung eines Eigentumsvorbehalts nur festgelegt, daß der Verkäufer sich sein ja noch bestehendes Eigentumsrecht bis zur vollständigen Bezahlung vorbehält. Aus diesem Grund kann daher nicht nur der einfache Eigentumsvorbehalt vereinbart werden, sondern es ist auch ein Kontokorrent- und Konzernvorbehalt in England anerkannt.[197]

Der einfache Eigentumsvorbehalt sichert den Lieferanten, solange sich die Ware im ursprünglichen Zustand noch im Besitz des Abnehmers befindet. Im Konkursfall des Käufers kann der Verkäufer die Ware aussondern, und einer eventuell bereits erfolgten Zwangsvollstreckung Dritter in die Ware kann er widersprechen. Es ist zu beachten, daß der einfache Eigentumsvorbehalt erlischt, wenn der Abnehmer an der Ware mit Willen des Verkäufers Besitz erlangt hat beziehungsweise durch Warenpapiere über sie verfügen kann und der Abnehmer an der Ware dann an einen gutgläubigen Dritten weiterveräußert. Wie im deutschen Recht, so geht auch in England der Eigentumsvorbehalt unter, wenn der Abnehmer das gelieferte Material in solcher Weise untrennbar mit anderen Produkten verbindet und verarbeitet, daß die ursprüngliche Identität des Materials nicht mehr festgestellt werden kann.

Beim Verkauf von Waren an natürliche Personen gelten Besonderheiten. Bei Gegenständen, die sich im Besitz von Privatpersonen befinden, geht das englische Recht von der widerlegbaren Vermutung des Eigentums des Besitzers aus. Nur wenn also der Lieferant in der Lage ist, sich selbst eindeutig als Eigentümer der Ware auszuweisen, kann er eine Zwangsvollstreckung in die Vorbehaltsware vermeiden oder aber bei bereits erfolgten Maßnahmen mittels Klage gegen die Zwangsvollstreckung vorgehen.

196 Ein solches Sicherungsrechts könnte als Besitzpfandrecht (pledge), Grundpfandrecht (mortgage) oder als eine andere Art von „Belastung“ (charge) ausgestaltet sein. Vgl. hierzu *Graf von Bernstorff*, Rechtsprobleme im Auslandsgeschäft, 3. Auflage, Frankfurt/M. 1992, S. 108, 118 mwN; *Goode*, Legal Problems of Credit and Security, 2. Aufl., London 1988, S. 5 und 10f. Eine „charge“ ist im übrigen nach sections 398ff Companies Act 1989 innerhalb von 21 Tagen nach Begründung des Sicherungsrechts registrierungspflichtig. Companies Act, 1989, s. 398 (l): „it is the duty of a company which creates a charge or acquires property subject to a charge ... to register that charge“ (frühere Vorschriften des Companies Act 1948 s. 95 (1) und Sections 395ff Companies Act 1985 wurden vom Companies Act 1989 abgeändert).

197 So die Entscheidung des House of Lords zu einer sogenannten „all monies retention of title clause“ in *Armour v. Thyssen Edelstahlwerke AG* (1990) 3 All E.R. 481. Eine ausführliche Besprechung der Entscheidung findet sich in RIW 1991 S. 70ff mit Anm. *Graupner*, RIW 1991 S. 73f; *Hicks*, Retention of Title – Latest developments, Journal of Business Law 1992 S. 398ff, (402f). Im übrigen *Kessel*, Eigentumsvorbehalt und Rezession in Großbritannien, RIW 1991 S. 812ff (815) mwN und S. 817 mit Hinweis auf *Armour v. Thyssen Edelstahlwerke AG* (1990) 3 All E.R. 481.

b) Erweiterter und verlängerter Eigentumsvorbehalt

Ein erweiterter Eigentumsvorbehalt war in England bis zu einer grundlegenden Entscheidung[198] im Jahre 1976 noch unbekannt. Im Romalpa-Fall wurde eine Klausel, in der sich der Lieferant bis zur Zahlung aller noch ausstehenden Forderungen aus der Geschäftsverbindung mit dem Käufer das Eigentum vorbehielt, nicht beanstandet.

Zum Eigentumsvorbehalt ist in den vergangenen Jahren eine Reihe von Entscheidungen ergangen, die sich auch mit den Verlängerungsformen dieses Instituts beschäftigen.[199] Aus dieser Rechtsprechung lassen sich die nachfolgenden Grundsätze für die Behandlung des englischen Eigentumsvorbehalts ableiten.

aa) Charge und Eigentumsvorbehalt

Zu unterscheiden ist zum einen danach, ob es sich bei der Vereinbarung der Parteien um ein Sicherungsrecht (charge) oder um das einfache Eigentumsvorbehaltsrecht handelt. Vereinbaren Verkäufer und Käufer, daß der Eigentumsvorbehalt, der durch Verbindung oder Verarbeitung der gelieferten Ware erlöschen würde, sich auch auf die neu entstandenen Güter erstrekken soll, so wird dieser Vorgang im englischen Recht als registrierungspflichtige „charge“ verstanden. Die vom Verkäufer übergebenen Sachen gehen im Wege der Verarbeitung unter und können nicht ohne Schaden wieder getrennt werden. Hat der Käufer eigene Gegenstände hinzugefügt, an denen der Verkäufer nie Eigentum hatte, wäre ein Eigentumsvorbehalt ohnehin nicht möglich, wohl aber die Vereinbarung einer „charge“.[200]

Vereinbaren dagegen die Kaufvertragspartner, daß die unter verlängertem Eigentumsvorbehalt gelieferten Sachen lediglich weiterverkauft werden dürfen, ohne daß es zu einer Verbindung oder Verarbeitung kommt, wird es nach Sicht der englischen Rechtsprechung schwierig.

Nach der älteren Romalpa-Entscheidung[201] des Court of Appeal wurde anerkannt, daß es den Käufern im Rahmen eines vertraglich vorgesehenen

198 Der sogenannte „Romalpa“-Fall in *Aluminium Industrial Vaasen B.V. v. Romalpa Aluminium Ltd.* (1976) 1 W.L.R. ist die Grundsatzentscheidung zu diesem Thema. Vgl. hierzu auch *Klötzel*, Der Eigentumsvorbehalt und seine Verlängerungs- und Erweiterungsformen in England, RIW 1985 S. 460ff; *Kessel* aaO.

199 *Borden (UKJ Ltd. v. Scottish Timber Products Ltd.* (1981)) 1 Ch. 25, 35; *Re Peachdart* (1984) Ch 131, 142 und (1983) 3 All E.R. 204; *Clough Mill v. Martin* (1985) 1 WLR 111,120; *Tatung (URJ Ltd. v. Galex Telesure Ltd.* (1989)) 5 B.C.C. 325; *Armour v. Thyssen Edelstahlwerke AG* (1990) 3 All E.R. 481 (HL).

200 *Clough Mill v. Martin* (1985) 1 WLR 111,120.

201 *Aluminium Industrial Vaasen B.V. v. Romalpa Aluminium Ltd* (1976) 1 WLR 676 und (1976) 2 All E.R. 552 (C.A.).

Treueverhältnisses gestattet war, Kaufgegenstände an weitere Abnehmer weiterzuverkaufen, wobei das Eigentum an den Erlösen des Weiterverkaufs auf den ursprünglichen Lieferanten sofort übergehen sollte. Es wurde also ein Eigentumsvorbehalt über eine Treuhand (bailiff) konstruiert und vom Court of Appeal anerkannt.

In späteren Entscheidungen[202] wurde die Romalpa-Entscheidung konkretisiert. Man stellte nunmehr darauf ab, ob die Vertragsparteien ein echtes Treueverhältnis als „bailor" und „bailee" vereinbart und klargestellt hatten, daß der Käufer nicht auf eigene Rechnung verkaufte, sondern dem Verkäufer gegenüber für die Erlöse einstehen sollte. Hilfsweise wurde geprüft, ob etwa die betroffenen Waren separat gelagert und/oder die Verkaufserlöse auf separaten Konten gehalten wurden.

Gerade die letztgenannten Voraussetzungen des verlängerten Eigentumsvorbehalts wurden in einer neueren Entscheidung problematisiert[203], da das Gericht nunmehr die Erlöse aus dem Weiterverkauf als registrierungspflichtige charge betrachtete, weil die Lieferanten einer Ware eine besondere vertragliche Vereinbarung getroffen hätten, wonach für einen gewissen Zeitraum Ansprüche auf Verkaufserlöse beim Verkäufer liegen sollten. Hiermit sein dem Lieferanten deshalb eine „charge" eingeräumt worden.

bb) All Monies Clauses

Das House of Lords hatte in 1990[204] einen Fall zu entscheiden, der in Schottland durch die Instanzen gegangen war. Das schottische Recht weist bislang die Besonderheit auf, daß es ein Mittelding zwischen englischem und kontinentaleuropäischen Rechtstraditionen verkörpert. In der hier angesprochenen Entscheidung ging es um die Frage, ob ein Eigentumsübergang so lange vorbehalten werden könne, bis alle anstehenden Rechnungen eines Lieferanten (all monies clause) beglichen seien. Nach schottischem Recht wäre – mangels Besitzes an der Ware – nämlich eine solche Eigentumsvorbehaltsvereinbarung beziehungsweise die Begründung einer charge grundsätzlich nicht möglich gewesen. Das House of Lords entschied nunmehr, daß der Eigentumsvorbehalt kein eigenständiges Rechtsgeschäft zur Bestellung einer Sicherheit in Form eines Kaufvertrags sei, sondern eine echte Bedingung, die im Rahmen des Kaufvertrags erfüllt werden müsse.[205]

202 *Nendy Lennox v. Grahame Puttick* (1984) 1 WLR 485, 498; *Re Andrabell* (1984) 3 All E.R. 407, 414.

203 *Tatung (UKJ Ltd. v. Gallex Telesure Ltd.* (1989)) 5 B.C.C. 325, 333.

204 *Armour v. Thyssen Edelstahlwerke AG (1990)* 3 All E.R. 481 (HL).

205 So *Kessel*, RIW 1991 S. 812ff (817) mit Hinweis auf *Armour v. Thyssen Edelstahlwerke AG* (1990) 481 (486).

Mit dieser Entscheidung ist nun im englischen und schottischen Recht hinsichtlich des Eigentumsvorbehalts derselbe Rechtszustand vorhanden. Außerdem wird nunmehr auf der Grundlage dieser Entscheidung eine Eigentumsvorbehaltsvereinbarung als vertragliche Bedingung für zulässig erachtet. Und schließlich wird mit diesem Urteil des House of Lords auch die sogenannte *„all monies retention of title*“-Klausel anerkannt.

8. Irland

Das irische Recht folgt in wesentlichen Grundzügen dem englischen Recht, so daß auf die Ausführungen zum englischen Rechtskreis verwiesen werden kann. Der – einfache – Eigentumsvorbehalt schützt den Warenverkäufer vor Pfändungen anderer Gläubiger. Ist dennoch eine Pfändung in unter Eigentumsvorbehalt gelieferte Waren erwirkt worden, so kann der Verkäufer durch Drittwiderspruchsklage die Unwirksamkeit der Pfändung herbeiführen. Keinen Schutz genießt der Eigentumsvorbehaltsverkäufer im Konkurs des Käufers, da Waren immer zur Konkursmasse gezählt werden.

Einen Ausweg gibt der Mietkauf, bei dem die Sachen/Waren durch ein reguläres Abzahlungsgeschäft (hire purchase) erworben wurden. Inhalt eines hire purchase agreement ist ein Mietvertrag, in dem der Vermieter sich unwiderruflich zum Verkauf der Sache/Ware verpflichtet und der Mieter die Sache gegen Zahlung von festgelegten Mietraten mietet. Der Mieter erhält das Wahlrecht, die Sache zu kaufen. Der Vermieter hat hier die Möglichkeit der Rücknahme der Ware, wenn der Mieter die festgelegten Mietraten nicht fristgerecht bezahlt.

9. Italien

Im italienischen Recht kann der Eigentumsvorbehalt formlos zwischen den Vertragsparteien begründet werden.[206] Artikel 1523 Codice Civile enthält die Vorschrift mit den Rechtsfolgen des Eigentumsvorbehalts. Soll an Maschinen mit einem Kaufpreis von über 500.000 Lire ein Eigentumsvorbehalt begründet werden, dann ist auf der Basis eines gesonderten Gesetzes für die Bestellung des Eigentumsvorbehalts die Beurkundung oder Beglaubigung der Unterschriften erforderlich. Artikel 1523 Codice Civile bezieht

206 Eine Formulierung könnte etwa wie folgt lauten: „La merce fornita rimane di proprieta del vendidore fino al pagamento completo di tutti i crediti nascenti dal contratto. Il compratore non è autorizzato a dare in pegno la merce venduto o a trasferirne la proprietà, fino al momento dell' integrale pagamento del prezzo.“

sich lediglich auf den Eigentumsvorbehalt an beweglichen Sachen, doch ist nach herrschender Auffassung auch – anders als im deutschen Recht – ein Eigentumsvorbehalt an unbeweglichen Gütern vereinbar. In diesen Fällen muß eine Eintragung im Immobilienregister erfolgen, welche allerdings nur deklaratorischen Wert hat.

Soll der zwischen den Parteien vereinbarte Eigentumsvorbehalt auch Dritten gegenüber wirksam sein, dann müssen mehrere Formvoraussetzungen beachtet werden. Es werden im italienischen Recht mehrere Varianten unterschieden:

Entweder geht es um einen Eigentumsvorbehalt an beweglichen Sachen, die keinem Sonderstatus unterliegen. Gegenüber Gläubigern der Vorbehaltskäufers ist der Eigentumsvorbehalt gemäß Artikel 1524 Absatz 1 Codice Civile wirksam, wenn er sich aus einer Urkunde mit sicherem Datum (data certa)[207] ergibt. Soll also beispielsweise in Eigentumsvorbehaltsgüter gepfändet werden, kann der Verkäufer nur dann das Eigentum herausverlangen, wenn der Eigentumsvorbehalt noch vor der Pfändung das sichere Datum erlangt hat. Im Konkurs des Vorbehaltskäufers ist auf den Zeitpunkt der Konkurseröffnung abzustellen.[208]

Es kann auch um einen Eigentumsvorbehalt an Maschinen gehen. Hierzu ist Artikel 1524 Absatz 2 Codice Civile einschlägig. Danach läßt „sich der Eigentumsvorbehalt auch dem erwerbenden Dritten entgegensetzen, wenn die Vereinbarung des Vorbehaltskäufers in ein eigenes Register eingetragen worden ist, das bei der Geschäftsstelle des Landgerichts, in dessen Amtsbezirk die Maschine aufgestellt ist, geführt wird, und wenn die Maschine im Zeitpunkt des Erwerbs durch den Dritten sich noch an dem Ort befindet, in dem die Eintragung erfolgt ist“. Diese Registrierung (trascrizione) besitzt öffentlichen Glauben und bewirkt, daß die Möglichkeit des gutgläubigen Erwerbs der Kaufsache durch Dritte ausgeschlossen ist. Diese Publizitätswirkung tritt jedoch nicht ein, wenn die betreffende Maschine nach ihrer Eintragung in einen anderen Landgerichtsbezirk gelangt und dort von einem Dritten gutgläubig erworben wird.

Das italienische Recht kennt auch den Eigentumsvorbehalt an Maschinen mit einem Kaufpreis von über 500.000 Lire. Hier ist, wie oben schon erwähnt, eine Beurkundung oder Beglaubigung der Unterschriften erforderlich. Dieser Akt erfüllt gleichermaßen die Voraussetzungen des Artikel 1524 Absatz 1 Codice Civile und wirkt damit gegenüber den Gläubigern des Vorbehaltskäufers.

207 Art. 1524 Abs. 1 in Verbindung mit Art. 2704 Codice Civile.
208 Art. 45 L.fall.; Corte di Cassazione, 17.12.1990, Nr. 11960; Giur.ital. 1991, I.1, 773, besprochen in RIW 1992 S. 500.

Schließlich kennt man den Eigentumsvorbehalt an Immobilien und beweglichen Sachen, die in öffentliche Register eingetragen werden, wie etwa Fahrzeuge, Schiffe o.ä. Hier ist Artikel 1524 Absatz 3 Codice Civile heranzuziehen. Diese Vorschrift bestimmt, daß Vorschriften, welche die in öffentlichen Registern eingetragenen Sachen betreffen, unberührt bleiben. Da es um eine Registereintragung geht, die automatisch auch als „Beurkundung mit sicherem Datum" im Sinne des Artikel 1524 Absatz 1 Codice Civile zu betrachten ist, wirkt diese Eintragung gegenüber den Gläubigern des Vorbehaltskäufers.

In allen vier genannten Fällen hat der Vorbehaltskäufer die Möglichkeit, sich gegen Ansprüche seiner Gläubiger zu wehren. Will der Verkäufer des Vorbehaltsgutes die Sache zurückerhalten, weil etwa dem Käufer die Zahlung des Restkaufpreises unmöglich geworden ist, dann muß er gemäß Artikel 1453 Codice Civile auf Auflösung des Vertrages klagen und – nach gerichtlich erfolgter Auflösung des Vertrages – die Herausgabe der Sache verlangen. Der Klageweg braucht nicht beschritten zu werden, wenn für die Zahlung des Restkaufpreises eine Frist gesetzt war und der vereinbarte Termin nicht eingehalten wurde (Artikel 1525 und 1457 Codice Civile).

10. Luxemburg

Bezüglich der Eigentumsvorbehaltsbestimmungen in Luxemburg kann im wesentlichen auf die Aussagen zum belgischen Recht (oben) verwiesen werden. Grundsätzlich ist ein Eigentumsvorbehalt in Luxemburg nicht bekannt. Nach Artikel 1583 Code Civil kann zwar ein Kaufvertrag unter der Bedingung der vollständigen Kaufpreiszahlung abgeschlossen werden, doch ist eine solche Vereinbarung Dritten gegenüber – und insbesondere auch im Konkursfall – ohne Wirkung.

11. Niederlande

Nach niederländischem Recht kann ein Eigentumsvorbehalt frei vereinbart werden, doch sollte aus Gründen der leichteren Beweisbarkeit der Eigentumsvorbehalt möglichst immer schriftlich festgelegt werden.[209] Die Nie-

209 Nach den Vorschriften der Art. 3:91 und 92.1 des Burgerlijk Wetboek ist es dem Verkäufer gestattet, seinem Warenkäufer die Kaufsache zu übergeben und sich das Eigentum vorzubehalten, bis der Käufer seine Verpflichtungen erfüllt hat. Die Eigentumsübertragung findet laut Gesetz dann statt, wenn die in der Eigentumsvorbehaltsklausel erwähnten Bedingungen erfüllt sind, sofern die Parteien nicht etwas anderes vereinbart haben, Art. 3:92.1 Burgerlijk Wetboek.

derlande kennen keinen verlängerten Eigentumsvorbehalt, da eine künftige Forderung nach niederländischem Recht nicht im voraus abgetreten werden kann.[210]

Eine ausdrückliche Eigentumsvorbehaltsregelung gibt es in den Niederlanden nur für Abzahlungsgeschäfte. Es solches Geschäft liegt vor, wenn der Kaufvertrag Ratenzahlung erlaubt, von denen mindestens zwei Raten nach Lieferung fällig werden. Zur Wirksamkeit bedarf der Eigentumsvorbehalt bei Abzahlungsgeschäften einer privatschriftlichen Urkunde, in der der Eigentumsvorbehalt ausdrücklich festgelegt wird. Andere Eigentumsvorbehaltsvereinbarungen, denen keine Abzahlungsgeschäfte zugrunde liegen, bedürfen dieser Schriftform nicht, doch sollte aus Beweisgründen auf die Schriftform nicht verzichtet werden.

Die Niederlande kennen neben dem Eigentumsvorbehalt ein allgemeines unbefristetes Recht des Verkäufers, wegen des Kaufpreisanspruchs inner- und außerhalb eines Konkursverfahrens beim Käufer aus der Kaufsache immer vorzugeweise befriedigt zu werden, solange sich die Kaufsache noch beim Käufer befindet, egal, ob die Zahlung des Kaufpreises für sofort oder später vereinbart war oder ob es sich um einen Bar-oder Kreditkauf handelt. Ist die Ware zur Konkursmasse genommen worden, hat der Eigentumsvorbehaltsverkäufer einen Herausgabeanspruch.[211] – Im Falle eines Barkaufs steht dem Verkäufer ein Recht auf Rückforderung und auf Untersagung des Weiterverkaufs innerhalb von 30 Tagen nach Lieferung zu, sofern sich die Ware noch im Besitz des Käufers befindet – ein teilweise gezahlter Kaufpreis ist zurückzuzahlen. Dieses Rückforderungsrecht ist ausgeschlossen, wenn der Käufer einen Wechsel oder ein anderes Orderpapier angenommen hat.[212]

210 In diesem Fall kommt aber ein (besitzloses) Pfandrecht gemäß Art. 6:231 Burgerlijk Wetboek in Betracht. Der Verkäufer kann sich im Zeitpunkt der Übergabe das besitzlose Pfandrecht vorbehalten, Art. 3:81.1 und 3:237 Burgerlijk Wethoek. Damit wird erreicht, daß der Käufer nur das mit dem Pfandrecht belastete Eigentum in Händen hat. Das Pfandrecht endet, wenn der Käufer eine vom Gläubiger zu bestimmende Verpflichtung erfüllt.

211 Will der Verkäufer seine Ware herausverlangen, muß er seit dem 1.1.1992 die neuen Art. 63a und Art. 241b der Konkursgesetzes beachten. Danach kann der Konkursrichter auf Ersuchen eines Interessenten oder auch von Amts wegen bestimmen, daß Dritte (also auch Vorbehaltsverkäufer) während einer bestimmten Frist die Rückgabe ihrer sich in der Gewalt des Schuldners befindlichen Sachen nicht verlangen können. Diese vom Konkursrichter zu bestimmende „Verhandlungspause" dauert höchstens zwei Monate.

212 Vgl. zum Recht des Eigentumsvorbehalts *Gotzen*, Kreditsicherungsprobleme in den Niederlanden, RIW 1983 S. 731ff, 733, 734.

12. Österreich

In Österreich sind der einfache und der verlängerte, nicht aber der erweiterte Eigentumsvorbehalt anerkannt. Eine gesetzliche Regelung gibt es überhaupt nicht; einer Offenlegung des von der Alltagspraxis anerkannten Eigentumsvorbehalts gegenüber Dritten bedarf es nicht. In der Rechtspraxis sind die Erweiterungsformen des „verlängerten" und des „erweiterten" Eigentumsvorbehalts zwar bekannt, doch lehnt die Rechtsprechung den erweiterten Eigentumsvorbehalt ab.

Der Eigentumsvorbehalt muß besonders vereinbart werden. Diese schriftliche Vereinbarung ist bereits bei Vertragsschluß erforderlich, da etwa ein nachträglicher Vermerk auf einer Rechnung, den der Käufer widerspruchslos entgegennimmt, grundsätzlich nicht zur wirksamen Vereinbarung eines Eigentumsvorbehalts führt.

Beim verlängerten Eigentumsvorbehalt besteht die Problematik der Vereinbarung einer Vorausabtretung. Diese ist erforderlich, wenn dem Vorbehaltskäufer die Ermächtigung zur Weiterveräußerung erteilt wird und der Verkäufer der Ware eine gleichzeitige Vorausabtretung aller Forderungen des Vorbehaltskäufers aus der Weiterveräußerung verlangt. Die dann einzuhaltenden Formalien sind streng, was in der österreichischen Parallelbehandlung von Verpfändung und Vollrechtsübertragung liegt. Insbesondere sind beim verlängerten Eigentumsvorbehalt dieselben Formalien zu beachten, die bei einer rechtsgültigen Verpfändung von Forderungen vorausgestzt werden (z.B. eine Abtretungsanzeige).

Mit dem Eigentumsvorbehalt hat der Verkäufer für den Fall, daß der Käufer nicht oder nicht rechtzeitig zahlt, das Recht auf Herausgabe der Vorbehaltsware. Den Herausgabeanspruch aus vertragswidriger Weiterveräußerung kann der Verkäufer nur gegen den Käufer richten. Gegenstand des Eigentumsbehalts können nur bewegliche Sachen sein.

Im Fall des Konkurses des Vorbehaltskäufers führt ein rechtswirksam vereinbarter Eigentumsvorbehalt grundsätzlich zu einem Aussonderungsrecht des Verkäufers. Der Verkäufer darf also die unter Vorbehalt gelieferte Ware herausverlangen. Dagegen besteht bei einem verlängerten Eigentumsvorbehalt lediglich ein Absonderungsrecht, so daß die Ware in einer Zwangsversteigerung (außerhalb des Konkursverfahrens) verwertet werden und der Verkäufer aus dem Erlös Zahlung verlangen kann.

13. Portugal

In Portugal ist der einfache Eigentumsvorbehalt als Sicherungsmittel beim Verkauf beweglicher und unbeweglicher Sachen gesetzlich anerkannt (Artikel 409 Codigo Civil). Grundsätzlich muß aber der Eigentumsvorbehalt vertraglich vereinbart worden sein; eine einseitige Erklärung reicht nicht aus. Einen verlängerten Eigentumsvorbehalt kennt Portugal nicht. Fällt der Eigentumsvorbehaltskäufer in Konkurs, hat der Verkäufer ein Aussonderungsrecht über die unter Eigentumsvorbehalt gelieferte Sache, sofern nicht der Konkursverwalter die offenstehende Forderung erfüllt. Zweckmäßig ist es stets, Vorbehaltsgüter als „unter Eigentumsvorbehalt stehend" zu kennzeichnen und in den Geschäftsunterlagen des Käufers entsprechende Vermerke anzubringen.

14. Schweden

Schweden regelt den Eigentumsvorbehalt gesetzlich nur für den Abzahlungskauf. Kaufverträge, die keine Ratenzahlung vorsehen, unterliegen nicht den Bestimmungen des Gesetzes.

Im übrigen ist das Institut des Eigentumsvorbehalts in Schweden von der Praxis anerkannt. Wird Eigentum vorbehalten, dann muß dies schriftlich geschehen, und das gesamte Vorbehaltsgut muß konkret bezeichnet werden. Eine formelhafte Erklärung des Eigentumsvorbehalts, wie sie beispielsweise in Allgemeinen Geschäftsbedingungen enthalten sein können, reicht für den Eigentumsvorbehalt nicht aus.

Die Rechtsprechung hat festgelegt, daß bei Warenlieferungen nach Schweden ein Eigentumsvorbehalt an Gütern, die zum Weiterverkauf, zur Verarbeitung oder zum Verbrauch bestimmt sind, grundsätzlich nur gegenüber dem Käufer und nicht in dessen Konkurs- oder Zwangsvollstrekkungsverfahren geltend gemacht werden kann. Daher ist das Sicherungsmittel des Eigentumsvorbehalts in Schweden problematisch. Anders ist dies nur bei Lieferungen von Maschinen, Fahrzeugen, Industriegütern und Werkzeugen für Industriebetriebe, da für diesen engbegrenzten Bereich gesetzlich anerkannt ist, daß ein wirksam vereinbarter Eigentumsvorbehalt konkursfest und Dritten gegenüber wirksam ist.

15. Spanien

In Spanien ist der Eigentumsvorbehalt nicht ausdrücklich geregelt, doch folgt seine grundsätzliche Zulässigkeit aus dem in Artikel 1255 Código Civil enthaltenen Prinzip der Vertragsfreiheit.[213] Für Abzahlungsgeschäfte bestimmt Art. 6 des Gesetzes über den Teilzahlungskauf, daß der Eigentumsvorbehalt im Vertrag ausdrücklich vereinbart werden muß, wobei für Abzahlungsgeschäfte[214] grundsätzlich ein schriftlicher Vertrag vorgeschrieben ist[215].

Es empfiehlt sich hinsichtlich der Eigentumsvorbehaltsklausel eine in Spanien übliche Erweiterung. Üblich ist es in Spanien, daß der Käufer bei durch Zahlungsverzug ausgelöstem Rücktritt des Verkäufers die bis dahin geleisteten Kaufpreisraten ganz oder teilweise verliert. Angesichts dieser Praxis ist eine solche Vertragsstrafenabrede auch in internationalen Lieferverträgen, die spanischem Recht unterliegen, für deutsche Exporteure durchaus vorteilhaft, da das Prozeßrisiko in Spanien angesichts der landesüblichen Praxis gering ist.

Gegenüber gutgläubigen Dritterwerbern der Kaufsache hat der Eigentumsvorbehaltsverkäufer kaum Chancen.[216] Die privatschriftlich aufgesetzten Verträge zwischen den ursprünglichen Kaufvertragsparteien haben Beweiswirkung nur zwischen den beiden Parteien (es sei denn, der Vertrag wurde in ein öffentliches Register aufgenommen, Artikel 1227 Código Civil), oder aber es liegt ein Vertrag vor, der vor einem Notar oder einem sogenannten Handels- oder Börsennotar (agente o corredor de bolsa o comercio) geschlossen wurde.[217]

Im Konkurs des Vorbehaltskäufers hat der Vorbehaltsverkäufer ein Aussonderungsrecht (Artikel 908 und 909 Ziffer 3 Código de comer-

213 Ein Eigentumsvorbehalt könnte in Spanien wie folgt formuliert werden: „La propriedad de las coses vendidas no se transmite al comprador hasta que este no haya pagado integramente el precio convenido. En caso de quitra del comprador o embargo por un acreedor, el comprador estara obligedo a manifestar que las cosas pertenecen al vendedor y a poner en conocimiento de este último aguellos hechos".

214 Ley sobre la Venta de Bienes a Plazos – Gesetz Nr. 50/1965 B.O.E., Nr. 173 vom 21.7.1965.

215 Die grundsätzliche Anerkennung des Eigentumsvorbehalts findet sich im spanischen Recht schon früh. Es wird anerkannt, daß Eigentum auch unter einer aufschiebenden Bedingung übertragen werden kann. Ausgangspunkt der damaligen Überlegung war, daß ein Eigentumsvorbehalt eine Art Pfandrecht sei, nicht aber eine Beschränkung des Eigentumsrechts. Grundlegend hierzu *Fröhlingsdorf/Cremades*, Der Eigentumsvorbehalt in Spanien, RIW 1983 S. 812ff. In späteren Entscheidungen (vgl.Tribunal Suprémo vom 10.6.1958) wurde der Eigentumsvorbehalt dann als aufschiebende Bedingung der Eigentumsübertragung definiert.

216 Dies ergibt sich aus Art. 464 Absatz 4 Código Civil und Art. 85 Código de Comercio.

217 Daneben gibt es auch eine Autorisierungsmöglichkeit durch Finanz- und Steuerbeamte, Art. 1218 Código Civil.

cio)[218], wobei der Vorbehaltsverkäufer über geeignete Beweismittel im Prozeß verfügen muß. – Der erweiterte Eigentumsvorbehalt wurde vom Obersten Gerichtshof Spaniens in der Rechtsprechung aus dem Jahre 1974 als nicht zulässig angesehen.[219]

III. Zusammenfassendes Ergebnis

Wird cine Ware von Deutschland aus in ein EU-Land geliefert, dann kommt es für die Beurteilung eines vereinbarten Eigentumsvorbehalts wegen des Prinzips der lex rei sitae immer auf das Recht des Landes an, innerhalb dessen Rechtsordnung sich die Ware gerade befindet (Absendeland/Empfangsland).

Auf der Grundlage der Ausführungen zu den 15 EU-Staaten ist erkennbar, wie schwierig schon eine wirksame Eigentumsvorbehaltsvereinbarung in diesen Staaten – und damit erst recht im weltweiten Handel – ist. Entweder es wird lediglich ein einfacher Eigentumsvorbehalt anerkannt – und keine der in Deutschland bekannten Verlängerungs- oder Erweiterungsformen, oder es kommt auf besondere Vorgehensweisen an wie etwa die Notwendigkeit einer notariellen Beurkundung oder einer Registrierung des Vorbehaltsrechts.

Ist der Eigentumsvorbehalt dann wirksam zwischen den Kaufvertragsparteien vereinbart, ist damit immer noch keine absolute Sicherung des Zahlungsanspruchs des Lieferanten gewährleistet. Es ist aus den obigen Ausführungen zu entnehmen, daß in vielen Staaten der Eigentumsvorbehalt entweder nicht konkursfest ist, und/oder es gibt keinen Schutz vor dem Erwerb der Vorbehaltsware durch gutgläubige Dritte.

Vorbehaltsverkäufer sollten daher bei der Vereinbarung des Eigentumsvorbehalts im Handel mit EU-Staaten und auch weltweit immer damit rechnen, daß mangels gründlicher Beachtung der jeweiligen Rechtsvorschriften der vereinbarte Eigentumsvorbehalt im Land des Käufers eventuell gar nicht – oder nur mit Schwierigkeiten – durchsetzbar ist. Deshalb ist es ratsam, bei größeren Warenlieferungen mit höherem Wert immer auf weiteren Sicherungsmöglichkeiten des Zahlungsanspruchs, wie sie etwa

218 Für das Abzahlungsgesetz bestimmt Art. 19 Absatz 2, daß unter Eigentumsvorbehalt übergebene und nicht bezahlte Gegenstände nicht zur Masse gezogen werden. Das Gesetz über Zahlungseinstellungsverfahren gibt im übrigen in Art. 15 und 22 dem Eigentumsvorbehaltsgläubiger ein abgesondertes Befriedigungsrecht, Art. 15 und 22, Ley de Suspensión de Pagos.

219 Tribunal Suprémo, 25.11.1974; für das Abzahlungsgesetz schließt dies der Artikel 4 Abs. 1 ausdrücklich aus.

durch ein Dokumentenakkreditiv oder das Verlangen nach Stellung einer Bankgarantie bieten, zu bestehen.

IV. Eigentumsvorbehalt in Staaten außerhalb der EU

1. Island

Das isländische Kaufgesetz vom 19. 6. 1922 enthält keine Regelungen über den Eigentumsvorbehalt. In der geschäftlichen Praxis wird jedoch ein einfacher Eigentumsvorbehalt anerkannt, wenn er ausdrücklich im Einzelvertrag (mithin nicht als bloße AGB-Klausel) vereinbart wurde.

2. Norwegen

Norwegen kennt keinen „Eigentumsvorbehalt“, aber statt dessen ein sog. „Verkaufspfand“. Dieses gilt nur für bewegliche Sachen, muß ausdrücklich vereinbart werden, und es wird gefordert, daß ein echter Kaufvertrag vorliegt. Schließlich muß das Vorbehaltsgut im Kaufvertrag genau konkretisierbar beschrieben sein.

Das Verkaufspfandrecht gibt im Konkurs nur ein Recht zur abgesonderten Befriedigung aus der Verwertung der Pfandsache. Da ein in den allgemeinen Geschäftsbedingungen aufgenommener deutscher Eigentumsvorbehalt in Norwegen in der Regel nicht anerkannt wird, werden auf eine solche Absicherung vertrauende Gläubiger im Konkurs als einfache Konkursgläubiger behandelt.

3. Polen

Das Recht des Eigentumsvorbehalts geht auf das Zivilgesetzbuch von 1964 (dort Art. 589 bis 591) zurück. Danach kann sich der Verkäufer das Eigentumsrecht an einer beweglichen Sache bis zur endgültigen Bezahlung des Kaufpreises vorbehalten. Die Vereinbarung des Eigentumsvorbehalts bedarf der Schriftform (Art. 590 § 1) und der Angabe eines bestimmten Datums. Der Vorgang ist notariell zu beglaubigen (Art. 81 § 1).

Der Käufer kann den Kaufgegenstand nur unter der aufschiebenden Bedingung der vollständigen Kaufpreiszahlung erwerben. Hieraus folgt ein Veräußerungs- und Belastungsverbot. Dennoch ist ein gutgläubiger Erwerb der Vorbehaltsware durch einen Dritten möglich.

Im Konkursfall kann die Vorbehaltsware ausgesondert werden. Die Ware ist dem Vorbehaltsverkäufer zurückzugeben, was erheblich erleichtert werden kann, wenn der Vorbehaltsverkäufer sein Eigentum grundsätzlich kennzeichnet. Hat der Konkursverwalter die Vorbehaltsware mangels Kenntnis vom Eigentumsvorbehalt bereits veräußert, hat der Vorbehaltsverkäufer nur noch einen Anspruch auf Herausgabe der Gegenleistung (Art. 28 Konkursgesetz).

4. Schweiz

Obwohl die Schweiz dem deutschen Rechtskreis zugerechnet wird, erfordert die Vereinbarung eines Eigentumsvorbehalts in der Schweiz einen größeren formalen Aufwand als in Deutschland. Für die Begründung des Eigentumsvorbehalts nach schweizerischem Recht ist die Eintragung in ein öffentliches Register, welches am Wohnort des Schuldners von einem sogenannten „Betreibungsbeamten" geführt wird, erforderlich. Erst nach Eintragung ist der Eigentumsvorbehalt in der Schweiz konkursfest. Allerdings kann die Eintragung einen gutgläubigen Erwerb der Vorbehaltsware durch Dritte nicht ausschließen.

5. Tschechien

Das tschechische Recht kennt den Eigentumsvorbehalt, der auch im Zivilgesetzbuch in seiner einfachen Form geregelt ist. Grundsätzlich wird vorausgesetzt, daß der Eigentumsvorbehalt schriftlich vereinbart wird.

6. Türkei

Das türkische Recht ähnelt demjenigen der Schweiz. In der Türkei wird ein Eigentumsvorbehalt wirksam begründet, wenn er durch einen Notar am Wohn- oder Geschäftssitz des Käufers beurkundet wird und in ein vom Notar geführtes Register eingetragen wird. Bei Vollstreckungsmaßnahmen in das Vorbehaltseigentum oder bei Konkurs des Käufers kann der Vorbehaltsverkäufer nur vorzugsweise Befriedigung aus dem Verwertungserlös verlangen.

V. Eigentumsvorbehalte in Nordamerika

1. Kanada

Das Recht des Eigentumsvorbehalts ist in Kanada völlig uneinheitlich. Eine Untergliederung läßt sich jedoch grob nach drei Kategorien erreichen.

Anwendung englischen Rechts in einem Teil Kanadas
Hinsichtlich des Eigentumsvorbehalts als Sicherungsrechts haben die einzelnen Provinzen und Territorien ein unterschiedliches Recht. Ähnlich dem englischen Recht gewähren z.B. die Provinzen Alberta, British Columbia, New Brunswick, New Foundland, Nova Scotia und Prince Edward Island eine Mobiliarsicherung in Form eines conditional sale agreement und einer chattel mortgage. Das conditional sale agreement entspricht dem einfachen Eigentumsvorbehalt.

Anwendung französischen Rechts in Quebec
Die französischsprachige Provinz Quebec folgt französischem Recht, so daß in dieser östlichen Provinz Kanadas die Grundzüge zum französischrechtlichen Eigentumsvorbehalt (ohne den Aspekt der französischen Konkursfestigkeit!) angewandt werden können. Es ist unbedingt darauf zu achten, daß der Eigentumsvorbehalt im Einzelfall konkret vereinbart wird, also nicht nur etwa formularmäßig (im Wege von AGB) in den Vertrag einbezogen werden soll. Besonders auffällig ist dabei, daß – anders als in allen anderen kanadischen Provinzen – der Eigentumsvorbehalt in Quebec keiner Registrierung bedarf, um rechtswirksam vereinbart werden zu können. Sonderregelungen gibt es nur dann, wenn es sich um kaufrechtliche Beziehungen zwischen einem Kaufmann (merchant) und einem Verbraucher (consumer) dreht, da dann die Bestimmungen des Verbraucherschutzgesetzes (Consumer Protection Act) von Quebec Anwendung finden.

Im kanadischen Recht ist allgemein anerkannt, daß der Eigentumsvorbehalt in einem Vertrag schriftlich vereinbart sein muß. Außerdem muß eine Abschrift der Urkunde innerhalb einer bestimmten Frist (z.B. in Alberta innerhalb 30 Tagen, British Columbia von 21 Tagen, Nova Scotia von 20 Tagen) bei einem Registrar eingetragen werden. Bei solchermaßen erfolgter Registrierung ist dann ein gutgläubiger Erwerb des Sicherungsgutes ausgeschlossen. Dies gilt aber nicht, wenn das Sicherungsgut, also die Vorbehaltsware, an Personen oder Firmen geliefert wird, die gewerbsmäßig mit der Weiterveräußerung oder der Verarbeitung solcher Waren befaßt sind. Die Konzeption des erweiterten Eigentumsvorbehalts ist dem kanadischen Recht mithin fremd.

Anwendung US-amerikanischen Rechts in einem weiteren Teil Kanadas
In einem weiteren Teil Kanadas (in den Provinzen Ontario, in Manitoba und Saskatchewan) ist das gesamte Kreditsicherungsrecht bereits nach US-amerikanischem Vorbild ausgestaltet. Wie nachstehend für die USA noch detailliert erläutert, kennt man mithin anstelle unterschiedlicher Sicherungsrechte nur ein einziges einheitliches „Sicherungsrecht", nämlich das sogenannte security interest. Ausgehend von dem in Ontario maßgebenden Gesetz, dem Personal Property Security Act, können die Parteien auch künftige Warenbestände und beispielsweise auch Forderungen rechtlich erfassen. Das Sicherungsinteresse entsteht an ihnen unmittelbar, sobald der Sicherungsgeber die künftigen Sachen oder Rechte erwirbt. Ebenso kann das security interest sowohl auf Forderungen erstreckt werden, die der Schuldner aus der Weiterveräußerung des Sicherungsgutes erlangt hat, als auch auf den eingezogenen, noch unterscheidbar vorhandenen Erlös.

Für die Wirksamkeit eines security interest bedarf es der Einigung der Parteien (security agreement) und der Entstehung des Sicherungsinteresses durch ein Attachment der Parteien (Sicherungsvertrag), der Valutierung und der Verfügungsbefugnis des Schuldners hinsichtlich der Ware. Schließlich kann das security interest Dritten gegenüber nur wirksam werden, wenn eine Registrierung erfolgt ist. Dies geschieht in Ontario beim General Registrar innerhalb von 30 Tagen nach der Ausfertigung des Sicherungsvertrages und in Manitoba (in Winnipeg) und Saskatchewan (in Regina) beim Personal Property Registry.

2. USA

Im US-amerikanischen Recht ist das gesamte Recht der Kreditsicherheiten im Art. 9 des Uniform Commerial Code (UCC) geregelt. Dieses ursprünglich aus 1962 datierende Gesetz hat in den Neufassungen von 1972 und 1978 im Art. 9 (security interest) die bis dahin bekannte Vielfalt gebräuchlicher Sicherungsrechte neu geregelt und damit auch die Uneinheitlichkeit der bisherigen Praxis der US-Bundesstaaten beendet. Geschaffen wurde eine einheitliche Konzeption eines „Sicherungsrechts" (security interest).

Grundsätzlich ist für Exporte in die USA anzumerken: Ein Eigentumsvorbehalt auf Rechnungen oder Geschäftspapieren ist nach Art. 9 UCC unwirksam. Der Verkäufer kann zur Sicherung seiner Kaufpreisforderung nur ein security interest an der Ware erhalten. Hierbei geht das Eigentum stets auf den Käufer über, aber beim Verkäufer verbleibt ein „Sicherungsinteresse" an der verkauften Ware oder an den Einnahmen, welche der Warenkäufer durch einen Weiterverkauf erzielt hat.

Bei Vereinbarung eines security interest sind folgende Voraussetzungen zu erfüllen. Zum einen muß ein schriftlicher Sicherungsvertrag zwischen den Parteien geschlossen werden. Der Schuldner muß diesen Vertrag immer mit unterzeichnen. Außerdem muß der Vertrag den zu zahlenden Gegenwert (consideration) und die verkaufte Ware beschreiben. In dem Vertrag wird bestätigt, daß der Käufer ein Recht zum Besitz an der Ware hat. Schließlich kann auch vereinbart werden, daß sich der Vertrag auf Zahlungen erstrecken soll, die beim Weiterverkauf der Waren erzielt werden.

Das weitere wichtige Erfordernis besteht in der „Registrierung" (filing) sowie im Versenden der sogenannten „Finanzierungsanzeige" (financing statement). Diese Finanzierungsanzeige basiert auf dem Absicherungsvertrag, ist mit diesem jedoch nicht identisch. Das Perfektmachen (perfection) der Sicherungsbeteiligung durch Registrierung ist in jedem US-Bundesstaat anders geregelt.

Die Finanzierungsanzeige ist nach der Registrierung nur bis zu einem Verfalltag der gesicherten Verbindlichkeit wirksam, der höchstens 5 Jahre nach dem Eintragungsdatum liegt (je nach Bundesstaat verschieden). Sind die Verbindlichkeiten längerfristig, kann durch fristgerechte Registrierung von Verlängerungsanzeigen die Absicherung längerfristig erfolgen.

VI. Eigentumsvorbehalte in Asien

In Asien sind vor allem die großen Handelsplätze von Bedeutung. Der Eigentumsvorbehalt ist hier weitgehend problematisch.

1. Singapur

In Singapur gelten die Grundzüge des englischen Rechts nicht unmittelbar, aber durch Übernahme durch den souveränen Staat Singapur kommen die Grundregeln zur Anwendung. So kennt Singapur mithin auch den englischen Sale of Goods Act 1979, wonach die Vereinbarung eines Eigentumsvorbehalts ohne weiteres möglich ist (conditional sale). Problematisch sind jedoch noch der verlängerte und erweiterte Eigentumsvorbehalt, der in Singapur noch mit gewisser Rechtsunsicherheit behaftet ist, weil klare Aussagen der Rechtsprechung Singapurs zu diesen Instrumenten bislang fehlen. Zu beachten ist auch, daß nach dem Sale of Goods Act 1979 der gutgläubige Erwerber einer übergebenen Ware, die der Käufer zuvor unter Eigentumsvorbehalt erworben hat, Eigentum erlangt. Außerdem geht nach dem Recht

Singapurs die Sachgefahr (also die Gefahr der Verschlechterung oder des Untergangs der Ware) mit dem Übergang des Eigentums einher. Wenn sich der Verkäufer das Eigentum vorbehalten will, muß er daher auch an eine entsprechende vertragliche Regelung des Gefahrübergangs denken.

2. VR China

In der VR China ist das Sicherungsrecht des Eigentumsvorbehalts unbekannt. Das übliche Sicherungsmittel im Chinageschäft ist daher nur die Möglichkeit der Ausfuhrgewährleistung der staatlichen Exportkreditversicherung. Der im November 1995 von einer deutsch-chinesischen Standardvertragskommission herausgelegte Standardliefervertrag für Warenkaufgeschäfte enthält keine Regelung zum Eigentumsvorbehalt.

3. Hongkong

Hongkong unterliegt seit fast 100 Jahren dem englischen Recht, so daß die Regeln, die zu Großbritannien beschrieben wurden, anwendbar sind. Auch nach dem Rückfall Hongkongs an die VR China am 1. Juli 1997 behielt das Gebiet Hongkongs als Sonderzone die bekannten und etablierten Regeln des Wirtschaftsrechts bei.

VII. Eigentumsvorbehalt in weiteren Staaten

In beinahe allen Staaten der Welt kennt man den „Eigentumsvorbehalt" in irgendeiner Form. So sind auch die meisten Staaten Osteuropas, Asiens, Lateinamerikas und auch Australien in der Lage, den Eigentumsvorbehalt anzuwenden. Problematisch ist jedoch immer die Prüfung der Frage, ob in dem betroffenen Staat der Eigentumsvorbehalt grundsätzlich anerkannt ist – und unter welchen Voraussetzungen dies geschieht – oder ob man dort eventuell nur ein Ersatzrecht (z.B. ein Pfandrecht) kennt, ob es in diesem Staat etwa ein Registrierungserfordernis für den Eigentumsvorbehalt oder sogar die Notwendigkeit einer notariellen Beurkundung gibt. Schließlich kann es – etwa in den meisten Staaten der Welt, die dem französischen Recht folgen (ehemalige Kolonien usw.) – die Problematik geben, daß der Eigentumsvorbehalt nicht konkursfest ist oder daß ein gutgläubiger Erwerb der Vorbehaltsware durch Dritte möglich ist.

Wenn man diese Problembereiche in dieser Komplexität betrachtet, wird sicherlich erkennbar, daß in jedem Einzelfall und in jedem grenzüberschreitenden Warengeschäft erneut zu prüfen sein wird, ob der jeweils angedachte Eigentumsvorbehalt seine Funktionen zur Sicherung der Bezahlung gelieferter Exportwaren überhaupt erfüllen kann.

§ 15. Vereinbarung von Lieferklauseln

Literatur: *Bartels/Motomura*, Haftungsprinzip, Haftungsbefreiung und Vertragsbeendigung beim internationalen Kauf, RabelsZ 43 (1979), 649ff; *Basedow*, Die Incoterms und der Container, oder wie man kodifizierte Usancen reformiert, RabelsZ 43 (1979), 116ff; *Liesecke*, Die typischen Klauseln des internationalen Handelsverkehrs in der neueren Praxis, WM 1978 Beil. 3; *Schneider*, Incoterms 1990, RIW 1991, 91ff; *Schüssler*, Die Incoterms – Internationale Regeln für die Auslegung der handelsüblichen Vertragsformeln, DB 1986, 1161ff.

Nach der Behandlung von Fragen des Zustandekommens eines Außenhandelsvertrages, von Problemen des Gefahrenübergangs und der Leistungsstörungen bei der Abwicklung usw. stellt sich ferner die Problematik, wie mit Hilfe der im Liefervertrag enthaltenen Lieferklauseln eine weitgehend sichere Lieferung bewerkstelligt werden kann. Es ist hier zu klären, daß natürlich die Vertragspartner eigene Formulierungen von Lieferbedingungen verwenden können. Gerade im internationalen Verkehr bietet es sich aber an, auf weitgehend standardisierte Formulierungen zurückzugreifen, die wegen ihrer weltweiten Geltung eine überall gleiche Auslegung der Begriffe und der vereinbarten Klauseln erreichen.

Den vertragschließenden Parteien sind die unterschiedlichen Handelsbräuche in ihren Ländern oft nicht bekannt. Die verschiedenartige Auslegung ist eine ständige Ursache von Mißverständnissen im internationalen Handel, die zu Streitigkeiten und Gerichtsverfahren und damit zu Zeitverlusten und erhöhten Kosten führen können.

Die Schwierigkeiten für Im- und Exporteur beruhen dabei auf folgenden Umständen: Sie wissen oft nicht, welches nationale Recht sie ihrem Vertrag zugrunde legen sollen; zudem fehlen ihnen möglicherweise Informationen, und schließlich kommen unterschiedliche Rechtsordnungen zu verschiedenen Auslegungen von juristischen Begriffen.

I. Einzelvertragliche Lieferklauseln

Es bietet sich für die Vertragsparteien zunächst an, selbst Lieferbedingungen für ihren Vertrag zu formulieren. Problematisch ist dabei in den meisten Fällen, daß hierbei wesentliche Aspekte einer Lieferbedingung übersehen werden. Das Besondere an „Lieferbedingungen" ist, daß durch sie eine Regelung über

- die *Kostentragung* der Lieferung,
- die *Versicherung* der Warenlieferung
- und über die *Haftung* für während des Transports beschädigte oder abhanden gekommene

Ware getroffen wird.

1. Kostentragung

Den Vertragspartnern wird es in erster Linie darum gehen festzulegen, ob der Verkäufer oder der Käufer die im Zusammenhang mit der grenzüberschreitenden Lieferung entstehenden Kosten trägt. Hierzu gehören die Kosten für den Transport als solchen (Verlade-, Frachtkosten usw.) sowie die Kosten für eine Transportversicherung. Schließlich wird von den Parteien festgelegt, wer die Ware zur Aus- bzw. Einfuhr abzufertigen hat und für diesen Vorgang die Kosten übernehmen soll. Soweit die Warenlieferung einer Prüfung/Inspektion unterzogen werden muß und hierdurch Kosten entstehen, ist ebenfalls eine Kostenregelung erforderlich.

2. Haftungsregelung

Der Bereich der Lieferbedingungen ist im Vertragsrecht von großer Bedeutung, weil hier auch immer eine Regelung des Gefahrübergangs erfolgen kann. So wird mit den Lieferklauseln festgelegt, welche Partei die Gefahr des Verlusts oder der Beschädigung der Ware zu tragen hat.

Es empfiehlt sich im Außenhandel allerdings, von der Möglichkeit einer eigenständigen Vertragsformulierung im Bereich der Lieferklauseln Abstand zu nehmen. Es hat sich in der Vergangenheit eine hervorragende Praxis vorformulierter Musterklauseln entwickelt, welche Außenhandelsverträgen zugrunde gelegt werden können. Diese Musterklauseln weisen den Vorteil auf, daß sie weltweit gleichermaßen interpretiert werden. Zudem sind diese im nachhinein zu besprechenden „Incoterms" im weltweiten Handel anerkannt und aus dem Tagesgeschäft der Im- und Exporteure nicht mehr wegzudenken.

Nachstehend soll die Entwicklung über die Trade Terms hin zu den Incoterms beschrieben werden. Bei Behandlung der Incoterms wird auf die wichtigsten Merkmale dieser Klauseln eingegangen.

II. Trade Terms

Schon vor 60 Jahren hat sich die Internationale Handelskammer Paris darum bemüht, einen Katalog von Begriffsbestimmungen und Auslegungen aufzustellen, der mit den sogenannten Trade Terms für damals ca. 35 Staaten verwendbar war. Diese Trade Terms waren weder für die Festlegung von Rechten und Pflichten verbindlich, noch gaben sie die Auslegung der Lieferklauseln in den betreffenden Ländern verbindlich weiter. Die Trade Terms gaben als „handelsübliche Vertragsformeln" nur eine Übersicht über die an den wichtigsten Handelsplätzen der Welt gültigen Versandklauseln und ihre Auslegung. Sie wurden damit letztlich zu Vorläufern der Incoterms.

III. Incoterms

Um die damals noch stark abweichenden Trade Terms weiter auszugleichen, entwickelte die Internationale Handelskammer Paris die 1936 herausgegebenen Incoterms (International Commercial Terms), die bald weltweite Anerkennung fanden und bis heute in Fassungen von 1953 (mit Ergänzungen von 1967, 1976, 1980 und 1990) vorliegen. Eine erneute Revision der Incoterms, die seit dem 1.7.1990 in Kraft ist, wird derzeit von der Außenhandelspraxis angewandt.

Ein wichtiger Grund für die Neufassung der Incoterms 1990 war die Anpassung der Klauseln an den steigenden Einsatz des elektronischen Datenaustauschs (EDI).[220] Nach den Incoterms 1990 ist der Einsatz von EDI ermöglicht, wenn die Parteien Dokumente zu beschaffen haben wie etwa Handelsrechnungen, Dokumente zur Zollabfertigung oder als Nachweis der Lieferung der Ware sowie Transportdokumente. Es bestehen besondere

220 Auch UNCITRAL trägt der Entwicklung des elektronischen Datenaustauschs Rechnung. Das „UNCITRAL Model Law on Electronic Commerce" wurde in der 85. Plenarversammlung der Vereinten Nationen am 16.12.1996 verabschiedet. Es beschäftigt sich mit den Konsequenzen des elektronischen Nachrichtenaustauschs im Handel.

Probleme, wenn der Verkäufer ein begebbares Transportdokument oder speziell ein Konnossement beschaffen muß, das häufig benutzt wird, um die Ware während des Transports weiterzuveräußern. Wenn in solchen Fällen elektronischer Datenaustausch stattfindet, ist es von besonderer Bedeutung, daß die Rechtslage des Käufers nicht von der abweicht, die er durch Erhalt eines Konnossements vom Verkäufer erlangt hatte.[221]

Die Internationale Handelskammer gibt in ihrer Publikation Nr. 460 einen weiteren wichtigen Grund für die Revision der Incoterms an. Angesichts veränderter Transporttechniken, insbesondere durch Bildung von Ladungseinheiten in Containern, durch multimodalen Transport und Ro-Ro-Transporte mit LKW oder Eisenbahnwaggons über See, mußten die Incoterms-Klauseln angepaßt werden. In den Incoterms 1990 ist die FCA-Klausel „Frei Frachtführer (... benannter Ort)“ so ausgestaltet, daß sie einfacher angewendet werden kann, ganz gleich um welche Art von Transport oder Kombination von verschiedenen Transportarten es sich handelt. Damit konnte man in den Incoterms 1990 auf die Klauseln verzichten, die sich in der früheren Fassung (FOR/FOT und FOB Flughafen) auf den Luft- und Eisenbahntransport bezogen.

Die Klauseln sind seit 1990 in vier Gruppen untergliedert. Die erste Gruppe besteht aus nur einer Klausel, wonach der Verkäufer dem Käufer die Ware auf seinem eigenen Gelände zur Verfügung stellt („E-Klausel“ ex works). Die zweite Gruppe („F-Klauseln“ FCA; FAS; FOB) verpflichtet den Verkäufer, die Ware einem vom Käufer benannten Frachtführer zu übergeben.

In der dritten Gruppe („C-Klauseln“ CFR; CIF; CPT; CIP) wird festgelegt, daß der Verkäufer den Beförderungsvertrag abzuschließen hat, ohne das Risiko des Verlusts oder der Beschädigung der Ware oder zusätzlicher Kosten, die auf Ereignisse nach dem Abtransport zurückzuführen sind, zu tragen. Die vierte Gruppe („D-Klauseln“ DAF; DES; DEQ; DDU; DDP) verpflichtet den Verkäufer, alle Kosten und Risiken zu übernehmen, bis die Ware im benannten Bestimmungsland eintrifft.

Am Außenhandel teilnehmende Kaufleute, die Klauseln der Incoterms für ihren Vertragsschluß zugrunde legen und die Klausel dann auch ausdrücklich einbeziehen, haben die Gewähr dafür, daß die jeweiligen Rechte und Pflichten, die sich aus der Lieferung und Abnahme der Ware ergeben, eindeutig festgelegt und einheitlich ausgelegt werden. Der Arbeitsausschuß für Internationale Handelspraxis empfiehlt allen Außenhandelsfirmen, bei Anwendung der Klauseln der jeweils neuesten Ausgabe der Incoterms die

221 Dies ist dann vor allem für die in der vorhergehenden Fn genannten UNCITRAL-Publikation von Bedeutung.

Jahreszahl (z.B. 1990) anzugeben[222], um eine einheitliche Verhaltensweise und Auslegung auch im Ausland zu erreichen.

1. Einbeziehung in den Vertrag

Die Incoterms stellen sich nur als ein angebotenes Hilfsmittel dar und gelten deshalb nur dann für einen Außenhandelsvertrag, wenn sie von den Vertragsparteien ausdrücklich in die Vereinbarung einbezogen werden. Sind sie nicht in den Vertrag einbezogen, sondern haben sich die Vertragspartner auf eine eigene, anderslautende Lieferklausel geeinigt, dann gibt es immerhin die Möglichkeit, im Streitfall die Incoterms als Auslegungshilfe heranzuziehen und auf dieser Grundlage doch noch zu einer gütlichen Einigung zu gelangen. Dies fällt gelegentlich schon deshalb schwer, weil auch die Incoterms nur einige wenige, besonders typische Aspekte des Liefergeschäfts regeln.

2. Merkmale der Incoterms

Die Incoterms regeln vor allem den Kostenübergang, den Gefahrübergang und den Übergang der Sorgfaltspflicht vom Verkäufer auf den Käufer.

a) Gefahrübergang

Den Gefahrübergang behandeln die Incoterms als Übergang der „Preisgefahr". Sobald danach die Gefahr auf den Warenabnehmer übergegangen ist, muß der Kaufpreis bezahlt werden, selbst wenn die Ware nach diesem Zeitpunkt zufällig untergeht oder eine schädigende Wertminderung eintritt.

b) Aufteilung der Kosten

Je nach Wahl des Klauseltyps wird eine Vereinbarung hinsichtlich der Kostenverteilung getroffen. Dabei geht es um jegliche Kosten, die im Zusammenhang mit einer grenzüberschreitenden Lieferung entstehen. Eingeschlossen sind auch die Transportversicherung (zum Beispiel in den

222 Dies ist notwendig, da alle Incoterms-Publikationen, also auch die Vorgängerversionen, grundsätzlich noch anwendbar sind. Es handelt sich nämlich bei diesen ICC-Publikationen lediglich um „private" Publikationen einer Institution, bei denen nicht automatisch die neueste Version alle Vorgängerversionen außer Kraft setzt (wie es beispielsweise bei Gesetzen der Fall ist).

Klauseln „cif“ oder „frachtfrei versichert“) sowie eine Regelung darüber, daß der Abschluß eines Beförderungsvertrages, die Frachtzahlung sowie die Andienung der Transportdokumente durch eine Partei vorzunehmen sind.

3. Regelungslücken

Die Incoterms regeln nicht die im Außenhandelsvertrag interessierenden Fragen der Leistungsstörungen (Unmöglichkeit, Liefer- und Annahmeverzug, Verletzung sonstiger vertraglicher Nebenpflichten), etwaige Rügepflichten, Verjährungsfristen, Zahlungsmodalitäten des Vertrags, Fragen des Eigentumsübergangs und des Eigentumsvorbehalts sowie Fragen des auf den Vertrag anwendbaren Rechts und des Gerichtsstands. Dies muß bei Abfassung des Außenhandelsvertrags gebührend berücksichtigt werden, um Regelungslücken zu vermeiden.

4. Verhandlungsposition

Welche der insgesamt 13 zur Verfügung stehenden Incoterms letztlich vertraglich vereinbart wird, hängt sehr stark von der Markt- und Verhandlungsposition der Vertragspartner ab. Gibt es einen „Verkäufermarkt“ mit sehr starker Nachfrage, dann kann der Verkäufer die ihn begünstigenden Klauseln (z.B. ex works) durchsetzen; im umgekehrten Fall wird der Käufer darauf drängen, den Zeitpunkt des Gefahrübergangs möglichst spät zu legen und ihn auf den Zeitpunkt der Warenanlieferung an seinem Geschäftssitz festzusetzen.

Folgende Grundsätze sind beispielsweise zu berücksichtigen:

a) Wahlmöglichkeiten des Käufers

Ist es im Einzelfall nicht möglich, sich bei Abschluß des internationalen Liefervertrags für eine bestimmte Stelle oder einen umgrenzten Raum zu entscheiden, wo die Ware vom Verkäufer zur Beförderung oder am Bestimmungsort übergeben werden soll, und wird festgelegt, daß die genaue Ortsbeschreibung erst später erfolgen soll, dann kann das Versäumnis einer Benennung des Platzes oder Ortes zu Risiken und auch zusätzlichen Kosten führen. Versäumt der Käufer es, sein Recht zur Benennung eines Ortes auszuüben, kann dem Verkäufer das Recht zufallen, sich die Stelle auszusuchen.

b) Zollabfertigung

Üblicherweise muß der Exporteur die Ware zur Ausfuhr abfertigen, während der Importeur die Einfuhrabfertigung übernimmt. Bei einigen Klauseln (EXW und FAS) übernimmt es der Käufer, im Exportland die Ware zur Ausfuhr abzufertigen, während bei härteren Klauseln (etwa DEQ; DDP) es der Verkäufer übernimmt, die Ware im Einfuhrland zur Einfuhr abzufertigen. In den genannten Fällen trägt der jeweils Verpflichtete das Risiko eines Aus- bzw. Einfuhrverbots.

Möglich ist es auch, daß ein Käufer die Ware nach der EXW-Klausel vom Gelände des Verkäufers abholen oder die Ware nach der FAS-Klausel längsseits eines Schiffs übernehmen will, es jedoch vorzieht, die Ware vom Verkäufer zur Ausfuhr zollabfertigen zu lassen. In diesen Fällen kann der Incoterms-Klausel der Zusatz „... zur Ausfuhr abgefertigt“ beigefügt werden.

In Ländern, in denen es für ausländische Unternehmen schwierig ist, eine Einfuhrbewilligung und eine Zollerstattung (etwa für die Einfuhrumsatzsteuer) zu erhalten, kann die Klausel „Geliefert unverzollt“ hilfreich sein, da der Verkäufer dadurch vollständig von der Verpflichtung zur Ausführung der Zollformalitäten befreit ist.

c) Verpackung und Prüfung der Ware

Die beste Verpackung für die jeweilige Warenlieferung und die Beförderung ist in den meisten Fällen bekannt. Da jedoch die Verpflichtung des Verkäufers, die Ware zu verpacken, sich nach der Art und Dauer des vorgesehenen Transports richtet, erschien es der Internationalen Handelskammer bei der Neufassung der Incoterms wichtig festzulegen, daß der Verkäufer die Ware transportgerecht zu verpacken hat, allerdings nur so weit – und dies geschieht in Übereinstimmung mit Artikel 35 des UN-Kaufgesetzes –, als ihm die Umstände des Transports vor Abschluß des internationalen Liefervertrags bekannt sind. Der Käufer sollte aus praktischen Erwägungen eine Prüfung der Ware vor oder spätestens zum Zeitpunkt der Verladung vornehmen lassen, damit etwaige Mängel rechtzeitig bekanntwerden. Allerdings geht eine solche „preshipment inspection“ mangels anderweitiger vertraglicher Vereinbarung auf Kosten des Käufers, da er eine solche Prüfung ja im eigenen Interesse durchführen läßt. Anders ist es nur, wenn schon bei Vertragsabschluß eine andere Kostenverteilung vereinbart wurde oder wenn aufgrund behördlicher Auflagen des Ausfuhrlandes eine Prüfung durch den Verkäufer zwingend vorgeschrieben ist.

d) Die C-Klauseln

In der Außenhandelspraxis spielen die C-Klauseln eine besonders wichtige Rolle. Nach diesen Klauseln muß der Verkäufer den Beförderungsvertrag auf eigene Kosten zu den üblichen Bedingungen abschließen. Daher muß nach Angabe der in Betracht kommenden C-Klauseln der Ort genannt werden, bis zu dem er die Beförderungskosten zu tragen hat. Nach den CIF- und CIP-Klauseln hat der Verkäufer außerdem auch noch die Ware auf eigene Kosten zu versichern[223].

Der Zeitpunkt der Kostenteilung liegt im Bestimmungsland der Ware. Trotzdem erfüllt der Verkäufer seine vertraglichen Verpflichtungen schon im Versandland bzw. Verschiffungsland und nicht erst, wie oft vermutet wird, erst im Ankunftsland. Während der Verkäufer die normalen Transportkosten für den üblichen Transportweg in der üblichen Art und Weise zum vereinbarten Bestimmungsort tragen muß, gehen die Gefahren für Verlust oder Beschädigung der Ware sowie die zusätzlichen Kosten, die nach Ubergabe der Ware zum Transport entstehen, zu Lasten des Käufers. Die Internationale Handelskammer weist deshalb in ihrer Broschüre Nr. 460 ausdrücklich darauf hin, daß die C-Klauseln im Gegensatz zu allen anderen Klauseln zwei „kritische" Punkte, und zwar einmal für die Kostenteilung und zum anderen für den Gefahrenübergang, enthalten. Aus diesem Grunde ist größte Vorsicht geboten, wenn man den Verpflichtungen des Verkäufers nach den C-Klauseln Verpflichtungen hinzufügt, die über den soeben genannten „kritischen" Zeitpunkt des Gefahrenübergangs hinauswirken.

Wesentlicher Inhalt der C-Klauseln ist es zudem, den Verkäufer von weiteren Kosten und Gefahren freizustellen, nachdem er seine vertraglichen Verpflichtungen durch Abschluß des Beförderungsvertrages und Übergabe der Ware an den Frachtführer (und bei den Klauseln CIF und CIP auch durch Versicherung der Ware) erfüllt hat.

223 So hat nach der CIF-Klausel (Incoterms 1990) der Verkäufer unter anderem folgende Pflichten: (1) Lieferung vertragsgemäßer Ware, (2) Lizenzen und Genehmigungen zu beschaffen, (3) Beförderungs- und Versicherungsverträge abzuschließen, (4) die Ware an Bord des Schiffs im Verschiffungshafen zum vereinbarten Zeitpunkt oder innerhalb vereinbarter Frist zu liefern, (5) alle Gefahren des Verlusts oder der Beschädigung der Ware so lange zu tragen, bis die Ware die Schiffsreling im Verschiffungshafen überschritten hat, (6) Kosten gemäß der Bestimmung der Ziff. 6 zu tragen, (7) den Käufer zu benachrichtigen, (8) Liefernachweise, Transportdokumente oder entsprechende elektronische Mitteilungen zu erbringen (9) und Kosten der Prüfung, Verpackung usw. zu tragen. – Der Käufer dagegen hat (1) den Preis vertragsgemäß zu zahlen, (2) Einfuhrbewilligungen o. ä. zu besorgen, (3) die Ware abzunehmen, (4) die Gefahr nach Überschreiten der Schiffsreling zu tragen, (5) die Kostenteilung mit dem Verkäufer gem. Ziff. 6 vorzunehmen, (6) eine Benachrichtigung des Verkäufers unter Festlegung des Zeitpunkts der Verschiffung und/oder des Bestimmungshafens vorzunehmen und (7) Liefernachweise oder Transportdokumente anzunehmen.

Übersicht

Incoterms (1990)

Die Incoterms der Internationalen Handelskammer, Paris, regeln in vier Klauselgruppen Lieferbedingungen und treffen Aussagen über den Gefahrübergang sowie die Kostentragung der Parteien in Außenhandelsgeschäften. Zur Auslegung der Incoterms (1990) wird auf die von der Internationalen Handelskammer in der Broschüre Nr. 460 vorgegebenen Auslegungskriterien und Begriffsbestimmungen verwiesen.

E-Klausel (Abholklausel)	EXW	Ab Werk *ex works*
F-Klauseln (Haupttransport vom Verkäufer nicht bezahlt)	FCA	Frei Frachtführer *free carrier*
	FAS	Frei Längsseite Schiff *free along-side ship*
	FOB	Frei an Bord *free on board*
C-Klauseln (Haupttransport vom Verkäufer bezahlt)	CFR	Kosten und Fracht *cost and freight*
	CIF	Kosten, Versicherung, Fracht *cost, insurance, freight*
	CPT	Frachtfrei *carriage paid to*
	CIP	Frachtfrei versichert *carriage and insurance paid to*
D-Klauseln (Ankunftsklauseln)	DAF	Geliefert Grenze *delivered at frontier*
	DES	Geliefert ab Schiff *delivered ex ship*
	DEQ	Geliefert ab Kai (verzollt) *delivered ex quai*
	DDU	Geliefert unverzollt *delivered duty unpaid*
	DDP	Geliefert verzollt *delivered duty paid*

Eine Besonderheit ist schließlich noch bei schwimmender Ware zu beachten. Es kommt im Rohstoffhandel vor, daß die Ware während des Transports auf See gekauft oder verkauft wird. In diesen Fällen wird das Wort „schwimmend“ der jeweiligen Incoterms-Klausel hinzugefügt. Da nach den CFR- und CIF-Klauseln die Gefahr des Verlusts oder der Beschädigung der Ware vor diesem Zeitpunkt schon vom Verkäufer auf den Käufer übergegangen ist, kann es dadurch zu Auslegungsschwierigkeiten kommen. Zwei Lösungen bieten sich in diesen Fällen an: Es können die üblichen Auslegungen der CFR- und CIF-Klauseln bezüglich des Gefahrübergangs vom Verkäufer auf den Käufer zum Tragen kommen, so daß der Käufer das Risiko trägt, daß die Ware schon bei Abschluß des Kaufvertrags mangelhaft war. Eine andere Lösung wäre es, die Gefahr erst im Zeitpunkt des Vertragsabschlusses übergehen zu lassen. Für die erste Lösungsalternative spricht Artikel 68 des UN-Kaufgesetzes, wonach „die Gefahr bereits im Zeitpunkt der Übergabe der Ware an den Beförderer ... (auf den Käufer) ... übergeht“. Die Auslegung der Zusatzklausel „schwimmend“ ist damit abhängig von dem Recht, dem der internationale Liefervertrag unterliegt. Damit ist wiederum auf die Bedeutung der „Rechtswahlklausel“ (siehe unten) zu verweisen.

e) Die D-Klauseln

Nach den D-Klauseln ist der Verkäufer für die Ankunft der Ware am vereinbarten Bestimmungsort verantwortlich. Der Verkäufer trägt alle Gefahren und Kosten bis zur Ankunft der Ware am Bestimmungsort. Die D-Klauseln lassen sich in zwei Gruppen unterteilen: Die Klauseln DAF, DES und DDU verpflichten den Verkäufer nicht, die Ware zur Einfuhr frei zu machen, während dies bei DEQ und DDP der Fall ist. Die DDU-Klausel wurde neu in die Incoterms aufgenommen. Allerdings ist bei dieser Klausel Vorsicht geboten. Dort, wo hinsichtlich der Einfuhrformalitäten kaum mit Schwierigkeiten zu rechnen ist (wie etwa in der EU), ist diese Klausel wohl unproblematisch. Anders ist es jedoch, wenn in anderen Ländern mit Schwierigkeiten bei den Einfuhrformalitäten zu rechnen ist, da dann die Verpflichtung, die Ware hinter die Zollgrenze zu liefern, für den Verkäufer Gefahren und Risiken bergen kann.

f) Kosten- und Gefahrübergang

Auf den Aspekt des Kosten- und Gefahrübergangs ist bereits mehrfach hingewiesen worden. Grundsätzlich gilt, daß die Gefahr des Verlusts oder der Beschädigung der Ware sowie die Pflicht, die durch die Ware bedingten Kosten zu tragen, auf den Käufer übergeht, wenn der Verkäufer seine Verpflichtung zur Lieferung der Ware erfüllt hat. Da der Käufer keine Gelegenheit haben soll, diesen Übergang zu verzögern, legen die Klauseln der Internationalen Handelskammer fest, daß der Kosten- und Gefahrübergang auch vor der Lieferung liegen kann, wenn der Käufer die Ware nicht wie vereinbart abnimmt oder wenn er es versäumt, Anweisungen zu geben, die der Verkäufer benötigt, um seine Lieferverpflichtung zu erfüllen.

5. Weitere standardisierte Lieferbedingungen

Lieferbedingungen in standardisierter Form gibt es auch in den ECE-Bedingungen sowie anderen Standardklauselwerken, wie etwa denjenigen des VDMA oder der Elektroindustrie. Dabei ähneln die ECE-Bedingungen hinsichtlich des Gefahrübergangs inhaltlich einer Incoterms-Klausel[224], während dies bei den VDMA-[225] und Elektroindustriebedingungen[226] nicht der Fall ist. Gemeinsam ist den Verbandsbedingungen in den meisten Fällen, daß hier überwiegend die liefernde Partei, der Exporteur oder Anlagenbauer, bevorzugt wird und daher der Gefahrübergang sich noch in seiner Sphäre vollzieht (vgl. den „Ex works"-Gedanken der Incoterms). Mit Ausnahme der ECE-Bedingungen genießen die übrigen Standard-Klauselwerke keine weltumfassende Anerkennung, so daß bei ihrer Verwendung im internationalen Geschäft mit Interpretationsproblemen bestimmter Klauseln gerechnet werden muß.

224 ECE-Bedingungen Nr. 188, Ziffer 6.1., mit dem konkreten Hinweis: „Bestimmt der Vertrag nichts über die Art des Verkaufs, so gilt der Liefergegenstand als ‚ab Werk' verkauft". Hinsichtlich der Lieferfrist ist Ziffer 7 dieser Bedingungen einschlägig.

225 Allgemeine Bedingungen für Liefergeschäfte von Maschinen für Inlandsgeschäfte, Ziffer V: „(1) Die Gefahr geht spätestens mit der Absendung der Lieferteile auf den Besteller über, und zwar auch dann, wenn Teillieferungen erfolgen ... (2) Verzögert sich der Versand infolge von Umständen, die der Besteller zu vertreten hat, so geht die Gefahr vom Tage der Versandbereitschaft ab auf den Besteller über ..."

226 Allgemeine Lieferbedingungen für Erzeugnisse und Leistungen der Elektroindustrie, Art. VI: „Die Gefahr geht auf den Besteller über, ... (a) bei Lieferung ohne Aufstellung oder Montage, wenn die betriebsbereite Sendung zum Versand gebracht oder abgeholt worden ist ...; (b) bei Lieferung mit Aufstellung oder Montage am Tage der Übernahme in eigenen Betrieb ...; (c) wenn der Versand, die Zustellung oder der Beginn oder die Durchführung der Aufstellung oder Montage auf Wunsch des Bestellers oder aus von ihm zu vertretenden Gründen verzögert wird, geht die Gefahr für die Zeit der Verzögerung auf den Besteller über ..."

6. Sonderbestimmungen in Einzelverträgen

Es ist nochmals ausdrücklich darauf hinzuweisen, daß grundsätzlich gesonderte Vereinbarungen der Vertragspartner etwa vereinbarten Incoterms-Klauseln vorgehen. Die Internationale Handelskammer Paris stellte in der Broschüre Nr. 350 (Incoterms 1980) eindeutig heraus, daß es den Vertragsparteien freisteht, die Incoterms als allgemeine Grundlage für ihre Verträge festzusetzen. Sie könnten aber auch den Bedürfnissen ihres Gewerbes, den Zeitumständen oder ihren persönlichen Wünschen entsprechend Änderungen oder Zusätze vereinbaren. So könne es zum Beispiel vorkommen, daß eine Firma von ihrem Lieferanten bei einem CIF-Vertrag verlange, daß nicht nur die Seeversicherung, sondern auch diejenige gegen Kriegsgefahr von der Klausel mit abgedeckt werde. Erforderlich sei dann nur ein entsprechender Zusatz zur Incoterms-Klausel.

§ 16. Zahlungsbedingungen

Literatur: *Axmann*, Preisfaktoren, Zahlungsbedingungen und Zahlungssicherung im Außenhandel, DB 1973, Beilage 8; *Graf von Bernstorff*, Rechtsprobleme im Auslandsgeschäft, 3. Aufl. 1992, S. 160ff; *ders.*, Dokumente gegen unwiderruflichen Zahlungsauftrag, RIW 1985, 14ff; *Koller*, Bedeutung der Klausel „cash against documents" (Kasse gegen Dokumente) im internationalen Handelsverkehr, IPRax 1990, 301ff; *Liesecke*, Die typischen Klauseln des internationalen Handelsverkehrs in der neueren Praxis, WM 1978, Beilage 3; *Schütze*, Das Dokumentenakkreditiv im internationalen Handelsverkehr, 4. Aufl., 1996; *Zahn/Eberding/Ehrlich*, Zahlung und Zahlungssicherung im Außenhandel, 6. Aufl., 1986.

Auch die Zahlungsbedingungen eines Außenhandelsvertrags sind ein wesentlicher Bestandteil, der Schwierigkeiten bereiten kann. Die Zahlungsbedingungen legen fest, unter welchen Voraussetzungen und Umständen der Kaufpreis zu entrichten ist. Dies ist der Ansatzpunkt für eine Mitwirkung von Kreditinstituten, die entweder beim Transfer (auch der Konvertierung) oder Inkasso von (Fremd-)Währungsbeträgen oder im sogenannten Dokumentengeschäft mitwirken.

Hinzu kommen Fragen der Vereinbarung eines Zahlungsortes sowie die Frage, ob Aufrechnungs- und Zurückbehaltungsrechte vertraglich ausgeschlossen werden können.

I. Verhandlungsposition der Vertragspartner

Wie schon bei den Lieferbedingungen, so ist auch bei den Zahlungsvereinbarungen die Verhandlungs- und Marktposition der Vertragspartner entscheidend für die schließlich vereinbarte Klausel. Dem Importeur ist daran gelegen, die Zahlung möglichst lange hinausschieben zu können, um möglicherweise kein Kapital binden oder eine kostspielige Finanzierung in Anspruch nehmen zu müssen. Außerdem kommt es ihm darauf an, erst dann zahlen zu müssen, wenn er die Ware sicher angeliefert weiß und die Kaufsache auf Qualitätsmängel hin durchsucht werden konnte.

Der Exporteur dagegen benötigt eine frühzeitige Bezahlung der Lieferung, um seinerseits keine Vorfinanzierung beanspruchen zu müssen, die Aktivseite der Bilanz entlasten zu können und – bei sofortiger Zahlung – nicht eventuell uneintreibbare Außenstände befürchten zu müssen. Hinzu kommt das beiderseitige Sicherungsbedürfnis der Vertragspartner, nach dem vermieden werden soll, daß eine Partei gleichzeitig über Ware und Geld verfügen kann. Ein solches Ergebnis läßt sich entweder durch Zahlungsvereinbarungen erreichen, die zu einer Vorleistungspflicht des Verkäufers führen, oder aber durch dokumentäre Zahlungsklauseln. Die Vor- und Nachteile der jeweiligen dokumentären Zahlungsklauseln und die unterschiedliche Sicherung der Kaufpreiszahlung werden hier nur in Kürze aufgezeigt; es wird im übrigen auf die grundlegende Literatur, die zu Beginn dieses Abschnitts genannt ist, verwiesen.

II. Beispiele für Zahlungsbedingungen

1. Nichtdokumentäre Zahlungsklauseln

Die für den Exporteur günstigste Zahlungsvereinbarung ist die der „Vorauszahlung der Ware" (*Vorkasse*), da er hier die Bezahlung der Ware schon vor der Lieferung beanspruchen kann; für den Importeur bedeutet dies allerdings eine Belastung, da er schon vorleisten muß, ehe der Exporteur seinerseits eine Leistung erbringt.

Häufiger ist es dagegen, die *„Anzahlung"* der Ware zu vereinbaren, wobei die Höhe der Anzahlung je nach Vertrag variieren kann. Zur Sicherung des Importeurs, der eine Zahlung erbringt, ohne bisher Ware erhalten zu haben, kann eine sogenannte Anzahlungsgarantie gestellt werden, die von seiten einer Bank die Rückzahlung des angezahlten Geldes sichert, sofern der Exporteur den Vertrag nicht erfüllt und auch die Anzahlung nicht mehr zurückzahlen kann.

Textbeispiele

Tabelle 12

Zahlungsbedingungen

33. Der Kaufpreis ist (ohne Abzug) innerhalb von zehn Tagen ab Rechnungsdatum zur Zahlung fällig.

Der Käufer hat durch seine Bank ein unwiderrufliches Dokumentenakkreditiv zugunsten des Verkäufers eröffnen zu lassen.

34. Falls der Verkäufer nicht rechtzeitig liefert, muß der Käufer dem Verkäufer schriftlich eine Nachfrist setzen, nach deren Ablauf er den Vertrag kündigen darf. Schadensersatz wegen Nichterfüllung kann der Käufer nur dann geltend machen, wenn der Lieferverzug auf Vorsatz oder grober Fahrlässigkeit beruhte oder wenn seitens des Verkäufers durch (einfaches) Verschulden eine wesentliche Vertragspflicht verletzt wurde.

35. Payment of the price including all taxes shall be due with ten days of the invoice date.

The buyer has to furnish the seller with an irrevocable letter of credit to be issued in favor of the seller by the buyer's bank.

36. If for any reason whatever the seller fails within such time to effect delivery, the buyer shall be entitled by notice in writing to the seller to fix a deadline after the expiry of which the buyer shall be entitled to terminate the contract. He may also recover from the seller any loss suffered by the buyer by reason of the failure of the seller. Damages may only be claimed for by the buyer if the seller intentionally or negligently failed to fulfil the contract.

37. Le prix de vente est payable dans la période de dix jours. L'acheteur doit présenter un accréditif irrevocable émis par sa banque.

Bei kleinen Warenlieferungen mit bestimmten Höchstwerten innerhalb des westeuropäischen Warenverkehrs kommt auch die „*Lieferung gegen Nachnahme*" vor. In diesem Fall wird Ware gegen Geld getauscht. Allerdings ist auch diese Zahlungsbedingung eher nachteilig für den Importeur, da er die Ware bei Lieferung bezahlen muß, ohne sie vorher auf Vollständigkeit und Mängelfreiheit untersuchen zu können.

Ein vorheriges Recht auf Untersuchung der Ware und gegebenenfalls auf Zahlungsverweigerung hat der Käufer dagegen bei der vereinbarten

Zahlungsbedingung „*Zahlung netto Kasse*“ bzw. „*Zahlung gegen offene Rechnung*“. Hier ist der Käufer zur Begleichung der Kaufsumme erst innerhalb kurzer Frist nach Rechnungs- und Warenempfang verpflichtet, kann also bei etwaigen Mängeln die oben bereits beschriebenen Gewährleistungsrechte geltend machen und gegebenenfalls den Kaufpreis mindern, die Ware zurücksenden und den Vertrag wandeln (Textbeispiele in Tabelle 12, Ziffern 34 und 36).

Eine für den Käufer besonders günstige – für den Exporteur dagegen ungünstige – Zahlungsvereinbarung ist das „*offene Zahlungsziel*“. Eine solche Vereinbarung, nach der der Käufer erst nach Tagen, Wochen oder sogar Monaten den Kaufpreis entrichten muß, spricht eindeutig für eine überlegene Marktposition des Käufers. Er kann es sich erlauben, letztlich zu Lasten des Verkäufers Waren abzunehmen und sie möglicherweise sofort weiterzuverkaufen, ohne daß er seinerseits schon den Kaufpreis bezahlt hat. Dem Käufer wird damit ein zinsloser Kredit durch den Verkäufer eingeräumt; ein Risiko der Nichtbezahlung läßt sich – was sich bei höheren Kaufsummen lohnt – durch eine von der Bank des Käufers zu stellende Zahlungsgarantie mindern (sofern der Käufer sich auf diese Bedingung überhaupt einläßt).

2. Dokumentäre Zahlungsklauseln

Wird von den Vertragsparteien eine dokumentäre Zahlungsklausel vereinbart, dann muß in jedem Falle ein Kreditinstitut eingeschaltet werden, das mit der Abwicklung der Kaufpreiszahlung, die nur bei Vorlage und nach Prüfung von Warendokumenten erfolgen darf, befaßt ist. Die Praxis unterscheidet grob zwei Möglichkeiten im sogenannten „Dokumentengeschäft“: zum einen die Vereinbarung, daß der Käufer durch seine Bank ein Dokumentenakkreditiv eröffnen läßt, zum anderen die Abwicklung in Form eines Dokumenteninkassos. Hier gibt es jeweils eine Vielzahl von Untergliederungen, auf die hier nur kurz eingegangen werden soll.

a) Das Dokumentenakkreditiv

Die Zahlungsvereinbarung „Dokumente gegen Akkreditiv“ findet sich typischerweise immer dann in Außenhandelsverträgen, wenn Ex- und Importeur noch keine vertrauensvolle Geschäftsverbindung miteinander aufbauen konnten oder wenn die Länderbestimmungen von Aus- oder Einfuhrland grundsätzlich Liefergeschäfte nur auf der Basis von Dokumentenakkreditiven ratsam erscheinen lassen (z.B. bei Geschäften mit einigen

Staaten Osteuropas, der dritten Welt sowie sonstigen Staaten mit niedrigem Länderrating). Der Exporteur hat bei Vereinbarung des Dokumentenakkreditivs die Sicherheit, daß er bei Erfüllung der Akkreditivbedingungen durch das Zahlungsversprechen der Bank des Importeurs kein Zahlungsrisiko mehr hat: Die Ware wird bezahlt, wenn die vom Exporteur eingereichten Dokumente akkreditivgerecht sind. Für den Importeur bedeutet diese Zahlungsbedingung, daß er nur dann über seine Bank Zahlung zu leisten hat, wenn akkreditivgerechte Dokumente präsentiert werden (Textbeispiele in Tabelle 12, Ziffern 33, 35 und 37).

b) Das Dokumenteninkasso

Ein für die Vertragspartner zwar kostengünstigeres, dafür aber mit etwas mehr Risiken behaftetes Verfahren stellt das Dokumenteninkasso dar, das in den Verfahrensformen „*Kasse gegen Dokumente*", „*Dokumente gegen Akzept*" und gelegentlich auch „*Dokumente gegen Eröffnung eines unwiderruflichen Zahlungsauftrags*" vorkommt. Im Gegensatz zum Dokumentenakkreditiv ist für den Exporteur beim Dokumenteninkasso der Eingang der Zahlung sowie die Abnahme der Ware durch den Importeur nicht mehr sicher, da kein abstraktes Zahlungsversprechen der Bank des Importeurs vorliegt. Die Vereinbarung des Dokumenteninkassos setzt somit schon ein größeres Vertrauen des Exporteurs in seinen ausländischen Vertragspartner voraus, das nun allerdings auch nicht so groß ist, daß man sich gleich auf eine nichtdokumentäre Zahlungsbedingung einigen könnte.

Beim Dokumenteninkasso erhält der Importeur mit den über seine Bank vorgelegten Dokumenten nur den Nachweis, daß die von ihm bestellte Ware unterwegs ist. Ob die Ware aber auch in auftragsgemäßem Zustand geliefert wird, kann er bei Bezahlung der präsentierten Dokumente noch nicht wissen. Es ist bei dieser Zahlungsvereinbarung gerade das Risiko des Importeurs, daß er vorleistungspflichtig ist, also die Ware vor Bezahlung weder prüfen noch besichtigen darf.

Der Exporteur trägt beim Dokumenteninkasso das Risiko, daß der Importeur die gelieferte Ware nicht abnimmt und diese, z.B. bei leichtverderblichen Gütern, für ihn wertlos wird. Beim Verfahren „Dokumente gegen Akzept" besteht für ihn das Risiko, daß er neben Gewährung des Zahlungsziels (bis zum Verfall des Wechsels) auch noch damit rechnen muß, daß der Wechsel nicht bezahlt wird. Wird schließlich das Verfahren „Dokumente gegen unwiderruflichen Zahlungsauftrag" vereinbart, dann bestehen die Probleme des sogenannten „Vertrages zugunsten Dritter", welcher in manchen Rechtsordnungen nicht anerkannt wird, so daß im Ergebnis eine klageweise Durchsetzung eines Zahlungsanspruchs scheitern kann.

3. Zusammenfassendes Ergebnis zu den Zahlungsbedingungen

Steht die inhaltliche Gestaltung eines internationalen Liefervertrages an und muß eine Zahlungsvereinbarung getroffen werden, dann kommt es im Ergebnis, wie dargestellt, auf die Verhandlungsposition der Vertragspartner an. Es wird sich also häufig nicht darum drehen, ein kostengünstiges (also nichtdokumentäres) Verfahren zu wählen, sondern vielmehr darum, der anderen Vertragspartei einen Großteil der Risiken (Zahlung; Abnahme der Ware) aufzuerlegen.

Den dokumentären Zahlungsklauseln kommt zugute, daß sie, genau wie die Lieferbedingungen auf der Grundlage der Incoterms, auf weltweit gleichermaßen gültige Richtlinien der Internationalen Handelskammer Paris zurückgreifen können. Dies bürgt letztlich datür, daß Auslegungsprobleme kaum entstehen dürften. Die Einheitlichen Richtlinien und Gebräuche für Dokumentenakkreditive[227] und die Einheitlichen Richtlinien für Inkassi[228] dienen somit der größeren Rechtssicherheit und einem vereinheitlichten Verfahren in der Akkreditiv- und Inkassoabwicklung. Da weltweit inzwischen mehr als 100 Länder die „Einheitlichen Richtlinien" akzeptieren und anwenden, kann – insbesondere bei neuaufgebauten Handelsbeziehungen – auf dieser Grundlage eine Zahlungsvereinbarung getroffen werden. Da beide Typen der Einheitlichen Richtlinien seit der Entstehung mehrfach revidiert wurden, sollte stets die aktuelle Fassung vereinbart werden, um hier Auslegungsstreitigkeiten zu vermeiden.

III. Vereinbarung eines Zahlungsortes

Die Vereinbarung eines Zahlungsortes ist von Wichtigkeit, wenn nicht im Wege des Dokumentenakkreditivs oder Dokumenteninkassos ohnehin eine Abrede darüber getroffen worden ist, welches Kreditinstitut als Zahlstelle tätig wird und damit eine weitere Vereinbarung eines „Zahlungsortes" überflüssig macht.

Zunächst ist bei Fremdwährungszahlungen folgendes zu beachten. Ist bei einer Fremdwährungsforderung ein Zahlungsort in Deutschland vereinbart, darf die gemäß § 244 BGB zugunsten des Schuldners bestehende Umrechnungsbefugnis nicht außer acht gelassen werden. Die Festlegung

227 Einheitliche Richtlinien und Gebräuche für Dokumentenakkreditive, Publikation Nr. 500 der Internationalen Handelskammer, Paris, in Kraft seit dem 1.1.1994.

228 Einheitliche Richtlinien für Inkassi, Revision 1995, Publikation Nr. 522 der Internationalen Handelskammer, Paris, in Kraft seit dem 1.1.1996.

Übersicht

Zahlungsbedingungen

Die Zahlungsbedingungen in Außenhandelsverträgen legen fest, unter welchen Voraussetzungen und Umständen der Kaufpreis zu entrichten ist. Neben der Vereinbarung des Zahlungsortes können Zahlungsbedingungen auch eine Regelung darüber enthalten, ob Aufrechnungs- und Zurückbehaltungsrechte vertraglich ausgeschlossen sein sollen.

Die Festlegung der Zahlungsbedingungen ist von der Markt- und Verhandlungsposition der beiden Vertragspartner abhängig. Dem *Exporteur* ist daran gelegen, seine Warenlieferung möglichst frühzeitig bezahlt zu bekommen; der *Importeur* dagegen ist bemüht, den Warenimport möglichst spät bezahlen zu müssen. Darüber hinaus ist es im Interesse des Exporteurs, möglicherweise eine „Zahlungssicherung" vorzunehmen. Insgesamt gesehen stehen folgende Verfahrensweisen beziehungsweise Instrumente zur Verfügung:

- Vorauszahlung der Warenlieferung/Vorkasse,
- Anzahlung der Warenlieferung,
- Lieferung gegen Nachnahme (nur Europa),
- Lieferung nur gegen Stellung eines Dokumentenakkreditivs zugunsten des Exporteurs,
- Lieferung auf Inkassobasis (Kasse gegen Dokumente; Dokumente gegen Akzept),
- Zahlung netto Kasse,
- Zahlung gegen offene Rechnung/clean payment,
- Lieferung mit Zahlungsziel.

Die hier beschriebene Reihenfolge der möglichen Zahlungsbedingungen beschreibt gleichzeitig die Interessenlage: Die obengenannten Bedingungen begünstigen den Exporteur, während die letztgenannten Zahlungsbedingungen im Interesse des Importeurs liegen.

Besonders bedeutend ist eine „dokumentäre" Zahlungsbedingung:
- Das Dokumentenakkreditiv ist aufgrund des abstrakten Zahlungsversprechens der akkreditiveröffnenden Bank ein besonders geeignetes Zahlungssicherungsinstrument, da hiermit sichergestellt wird, daß der Importeur die Warendokumente nur Zug um Zug gegen Zahlung erhält.
- Beim Dokumenteninkasso fehlt diese wichtige abstrakte Zahlungssicherung.

des Zahlungsortes stellt sich aus der Sicht des zahlenden Käufers gleichzeitig als Festlegung des Erfüllungsortes für die Zahlung dar.

Schließlich kann, was später noch im Rahmen des Problemkreises „Rechtswahl" dargestellt wird, auch mangels ausdrücklicher oder stillschweigender Rechtswahl die Benennung eines Zahlungsortes als Indiz für die Festlegung des Schwerpunktes des Vertragsverhältnisses angesehen werden.

IV. Ausschluß von Aufrechnungsrechten

Bei allen international üblichen Zahlungsbedingungen mit dem Bestandteil „Kasse" (z.B. Kasse gegen Dokumente; netto Kasse; netto Kasse gegen Rechnung) ist davon auszugehen, daß automatisch Barzahlung vereinbart ist und damit auch eine Aufrechnungsbefugnis ausgeschlossen wird. Die höchstrichterliche Rechtsprechung hat jedoch klargestellt, daß ein solcher Aufrechnungsausschluß nicht für den Fall gelten darf, daß der die Geldforderung innehabende Verkäufer und Exporteur zahlungsunfähig ist; hier soll die Zahlungsvereinbarung, die ja „automatisch" einen Aufrechnungsverzicht beinhaltet, keine negative Wirkung mehr haben.[229]

V. Verjährung von Kaufpreisforderungen

Die Durchsetzbarkeit von Ansprüchen muß aus Gründen der Rechtssicherheit begrenzt sein. Würde die Möglichkeit bestehen, daß ein Gläubiger den Schuldner unbegrenzt zur Erbringung einer geschuldeten Leistung auffordern kann, dann ergäben sich für die Alltagspraxis sowie für die zu Entscheidungen berufenen Gerichte große Beweisschwierigkeiten.

1. Das deutsche Recht

Grundsätzlich sind nach § 194 BGB alle vertraglichen und gesetzlichen Ansprüche der Verjährung unterworfen. Dennoch kann für alle denkbaren Ansprüche nicht ein gleich langer Zeitraum der Geltendmachung bestehen. Zumindest ist daher zu trennen zwischen Ansprüchen, die Privatleute geltend machen, und solchen, die durch Kaufleute geltend gemacht werden können (vgl. §§ 195 bis 197 BGB).

Grundsätzlich beträgt danach die Verjährungsfrist 30 Jahre (§ 195 BGB). Die Ausnahmeregelung in §§ 196 und 197 BGB (insbesondere in § 196 Abs. 2

229 Zu den „*Kasse-Klauseln*" vgl. BGH NJW 1976 S.852f (Kasse gegen Verladedokumente), und BGHZ 60, 262, 264 (Kasse gegen Akkreditiv). Dieser Aufrechnungsausschluß ist auch unter dem Blickwinkel von § 11 Nr. 3 AGB-Gesetz problematisch, sofern, was wohl selten der Fall ist, die Zahlungsvereinbarung für den Einzelfall durch AGB getroffen wird.

BGB: 4 Jahre statt 2 Jahre!) darf dabei nicht übersehen werden. Ist die Verjährungsfrist nach §§ 196 und 197 BGB verkürzt, wird die Frist ab dem Schluß des Kalenderjahres gerechnet, in dem der Anspruch entstanden ist, § 201 BGB. Für den Kauf ist insbesondere auf die verkürzte Verjährungsfrist nach § 477 BGB hinzuweisen, auf die oben bereits eingegangen wurde: Danach beträgt die Frist für die Geltendmachung von Gewährleistungsansprüchen für bewegliche Sachen sechs Monate, für unbewegliche Sachen ein Jahr.

Die Verjährung kann nach §§ 203ff BGB gehemmt (z.B. durch Stundungsvereinbarung) oder unterbrochen werden (vgl. §§ 208ff BGB, z.B. durch Anerkenntnis, Klageerhebung u.a.), wobei für den Fall der Unterbrechung § 217 BGB zu beachten ist: Danach beginnt die Verjährungsfrist nach der Unterbrechung neu zu laufen, ohne daß bereits verstrichene Zeiten berücksichtigt werden.

2. Ausländische Rechtsordnungen

In *Belgien* beträgt die Verjährungsfrist bei Handelsgeschäften 30 Jahre, jedoch nur ein Jahr bei Lieferungen an Nichtkaufleute. Ebenfalls eine dreißigjährige Verjährungsfrist kennen *Griechenland* (bei einigen Geschäften nur 5 Jahre; sonst viele Ausnahmen), *Norwegen* (bei Einzelhändlern nur 5 Jahre), und eine zwanzigjährige Verjährungsfrist gilt im Recht *Portugals*, sofern Handelsgeschäfte betroffen sind (sonst zwei Jahre). *Spanien* hat eine fünfzehnjährige Verjährungsfrist für Kaufpreisforderungen, und eine zehnjährige Frist gilt in *Finnland*, *Frankreich* (nur für Handelsgeschäfte; sonst 2 Jahre bei Lieferungen an Nichtkaufleute), *Italien*, *Schweden* und der *Schweiz*. In den *USA* ist die Verjährungsfrist abhängig von dem Recht der einzelnen Bundesstaaten; meist gilt eine sechsjährige, bei Verträgen nach dem Uniform Commercial Code auch eine vierjährige Frist, § 2–725 UCC. *Dänemark* und *Schottland* haben eine fünfjährige Verjährungsfrist, *England* eine sechsjährige, und das Recht der *Niederlande* und *Österreichs* hat eine nur dreijährige Frist für die Geltendmachung von Kaufpreisforderungen statuiert.

§ 17. Allgemeine Geschäftsbedingungen

Literatur: *Bartsch*, Der Begriff des „Stellens" Allgemeiner Geschäftsbedingungen, NJW 1986, 28; *ders.*, Zu Preissteigerungsklauseln in AGB, DB 1983, 214; *Baur*, Preisänderungsklauseln, Vertragsanpassungsklauseln und Höhere-Gewalt-Klauseln in langfristigen Lieferverträgen, ZIP 1985, 905; *Grasmann*, Das Zusammentreffen unterschiedlicher Einkaufs- und Verkaufsbedingungen, DB 1971, 561; *Hensen*, Zur Einbeziehung von AGB in den Vertrag, ZIP 1984, 145; *Jayme*, Allgemeine Geschäftsbedingungen und Internationales Privatrecht, ZHR 142 (1978), 105; *Lübke-Detring*, Preisklauseln in Allgemeinen Geschäftsbedingungen, 1989; *Reh*, Einbeziehung und Inhaltskontrolle Allgemeiner Geschäftsbedingungen im kaufmännischen Verkehr, 1990; *Stahl*, Widerspruch zwischen Lieferungs- und Einkaufsbedingungen, DB 1956, 681; *Tengelmann*, Widerstreit der Einkaufs- und Verkaufsbedingungen, DB 1968, 205; *Wolf*, Preisanpassungsklauseln in Allgemeinen Geschäftsbedingungen unter Kaufleuten, ZIP 1987, 341.

Es soll an dieser Stelle – zunächst unabhängig von der Behandlung konkreter Klauseln in Allgemeinen Geschäftsbedingungen – deutlich gemacht werden, welche Anforderungen durch die jeweiligen Rechtsordnungen an eine wirksame *Einbeziehung von Allgemeinen Geschäftsbedingungen* in einen Liefervertrag gestellt werden. In einem eigenen Kapitel werden – nach Abschluß der Behandlung des internationalen Liefervertrages – dann noch detailliertere Angaben zu Allgemeinen Verkaufsbedingungen gemacht.

I. Einbeziehung von AGB nach deutschem Recht

Nach deutschem Recht können die Vertragspartner ihre AGB direkt in die Vertragsurkunde aufnehmen oder in einem Einzelvertrag ausdrücklich auf ihre AGB Bezug nehmen, wobei dann die Geltung der AGB nicht davon abhängig ist, ob der Inhalt der AGB dem Vertragspartner auch bekannt ist.[230]

Schwierigkeiten entstehen dagegen bei der Frage, ob AGB auch stillschweigend einbezogen werden können. Nach der Rechtsprechung muß der Anwender von AGB auch im kaufmännischen Verkehr auf seine AGB deutlich hinweisen[231], wobei es ihm überlassen bleibt, in welcher Weise er dieser Hinweispflicht nachkommt.

230 Dazu BGHZ 33, 216, 219; st. Rspr. seit BGHZ 18, 99, sog. „Wissenmüssen-Formel". Zum „Hinweisen" auf die AGB vgl. die Rspr. des BGH NJW 1983, 817; BGH NJW 1988, 2108; OLG Frankfurt NJW 1989, 1096.

231 BGH WM 1977,1353; BGHZ 105, 292; OLG Hamm, NJW-RR 1991, 277.

Es kann davon ausgegangen werden, daß im Ergebnis der Verwender von AGB diese wirksam zum Vertragsbestandteil macht, sofern im Vertragsangebot oder auf der Vorderseite einer Bestellung ausdrücklich auf die AGB hingewiesen wird („Die Lieferung erfolgt nur nach Maßgabe der umseitig abgedruckten Allgemeinen Geschäftsbedingungen"). Nicht ausreichend ist ein versteckter oder mißverständlicher Hinweis oder der bloße Abdruck der AGB auf der Vertragsrückseite.[232]

Das in der Praxis gelegentlich auftauchende Verfahren, daß der Verwender von AGB diese Klauseln einer den Vertrag verändernden Auftragsbestätigung (im Sinne von § 150 Abs. 2 BGB) beifügt, ist dagegen sehr problematisch. Hiermit sind die AGB grundsätzlich nicht wirksam in den Vertrag einbezogen, solange der Vertragspartner die AGB nicht annimmt. – Eine Annahme kann darin erblickt werden, daß der Vertragspartner sich auf die AGB einläßt bzw. daß er bei ständiger Geschäftsverbindung, in deren Verlauf immer wieder Verträge unter Zugrundelegung von AGB abgeschlossen wurden, damit rechnen kann und muß, daß wiederum neue AGB zum Vertragsinhalt werden können. Im kaufmännischen Geschäftsverkehr kann es schließlich ausreichend sein, daß der Verwender der AGB dem Vertragspartner nach bereits erfolgtem mündlichen Vertragsabschluß ein sogenanntes „kaufmännisches Bestätigungsschreiben" schickt, in welchem er auf die Geltung seiner AGB hinweist, und der Vertragspartner dieses Schreiben ohne Einwand hinnimmt.[233]

Im *nichtkaufmännischen Geschäftsverkehr* sind die Vorschriften des AGBGesetzes – dort insbesondere des § 2 AGB-Gesetz – zu beachten. Danach können AGB nur dann Vertragsinhalt werden, wenn der (nichtkaufmännische) Vertragspartner ausdrücklich auf die Geltung der AGB hingewiesen worden ist. Dies kann unter Umständen auch durch deutlich sichtbaren Aushang am Ort des Vertragsabschlusses (zum Beispiel bei Banken) geschehen, wobei dem Vertragspartner stets die Möglichkeit gegeben werden muß, in zumutbarer Weise Kenntnis von den AGB erhalten zu können.

Soweit die Banken- und Sparkassen-AGB oder etwa die Deutschen Spediteurbedingungen (ADSp) als typische *„branchenübliche" AGB* einbezogen werden sollen, genügt es, daß der branchenkundige Vertragspartner vom Einbeziehungswillen des Verwenders weiß (oder aus Gründen leichter

232 LG MünsterVersR 80, 100; LG Berlin, MDR 1980, 404. Diese Ansicht wird bestätigt durch OLG Nüruherg, WM 1990, 1371, wonach ein „Hinweis" klar erkennen lassen muß, welche Klauseln Vertragsinhalt werden sollen. Ein Bezug auf „umseitige AGB …" erfaßt nicht die von den AGB räumlich abgesetzte Vorbemerkungen (BGH NJW 1987 S. 2432) oder den Teil der AGB, der auf einem besonderen, nicht ausgehändigten Blatt abgedruckt ist, OLG Frankfurt NJW 1989 S. 1096.

233 BGHZ 102, 304: BGH NJW 1976, 1886; BGH NJW 1982, 1750.

Fahrlässigkeit nicht weiß). Eine besondere Einbeziehung von AGB ist dann nicht mehr erforderlich. Anders kann es nur sein, wenn die AGB gegenüber Branchenunkundigen zur Anwendung gelangen sollen oder wenn es sich bei den AGB um Klauseln handelt, die zwar branchenüblich sind, denen der Vertragspartner aber widerspricht.[234]

Die Vorschrift des § 346 HGB regelt den *Handelsbrauch*. Für AGB hat diese Vorschrift folgende Bedeutung: Sind AGB aufgrund ständiger Übung inzwischen zum Handelsbrauch geworden, dann erübrigt sich die Frage der Einbeziehung in den Vertrag mittels ausdrücklicher oder stillschweigender Vereinbarung. Während nach herrschender Rechtsauffassung die Deutschen Spediteurbedingungen (ADSp) kein Handelsbrauch sind, können die obenerwähnten Trade Terms (bei Ausschluß von Incoterms) sowie die Deutschen Seeversicherungsbedingungen (ADS) als Handelsbrauch angesehen werden mit der Folge, daß eine „Einbeziehung" in der oben bezeichneten Weise entfallen kann; ein Widerspruch gegen die Geltung dieser zu Handelsbrauch erstarkten AGB durch den Vertragspartner ist jederzeit möglich.

Für internationale Sachverhalte ist – wie schon bei der Frage des Zustandekommens eines Vertrages – Art. 31 EGBGB zu beachten. Danach sollen das Zustandekommen und die Wirksamkeit des Vertrages oder einer seiner Bestimmungen nach einem einheitlichen Recht bestimmt werden können (Einheitsstatut); der gesamte Vertrag (also dessen Zustandekommen ebenso wie die Frage der Einbeziehung von AGB) soll sich einheitlich nach ein und demselben Recht beurteilen. Dies bedeutet, daß im Streitfall – und mangels Parteivereinbarung – die Frage der Einbeziehung von AGB nach demselben Recht zu entscheiden ist wie die übrige Vereinbarung der Vertragsparteien. Wegen der hier erforderlichen weiteren Erklärungen wird auf die Ausführungen zur Rechtswahl (weiter unten) verwiesen.

II. Einbeziehung von AGB nach englischem Recht

Auch nach englischem Recht bestehen keine Schwierigkeiten bei der Einbeziehung von AGB in den Vertrag (incorporation of exemption clauses in a contract), wenn der gesamte Wortlaut der AGB gemeinsam mit dem übrigen (Haupt-)Vertrag unterzeichnet wird. In diesem Fall der von beiden Vertragspartnern geleisteten Unterschrift ist es völlig unbedeutend, ob der Vertragspartner des AGB-Verwenders die AGB zur Kenntnis genommen und

234 BGH NJW 1976, 2075; BGH WM 1980, 789 (zu ADSp.).

verstanden hat; selbst auf die Sprache, in der die AGB abgefaßt sind, kommt es dann nicht mehr an.[235]

Werden die AGB nicht innerhalb eines Vertragswerkes mitunterzeichnet, dann sind sie nur wirksam einbezogen, wenn sie dem Vertragspartner zur Kenntnis gebracht wurden (notice). Diese Kundgabe der AGB kann nur vor und bei Vertragsabschluß und in „angemessener Weise“ erfolgen. Die AGB müssen als schriftliches Vertragsdokument (contractual document) erkennbar sein, der Vertragspartner muß die Möglichkeit zur Kenntnisnahme bekommen haben (wobei es nicht darauf ankommt, ob er die AGB auch wirklich liest), und die AGB müssen unmißverständlich sein.

Es kann vorkommen, daß beide Vertragspartner ihre eigenen AGB verwenden wollen. In der englischen – wie auch der deutschen – Rechtsordnung gilt das Prinzip, daß ein Vertrag nur beim Vorliegen übereinstimmender Willenserklärungen wirksam zustande kommen kann (vgl. § 150 Abs. 2 BGB). Dieses im englischen Recht mit *battle of forms* bezeichnete Problem läßt sich dadurch lösen, daß die AGB desjenigen Vertragspartners wirksam in den Vertrag einbezogen werden, der seine AGB zuletzt kundgegeben hat. Weiterhin muß die andere Vertragspartei zugestimmt bzw. darf nicht widersprochen haben.[236]

Das englische Vertragsrecht sieht, wie bereits besprochen, für bestimmte Vertragsversprechen stets eine Gegenleistung (consideration) vor. Sollen daher AGB erst nach Vertragsschluß noch einbezogen werden, dann muß für den „benachteiligten“ Vertragspartner eine Gegenleistung erbracht werden. Ein bloßes Einbringen der AGB in den Vertrag z.B. durch ein nachträgliches kaufmännisches Bestätigungsschreiben genügt nach englischem Recht daher nicht. Anders als im deutschen Recht ist in England das Schweigen auf ein kaufmännisches Bestätigungsschreiben nicht als Zustimmung zu werten. Dennoch kann auch nach Vertragsschluß noch eine Einbeziehung von AGB erfolgen, wenn der Vertragspartner seine Zustimmung zu dieser Vertragsergänzung erklärt.[237]

Werden AGB bei einer Vielzahl von Geschäften zwischen denselben Vertragspartnern verwendet und sind die stets zugrundeliegenden AGB wenigstens einmal kundgetan worden, dann kann wegen des ständigen Geschäftsgebrauchs (course of dealing) darauf verzichtet werden, die AGB bei

235 Dies gilt zumindest, solange nicht ein irrtümlich unterzeichnetes Vertragswerk oder ein Fall der Täuschung (misrepresentation) durch den Vertragspartner vorliegt, vgl. dazu *Hasham v. Zenab* (1960) AC 316; *Saunders v. Anglia Building Society* (1971) AC 1004. – Ansonsten *Thieme/Mitscherlich*, Die Einbeziehung von AGB in den Vertrag nach englischem Recht, AWD 1974, S. 173ff.

236 *Transmotors Ltd. v. Robertson, Buckley & Co Ltd.* (1970) 1 Lloyd's Rep. 224; *Butler Machine Tool Co v. Ex-Cell-O-Corp* (1979) 1 All E. R. 965.

237 *Gibson v. Manchester City Council* (1979)1 All E. R. 972.

jedem Einzelgeschäft erneut kundzutun, sofern es sich immer um gleichartige Verträge (z.B. solche under seal) handelt.[238]

So wie das deutsche Recht das AGB-Gesetz kennt, dessen §§ 9 bis 11 eine Inhaltskontrolle unbilliger Vertragsklauseln in AGB vornimmt, hat das englische Recht eine Vielzahl verschiedener Gesetze, die insbesondere dem Schutz des Verbrauchers vor der Verwendung von nicht rechtmäßigen (unreasonable) Vertragsklauseln dienen. Zu nennen sind hier insbesondere der Unfair Contract Terms Act 1977 und der Misrepresentation Act 1967, die allerdings beide keine dem AGB-Gesetz entsprechende Kodifikation darstellen. Es soll an dieser Stelle lediglich darauf hingewiesen werden, daß auch nach englischem Recht die Vertragsgestaltungsfreiheit im Bereich der Verwendung von AGB ihre Grenzen nicht nur in der Rechtsprechung, sondern auch in verschiedenen neueren Gesetzen findet.[239]

III. Besonderheiten im US-amerikanischen Recht

Das US-amerikanische Recht folgt den Grundsätzen des englischen Rechts und stellt für den Bereich des Warenkaufs im Uniform Commercial Code Vertragsabschlußnormen auf.

Am sichersten ist auch nach US-amerikanischem Recht eine Einbeziehung der AGB in den Vertrag in der Weise, daß die AGB vor oder bei Vertragsschluß mitunterzeichnet werden; es kommt dann nicht darauf an, ob der Vertragspartner die AGB gelesen hat oder nicht.

Auch eine stillschweigende Einbeziehung (acceptance by silence) ist möglich. Liegt eine lang dauernde Geschäftsverbindung (prior course of dealing) oder ein Handelsbrauch (usage of trade) vor, dann kann der AGB-Verwender das Schweigen des Vertragspartners auf vorgelegte AGB als Zustimmung auffassen; dies gilt nur dann nicht, wenn es sich um ungewöhnliche oder unangemessene (bisher nicht zur Anwendung gekommene, neue) Klauseln handelt. Anders wird jedoch das Schweigen auf ein kaufmännisches Bestätigungsschreiben gewertet: Im allgemeinen gilt hier Schweigen als Ablehnung.[240]

238 *McCutcheon v. David MacBrayne Ltd.* (1964) 1 All E. R. 430.

239 Zur Beschränkung vertraglicher Haftung und ihrer Inhaltskontrolle nach deutschem und englischem Recht und sowie zu einem Vergleich des AGB-Gesetzes mit dem Unfair Contract Terms Act 1977 vgl. *Triebel*, Das englische Gesetz über unbillige Vertragsklauseln, RIW 1978 S. 353ff; *Weick*, Unfair Contract Terms Act 1977 und AGB-Gesetz, ZHG 145 (1981) 68ff.

240 Dazu ausführlich *Bülow*, Stillschweigen und Vertragsschluß im amerikanischen Recht, Diss. Heidelberg, 1972 S. 17ff.

Es kommt bei wechselseitiger Verwendung von unterschiedlichen AGB darauf an, welcher Vertragspartner zuletzt auf seine AGB hingewiesen hat. Auch im US-amerikanischen Recht gilt somit das englische Prinzip des „battle of forms“ mit der Konsequenz, daß der last shot (also die letztgenannte Willenserklärung, nach den obengenannten Grundsätzen) zur Geltung gelangt.

Bei einem Kaufvertrag sind – bei übereinstimmenden Willenserklärungen – AGB grundsätzlich nach § 2–204 UCC mit einbezogen. Nur für die Fälle von sich widersprechenden AGB ist § 2–207 UCC heranzuziehen. Nach 2–207 UCC kommt ein Vertrag bei bestimmter und rechtzeitiger Annahmeerklärung selbst dann zustande, wenn die Annahme abweichende oder zusätzliche Bedingungen enthält. Dies gilt aber nicht für die Fälle, in denen die Annahme ausdrücklich von der Zustimmung zu den abweichenden oder zusätzlichen Bedingungen abhängig gemacht wird.[241]

Nach § 2–207 (2) UCC gelten für Verträge zwischen Kaufleuten weitere Besonderheiten. Nach dieser Vorschrift werden immer die in der „Annahmeerklärung“ genannten Zusätze auch zum Vertragsinhalt, sofern nicht die in den Unterabsätzen (a) bis (c) genannten Ausnahmen vorliegen. Hier gibt es die Problematik, ob unter Zusätzen (additional terms) auch Änderungen (different terms) verstanden werden können. Für die Vertragspraxis ist hier im Ergebnis zu beachten, daß eine unsichere Entscheidungslage der Rechtsprechung und ein Meinungsstreit im Schrifttum vorhanden ist und daher im Einzelfall auf anwaltlichen Rat zurückgegriffen werden sollte.[242]

Eine weitgehende Inhaltskontrolle von in Kaufverträgen enthaltenen AGB ermöglicht § 2–302 UCC, auf den bereits oben hingewiesen wurde. Ist eine Vertragsklausel „unconscionable“, dann ist der Vertrag nur in seinen weiteren Bestandteilen, jedoch ohne die beanstandete Klausel gültig.

IV. Einbeziehung von AGB nach französischem Recht

Das französische Recht regelt in Art. 1134 Abs. 1 Code Civil das Erfordernis von übereinstimmenden Willenserklärungen für das Zustandekommen eines Vertrages. Für die Einbeziehung von AGB in den Vertrag folgt daraus die Notwendigkeit, daß die im Angebot enthaltenen AGB bekannt waren

241 Zur bestimmten Annahmeerklärung vgl. § 2–207 (I) UCC und *Roto-Lith Ltd. v. Bartlett & Co.* 297 F. 2d 497 (1st Cir. 1962); zur „Rechtzeitigkeit“ vgl. § 2–207 (1) und § 1–204 (3) UCC.

242 Vgl. die Entscheidungen in *Baumgold Brothers v. Allan M. Fox Co*, East, (1973) 375 F Supp. 807; *Valmont Industries Inc. v. Mitsui & Co.* (1976) 419 E Supp. 1238.; *Airproducts and Chem. Inc. v. Fairbanks Morse Inc.* (1973) 206 N. W 2d 414.

oder daß dem Vertragspartner die Möglichkeit gegeben wurde, von den AGB Kenntnis zu nehmen.[243] Anders als im deutschen Recht genügt es in der französischen Rechtsordnung nicht für die wirksame Einbeziehung von AGB, daß der Vertragspartner mit dem Vorhandensein und der Verwendung branchenüblicher AGB hatte rechnen müssen. Dies zeigt sich auch darin, daß in der französischen Vertragspraxis häufig der handschriftliche Zusatz „*lu et approuvé*" neben der Unterschrift zu finden ist.[244]

Eine ausdrückliche Einbeziehung in den Vertrag ist unproblematisch, wenn der Vertragspartner vor oder bei Vertragsabschluß ein Vertragsdokument unterzeichnet, welches innerhalb der Vertragsdokumentation selbst oder aber auf der Rückseite die vollständigen AGB enthält. Es soll auch ausreichend sein, wenn bei ständiger Geschäftsverbindung in früheren Verträgen die AGB bereits ausdrücklich zum Vertragsinhalt gemacht wurden, sofern in der neuen Vertragsdokumentation zumindest ein deutlicher Hinweis auf die Gültigkeit der früher einbezogenen AGB enthalten ist. In jedem Fall ist jedoch dem Vertragspartner die Möglichkeit einzuräumen, von den AGB Kenntnis nehmen zu können; ein bloßer Hinweis auf AGB, die etwa noch gesondert angefordert werden müssen, um Kenntnis nehmen zu können, reicht regelmäßig nicht aus.

Liegt keine ausdrückliche Einbeziehung der AGB vor, dann ist für eine „stillschweigende" Einbeziehung zu prüfen, ob der Vertragspartner mit der Geltung der AGB einverstanden war. Eine solche Prüfung ist in der Praxis schwer, so daß das französische Recht den Standpunkt hat, mit Hilfe von Vermutungen zum Ergebnis einer stillschweigenden Einbeziehung von AGB in den Vertrag zu gelangen. So kann es zum Beispiel ausreichend sein, auf der Rückseite eines Vertragsangebots oder einer Auftragsbestätigung die AGB abzudrucken, um diese stillschweigend mit in den Vertrag einzubeziehen. Eine Einbeziehung scheitert jedoch nach französischem Recht dann, wenn in diesen Fällen der klare Hinweis auf das Vorhandensein der AGB (z.B. auf der Vorderseite des Dokuments) fehlt.

243 Vgl. dazu die Rspr. in Cass. com. 27.3.1973, S. 1973 JR 128.; ferner: *Schmidt/Niggemann*, Die Vereinbarung von AGB durch stillschweigende Annahme nach französischem Recht, AWD 1974 S. 309ff; *Barfuß*, Die Einbeziehung von AGB in den Vertrag nach französischem Recht, RIW 1975 S. 319ff; *Sonnenberger*, Das französische Recht der Allgemeinen Geschäftsbedingungen, RIW 1990 S. 165ff.

244 Es wird nicht danach gefragt, ob der Vertragspartner die Klauseln tatsächlich durchgelesen hat oder sie kennt. Ein Kennen-Können reicht im französischen Recht aus, auch wenn der handschriftliche Zusatz „lu et approuvé" angebracht wurde. Sind die AGB dagegen schwer lesbar oder unverständlich, kann von einer Zustimmung nicht ausgegangen werden, so Cass. com. vom 23.10.1984, DS 1985 IR 74; zum unlesbaren Kleindruck vgl. Cass. civ. v. 31.5.1983, GP 1984 Pan 59.; zu AGB auf der Rückseite eines Auftragsformulars Cass. civ. vom 3.5.1979 D 1980 IR 262.

Während das anglo-amerikanische Recht sich mit dem Prinzip des „battle of forms“ und „Last-shot-Prinzip“ auf die Situation der wechselseitigen Verwendung von AGB einen Ausweg aus dieser Problematik sucht, ist der Lösungsweg im französischen Recht deutlicher: Die sich widersprechenden AGB der Vertragsparteien werden mangels entsprechender Annahme des jeweils anderen Vertragspartners nicht zum wirksamen Vertragsbestandteil bzw. heben sich gegenseitig auf. Dies kann allerdings nur dann gelten, wenn die zur Anwendung gelangenden und sich widersprechenden AGB der Vertragsparteien in etwa der gleichen Art abgefaßt sind.[245]

Eine Einbeziehung der AGB mit Hilfe des kaufmännischen Bestätigungsschreibens würde – wie in den anderen Rechtsordnungen auch – bedeuten, daß eine Einbeziehung der AGB nicht vor oder bei, sondern erst nach erfolgtem Vertragsabschluß vorgenommen werden soll. Grundsätzlich reicht es nicht aus, wenn der andere Vertragspartner erst nach Vertragsschluß Kenntnis von AGB erhält. Dennoch kennt auch das französische Recht das Prinzip, daß die nach Abschluß eines mündlichen Vertrages übersandten Bestätigungsschreiben und etwa darin enthaltene AGB unter Kaufleuten wirksam in den Vertrag einbezogen werden können; nur wenn der Empfänger des kaufmännischen Bestätigungsschreibens ausdrücklich der Geltung der AGB widerspricht, entfällt seine Bindung an die AGB.[246] Dennoch ist dies nur eingeschränkt gültig: Es muß nämlich zwischen AGB unterschieden werden, die den Vertrag nur interpretieren (lettre interprétative), und solchen, die den Vertrag verändern (lettre modificative). Schweigen als Zustimmungserklärung soll nach herrschender Auffassung nur bei „interpretierenden“, nicht aber vertragsändernden AGB vorliegen.[247]

Eine Inhaltskontrolle unbilliger AGB läßt sich mit Hilfe des „Ordre-public-Prinzips“, anhand eines „Verstoßes gegen die guten Sitten“ sowie mit Hilfe der Art. 1382ff Code Civil durchführen. Gegenüber den in conditions générales häufig vorkommenden Gewährleistungs- und Haftungsbegrenzungen oder -freizeichnungen sind die generell von der Rechtsprechung entwickelten Einschränkungen anzuwenden. Ferner gibt es nach Art.

245 Cour d'Appel Colmar 29.5.1973, D. 1973, Somm. 147; Cass. civ. 16.11.1961, AWD 1962 S. 112; *Barfuß* aaO, RIW 1975 S. 325f.

246 Cass. civ. 6.7.1966, Bull. civ. II Nr. 737, S. 519; *Barfuß* aaO S. 325f.

247 Schweigen kann als silence circonstancié, also als Zustimmung, gedeutet werden, wenn eine entsprechende Verkehrssitte oder ein Handelsbrauch besteht (nicht aber, wenn der Partner Verkehrssitte oder Handelsbrauch nicht kennt, Cass. com. vom 18.1.1972, JCP 1972 II.17072). Außerdem müssen zuvor Vertragsverhandlungen stattgefunden haben, bei denen die Bedingungen vorgelegt oder sonstwie zur Kenntnis gebracht worden sind. Alternativ kann Schweigen anerkannt werden, wenn ständige Geschäftsbeziehungen bestehen und die Bedingungen schon bei früheren Geschäften zugrunde gelegt worden waren, Cass. com. vom 7.11.1950, Bull. civ. 11 S. 228 Nr. 321.

1152 Absatz 2 Code Civil die Möglichkeit, unangemessene Vertragsstrafen mit Hilfe des Gerichts ändern zu lassen.[248]

§ 18. Vertragsstrafen und Schadenspauschalierungen

Literatur: *Buksch*, Rechtsvergleich zu Vertragsstrafe und/oder pauschaliertem Schadensersatz, RIW 1984, 778ff; *Jayme/Gebauer*, Zahlung einer „caparra" nach italienischem Recht als Verzugsschaden im Sinne des § 286 Abs. 1 BGB, IPRax 1994, 98; *Kötz*, Economic Loss in Tort and Contract, RabelsZ 58 (1994) 423; *Rau*, Richterliche Herabsetzung einer Vertragsstrafe nach spanischem Recht, RIW 1978, 23ff; *Stein*, Punitive Damages – eine Herausforderung für die internationale Wirtschaftsschiedsgerichtsbarkeit?, EuZW 1994, 18ff.

In Allgemeinen Geschäftsbedingungen oder in einzelvertraglichen Vereinbarungen finden sich oft auch Klauseln, die Vertragsstrafen oder Schadenspauschalierungen vorsehen. Dieser Problembereich findet teilweise Berücksichtigung in den zivilrechtlichen Kodifikationen, und im übrigen ist die jeweilige nationale Rechtsprechung für weitere Fragen heranzuziehen.

Bei Vertragsstrafen geht es um folgendes: Die Vertragsparteien können vereinbaren, daß der jeweilige Schuldner einer Leistung bei Nichterfüllung, nicht rechtzeitiger Erfüllung oder bei sonstigen Pflichtverletzungen eine bestimmte Geldsumme zu zahlen oder dem Vertragspartner gegenüber eine weitere Leistung zu erbringen hat. Die Vereinbarung einer Vertragsstrafe hat also die Aufgabe, den Schuldner einer Leistung dazu anzuhalten, seine Leistung ordnungsgemäß zu erbringen. Außerdem kann der Gläubiger, sofern die Leistung nicht oder nicht ordnungsgemäß erbracht wird, seine Ansprüche erheblich schneller geltend machen und durchsetzen, da er den ihm entstandenen Schaden nicht im Detail nachzuweisen braucht, sondern mit Hilfe der vereinbarten Vertragsstrafe zumindest diese Geldleistung für die Abgeltung des Schadens einsetzen kann.

Beim pauschalierten Schadensersatz geht es nicht darum, ein Druckmittel zur ordnungsgemäßen Vertragserfüllung gegen den Schuldner in der

248 Zu den Schutzgesetzen vgl. das Verbraucherschutzgesetz vom 10.1.1978, Art. 35 (clauses abusives), die Dekrete vom 24. 3.1978 (Nr. 78–464) und 22.12. 1987 (Nr. 87–1045) und die neuere Rechtsprechung des Cour de Cassation vom 28.4.1987 und 16.7.1987, JCP 1987 II 20893; Cass. Civ. 6. 6. 1990. JCP 1991 II 21594.

Hand zu haben, sondern es wird dem Gläubiger einer Leistung lediglich erspart, einen Schaden im einzelnen nachzuweisen, wenn ihm ein Schaden entstanden ist. Er erhält dann einen zuvor konkret (pauschal) festgelegten Schadensersatz, wenn der Schadensersatzanspruch zu Recht geltend gemacht wird.

I. Das deutsche Recht

1. Vertragsstrafen

Im deutschen Recht ist die Vertragsstrafe in den §§ 339 bis 345 BGB geregelt. Nach § 339 BGB setzt die Vertragsstrafe voraus, daß zwischen den Parteien eine entsprechende Vereinbarung besteht und daß eine „gültige Hauptverbindlichkeit" vorhanden ist. Die Vertragsstrafe ist akzessorisch, also in ihrem Bestand abhängig vom Bestehen der Hauptverbindlichkeit. Ist also der Hauptvertrag aus irgendeinem Grunde nichtig, dann ist auch die Vereinbarung einer Vertragsstrafe nicht wirksam. Anders ist es bei einem selbständigen Strafversprechen, das dann vorliegt, wenn jemand eine Leistung verspricht, ohne dazu verpflichtet zu sein, und wenn er dann die versprochene Leistung nicht erbringt (vgl. § 343 Abs. 2 BGB).

Ist eine Vertragsstrafe für den Fall vereinbart, daß eine Leistung erbracht wird, und wird diese Verbindlichkeit nicht oder nicht in vollem Umfange erfüllt, dann wird die Vertragsstrafe fällig, sobald der Schuldner der Leistung in Verzug gerät, der Schuldner also trotz Fälligkeit der Leistung und Mahnung schuldhaft nicht tätig wird (vgl. § 339 Satz 1 sowie §§ 342 und 284ff BGB). Insofern ist auf die oben besprochenen Regeln des Verzugs zu verweisen.

Soll nicht eine Leistung erbracht, sondern soll eine Tätigkeit unterlassen werden, dann wird die Vertragsstrafe fällig, wenn der Vertragspartner dennoch die zu unterlassende Handlung vornimmt (vgl. § 339 Satz 2 und § 342 BGB).

a) Nichterfüllung

Zu beachten ist, daß der Gläubiger nach deutschem Recht nicht befugt ist, nebeneinander Erfüllung der Leistung und Erbringung der vereinbarten Vertragsstrafe zu verlangen, sondern er hat nach § 340 Abs. 1 Satz 1 BGB zwischen einer der beiden Möglichkeiten zu wählen. Außerdem darf nicht neben der Vertragsstrafe auch noch verlangt werden, den gesamten Schaden zu ersetzen, da die Vereinbarung der Vertragsstrafe eine besondere Form des Schadensersatzes darstellt.

b) Schlechterfüllung

Liegt ein Fall der verspäteten oder der Schlechterfüllung vor, dann darf nach § 341 Abs. 1 BGB die Vertragsstrafe neben der Erfüllung verlangt werden. Allerdings ist es auch bei der Schlechterfüllung nicht möglich, neben der Vertragsstrafe auch noch Ersatz des vollen Schadens zu verlangen.[249]

2. Schadenspauschalierungen

Die höchstrichterliche Rechtsprechung[250] hat den pauschalierten Schadensersatz von der Vertragsstrafe wie folgt abgegrenzt: Danach ist es „Zweck der Vertragsstrafe, den Schuldner vor Vertragsverletzungen abzuschrecken und dem Gläubiger die Schadloshaltung zu erleichtern"; ein pauschalierter Schadensersatz liegt dagegen vor, wenn die Vereinbarung lediglich der vereinfachten Durchsetzung eines als bestehend vorausgesetzten Schadensersatzanspruchs dienen soll (Textbeispiel in Tabelle 13, Ziffer 38).

Es wird nach der Rechtsprechung darauf abgestellt, ob es sich bei der Vereinbarung eines pauschalierten Schadensersatzes bei Würdigung aller Umstände um den ernsthaften Versuch beider Parteien handelt, den in typischer Weise entstehenden Schaden im voraus zu schätzen. Mangels ausdrücklicher Vereinbarung schließt die Rechtsprechung aus verschiedenen Formulierungen (Indizien), daß eine Pauschalvereinbarung getroffen worden ist: Dies ist z.B. bei Formulierungen wie „Schadensersatz" oder „entgangener Gewinn" o.ä. der Fall.

Bei Vereinbarung eines pauschalierten Schadensersatzes sollte darauf geachtet werden, daß die Verpflichtung zum Schadensersatz dem Grunde nach bestehen muß, wenn später eine Pauschale verlangt werden soll. Die Höhe der Schadenspauschale muß – auch unter Kaufleuten – dem typischen Durchschnittsschaden entsprechen.

249 Vgl. zur Vertragsstrafe die Rechtsprechung in BGH NJW 1981 S. 1509f: Bei Vereinbarung in AGB ist § 11 Ziff 6 AGB-Gesetz zu berücksichtigen.

250 BGH NJW 1981 S. 1509, 1510: Vgl. auch *Reich*, Pauschalierung von Schadensersatzansprüchen bei Werkverträgen, NJW 1978 S. 1570 mwN.; bei Vereinbarung in AGB ist § 11 Ziff. 5 AGB-Gesetz zu beachten.

II. Englisches Recht

1. Vertragsstrafen

Während nach deutschem Recht die Vereinbarung von Vertragsstrafen in Handelsgeschäften üblich ist, ist nach englischem Recht eine Vertragsstrafeklausel *unwirksam*. Dies entspricht dem englischen Rechtsdenken, keine Partei zur Erfüllung ihres Vertrages zu zwingen.

Grundsätzlich muß unterschieden werden zwischen einer „penalty" und den „liquidated damages". Die Unterscheidung wird danach vorgenommen, daß – unabhängig von der konkreten Parteivereinbarung oder der Überschrift über der Klausel – die Auslegung des Wortlauts ergeben muß, ob die Parteien bei Vertragsschluß den möglichen Schaden ernsthaft einzuschätzen versuchten (liquidated damages) oder ob sie die Klausel zur Abschreckung vor Vertragsbruch (penalty) eingesetzt haben.[251] Eine penalty-Klausel wird vor Gericht bei der Festlegung von Schadensersatzleistungen nicht beachtet.[252]

Die Penalty-Abrede und etwaige Schadensersatzleistungen sind voneinander unabhängig. Die Vertragsstrafe ist für sich allein zu sehen. Der Geschädigte muß den Schaden dem Grunde und der Höhe nach nachweisen, sofern er Ersatzleistungen beanspruchen will.

2. Schadenspauschalierungen

Ergibt die Auslegung der Klausel, daß die Parteien einen möglicherweise eintretenden Schaden im vorhinein einschätzen und auf dieser Grundlage eine Schadenspauschalierung vereinbaren, dann liegt aus englischer Sicht der Fall der „liquidated damages" vor. Eine solche Vertragsklausel kann wirksam in den Vertrag einbezogen werden.

Es kommt also auf die Auslegung der Begriffe an; die materiell- und verfahrensrechtlichen Folgen sind bedeutsam. Liegen liquidated damages vor, ist im Fall der Vertragsverletzung unabhängig von der Höhe des eingetretenen Schadens die Schadenspauschale zu entrichten (Textbeispiel in Tabelle 13, Ziffer 39). Aus verfahrensrechtlicher Sicht hat der Geschädigte keine Schadensnachweispflicht.

251 *Triebel/Hodgson/Kellenter/Müller*, Englisches Handels- und Wirtschaftsrecht, 2. Aufl., Heidelberg 1995, S. 88.
252 *Lamdon Trust Ltd. v. Hurrell* (1955) 1 W.R. 391.

III. Das US-amerikanische Recht

1. Vertragsstrafen

Aus US-amerikanischer Sicht ist ein Vertragsstrafeversprechen nicht durchsetzbar, da eine Vertragsstrafe, die die Leistung schuldende Partei zur ordnungsgemäßen Erfüllung veranlaßt, und ein Anspruch auf Erfüllung im amerikanischen Recht nur in Ausnahmefällen durchsetzbar sind. Es soll nämlich der leistungspflichtigen Partei bis zur endgültigen Erfüllung die Entscheidung darüber belassen bleiben, ob sie ihren Verpflichtungen nachkommen will oder nicht.[253]

2. Schadenspauschalierungen

Auch Vereinbarungen von Schadenspauschalierungen (liquidated damages) sind aus US-amerikanischer Sicht kritisch zu sehen. Wenn eine Schadenspauschalierung vereinbart werden soll, muß streng darauf geachtet werden, daß diese Klausel nicht Vertragsstrafencharakter erhält. Schadensersatz soll dem Grundsatz nach nur den Nachteil, der dem anderen Teil durch die Nichterfüllung entstanden ist, ausgleichen. Pauschalierungen von Schadensersatz können daher nur anerkannt werden, wenn die Vereinbarung den Schaden „fair and reasonable" abschätzt und bei Vertragsschluß ein möglicherweise eintretender Schaden nicht eindeutig bezifferbar ist.

IV. Das französische Recht

1. Vertragsstrafen

Der französische Code Civil regelt in den Artikeln 1226, 1227 sowie 1152 und 1153 die sogenannte „clause pénale". In Art. 1229 Code Civil wird klargestellt, daß die clause pénale die Ersatzleistung für den Schaden bewirken soll, den der Gläubiger durch die Nichterfüllung der Hauptverbindlichkeit erleidet. Im französischen Recht hat damit die Vertragsstrafe auch die Funktion des Schadensersatzes. Befindet sich der Schuldner in Verzug, kann

253 *Elsing*, US-amerikanisches Handels- und Wirtschaftsrecht, Heidelberg 1985 S. 67.

Textbeispiele

Tabelle 13

Schadenspauschalen

38. Erhält der Warenverkäufer die Ware verspätet/beschädigt/... und ist der Verkäufer für die Umstände, welche beim Käufer einen Schaden verursachen, verantwortlich, dann hat der Käufer gegen den Verkäufer einen pauschalen Schadenersatzanspruch von 0,5% der Vertragssumme für jede Woche der Lieferverzögerung/von mindestens 10% der Vertragssumme für den Lieferschaden pro beschädigter Lieferung.

Die Gesamtsumme der Schadenspauschale soll 5% bei Verzug/40% bei beschädigter Ware nicht überschreiten.

39. Subject to clause ... of this contract (and provided that the purchaser can show that he has suffered a loss) if delivery is delayed or damaged then the seller shall pay to the purchaser a sum calculated at the rate of 0.5% of the contract price (of the goods in delay) per week/at the rate of at least 10% of the damaged merchandise, up to a maximum of 5% (in case of delay) or 40% in case of damaged merchandise.

Such sum shall be paid as liquidated and ascertained damages by the seller to the purchaser in full and final settlement and satisfaction of the seller's entire lability for any loss, damages, costs or expenses suffered or incurred by the purchaser arsing fom such delay/damaged merchandise.

der Gläubiger anstelle des Erfüllungsanspruchs also auch die Vertragsstrafe als Schadensersatzleistung verlangen.[254]

2. Schadenspauschalierungen

Nach Art. 1152 Code Civil legt die Vertragsstrafe den Schadensersatz gleichzeitig pauschal fest; eine höhere oder niedrigere Ersatzleistung darf danach also bei der Inanspruchnahme der Vertragsstrafe nicht gefordert werden. Gleichwohl ist ein zur Entscheidung berufenes Gericht befugt, den Schadensersatz anders festzusetzen, als in der clause pénale vereinbart[255], wenn die Klausel unverhältnismäßig ist.

254 Dazu *Bucksch*, Rechtsvergleich zu Vertragsstrafe und/oder pauschaliertem Schadensersatz, RIW 1984 S. 778ff, 780.

255 Art. 1152 Code Civil in Verbindung mit Loi No. 85–1097 vom 11.10.1985 und Loi No. 75–597 vom 9.7.1975; Civ. 3e, 5.12.1984. Bull. civ. 111., p. 162; Civ. 3e, 25.3.1987, D.1987.380.

§ 19. Gerichtsstandsvereinbarungen

Literatur: *v. Boehmer/Jander*, Anerkennung von Gerichtsstandsvereinbarungen in den USA, AWD 1972, 449ff; *Bork*, Gerichtsstandsklauseln in Satzungen von Kapitalgesellschaften, ZHR 157 (1993), 48; *Büchner*, Rechtswahl- und Gerichtsstandsklauseln im Rechtsverkehr mit Common-Law-Staaten, RIW 1984, 180ff; *Geimer*, Zuständigkeitsvereinbarungen zugunsten und zulasten Dritter, NJW 1985, 533; *ders.*, Internationales Zivilprozeßrecht, 3. Aufl., 1997, S. 236ff; *Graupner*, Zum Abschluß von Gerichtsstandsvereinbarungen nach englischem Recht, AWD 1973, 129ff; *Hausmann*, Einheitliche Anknüpfung internationaler Gerichtsstands- und Schiedsvereinbarungen, FS W. Lorenz (1991), 359ff; *Hess*, Gerichtsstandsvereinbarungen zwischen EuGVÜ und ZPO, IPRax 1992, 358; *Juenger*, Vereinbarungen über den Gerichtsstand nach amerikanischem Recht, RabelsZ 35 (1971) 284ff; *Mann*, Die Gültigkeit der Rechtswahl- und Gerichtsstandsklausel und das internationale Privatrecht, NJW 1984, 2740; *Mezger*, Gerichtsstands- und andere Klauseln im Geschäftsverkehr mit Frankreich, AWD 1974, 377ff; *Piltz*, Nochmals: Gerichtsstandsvereinbarungen im internationalen Handelsverkehr, NJW 1978, 094; *Schack*, Derogation des Vermögensgerichtstandes zwischen deutscher lex fori und ausländischem Prorogationsstatut, IPRax 1990, 19; *Schütze*, Die Bedeutung der Durchsetzbarkeit eines Anspruchs im forum prorogatum für die Wirksamkeit einer internationalen Gerichtsstandsvereinbarung, RIW 1983, 773; *Wirth*, Gerichtsstandsvereinbarungen im internationalen Handelsverkehr, NJW 1978, 460.

Eine typische in Außenhandelsverträgen enthaltene Vereinbarung betrifft die Begründung eines Gerichtsstandes. Es ist für die Vertragsparteien bei einer normalerweise vereinbarungsgemäßen Abwicklung des internationalen Vertrages ohne Bedeutung, sich Gedanken über einen etwaigen Rechtsstreit zu machen. Dennoch sollte gerade im Hinblick auf einen möglicherweise zwischen den Vertragspartnern ausbrechenden Streit über bestimmte Vertrags- oder Abwicklungsfragen daran gedacht werden, rechtzeitig vorher, also schon beim Abschluß des internationalen Liefervertrages, Regelungen darüber zu treffen, bei welchem Gericht der Gerichtsstand begründet sein soll, sofern sich ein Gericht mit dem Rechtsstreit befassen soll. Hier ist es dann von besonderer Bedeutung, daß die Vertragspartner grundsätzlich die Möglichkeit haben, einen Gerichtsstand frei zu vereinbaren, also ihre jeweilige Marktposition dazu nutzen können, einen ihnen genehmen Gerichtsstand durchzusetzen.

So ist es aus deutscher Sicht für einen deutschen Im- oder Exporteur meist erstrebenswert, daß bei einem Rechtsstreit ein deutsches Gericht am Geschäftssitz der deutschen Vertragspartei angerufen werden kann. Dies schon vor allem wegen des vermeintlich geringeren Prozeßrisikos, der dann nicht vorhandenen Sprachschwierigkeiten, der Nähe des Verfahrens usw. Allerdings nutzt dem deutschen Kläger ein in Deutschland erfolgreich abgeschlossenes Verfahren wenig, wenn er seinen in Deutschland erwirkten Titel im Ausland nicht vollstrecken kann oder die Vollstreckung im Ausland wesentlich erschwert ist. Die Vertragspartner vereinbaren deshalb häufig, daß im Streitfall ein ganz bestimmtes Gericht mit dem Rechtsstreit befaßt werden soll.

Gerichtsstandsvereinbarungen finden sich üblicherweise in Allgemeinen Geschäftsbedingungen oder auf der Rückseite von Bestellformularen, Auftragsbestätigungen oder Lieferscheinen. Es ist stets darauf zu achten, daß diese Klausel – nach den oben bei den AGB dargelegten Grundsätzen – in den Vertrag einbezogen wird.

Für die Gerichtsstandsvereinbarung sind – in einigen europäischen Staaten – das Übereinkommen der Europäischen Gemeinschaften über die gerichtliche Zuständigkeit und die Vollstreckung gerichtlicher Entscheidungen in Zivil- und Handelssachen (EuGVÜ) vom 27.9.1968[256], das Lugano-Übereinkommen[257] oder die CMR (Art. 31)[258] sowie ansonsten die jeweiligen nationalen Regeln der Zivilprozeßordnung und etwa vorhandene bilaterale Anerkennungs- und Vollstreckungsabkommen zu beachten.

Von Interesse aus deutscher Sicht ist dabei zunächst das EuGVÜ. Dieses Übereinkommen erfaßt einen Großteil der Zuständigkeitsvereinbarungen, die zwischen deutschen und ausländischen Vertragspartnern geschlossen werden. Das EuGVÜ soll in den Vertragsstaaten eine einheitliche rechtli-

256 Für die internationale Zuständigkeit deutscher Gerichte sind Art. 1 und 17 des Abkommens heranzuziehen. Das Übereinkommen regelt die Voraussetzungen und Wirkungen von Gerichtsstandsvereinbarungen im Rechtsverkehr zwischen Deutschland und Belgien, Frankreich, Italien, Luxemburg, den Niederlanden, Dänemark, Irland, Großbritannien, Griechenland, Portugal und Spanien. Die Neu-EU-Staaten Österreich, Schweden und Finnland sind vom EuGVÜ noch nicht erfaßt. Für Gerichtsstandsvereinbarungen zwischen Deutschland und Schweden bzw. Finnland ist aber das LugÜ heranzuziehen.

257 Das LugÜ trat am 1.3.1995 für Deutschland in Kraft (BGBl 1995 II 221), vgl. hierzu *Dietze/Michels*, NJW 1995, 2274ff. Das Luganer Übereinkommen über die gerichtliche Zuständigkeit und die Vollstreckung gerichtlicher Entscheidungen in Zivil- und Handelssachen vom 16.9.1988 (BGBl.1994 II 2260) enthält in seinen Art. 17 Abs. 1–4 und Art. 18 im Wortlaut mit dem EuGVÜ 1989 übereinstimmende Vorschriften. Eine Abweichung gilt lediglich für die Gerichtsstandsvereinbarung in Arbeitssachen (Art. 17 Abs. 5 LugÜ). Das Abkommen gilt außer in Deutschland in Finnland, Frankreich, Irland, Island, Italien, Luxemburg, den Niederlanden, Norwegen, Portugal, Schweden, der Schweiz, Spanien und Großbritannien. Sind einige der Staaten auch dem EuGVÜ beigetreten, hat das EuGVÜ Vorrang.

258 Hierbei habdelt es sich um das Übereinkommen über den Beförderungsvertrag im internationalen Straßenverkehr (CMR = Convention rélative au contrat de transport international de marchandises par route).

che Beurteilung von gerichtlichen Zuständigkeiten sicherstellen. Für alle anderen Staaten ist es jedoch oft problematisch, Gerichtsstandsvereinbarungen zu treffen, da die betroffenen nationalen Rechtsordnungen Gerichtsstandsvereinbarungen oft nur in beschränktem Umfang zulassen. Daher soll nachstehend wieder auf die wichtigsten Kriterien der bekannten Rechtskreise hingewiesen werden.

Vorab ist noch auf zwei Grundsätze hinzuweisen: Zulässigkeit und Wirksamkeit einer internationalen Gerichtsstandsklausel beurteilen sich nach dem Recht des Staates, vor dessen Gericht im Streitfall Klage zu erheben ist (*lex fori*). Das zuständige Gericht kann entweder aufgrund Parteivereinbarung zuständig sein, oder aber es kann gerade deshalb zuständig sein, weil es nach Parteivereinbarung für unzuständig erklärt wurde, ein Vertragspartner aber gerade diese Vereinbarung angreifen will.

Der zweite Grundsatz besagt, daß das Zustandekommen der Gerichtsstandsklausel selbst nach allgemeinem Vertragsrecht beurteilt wird. Die Gerichtsstandsklausel unterliegt also der lex fori, während das Zustandekommen der Klausel (Angebot und Annahme der Willenserklärungen, Dissens, Stellvertretung usw.) sich nach dem Recht richtet, welches die Parteien für ihren Vertrag gewählt haben (Parteiautonomie, Schuldstatut).[259]

Um Schwierigkeiten mit der obenerwähnten lex fori zu vermeiden, sollten daher Gerichtsstandsvereinbarungen nicht nur nach deutschem Recht, sondern auch nach dem Recht einer betroffenen ausländischen Rechtsordnung wirksam sein.

I. Das deutsche Recht

Grundsätzlich können die Vertragspartner für ihren Vertrag einen Gerichtsstand ausdrücklich vereinbaren. Dabei muß, da die Bundesrepublik Deutschland Vertragspartner des EuGVU und des LugÜ ist, bei Vereinbarung eines Gerichtsstands zunächst Art. 17 EuGVU bzw. Art. 17 LugÜ be-

259 Es wird zwischen 3 Verträgen unterschieden, die alle rechtlich selbständig sind: dem Hauptvertrag (z.B. dem gesamten internationalen Liefervertrag), der Gerichtsstandsvereinharung (die meist nur ein Satz am Ende des Liefervertrages ist) und der Rechtswahlklausel (ebenfalls nur ein Satz am Ende des Vertrages); vgl. dazu ausführlich *Graf von Bernstorff*, Rechtsprobleme im Auslandsgeschäft, 3. Auflage, Frankfurt 1992 S. 285ff und 291ff. Im Grunde können daher theoretisch alle drei (rechtlich selbständigen) Verträge auch nach einem jeweils anderen Recht beurteilt werden.

rücksichtigt werden.[260] Diese Vorschrift macht in den Vertragsstaaten des Abkommens besonders deutlich, was ansonsten – im Verhältnis zu Drittstaaten – anhand weiterer Regeln zur Anwendung kommt: daß nämlich die Vertragsparteien grundsätzlich die Befugnis haben, vertraglich die Zuständigkeit eines bestimmten Gerichts zu wählen (vgl. § 38 ZPO). (Textbeispiel in Tabelle 14, Ziffer 40.)

Wird keine ausdrückliche Gerichtsstandsvereinbarung getroffen, kann sich die Zuständigkeit des Gerichts eventuell aus dem Vorliegen eines besonderen Gerichtsstands (z.B. des Erfüllungsortes, der Niederlassung usw.) ergeben. Läßt sich aber weder aus Parteivereinbarung noch aus besonderen oder ausschließlichen Gerichtsständen (gemäß ZPO) das zur Entscheidung berufene Gericht ermitteln, wird mangels Gerichtsstandsvereinbarung automatisch das Gericht am Wohn- oder Geschäftssitz der Schuldner zuständig (§§ 12 und 13 ZPO).

II. Das englische Recht

Im englischen Rechtskreis ist ebenfalls eine ausdrückliche Gerichtsstandsvereinbarung zwischen den Vertragspartnern möglich.[261]

Daneben erkennt das englische Recht (parallel zum deutschen § 38 ZPO) die freie Wahlmöglichkeit eines Gerichtsstands an (Textbeispiel in Tabelle 14, Ziffer 41). Es ist aber zu beachten, daß die Gerichte sich für unzuständig erklären können, obwohl eine eindeutige Gerichtsstandsvereinbarung der beiden Vertragspartner vorliegt. Dies kann insbesondere dann geschehen, wenn die Rechtsverfolgung vor dem als zuständig erklärten Gericht (also z.B. einem englischen Gericht) für den Beklagten oppressive or vexatious ist, also mit unzumutbaren Nachteilen verbunden ist, und es sich als ungerecht darstellen würde, wenn der schwächeren Vertragspartei nicht ein anderes Gericht für das Verfahren offenstünde. Diesem Pro-

260 Art. 17 Abs. 1 EuGVÜ regelt: „Haben die Parteien, von denen mindestens eine ihren Wohnsitz in dem Hoheitsgebiet eines Vertragsstaats hat, vereinbart, daß Gericht oder die Gerichte eines Vertragsstaates über eine bereits entstandene Rechtsstreitigkeit oder über eine künftig aus einem bestimmten Rechtsverhältnis entspringende Rechtsstreitigkeit entscheiden sollen, so sind dieses Gericht oder die Gerichte dieses Staates ausschließlich zuständig.". – (Art. 17 LugÜ ist gleichlautend.)

261 England selbst ist mit Wirkung vom 1.1.1987 Mitgliedstaat des EuGVÜ, so daß zunächst Art. 17 EuGVU heranzuziehen ist. Im übrigen gilt zwischen der Bundesrepublik Deutschland und Großbritannien das deutsch-britische Abkommen über die gegenseitige Anerkennung und Vollstreckung von gerichtlichen Entscheidungen in Zivil- und Handelssachen. Abkommen vom 14. 7.1960; BGBI. 1961 S. 301; zum Abkommen vgl. *Schütze*, Zur Anwendung des deutsch-britischen Anerkennungs- und Vollstreckungsabkommens, RIW 1980 S. 170f.

blem läßt sich am besten dadurch begegnen, daß die Gerichtsstandsvereinbarung auch im Interesse des Vertragspartners ist. Im übrigen sollte – obwohl eine Gerichtsstandsvereinbarung formfrei erfolgen darf – stets eine schriftliche Übereinkunft erzielt werden, damit sich bei Zweifelsfallen die Vereinbarung beweisen läßt.

III. Das US-amerikanische Recht

Bei Gerichtsstandsvereinbarungen, die ein amerikanisches Gericht für zuständig erklären, ist auf die jeweilige einzelstaatliche Besonderheit der US-Bundesstaaten zu achten. Im allgemeinen gilt jedoch, daß eine vertragliche Vereinbarung im Hinblick auf die Zuständigkeit eines US-Gerichts zulässig ist, sofern das bestimmte Gericht sachlich und funktionell zuständig sein kann. Das für zuständig erklärte Gericht kann sich aber dennoch für unzuständig erklären (forum non conveniens), wenn es der Auffassung ist, daß der vom Kläger geltend gemachte Anspruch sachgerechter bei einem anderen Gericht verfolgbar ist; diese Regel schützt insbesondere den Beklagten vor einer ungerechtfertigten Auswahl des Gerichts. Die Forum-non-conveniens-Regel erfährt aber eine Einschränkung bei ausdrücklicher, übereinstimmender Parteivereinbarung; hier muß eine für den Beklagten völlig unzumutbare Härte vorliegen, um eine Ablehnung der Zuständigkeit zu ermöglichen.[262] Dies ist zum Beispiel der Fall, wenn die Gerichtsstandsvereinbarung durch Täuschung oder Druckausübung zustande gekommen ist.

IV. Das französische Recht

Nach französischem Recht kann eine Gerichtsstandsvereinbarung zwischen den Geschäftspartnern ohne weiteres vereinbart werden. Bei Geschäften zwischen einem Deutschen und einem französischen Geschäftspartner kann eine Gerichtsstandsvereinbarung auf der Grundlage des EuGVÜ getroffen werden. Ansonsten gilt für den französischen Rechtskreis, daß die Zuständigkeit der Gerichte nur eingeschränkt vereinbar ist (Textbeispiel in Tabelle 14, Ziffer 42); der Beklagte sollte seinen Wohn- oder Geschäftssitz im Inland haben, damit das angerufene Gericht seine Zuständigkeit anerkennt.

262 Hierzu *Berger*, Zuständigkeit und forum non conveniens im amerikanischen Zivilprozeß, RabelsZ 41(1977) S. 39ff; vgl. auch *Lange/Black*, Der Zivilprozeß in den Vereinigten Staaten, Heidelberg 1987.

Textbeispiele

Tabelle 14

Gerichtsstandsvereinbarungen

40. Ausschließlicher Gerichtsstand für alle sich aus oder im Zusammenhang mit diesem Vertrag ergebenden Streitigkeiten soll ... (Ort) sein.

Gerichtsstand für alle sich aus diesem Vertrag ergebenden Streitigkeiten soll das für den Geschäftssitz des Käufers/Verkäufers zuständige Gericht sein; dem Käufer/Verkäufer steht es frei, statt dessen auch das für den Wohnsitz des Käufers/Verkäufers zuständige Gericht anzurufen.

Streitigkeiten aus diesem Vertragsverhältnis sollen abschließend durch ein Schiedsgericht in ... auf der Basis der ... (Schiedsgerichtsordnung) entschieden werden.

41. The parties agree to submit non-exclusive/exclusive jurisdiction of the English/German courts as regards any claim or matter arising under this Agreement.

Any dispute or claim arising out of this Agreement shall be finally settled by arbitration in ... pursuant to the rules of ... by which each party agrees to be bound.

42. Pour tous litiges entre les parties contractantes le Tribunal de ... sera seul compétent.

Pour tous litiges entre le vendeur et l'acheteur le tribunal arbitral à ... sera seul compétent.

V. Zusammenfassendes Ergebnis

Es ist dargestellt worden, daß insbesondere die anglo-amerikanischen Rechtsordnungen die Möglichkeit der Gerichtsstandsvereinbarung einschränken. So sollte in der Praxis – trotz der Formfreiheit – eine Gerichtsstandsvereinbarung stets schriftlich (zu Beweiszwecken) abgefaßt sein. Eine Vereinbarung des Gerichtsstands in AGB sollte vermieden werden, da sich die strenge Inhaltskontrolle der AGB in England und den USA insbesondere am Maßstab der „reasonableness" mißt. Hier kann es leicht geschehen, daß eine Gerichtsstandsklausel als „unfair und unangemessen" bezeichnet wird. Dies hätte dann eine von den Parteien möglicherweise unerwünschte Auswirkung auf den Ort, an dem Klage erhoben werden kann. Schließlich sollte bei Vereinbarung eines Gerichtsstandes immer berücksichtigt werden, ob an diesem Gerichtsstand eventuell Probleme bei der

Beweiserhebung entstehen (Ladung von Zeugen), Sprachschwierigkeiten weitgehend ausgeschlossen sind, der Verfahrensgang abschätzbar ist und schließlich eine Vollstreckung des am Gerichtsstand erwirkten Urteils auch möglich ist (Vorhandensein gegenseitiger Vollstreckungsabkommen).

§ 20. Rechtswahlvereinbarung

Literatur: Lehrbücher u. Kommentare zu Art. 27ff EGBGB – Aufsätze: *Gamillscheg*, Rechtswahl, Schwerpunkt und mutmaßlicher Parteiwille im internationalen Vertragsrecht, AcP 157 (1958), 303; *Junker*, Die freie Rechtswahl und ihre Grenzen, IPRax 1993, 1; *Kropholler*, Elastische Anknüpfungspunkte für das Internationale Vertrags- und Deliktsrecht, RIW 1981, 359; *Lando*, The Interpretation of Contracts in the Conflict of Laws, RabelsZ 38 (1974), 388; *Lorenz*, Die Rechtswahlfreiheit im internationalen Schuldvertragsrecht, RIW 1987, 569; *Mann*, Die Gültigkeit der Rechtswahl- und Gerichtsstandsklausel und das IPR, NJW 1984, 2740; *Mincke*, Die Parteiautonomie – Rechtswahl oder Ortswahl, IPRax 1985,313; *Püls*, Grundfragen bei der Bestimmung des auf Schuldverträge anwendbaren Rechts, JuS 1991, 566; *Sandrock*, Die Bedeutung des Gesetzes zur Neuregelung des Internationalen Privatrechts für die Unternehmenspraxis, RIW 1986, 841; *Schmeding*, Zur Bedeutung der Rechtswahl im Kollisionsrecht, RabelsZ 41 (1977), 299; *Siehr*, Die Parteiautonomie im internationalen Privatrecht, FS Keller (1989), 485; *Simitis*, Aufgaben und Grenzen der Parteiautonomie im internationalen Vertragsrecht, JuS 1966, 209; *Steinle*, Konkludente Rechtswahl und objektive Anknüpfung mit Auslandsberührung, NJW 1994, 2113.

Mit der Rechtswahlvereinbarung legen die Vertragsparteien fest, auf der Grundlage welchen nationalen Rechts ein zuständiges Gericht den internationalen Sachverhalt zu entscheiden hat. Es ist ein Grundsatz zu beachten: Eine Rechtswahlmöglichkeit besteht nur hinsichtlich des *schuldrechtlichen* Verpflichtungsgeschäfts innerhalb eines Vertrages (Schuldstatut); soweit es um *sachenrechtliche* Verfügungsgeschäfte geht (z.B. Übertragung von Eigentum, Besitz, Verpfändung von Sachen und Rechten usw.), gilt die lex rei sitae, also grundsätzlich das Recht des Ortes, an dem die Sache sich befindet. Die Vertragspartner haben daher diesbezüglich keine Möglichkeit, die Geltung eines bestimmten Rechts vertraglich zu vereinbaren.[263]

263 Dazu ausführlich *Graf von Bernstorff*, Rechtsprobleme im Auslandsgeschäft, 3. Auflage Frankfurt 1992, S. 298ff mwN.

Die Rechtswahl hat entscheidenden Einfluß auf die Vertragsgestaltung internationaler Verträge. Mit der Wahl eines bestimmten nationalen Rechts legen die Vertragspartner z.B. fest, auf welcher Grundlage sich die Fragen des Zustandekommens des Vertrages, der Stellvertretung, der Gefahrtragung, der Mängelhaftung, des Eigentumsvorbehalts, der Verjährung, der Einbeziehung von AGB usw., wie oben ausführlich beschrieben, beurteilen lassen. Es liegt daher nahe, sich mit der Rechtswahlklausel für das eigene nationale Recht zu entscheiden, um einen „Heimvorteil" für die Vertragsgestaltung nutzen zu können. Sollte dagegen die Marktstellung des anderen Vertragspartners stärker sein und dazu führen, daß dieser die Geltung seines Rechts durchsetzen kann, dann kann mit Hilfe der oben gemachten Ausführungen zu den wichtigsten Rechtsordnungen der Welt zumindest annähernd festgestellt werden, auf welche Probleme sich die schwächere Vertragspartei einläßt.

Es ist in der Praxis gelegentlich gut, eine Rechtswahlklausel gar nicht in den Vertrag aufzunehmen. Da oft gerade erst bei der anläßlich des Vertragsabschlusses stattfindenden Diskussion über Vertragsklauseln auch über das zur Anwendung gelangende Recht gesprochen wird, kann die von der Marktposition her schwächere Partei versuchen, diesen Punkt der Rechtswahlklausel ganz zu umgehen, ohne dadurch schlechter gestellt zu werden. Nach international-privatrechtlichen Grundsätzen aller hier ansonsten getrennt beschriebenen Rechtsordnungen läßt sich nämlich ein Recht, das das Gericht bei Behandlung des internationalen Streitfalls anwenden muß, auch ohne ausdrückliche Rechtswahlklausel finden. Im deutschen Recht ist zum Beispiel in den Artikeln 27ff EGBGB klar festgelegt, daß mangels ausdrücklicher Rechtswahl der Vertragspartner ein Rechtsfall aus den Umständen des Vertrages oder des Falles zu folgern ist; sofern dies nicht möglich ist, hilft der „Schwerpunkt des Vertragsverhältnisses" (oder der Ort, an dem die vertragscharakteristische Leistung zu erbringen

Textbeispiel — Tabelle 15

Rechtswahlklauseln

43. Dieser Vertrag unterliegt deutschem Recht.

This Agreement shall be governed by and construed in accordance with German/French/English law and each party agrees to submit to this law.

Les rélations entre les parties contractantes lors de la negociation, la conclusion ou l'exécution du contrat de vente sont regies exclusivement par le droit allemand/français/anglais ...

ist), das zur Anwendung gelangende Zivilrecht aufzufinden. Kommt also danach ohnehin nur die Anwendung des eigenen nationalen Rechts in Betracht, muß aber die schwächere Vertraspartei befürchten, daß der Vertragspartner „sein eigenes Recht“ durchdrücken will, dann kann es in dieser Situation besser sein, keine ausdrückliche Rechtswahl für den Vertrag zu treffen.

§ 21. Schiedsgerichtsvereinbarungen

Literatur: *Aden*, Internationale Handelsschiedsgerichtsbarkeit, 1988; *Berger*, „Sitz des Schiedsgerichts" oder „Sitz des Schiedsverfahrens"?, RIW 1993, 8; *Bernardini*, The Arbitration Clause of an International Contract, J.Int.Arb. 1992, 45; *Bond*, How to Draft an Arbitration Clause, J.Int.Arb. 1989, 65; *Geimer*, Internationales Zivilprozeßrecht, 3. Aufl. 1997, S. 874ff; *Haas*, Zur formellen und materiellen Wirksamkeit des Schiedsvertrages, IPRax 1993, 382; *Jarvin*, Beilegung internationaler Handelsstreitigkeiten, RIW 1984, 512; *Kornmeier*, Die Verfahrensordnungen in der internationalen Schiedsgerichtsbarkeit. Dargestellt am Beispiel der Schiedsrichterwahl, RIW 1980, 381; *Lindacher*, Schiedsklauseln und Allgemeine Geschäftsbedingungen im internationalen Handelsverkehr, FS Habscheid (1989), 167; *Nerz*, Vor- und Nachteile eines Schiedsverfahrens nach der Schiedsgerichtsordnung der Internationalen Handelskammer, RIW 1990, 350; *Schlosser*, Schiedsklauseln in Allgemeinen Geschäftsbedingungen, ZEuP 1994, 682; *ders.*, Bald neues Recht der Schiedsgerichtsbarkeit in Deutschland?, RIW 1994, 723; *Schütze*, Die Schiedsgerichtsbarkeit der Internationalen Handelskammer, WM 1986, 345.

Anstelle von Gerichtsstandsvereinbarungen können die Vertragspartner auch eine Schiedsgerichtsvereinbarung in ihren internationalen Vertrag aufnehmen. Ein etwaiger Rechtsstreit soll dann aufgrund dieser Vereinbarung ausschließlich nur von einem Schiedsgericht entschieden werden. Auch dieser Schiedsvertrag ist ein rechtlich eigenständiger Vertrag (ebenso wie die oben erörterte Gerichtsstandsvereinbarung). Das Schiedsverfahren, welches den Rechtsstreit vor einem ordentlichen Gericht ersetzen soll, weist viele Vorteile auf: Durch die Bestimmung der Schiedsrichter durch die Vertragsparteien ist meist gewährleistet, daß sachkompetente Personen mit der Entscheidung des Streitfalles betraut werden. Ein Schiedsverfahren ist, anders als ein Prozeß vor einem Gericht, grundsätzlich geheim, was gerade im internationalen Geschäft mit starkem Wettbewerb ein unschätzbarer Vorteil sein kann. Schiedsurteile ergehen in der Regel schneller als diejenigen der orderntlichen Gerichte, und zudem lassen sich die Urteile oft leichter durchsetzen.

I. Grundsätze des Schiedsverfahrens

Durch den von den Vertragspartnern geschlossenen Schiedsvertrag bzw. die im internationalen Liefervertrag enthaltene Schiedsklausel (Tabelle 16, Textbeispiele Ziff. 44) wird die staatliche Gerichtsbarkeit ausgeschlossen. Wird dennoch ein Gericht angerufen und soll zu dem Vertrag und den daraus resultierenden Rechten und Pflichten eine gerichtliche Entscheidung fallen, dann erklärt sich das Gericht von vornherein aufgrund der deutlichen Schiedsklausel für unzuständig.

Textbeispiel Tabelle 16

Schieds(verfahrens)klausel

44. Alle Streitigkeiten aus diesem Vertrag werden unter Ausschluß des ordentlichen Rechtsweges durch ein Schiedsgericht in ... endgültig entschieden. Für das Schiedsverfahren soll folgende Verfahrensordnung zugrunde gelegt werden: ... (z.B. die Schiedsverfahrensordnung der Internationalen Handelskammer, Paris).

Any dispute or claim arising out of this Agreement shall be finally settled by arbitration in ... pursuant to the rules as set out below. The parties agree to be bound by such rules. The dispute or claim arising out of this Agreement shall be referred to and resolved by the following rules ... (e.g. in accordance with the ICC Conciliation and Arbitration Rules).

En cas de litige les parties contractantes s'obligent à se soumettre a la compétence d'un tribunal d'arbitage à ...

Mit der Schiedsklausel werden Schiedsrichter benannt; fehlt eine solche Benennung, erfolgt aufgrund der jeweiligen nationalen Regelung des Zivilprozeßrechts (in Deutschland z.B. nach §§ 1028ff ZPO) eine Benennung auch durch ein Gericht (vgl. § 1029 ZPO).

Während des Schiedsgerichtsverfahrens müssen sich die Schiedsrichter innerhalb der von den Parteien gesteckten Tätigkeitsrahmen bewegen; wieter gehende Handlungen und Entscheidungen sind nicht gegen die Parteien durchsetzbar.

Da der Schiedsspruch die Wirkung eines rechtskräftigen Urteils (wie bei einem ordentlichen Gericht) hat, kann er entsprechend vollstreckt werden (vgl. dazu § 1040 ZPO). Dennoch kann ein Schiedsspruch angefochten und aufgehoben werden, wenn das Schiedsgericht sich nicht an die von den Parteien gesteckten Grenzen gehalten hat. Die Kosten des Schiedsverfahrens, also auch die Honorierung der Schiedsrichter, haben die Parteien ausschließlich allein zu tragen.

Für das französische Recht sind an dieser Stelle einige zusätzliche Anmerkungen erforderlich. Nach französischem Schiedsverfahrensrecht bedarf die Schiedsvereinbarung immer der Schriftform[264], wobei eine Einigung auch per Telegramm oder durch Telex erfolgen kann – eine handschriftliche Unterzeichnung ist nicht erforderlich. Es ist zweifelhaft, wie die „Einigung" der Vertragspartner über die Schiedsklausel auszusehen hat. Das französische Recht geht davon aus, daß die Einigung (consentement des parties) klar und deutlich (claire et précise) sein müsse. Es soll aber die Abgabe einer stillschweigenden Willenserklärung insofern genügen, wenn die andere Partei die Schiedsabrede in ihren AGB aufgenommen hat und der andere Vertragspartner hierzu keine weitere Stellung nimmt.

II. Standardisierte Schiedsverfahrensordnungen

Einige Staaten regeln das Schiedsverfahren innerhalb ihrer Zivilprozeßordnung, wie Deutschland (§§ 1025ff ZPO), Österreich (§§ 577ff ZPO), die Niederlande (Art. 1020ff ZPO), Italien, Belgien, Norwegen u.a. Andere Länder, wie zum Beispiel England (Arbitration Act 1979) und Frankreich (Art. 631 Code de Commerce; Art. 2059ff Code Civil) enthalten Bestimmungen zum Schiedsrecht in eigenen Gesetzen bzw. in anderen Gesetzen als der Zivilprozeßordnung.

Innerhalb des internationalen Handelsverkehrs haben sich in den vergangenen Jahrzehnten verschiedene Schiedsverfahrensordnungen entwikkelt, die durch Parteivereinbarung anstelle der jeweiligen nationalen Gesetzesbestimmung zur Anwendung gelangen können. Zu unterscheiden sind die von Institutionen herausgegebenen Musterregeln wie z.B. die Schiedsverfahrensordnung der Internationalen Handelskammer, Paris, die Schieds- und Vergleichsordnung des Schiedsgerichts der Bundeskammer der ge-

264 Dekret vom 12.5.1981. Nach *Sandrock* in: *Witz/Bopp*, Französisches Vertragsrecht für deutsche Exporteure, Heidelberg 1989 S. 60, ergibt sich diese Notwendigkeit aus Art. 1499 Absatz I des Nouveau Code de Procédure Civile. Vgl. zu diesem Themenhereich auch *Mezger*, Kernpunkte der Reform des Rechts der internationalen Handelsschiedsbarkeit in Frankreich, RIW 1981 S. 511ff (513); *ders.*, Überblick über das französische Recht der Schiedsgerichtsbarkeit nach dem Reformdekret vom 14.5.1980, ZZP Bd. 94 (1981) S. 117–165 (122).

werblichen Wirtschaft, Wien (sog. Wiener Regeln) und die Schiedsverfahrensordnung der Stockholmer Handelskammer (sog. Stockholmer Regeln).

Daneben zu beachten sind die von den UNO-Ausschüssen ECE und UNCITRAL herausgelegten Schiedsverfahrensordnungen: die UNCITRAL-Regeln[265], also die Schiedsgerichtsordnung des Ausschusses für internationales Handelsrecht der Vereinten Nationen, sowie die ECE-Regeln, d.h. die Schiedsgerichtsregeln des Wirtschaftsausschusses der Vereinten Nationen für Europa.

§ 22. Sonstige Vertragsklauseln

Neben den vorgenannten Vertragsbestandteilen, die für eine möglichst reibungslose Abwicklung von Außenhandelsgeschäften erforderlich sind, kann ein internationaler Liefervertrag noch weitere Klauseln enthalten. Hierzu zählen beispielsweise Vertragsklauseln zu Vertragsänderungen, Vertragsauflösungen, Kostenregelungen und die Zusicherung der Übernahme von Nebenpflichten (wie etwa Beratungs- und Aufsichtspflichten usw.).

I. Vertragsänderungs- und -aufhebungsklauseln

Es kann im Außenhandelsgeschäft notwendig sein, Vertragsklauseln für etwaige Vertragsänderungen vorzusehen (Textbeispiele in Tabelle 17, Ziffer 45). Dies wird immer dann der Fall sein, wenn sich die zu liefernde Ware (Artikel, Beschaffenheit, Preis usw.) oder die Warenbeschreibung verändern. Es kann außerdem abgesprochen werden, ob der Lieferant ohne weitere Ankündigung ein technisch verbessertes und damit im Grunde höherwertiges Produkt liefern darf oder ob der Käufer das Recht hat, bei abweichender Warenlieferung die Abnahme zu verweigern oder sogar ganz vom Vertrag zurückzutreten. In all diesen Fällen kann eine Vertragsänderung erforderlich sein. Für das englische Recht ist in diesen Fällen darauf zu achten, daß bei allen Vertragsänderungen und -ergänzungen grundsätzlich eine erneute consideration (Gegenleistungsversprechen) der anderen Vertragspartei vorliegen muß. Im Grunde muß daher jegliche Vertragsände-

265 UNCITRAL Arbitration Rules, New York 1977; UNCITRAL Conciliation Rules, New York 1981; UNCITRAL Model Law on International Commercial Arbitration, 1994. Das Modellgesetz wird Grundlage zur Neufassung des 10. Buches der deutschen ZPO sein und damit Regeln für das internationale wie auch das nationale Schiedsverfahren einführen.

Sonstige Vertragsklauseln

45. Der Verkäufer behält sich das Recht vor, ohne vorherige Anzeige an den Käufer eine gleichwertige, doch modifizierte Ware zu liefern, die den vertraglichen Absprachen gerecht wird.

Der Verkäufer darf eine andere als die bestellte Ware liefern, wenn diese Ware den vertraglichen Absprachen und dem gewünschten Zweck entspricht und die Ware mindestens gleichwertig ist. Der Käufer ist von einer solchen Ersatzlieferung vorab zu unterrichten, und es wird ihm das Recht eingeräumt, einer solchen Ersatzlieferung zu widersprechen oder den Rücktritt vom Vertrag zu erklären.

The supplier reserves the right to improve or modify any of the products without prior notice, provided that such improvement or modification shall not affect the form and function of the product/merchandise.

The supplier reserves the right to improve or modify any of the products with prior notice to the buyer, in which event the buyer vary or cancel any order for the relevant product.

Ce contrat et ses annexes, ainsi que toutes les références y reprises sont définitivement conclus entre le vendeur et l'acheteur par l'apposition de leurs signatures. Des accords postérieurs concernant des clauses supplémentaires ou divergentes à ce contrat n'engagent pas l'acheteur, a moins qu'elles n'aient été convenues et acceptées par écrit.

46. Die Vereinbarung ersetzt sämtliche vorherigen Verträge, Absprachen und Zusicherungen, welche die Parteien schriftlich oder mündlich bis zum heutigen Vertragsdatum abgeschlossen beziehungsweise abgegeben haben. Diese vorherigen Absprachen und Zusicherungen werden ab Unterzeichnung des vorliegenden Vertrages gültig.

This Agreemet supersedes and invalidates all other commitments and warranties relating to the subject matter hereof which may have been made by the parties either orally or in writing prior to the date hereof, and which shall become null and void from the date this Agreement is signed.

47. Rechte aus diesem Vertrag dürfen von keiner Vertragspatei ohne vorherige Zustimmung der anderen Vertragspartei auf Dritte übertragen werden.

This Agreement shall not be assigned or transferred by either party except with the written consent of the other.

48. Jede Vertragspartei trägt ihre eigenen Kosten, Steuern, Gebühren und sonstigen Abgaben, die anläßlich der Durchführung dieses Vertrages entstanden sind oder entstehen.

Each party shall be responsible for all of its legal, accountancy and other costs and expenses incurred in the performance of its obligation hereunder.

49. Der Verkäufer sichert ausdrücklich zu, für eine vertragsgemäße Durchführung des Vertrages einzustehen und alle notwendigen Nebenpflichten zu erfüllen.

The seller hereby irrevocably undertakes to procure the execution and delivery and the prompt performance as such.

rung aus der Sicht des englischen Rechts von beiden Vertragspartnern wie ein neuer Vertragsabschluß behandelt werden.

Bei der Vertragsaufhebung (Textbeispiel in Tabelle 17, Ziffer 46) legen die Parteien fest, daß mit einer neuen Vertragsvereinbarung sämtliche vorherigen Absprachen, Vereinbarungen oder Bestätigungen abgeändert, aufgehoben oder ersetzt werden sollen. Ein solcher Vertragsbestandteil ist sinnvoll, wenn die vertragsschließenden Parteien von vornherein Streitigkeiten darüber vermeiden wollen, welche Vereinbarung bei Vorliegen mehrerer Verträge für das konkrete Geschäft Gültigkeit haben soll. Insofern ist es empfehlenswert, in den internationalen Liefervertrag Bestimmungen aufzunehmen, die klarstellen, ab wann ein Vertrag gültig sein soll und zu welchem Zeitpunkt der Vertrag seine Wirksamkeit verlieren soll.

II. Sonstige Vertragsklauseln

Gelegentlich bereitet es Schwierigkeiten, wenn Rechte aus Verträgen übertragen werden sollen. Dies kann der Fall sein, wenn etwa die Abtretbarkeit ausdrücklich ausgeschlossen wurde oder die Abtretung im Ausland rechtlichen Problemen begegnet. Wenn die Abtretbarkeit von Rechten aus dem Vertrag ausgeschlossen sein soll, dann muß dies entsprechend vertraglich geregelt werden (Textbeispiel Tabelle 17, Ziffer 47). Soll die Abtretbarkeit eingeschränkt werden, so ist auch dies vertraglich zu fassen.

Eine Kostenregelung in internationalen Lieferverträgen ist immer dann nützlich, wenn beispielsweise Kosten durch Rechtsberatung, Steuern, das Einholen von etwa notwendigen Genehmigungen usw. entstehen. Insbesondere letzteres spielt im internationalen Geschäft häufig eine Rolle, weil oft bestimmte Genehmigungen oder behördliche Bescheinigungen, Gutachten oder Bestätigungen u.ä. beizubringen sind. Eine entsprechende Vertragsklausel schafft Klarheit, welche Vertragspartei jeweils mit den entstehenden Kosten zu belasten ist (Textbeispiel Tabelle 17, Ziffer 48).

Verträge sollten auch sonstige Zusicherungen und Versprechen schriftlich festhalten. Sind besondere Sorgfaltspflichten oder Nebenpflichten, Handlungen oder Unterlassungen neben den Hauptpflichten vereinbart, dann empfiehlt sich eine Aufnahme in die Schlußbestimmungen des Vertrages (Textbeispiel Tabelle 17, Ziffer 49).

3. Teil

Allgemeine Geschäftsbedingungen im Außenhandel

§ 23. Im- und Export-AGB

Literatur: *Graf von Bernstorff*, Münchener Vertragshandbuch, 3. Bd., 2. Halbbd., 4. Aufl. 1997, S. 626ff; *Drobnig*, AGB im internationalen Handesverkehr, FS Mann (1977), 591ff; *Landfermann*, AGB-Gesetz und Auslandsgeschäfte, RIW 1977, 445; *Meyer-Sparenberg*, Rechtswahlvereinbarungen in Allgemeinen Geschäftsbedingungen, RIW 1989, 347; *Nörenberg*, Internationale Verträge und AGB, NJW 1978, 1082; *Schütze*, Praktizierte Lieferbedingungen im internationalen Geschäftsverkehr, DWiR 1992, 89; *Wolf/Horn/Lindacher*, AGB-Gesetz, Kommentar, 3. Aufl. 1994.

In diesem 3.Teil des vorliegenden Buches geht es um eine besondere Behandlung der Allgemeinen Geschäftsbedingungen, die in einen Liefervertrag mit eingebunden werden. Ein Beispielstext ist im Anhang des Buches abgedruckt, so daß auf die Darstellung einzelner AGB-Klauseln hier im Textteil verzichtet wird.

I. Allgemeine Geschäftsbedingungen

Allgemeine Geschäftsbedingungen (AGB), gleichgültig, ob in der Version der Liefer- oder der Einkaufsbedingungen ausgestaltet, dienen den Verwendern für eine Vielzahl künftiger Geschäfte als vorformulierte grundsätzliche Aussagen zu grenzüberschreitenden Warenkaufgeschäften. Sie lassen das Bestreben erkennen, die eigene Rechtsstellung des AGB-Verwenders zu stärken und diejenige des ausländischen Vertragspartners einzuschränken. Wie die „Allgemeinen Geschäftsbedingungen“ im Verhältnis zum Individualvertrag zwischen Exporteur und ausländischem Vertragspartner stehen, ist unerheblich. Vertragsbedingungen können außerhalb des Individualvertrages (z.B. durch gesondert ausgehändigte Schriftstücke), aber auch durch Aufnahme in die Urkunde des Individualvertrags vereinbart werden. Es reicht für den AGB-Charakter aus, daß – auch außerhalb der als solche bezeichneten „Allgemeinen Geschäftsbedingungen" – beispielsweise im Briefkopf Hinweise enthalten sind (z.B. Gerichtsstand ist in ...), solange diese Bestimmungen ihrer äußeren Aufmachung nach als Vertragsbestandteil in Betracht kommen.

Vertragsbedingungen gelten nur dann als „*vorformuliert*" im Sinne des § 1 AGBG, wenn sie vor Vertragsabschluß fertig aufgestellt und nicht erst bei Vertragsschluß ausgehandelt werden. Für Außenhändler bedeutet dies, daß sie ihre „Allgemeinen Lieferbedingungen" bereits fertig vorbereitet haben müssen, wenn sie damit beginnen, Individualverträge mit ausländischen Abnehmern abzuschließen. Die Vorformulierung muß *für eine Vielzahl* von Verträgen oder Rechtsgeschäften erfolgen. Dieses Erfordernis ist erfüllt, wenn die Klauseln in verschiedenen Verträgen mit anderen Klauseln in unterschiedlicher Kombination, aber inhaltsgleich verwendet werden, etwa in einem System von Textbausteinen. Dabei genügt die *Absicht,* sie für eine Vielzahl von Verträgen verwenden zu wollen, was regelmäßig der Fall ist, wenn der deutsche Exporteur seine Standardbedingungen grundsätzlich allen künftigen Außenhandelsgeschäften zugrunde legen will.

1. Grundlagen

Die *Schriftart* spielt keine Rolle (Druck, Kopie, Fax, auch Handschrift), solange eine gleichartige Verwendung in einer Vielzahl von Verträgen erfolgt.

Die Form der AGB ist unerheblich, solange nur sichergestellt ist, daß die Allgemeinen Bedingungen in einer Vielzahl von Verträgen gleichlautend wiederholt werden. Von deutschen Unternehmen erstellte AGB sind aus der Sicht des *deutschen* AGB-Verwenders abgefaßt. Sie gehen grundsätzlich, wie auch aus der weiter unten noch beschriebenen Rechtswahlklausel erkennbar wird, davon aus, daß für die internationalen Liefergeschäfte, insbesondere aber auch für die Verwendung der Allgemeinen Lieferbedingungen, *deutsches* Recht zur Anwendung gelangt (soweit Hinweise auf Gesetze erfolgen, geschieht dies daher insbesondere mit Blick auf Bestimmungen des deutschen BGB, HGB oder AGBG).

Sofern die Parteien nicht mit hinreichender Deutlichkeit etwas anderes vereinbaren, gilt für Exportgeschäfte im übrigen aus deutscher Sicht praktisch immer das Übereinkommen der Vereinten Nationen über Verträge über den Internationalen Warenkauf vom 11.4.1980 („UN-Kaufrecht. Im übrigen gilt, daß das UN-Kaufrecht nach Art. 1 Abs. 1 (b) darüber hinaus praktisch immer dann zur Anwendung gelagt, wenn die Regeln des Internationalen Privatrechts auf das (Sach-)Recht eines Vertragsstaates verweisen: Berufenes innerstaatliches Recht ist das Einheitsrecht und nicht das autonome nationale Recht. Der Ausschluß der Geltung des UN-Kaufrechts kann im Sinne des Art. 6 des UN-Kaufgesetzes ausdrücklich oder stillschweigend und auch nur für bestimmte Teile des Vertrages erfolgen. Allerdings ist darauf zu achten, daß eine bloße Rechtswahl („Es gilt deutsches Recht") noch keine Abwahl des UN-Kaufrechts darstellt, da dieses UN-Kaufrecht seit 1991 ebenfalls zum deutschen Recht gehört. Allerdings ist ein stillschweigender Ausschluß des UN-Kaufrechts anzunehmen, wenn die Allgemeinen Lieferbedingungen des deutschen Exporteurs dem UN-Kaufrecht entgegenstehende Klauseln enthalten, wonach nur einzelne Vorschriften eines unvereinheitlichten Rechts vereinbart zu sein brauchen, um den Willen der Parteien deutlich zu machen, das Kaufrechtsübereinkommen insgesamt ausschließen zu wollen. Vom Regelungsbereich des UN-Kaufrechts ist gemäß Art. 4 Satz 2 (a) die Überprüfung der „Gültigkeit des Vertrages oder einzelner Vertragsbestimmungen", also vor allem die inhaltliche Überprüfung von Allgemeinen Geschäftsbedingungen, ausgenommen.

Es hat sich in der Außenhandelspraxis als absolut üblich herausgestellt, daß im Hinblick auf AGB (daneben oft auch für die Vereinbarung einer Zahlungsbedingung) die Muster der „Internationalen Handelskammer" in Paris zugrunde gelegt werden, also für den Bereich der *Liefer*vereinbarungen die „Incoterms 1990", für den Bereich der *Zahlungs*bedingungen, soweit es nicht um eine reine Zahlung („clean payment", also etwa „Zahlung bei Lieferung" (Cash on Delivery)) geht, die „Einheitlichen Richtlinien und Gebräuche für Dokumenteninkassi (1996)" oder die „Einheitlichen Richtlinien und Gebräuche für Dokumentenakkreditive (1994)". Diese Regelwerke der Internationalen Handelskammer, Paris, bedürfen zur ihrer Geltung zwischen den Vertragsparteien einer entsprechenden Vereinbarung.

2. Sprache der AGB

Die *Sprache* des Formulars darf nicht darüber hinwegtäuschen, daß das geltende Recht und die im grundlegenden Vertrag verwandte Sprache differieren können. Allerdings gilt im internationalen Handelsverkehr für die verwendete Sprache, daß der Erklärungsgegner nur die in dem speziellen Handel – zwischen den Parteien oder allgemein – üblichen Sprachen verstehen muß; eine in einer anderen Sprache abgefaßte Erklärung ist deshalb wirkungslos, sofern nicht der Empfänger durch seine Reaktion zeigt, daß er sie verstanden hat. Da die im Außenhandel übliche Vertragssprache in den weit überwiegenden Fällen die englische Sprache ist, ist es aus Sicht des deutschen AGB-Verwenders unschädlich, auf diese Gegebenheiten einzugehen und nicht nur den individuellen Liefervertrag, sondern auch die zugrundeliegenden Allgemeinen Lieferbedingungen in der weltweit gängigen Vertragssprache auszustellen.

3. Qualifikation als AGB-Klauseln

Da die Allgemeinen Geschäftsbedingungen aus der Sicht des deutschen Rechts dargestellt werden, müssen sie als „AGB-Klauseln" im Sinne des § 1 Abs. 1 AGBG erscheinen. Sie sind Vertragsbedingungen, weil mit ihnen alle Regelungen erfaßt werden, die Inhalt des zwischen dem deutschen Lieferanten und dem ausländischen Warenabnehmer zu schließenden Rechtsgeschäfts sind. Sie entfalten rechtliche Wirkungen, haben aber nicht zwingend unmittelbare Rechte und Pflichten der Parteien zum Inhalt. Sie sind „vorformuliert" im Sinne des § 1 Abs. 1 AGBG, da sie vor Abschluß der Einzelverträge aufgestellt wurden, um für zukünftige Verträge Anwendung zu finden. Es ist gleichgültig, ob sie als AGB-Klauseln nur einen gesonderten Bestandteil der Verträge bilden oder ob sie in die Vertragsurkunde selbst aufgenommen sind. Außerdem sind die Allgemeinen Lieferbedingungen grundsätzlich für die Zukunft Vertragsgrundlage, also keine „einzeln ausgehandelte" Vertragsbedingungen. Zur „Einbeziehung der AGB" in den Vertrag ist oben bereits ausführlich Stellung genommen worden.[266]

4. Kollision von Bedingungen

Es kann zu einer gegenseitigen Verwendung von Allgemeinen Geschäftsbedingungen kommen , d.h., daß sowohl der Lieferant seine „Allgemeinen Lieferbedingungen" als auch der Abnehmer „Allgemeine Einkaufsbedingungen" zur Anwendung bringen wollen und daß der Exporteur dies mit dem Hinweis auf die ausschließliche Geltung seiner eigenen AGB ausschließen will. Das „Internationale Kaufrecht" hat dieses Problem der „*battle of forms*" nicht geregelt, da sich dies als allgemeines Problem des Vertragsschlusses darstelle. Insoweit kommt es dann auf die nationalen Regelungen an.

266 S. oben, 2. Teil, § 18.

Bezieht sich der Lieferant auf die Geltung seiner Lieferbedingungen, während auch der Warenabnehmer auf die Geltung seiner eigenen AGB verweist, so liegt darin nach § 150 Abs. 2 BGB eine Ablehnung, die mit einem neuen Antrag verbunden ist. Der Vertrag ist allerdings nach §§ 150 Abs. 2 und 151 BGB mit den zuletzt in Bezug genommenen AGB zustande gekommen, wenn der erste AGB-Verwender den Vertrag ohne Widerspruch auf die ihm zugegangenen widersprechenden AGB abwickelt (Prinzip des letzten Wortes).

Widerspricht der Lieferant dagegen ausdrücklich oder konkludent den AGB und wird der Vertrag dennoch abgewickelt, insbesondere die Ware geliefert, so ist entgegen § 154 Abs. 1 BGB der Vertrag ohne Einigung über die AGB, jedoch mit Geltung der kongruenten AGB zustande gekommen.

Verweist der Lieferant nur auf die Geltung seiner AGB („*Geltungsklausel*"), so ist diese Formulierung eindeutig schwächer als eine „*Ausschließlichkeit*sklausel", mit der der Lieferant deutlich macht, daß weder für die Einbeziehung noch für die Geltung entgegenstehender Bedingungen des Warenabnehmers Raum sein kann. Sollen entgegenstehende AGB des Vertragspartners abgewehrt werden („*Abwehrklausel*"), dann stellt sich dies als vorweggenommener Widerspruch mit denselben Folgen wie beim Widerspruch des Lieferanten dar, d.h., es gelten die beiderseits gestellten AGB nur so weit, wie sie übereinstimmen.

5. Schriftform

Schriftformklauseln sind für AGB- Formulierungen typisch und besagen häufig, daß Nebenabreden, Zusicherungen, Vertragsänderungen, Änderungen der AGB usw. grundsätzlich schriftlich niederzulegen sind. Eine „einfache" Schriftformklausel liegt vor, wenn vorgesehen ist, daß die Klausel allein dem Zweck der Klarstellung und Beweiserleichterung dient und deutlich macht, daß Vertragsänderungen grundsätzlich nur wirksam sein sollen, wenn sie schriftlich vereinbart wurden. Nach § 125 Satz 2 BGB ist die vereinbarte Schriftform im Zweifel als Wirksamkeitsvoraussetzung für das Rechtsgeschäft anzusehen. Da die vereinbarte Schriftform aber nachträglich und für einzelne Vereinbarungen wieder außer Kraft gesetzt werden kann, sind formlose Vereinbarungen nach allgemeinen Rechtsgrundsätzen trotz der gesetzlichen Bestimmungen wirksam, wenn nachgewiesen wird, daß sie nicht als unverbindliche Meinungsäußerung gedacht, sondern als rechtsverbindliche Erklärung zu verstehen waren. Hinzu kommt, daß formlose Zusatz- und Nebenabreden als „Individualabreden" qualifiziert werden und deshalb nach § 4 AGBG Vorrang vor der Schriftformklausel haben.

6. Ausschluß von Bedingungen des Käufers

Zur Kollision von sich widersprechenden AGB ist bereits oben Stellung genommen worden. Dabei ging es darum, daß bei erstem Vertragsschluß sowohl der Verkäufer wie auch der Käufer ihre jeweiligen Allgemeinen Geschäftsbedingungen zugrunde legen wollen. Wenn der Lieferant versucht, mittels AGB-Klausel deutlich zu machen, daß er anderslautende AGB seines Vertragspartners nicht akzeptiert, ist zu beachten, daß sich widersprechende AGB nur insoweit gelten können, wie sie übereinstimmende Teile enthalten. Dagegen gibt es keine rechtswirksame Vereinbarung im Hinblick auf die AGB-Bestandteile, die zueinander in Widerspruch stehen. Hinsichtlich der Punkte, über die regelmäßig im Einzelvertrag Einigkeit besteht (wie etwa Kaufgegenstand, Kaufpreis, Lieferzeit und -ort usw), dürfte dies unproblematisch sein. Im Hinblick auf typische AGB-Regelungen aber (wie etwa Eigentumsvorbehalt, Lieferbedingung, Rechtswahlklausel usw.) ist dieses Ergebnis für den Steller „Allgemeiner Lieferbedingungen“ sehr problematisch. Der Wert einer Klausel ist daher als gering anzusehen, solange der deutsche Exporteur nicht darauf achtet, eine klare vertragliche (Individual-)Vereinbarung mit dem ausländischen Vertragspartner darüber zu erzielen, daß die „Allgemeinen Lieferbedingungen“ gelten.

7. Geltungsbereich

AGB enthalten oft die Festlegung, daß die Bedingungen eindeutig *nur* gegenüber einem *Kaufmann* im Rahmen seines Geschäftsbetriebes gelten sollen. Nach § 24 AGBG finden die Bestimmungen der §§ 2 und 10 bis 12 AGBG „keine Anwendung auf Allgemeine Geschäftsbedingungen, die gegenüber einem Kaufmann verwendet werden, wenn der Vertrag zum Betriebe seines Handelsgewerbes gehört“.

Im internationalen Handel ist in der Regel diesem Umstand Rechnung getragen, da der Kaufvertragspartner eines deutschen Lieferanten üblicherweise ein Unternehmer ist. Soweit im Ausnahmefall allerdings neben kaufmännischen Vertragspartnern auch private Abnehmer in Frage kommen, müssen die Allgemeinen Lieferbedingungen des Verwenders an den strengeren Maßstäben der §§ 2 sowie 10 bis 12 AGBG ausgerichtet werden. Einfacher dürfte es für den deutschen Exporteur daher sein, für den Bereich der privaten Abnehmer eigenständige AGB zu verwenden, die dem Schutzgedanken insbesondere der §§ 10 und 11 AGBG Rechnung tragen.

II. Allgemeine Lieferbedingungen im Außenhandel (Export)

Den allgemeinen Vorbemerkungen, die für Liefer- wie auch Einkaufsbedingungen gleichermaßen gelten können, sind nun des weiteren spezielle Bemerkungen zu den einzelnen Bedingungsarten hinzuzufügen. Dabei ist die Mehrzahl der Ergänzungen auf Seiten der Lieferbedingungen anzubringen.

1. Angebot und Spezifizierung

Auftragseingänge werden beim Lieferanten erst dann als verbindliche Vertragsgrundlage gesehen, wenn der Lieferant sie annimmt. Im kaufmännischen Verkehr ist eine Bestellung als *Angebot* im Sinne des § 145 BGB anzusehen. Ein solches Angebot entfaltet jedoch erst Bindungswirkung, wenn Vertragsgegenstand und Vertragsinhalt so bestimmt oder (nach §§ 133 und 157 BGB) bestimmbar sind, daß der Lieferant dieses Angebot ohne weiteres annehmen kann. Wegen der Bindungswirkung kann das Angebot nicht ohne weiteres widerrufen werden, es sei denn, die Bindungswirkung ist ausdrücklich ausgeschlossen (§ 145 BGB). Die Vertrags*annahme* durch den Lieferanten oder seinen Vertreter ist eine einseitige, empfangsbedürftige Willenserklärung. Nach § 146 BGB erlischt allerdings das Angebot (die Bestellung), wenn entweder der Lieferant ablehnt oder aber eine Frist im Sinne der §§ 147ff BGB erlischt.

Eine eindeutige und schriftliche Zustimmung sollte vorgesehen sein, da für diesen Bereich der Allgemeinen Verkaufsbedingungen nämlich auf das unterschiedliche Rechtsverständnis ausländischer Vertragspartner zu achten ist. – Erforderlich ist ferner, daß die Allgemeinen Verkaufsbedingungen bei (und auch nach) Vertragsabschluß *verfügbar* sind, also nicht etwa bei einem früheren Vertragsabschluß verfügbar waren, ausgehändigt oder vorgelegt wurden, soweit nicht eine Rahmenvereinbarung nach § 2 Abs. 2 AGBG vorliegt oder die Verkaufsbedingungen schon ohne weiteres bekannt sein müssen. Bei telefonisch geschlossenen Verträgen etwa kann dies zu Schwierigkeiten führen, falls dem Vertragspartner die Verkaufsbedingungen erst später zugehen, weil etwa Prospekte, Kataloge, Warenbeschreibungen etc. noch nicht (z.B. wegen des Umfangs) mitgeteilt werden konnten. Die Allgemeinen Verkaufsbedingungen müssen ferner *verständlich* sein. Dabei ist nicht auf die persönliche Fähigkeit des jeweiligen Kunden, sondern auf das durchschnittliche Verständnis eines Vertragspartners abzustellen. Eine Verständlichkeit von AGB fehlt etwa, wenn die AGB durch Verwendung technischer Fachausdrücke dem Durchschnittskunden den Regelungsgehalt verbergen oder verschleiern oder wenn das Klauselwerk durch vielerlei Verweisungen unübersichtlich wird. Soweit zum Angebot technische Dokumentationen (Zeichnungen, Pläne, Entwürfe, Rechenbeispiele usw.) gehören, beurteilt sich deren Verbindlichkeit für den Vertrag nach § 145 BGB. Ein verbindliches Angebot erstreckt sich auf die gesamte Dokumentation, soweit sie einwandfrei als zum Vertrag zugehörig erkennbar ist.

2. Genauigkeit einer Bestellung

Der Besteller ist verantwortlich zu machen für die Genauigkeit seiner Bestellung, so daß der Verkäufer auf der Basis dieses Angebots seine Annahmeerklärung abgeben und die Geschäfte ausführen kann. Schließlich geht es nach dieser Verkaufsklausel zu Lasten des Bestellers, wenn die von ihm gegebene Information über ein Geschäft/über die konkrete Bestellung nicht ausreicht, um die Bestimmtheit sicherzustellen.

3. Kaufpreis

Die Begleichung des Kaufpreises ist, der Systematik eines Kaufvertrages entsprechend, die Hauptpflicht des Käufers, die gemäß § 320 Abs. 1 und § 322 BGB Zug um Zug gegen Übereignung der Kaufsache zu erfüllen ist, soweit zwischen den Parteien nicht etwas anderes vereinbart worden ist. Obwohl die Geldzahlung regelmäßig als Entgelt vorgesehen ist, muß dies nicht notwendig immer so sein. Auch die Gegenleistung in Form anderer Entgelte wie etwa Kompensation, Naturalien usw. fällt hierunter.

Bei Festlegung des Kaufpreises wird, insbesondere im internationalen Warenverkehr, oft auch festgelegt, auf welche Weise die Zahlung zu erfolgen hat. Ist es im Inland zur geläufigen Praxis geworden, bargeldlos zu zahlen, indem man den geschuldeten Betrag auf ein vom Verkäufer angegebenes Konto überweist, so stellt sich dieser Vorgang im internationalen Zahlungsverkehr als nicht so einfach dar, weil beispielsweise eine Überweisung nicht die Regel ist (etwa in den USA, wo der typische Zahlungsweg mittels Scheck beschritten wird). Für die *Rechtzeitigkeit* der Zahlung kommt es darauf an, ob der Käufer das Erforderliche zur rechten Zeit veranlaßt hat. Dies ist regelmäßig dann der Fall, wenn der Käufer den Überweisungsauftrag bei seiner Bank eingereicht hat (und auf dem Konto Deckung vorhanden ist), wobei für den Fall des internationalen Zahlungsverkehrs die Sonderform des „Zahlungsauftrags im Außenhandel" (Z 1) mit den dazugehörigen Meldebestimmungen in bezug auf die Deutsche Bundesbank zu verwenden sind, soweit es um Beträge von über DM 5.000,– geht.

4. Zahlungsbedingungen

Die Außenhandelspraxis eröffnet verschiedene Methoden der Abwicklung des Warengeschäfts und der Kaufpreiszahlung. Die jeweilige Marktposition der Vertragsparteien einerseits und das beiderseitige Sicherungsbedürfnis, nach dem vermieden werden soll, daß eine Partei gleichzeitig über Ware und Geld verfügen kann, andererseits sind maßgeblich für die Auswahl der Zahlungsvereinbarung, die für das betroffene Außenhandelsgeschäft geeignet ist. Dabei wird zwischen nichtdokumentären und dokumentären Zahlungsklauseln unterschieden.

Die sogenannten *nichtdokumentären* Zahlungsklauseln sind „reine Zahlungsklauseln" (sog. Clean payment-Klauseln), die nicht durch weitere Dokumente unterlegt und auch nicht durch ein besonderes Verfahren über Banken abgewickelt werden. Hier gibt es, je nach Vereinbarung, mal für den Verkäufer, ein andermal für den Käufer Vorteile. Wenn beispielsweise „Vorauszahlung der Ware" beziehungsweise (nur im europäischen Raum) „Lieferung gegen Nachnahme" vereinbart ist, dann kann der Verkäufer/Exporteur sicher mit der Bezahlung der Ware rechnen, da der Käufer den Kaufpreis entrichten muß, ohne zuvor die Waren überprüfen zu können. Wird dagegen ein „clean payment", also „Zahlung gegen offene Rechnung", vereinbart, dann muß der Käufer erst nach Warenempfang (beziehungsweise bei Zielgewährung sogar noch später) zahlen und hat dadurch eine Warenprüfungs- und gegebenenfalls Rügemöglichkeit.

Bei den *dokumentären* Zahlungsklauseln sind immer Kreditinstitute eingeschaltet, die mit der Abwicklung der Zahlung gegen Vorlage von Warendokumenten beauftragt sind. Zu den dokumentären Zahlungsbedingungen im Außenhandel gehören entweder das Verlangen auf Stellen eines Dokumentenakkreditivs in seinen vielfältigen Ausgestaltungsmöglichkeiten oder die zum sogenannten „Dokumenteninkasso" gerechneten Formen „Kasse gegen Dokumente", Dokumente gegen Akzept" oder „Dokumente gegen unwiderruflichen Zahlungsauftrag". Auf diese Thematik ist oben bei Behandlung der Zahlungsbedingungen bereits eingegangen worden.[267]

267 Vgl. oben, 2.Teil, § 17.

5. Erfüllungsort

Erfüllungsort ist nach § 269 BGB im Zweifel der Wohnort des Schuldners, soweit nicht abweichende Vereinbarungen bestehen. Die Allgemeinen Lieferbedingungen können beispielsweise vorsehen, daß der Lieferant die Ware zur Abholung in seinem Werk oder seinem Lager zur Abholung bereithält. Der Verkäufer/Exporteur kann eine derartige Festlegung des Erfüllungsortes in seinen Allgemeinen Verkaufsbedingungen treffen, ohne sich in Widerspruch zu dem Gedanken des § 269 BGB zu setzen.

Allerdings besteht auch die Möglichkeit, einen anderen Ort als Erfüllungsort zu vereinbaren.

6. Gefahrübergang

Mit dem Stichwort des Gefahrübergangs stellt man fest, ab welchem Zeitpunkt der Verkäufer der Ware das Risiko des Untergangs, der Beschädigung oder einer sonstigen Verschlechterung der Ware außer acht lassen kann, weil diese Risiken auf den Käufer verlagert werden. Hierzu nehmen im internationalen Liefergeschäft üblicherweise die sogenannten „Incoterms“ Stellung.

Die Internationale Handelskammer, Paris, hat mit ihrer Publikation Nr. 460 die seit dem 1.1.1990 geltenden Incoterms herausgegeben.[268] Am Außenhandel teilnehmende Kaufleute, die die Klauseln der Incoterms für ihren Vertragsschluß zugrunde legen und die Klausel dann auch ausdrücklich einbeziehen, haben die Gewähr dafür, daß die jeweiligen Rechte und auch Pflichten, die sich aus der Lieferung und Abnahme der Ware ergeben, eindeutig festgelegt und einheitlich ausgelegt werden. Der Arbeitsausschuß der Internationalen Handelspraxis empfiehlt den Außenhandelsfirmen, bei Anwendung der Incoterms-Klauseln der jeweils neuesten Ausgabe der Incoterms die Jahreszahl (1990) mit anzugeben, um eine mögliche Verwechslung mit früheren Incoterms-Ausgaben (z.B. aus den Jahren 1976 und 1980) zu vermeiden. Die Incoterms stellen sich insgesamt nur als Hilfsmittel dar, welches nur dann für ein Auslandsgeschäft gilt, wenn es *ausdrücklich* in die Vereinbarung mit einbezogen wird. In einigen Staaten der Welt geht dieser Grundsatz so weit, daß es dort als nicht ausreichend angesehen wird, die Incoterms nur in den AGB abzudrucken; hier muß vielmehr in jedem Individualvertrag die gewünschte Incoterms-Klausel neu und ausdrücklich aufgenommen werden.

268 Vgl. oben, 2.Teil, § 16.

Die Incoterms regeln den *Kostenübergang*, den *Gefahrübergang* und den Übergang der *Sorgfaltspflicht* vom Verkäufer auf den Käufer. Den Gefahrübergang behandeln die Incoterms als Übergang der *Preisgefahr*. Sobald danach die Gefahr auf den Warenabnehmer übergegangen ist, muß der Kaufpreis bezahlt werden, selbst wenn die Ware nach diesem Zeitpunkt zufällig untergeht oder eine schädigende Wertminderung eintritt.

Je nach Wahl des Klauseltyps wird eine Vereinbarung hinsichtlich der *Kostenverteilung* getroffen. Dabei geht es um jegliche Kosten, die im Zusammenhang mit einer grenzüberschreitenden Lieferung entstehen. Eingeschlossen sind auch die Transportversicherung (beispielsweise in der Cif-Klausel) sowie eine Regelung darüber, daß der Abschluß eines Beförderungsvertrages, die Frachtzahlung sowie die Andienung der Transportdokumente durch eine Partei vorzunehmen sind.

Incoterms regeln nicht die im Außenhandelsvertrag interessierenden Fragen der Leistungsstörungen, etwaiger Rügepflichten, Verjährungsfristen, Zahlungsmodalitäten usw. Insofern sind die weiteren Vertragsbestandteile in den Individualverträgen oder den Allgemeinen Verkaufsbedingungen aufzunehmen.

Welche der 13 zur Verfügung stehenden Incoterms-1990-Klauseln letztlich vertraglich vereinbart wird, hängt stark von der Markt- und Verhandlungsposition der Vertragspartner ab. Gibt es einen „Verkäufer"-Markt mit starker Nachfrage, kann der Verkäufer die ihn begünstigenden Klauseln (z.B. „ex works") durchsetzen; im umgekehrten Fall wird der Käufer darauf drängen, den Zeitpunkt des Gefahrübergangs möglichst spät zu legen und ihn auf den Zeitpunkt der Warenanlieferung an seinem Geschäftssitz festzusetzen.

7. Eigentumsvorbehalt

Dazu wurde bereits ausführlich Stellung genommen.[269] Der Eigentumsvorbehalt ist in Deutschland ein sehr wichtiges Sicherungsinstrument für den Verkäufer einer Ware, mit dem er sich das Eigentum an den Kaufsachen bis zur vollständigen Bezahlung des Kaufpreises vorbehält. Sobald ein internationaler Sachverhalt vorliegt, wird die Situation jedoch schwierig, da die ausländischen Rechtsordnungen durchweg ein anderes Verständnis dieses Instrumentariums haben. *Der Ort, an dem sich die Ware befindet,* entscheidet dann über das anwendbare Recht.

269 Vgl. oben, 2. Teil, § 15.

Für im Außenhandel tätige Kaufleute ist dies beachtlich, denn es kann im Einzelfall bei Abfassung des Liefervertrages von entscheidender Bedeutung sein zu wissen, ob die Vereinbarung eines Eigentumsvorbehalts überhaupt sinnvoll ist. Dies um so mehr, als der sachenrechtliche Eigentumsvorbehalt hinsichtlich des anwendbaren Rechts der Dispositionsfreiheit der Vertragspartner entzogen ist. Hier hilft also auch eine ausdrückliche Rechtswahl eines anderen Rechts nicht weiter, da der Grundsatz des „Rechts der Belegenheit der Sache“ gilt. Das ausländische Recht verlangt häufig die Registrierung des Eigentumsvorbehalts, gelegentlich auch die notarielle Beurkundung.

8. Rücktritt bei Zahlungsverzug

Es kann in den Allgemeinen Verkaufsbedingungen vorgesehen sein, daß der Verkäufer die Ware herausverlangen kann oder auch zum Rücktritt berechtigt ist, wenn der Käufer in Zahlungsverzug im Sinne der §§ 284ff BGB geraten ist. Dies ist bei Vereinbarung eines Eigentumsvorbehalts nach § 455 BGB möglich, wenn der Käufer trotz Fälligkeit und Mahnung nicht mehr rechtzeitig gezahlt hat. Dabei ist zu trennen von dem bloßen Anspruch auf *Herausgabe* der Ware (retake) und dem *Rücktritt* vom Vertrag. Fordert der Lieferant die Rückgabe der Ware, dann kann er eine Entschädigung für die Überlassung der Vorbehaltsware verlangen.

Die Rücktrittsklausel berechtigt den Vorbehaltsverkäufer zum Rücktritt mit der Folge, daß die Kaufpreisforderung entfällt und das Eigentum endgültig beim Vorbehaltseigentümer verbleibt.

9. Mängelgewährleistung

Der Bereich der Mängelgewährleistung ist in den Allgemeinen Verkaufsbedingungen häufig sehr umfangreich, weil der Klauselverwender in diesem Bereich am häufigsten versucht, für ihn günstige Regelungen mit großem Variantenreichtum durchzusetzen

Grundsätzlich ist festzuhalten, daß Gewährleistungsansprüche des Bestellers dem Lieferanten gegenüber nur durchsetzbar sind, wenn der Käufer die Rügepflichten der §§ 377 und 378 HGB beachtet. Hierzu ist zunächst Voraussetzung, daß das Kaufgeschäft für beide Parteien ein Handelsgeschäft im Sinne der §§ 343 und 344 HGB ist. Ferner ist der Käufer verpflichtet, den Kaufgegenstand *unverzüglich* nach der *Ablieferung* auf etwaige Mängel zu untersuchen.

Die Obliegenheit des Käufers zur Rechtswahrung ist die *Anzeige* des (durch Untersuchung) erkannten Fehlers der Ware. Eine Rüge ohne Untersuchung (aus etwa anders erlangter Kenntnis des Mangels) wahrt die Käuferrechte auch. Die für die Untersuchung erforderliche Frist bestimmt den Zeitpunkt, in dem der Käufer die durch Untersuchung feststellbaren Mängel spätestens rügen muß. Unmöglichkeit der Untersuchung entbindet von der Rügepflicht; gleiches gilt, wenn die Untersuchung die Ware vernichten oder wesentlich beschädigen würde. Unter *Ablieferung* wird die Handlung des Verkäufers verstanden, dem Käufer die Möglichkeit zu geben, den Gewahrsam am Kaufgegenstand zu erlangen.

Das Rügerecht des Käufers geht verloren, wenn eine vermeidbare Nachlässigkeit und eine dadurch bedingte Verzögerung der durchzuführenden Untersuchung vorliegt. Beim Weiterverkauf einer Ware (Streckengeschäft) kann der Käufer die Untersuchung seinem Abnehmer überlassen, so daß es für die Mängelrüge ausreichend ist, wenn der Zweitabnehmer Mitteilung an den Erstkäufer und dieser dann unverzügliche Mitteilung an den Verkäufer macht. Die Rüge ist *formfrei* möglich.

10. Freizeichnungsklauseln

Allgemeine Lieferbedingungen reflektieren in diesem Bereich der Haftungsfreizeichnung, daß der Exporteur nur unter bestimmten Voraussetzungen zur Mängelhaftung bereit ist. Der Exporteur übernimmt die Mängelhaftung nur unter der Voraussetzung, daß der Warendefekt nicht auf eine Warenspezifikation des Käufers zurückzuführen ist, sämtliche Teile der Warenlieferung vom Verkäufer selbst hergestellt (und nicht etwa vom Käufer geliefert) wurden und schließlich der fällige Kaufpreis vom Käufer bezahlt worden ist.

Außerdem kann in diesem Bereich die Frist für die vom Käufer vorgebrachten Rügen festgelegt werden. Es sind dann für diesen Themenbereich die Vorschriften der §§ 377 und 378 HGB einschlägig. Beide Vorschriften sind nachgiebig, eröffnen also die Möglichkeit, die Rügepflicht und ihre Ausgestaltung zu verschärfen, zu umschreiben, zu mildern oder ganz aufzuheben. Oft wird eine schriftliche Rüge verlangt, doch ist dies nicht die Regel. Meist wird anstelle des Wortes „unverzüglich" im Sinne des § 377 Abs. HGB eine bestimmte Frist gesetzt, wobei unterschiedliche Konstellationen (z.B. „8 Tage") denkbar sind. Eine Frist kann auch durch bloße Ausschlußfrist gesetzt werden, so daß sie nicht beliebig ausgenutzt werden darf, sondern innerhalb der Frist als unverzügliche Erklärung vorgeschrieben bleibt.

Mit einer Klausel zur „*Ersatzlieferung*" wird dem Käufer die Möglichkeit eröffnet, eine Ersatzlieferung zu beanspruchen, sofern die Ware nicht ordnungsgemäß ist. Naturgemäß ist ein Anspruch des Käufers auf Ersatzlieferung automatisch dadurch ausgeschlossen, daß er mit einer Ersatzlieferung unvereinbare anderweitige Rechtsbehelfe geltend macht, indem er beispielsweise die Aufhebung des Vertrages oder die Minderung des Kaufpreises erklärt.

Neben dem Verlangen nach Ersatzlieferung soll dem Käufer das Recht zustehen, auch eine *Nachbesserung* der fehlerhaften Ware zu fordern. Es steht auch einem Nachbesserungswunsch entgegen, wenn der Käufer schon anderweitige Rechtsbehelfe geltend gemacht hat. Eine Möglichkeit zur Nachbesserung muß vereinbart werden. Der Verkäufer kann das Ansinnen des Käufers auf Nachbesserung ablehnen, wenn das Verfahren der Nachbesserung auf eine bestimmte Art vereinbart ist und der Käufer sich nicht daran hält. Bei *Fehlschlagen* der Nachbesserung (etwa durch Unterbleiben oder Mangelhaftigkeit) kann der Käufer die gesetzlichen Gewährleistungsrechte geltend machen. Legen die Verkaufsbedingungen allerdings deutlich fest, daß der Verkäufer eine Nachbesserung durch Naturalrestitution zu erbringen hat, ist § 250 BGB einschlägig. Als fehlgeschlagen gilt eine Nachbesserung beziehungsweise Ersatzlieferung, wenn sie unmöglich ist, ernsthaft und endgültig verweigert wird, unzumutbar verzögert wird oder vergeblich versucht worden ist.

11. Gewährleistungsrechte

Die *Herabsetzung des Kaufpreises* (Legaldefinition in § 462 BGB) ist ein dem Käufer kraft Gesetzes zustehendes Gewährleistungsrecht, welches den Kaufvertrag als solchen erhält (anders als bei der Wandlung, also dem Rückgängigmachen des Vertrages). Dem Käufer stehen die Gewährleistungsansprüche alternativ zu, sofern sie nicht im Einzelfall ausgeschlossen sind. Bis das Wahlrecht durch Vollzug (vgl. § 465 BGB) oder durch Erfüllung des geltend gemachten Anspruchs erlischt, kann der Käufer von einem zum anderen übergehen, die getroffene Wahl also frei widerrufen.

Nach § 476a BGB hat der Verkäufer dann, wenn anstelle des Rechts auf Wandlung oder Minderung auch ein Recht auf Nachbesserung vereinbart wurde, die für die Nachbesserung erforderlichen Aufwendungen zu tragen. § 476a BGB gilt nur für die Nachbesserungspflicht des Verkäufers, nicht aber für eine Nachbesserungspflicht eines Herstellers im Rahmen einer Garantievereinbarung, wenn dieser nicht auch Verkäufer ist. Allerdings stellt § 476a Satz 2 BGB heraus, daß *erhöhte* Aufwendungen vom Grundsatz her nicht vom Verkäufer zu tragen sind.

12. Rechtswahl

In dieser AGB-Klausel wird festgelegt, daß für diese Allgemeinen Verkaufsbedingungen beispielsweise das deutsche Recht zur Anwendung gelangen soll. Dieser Teil eines Vertrages wird auch als „*Verweisungsvertrag*" bezeichnet, der sich klar abgrenzt zum sogenannten *Hauptvertrag* und der *Gerichtsstandsvereinbarung*.

Jeder internationale Vertrag besteht aus drei rechtlich selbständigen Verträgen, nämlich dem Hauptvertrag, welcher ausführlich das gesamte Leistungsaustauschverhältnis der Vertragsparteien regelt, dem Verweisungsvertrag (Welches Recht gilt?) und der Gerichtsstandsvereinbarung (Wo wir im Streitfall prozessiert?). Die jeweilige rechtliche Selbständigkeit jedes der drei Vertragsbestandteile bedeutet, daß bei Vorliegen eines unwirksamen Hauptvertrages immer noch die Rechtswahl und die Gerichtsstandsvereinbarung gültig sein können (um umgekehrt). Insofern ist der Rechtswahlklausel (dem sogenannten „Verweisungsvertrag") besondere Beachtung zu schenken. Der Verweisungsvertrag, der auch als „Rechtswahlklausel" bezeichnet wird, legt die Geltung eines nationalen Rechts als Grundlage für die schuldrechtlichen Verpflichtungen der beteiligten Vertragspartner fest.

Es gibt nur wenige Fälle, in denen von vornherein feststeht, daß ein bestimmtes nationales Recht zur Anwendung gelangt. Stets ist beispielsweise das Recht des Importeurlandes für Fragen des Währungs- und Außenwirtschaftsrechts einschlägig, wenn es etwa um Import- und Devisentransfergenehmigungen geht. Außerdem können zwingende Vorschriften eines Landes dazu führen, daß in einigen Bereichen ein bestimmtes nationales Recht anwendbar ist (dies etwa dann, wenn inländische zwingende Vorschriften, zum Beispiel über den Grundstücksverkehr, für einen Vertrag einschlägig sind, und wenn ein inländisches Grundstück betroffen ist, vgl. § 313 BGB). Weitere zwingende Inlandsvorschriften in Deutschland sind etwa § 12 AGBG (Konsumentenschutz), § 98 Abs. 2 GWB (Wettbewerbsschutz) und § 3 Satz 1 WährG (Geldschulden unter Inländern nur in DM eingehbar).

Am einfachsten ist es, ein nationales Schuldrecht *ausdrücklich* zu vereinbaren. Nach Art. 27 EGBGB „unterliegt der Vertrag" dann „dem von den Parteien gewählten Recht". Die Rechtswahl kann ausdrücklich geschehen (Art. 27 Abs. 1 Satz 2 EGBGB), wobei sich eine Rechtswahlbestimmung auch in den Allgemeinen Geschäftsbedingungen befinden kann.

Ist die Rechtswahl nicht ausdrücklich erfolgt, so kann sie sich eventuell „mit hinreichender Sicherheit aus den Bestimmungen des Vertrages oder aus den Umständen des Falles ergeben“ (Art. 27 Abs. 1 Satz 2 EGBGB). Dabei können die Parteien – wie auch bei der ausdrücklichen Rechtswahl – das anzuwendende Recht sowohl für den ganzen Vertrag als auch nur für einen Teil der Vereinbarung bestimmen.

Art. 28 EGBGB regelt den Fall, daß die Vertragspartner es versäumt haben, eine Rechtswahlvereinbarung zu treffen. „Soweit das auf den Vertrag anzuwendende Recht nicht nach Art. 27 EGBGB vereinbart worden ist, unterliegt der Vertrag dem Recht des Staates, mit dem er *die engsten Verbindungen* aufweist.“ Das deutsche Recht hat mit dieser gesetzlichen Regelung damit einen Grundsatz kodifiziert, der in ähnlicher Form auch in den anglo-amerikanischen Rechtsordnungen unter dem Begriff des „center of gravity“ bekannt ist. Die Regelung in Art. 28 EGBGB macht deutlich, daß es darauf ankommt festzustellen, woraus die charakteristische oder vertragstypische Leistung besteht und worin der Schwerpunkt des Schuldverhältnisses liegt. Dabei gibt Art. 28 EGBGB vier genannte Fälle auf, in denen der Vertragsschwerpunkt widerleglich vermutet wird.

13. Gerichtsstandsvereinbarung

Ein weiterer der drei rechtlich selbständigen Vertragsteile ist die den Vertrag meist abschließende Gerichtsstandsklausel. Bedingt sich der Verwender der Allgemeinen Verkaufsbedingungen die ausschließliche Zuständigkeit der Gerichte aus, die für seinen Geschäftssitz sachlich und örtlich zuständig sind (§§ 12ff ZPO), dann ist dies eine „Gerichtsstandsvereinbarung“. Die Zuständigkeit deutscher Gerichte für die Behandlung internationaler Streitfragen bestimmt sich nach den §§ 12ff ZPO analog (wegen der Regelungslücke der ZPO für internationale Sachverhalte).

Danach haben die Parteien entweder *vertraglich* vereinbart, welches Gericht im Streitfall zuständig sein soll (vgl. § 38 ZPO). Ist keine vertragliche Vereinbarung vorhanden, kann ein *besonderer* Gerichtsstand begründet sein. Nur wenn auch dies nicht vorliegt, ist das Gericht am *Wohnsitz des Schuldners* (§§ 12 und 13 ZPO) örtlich zuständig.

Für Gerichtsstandsvereinbarungen in Auslandssachen ist zur Beurteilung von Zuständigkeitsabreden § 38 Abs. 2 ZPO einschlägig. Auch Nicht- und Minderkaufleute dürfen danach ohne weiteres Gerichtsstandsvereinbarungen treffen.

III. Allgemeine Einkaufsbedingungen (Import)

Allgemeine Einkaufsbedingungen dienen den Importeuren für eine Vielzahl künftiger Importgeschäfte als vorformulierte grundsätzliche Vertragsbedingungen. Einkaufsbedingungen lassen sich dann gegenüber den Lieferanten durchsetzen, wenn die Marktposition und Marktmacht dem Warenkäufer eine stärkere Position geben, weil es sich um einen „Käufermarkt" handelt, der es dem Käufer für seine Warenkäufe ermöglicht, seine Interessen durchzusetzen. Inhaltlich decken sich Einkaufsbedingungen häufig mit Verkaufsbedingungen, doch finden sich – der Interessenlage des Importeurs entsprechend – einige besondere Formeln in Einkaufsbedingungen, die an dieser Stelle angesprochen sein sollen.

1. Angebotsbindung

In den Allgemeinen Einkaufsbedingungen kann beispielsweise vorgesehen sein, daß auf eine Bestellung des Käufers innerhalb von 14 Tagen eine schriftliche Annahmeerklärung des Verkäufers möglich ist. Im kaufmännischen Geschäftsverkehr wird eine solche Bestellung als Angebot nach § 145 BGB angesehen, wenn Inhalt und Gegenstand des Vertrages so weit bestimmbar sind (im Sinne der §§ 133 und 157 BGB), daß eine Annahmeerklärung des Angebotsempfängers möglich ist und den Vertrag rechtswirksam zustande kommen läßt. Wegen der Bindungswirkung kann das Angebot nicht ohne weiteres widerrufen werden, es sei denn, die Bindungswirkung wurde ausdrücklich ausgeschlossen (§ 145 BGB). Die Vertragsannahme durch den Lieferanten oder seinen Vertreter ist eine einseitige, empfangsbedürftige Willenserklärung. Die Allgemeinen Einkaufsbedingungen sehen eine eindeutige und schriftliche Zustimmung zur Bestellung des Käufers vor. Nach § 146 BGB erlischt allerdings das Angebot (die Bestellung), wenn entweder der Lieferant ablehnt oder aber die gesetzte Frist von 14 Tagen (vgl. §§ 147ff BGB) verstreicht.

Aus den genannten Vorschriften der §§ 147 und 148 BGB ergibt sich, daß nur eine rechtzeitige Annahme zum Vertragsschluß führt. Aus § 148 BGB folgt, daß eine vom Besteller festgesetzte Annahmefrist maßgebend ist. Hier sind 14 Tage vorgesehen, wobei im Zweifel die Frist von 14 Tagen mit der Abgabe der Bestellung zu laufen beginnt.

2. Zahlung des Kaufpreises

Die Hauptpflicht des Käufers ist die Begleichung des Kaufpreises Zug um Zug gegen Übertragung der Kaufsache.

Ergänzend kann in den Einkaufsbedingungen vorgesehen werden, daß der Besteller seiner Pflicht zur Zahlung des Kaufpreises in der Weise nachkommen kann, daß er den Kaufpreis durch *Aufrechnung* im Sinne der §§ 387ff BGB tilgt, vorausgesetzt, daß die Aufrechnung nicht gesetzlich oder vertraglich ausgeschlossen ist. Ein Aufrechnungs- oder Zurückbehaltungsrecht ist in Allgemeinen Einkaufsbedingungen allerdings oft nicht gesondert geregelt. Problematisch ist dieses Thema, weil es sich aus deutschrechtlicher Sicht leicht darstellen kann, daß ein „stillschweigender Ausschluß" der Aufrechnung vorliegt. Ein stillschweigender Ausschluß der Aufrechenbarkeit liegt beispielsweise darin, daß eine „dokumentäre" Zahlungsbedingung, wie etwa das Dokumentenakkreditiv oder das Dokumenteninkasso, vereinbart ist. Mit einer solchen dokumentären Zahlungsbedingung wird nämlich der Zahlungsvorgang grundsätzlich auf dazwischengeschaltete Banken als Dienstleister verlegt mit der Verfahrensweise, daß die Banken nur mit der Maßgabe und aufgrund der Weisung des Importers den Kaufpreis an den Exporteur auszahlen, sobald der Exporteur der Zahlstellenbank akkreditiv- oder inkassogerechte Warendokumente einreicht. Dieses Verfahren verhindert damit schon vom Ablauf her eine Aufrechnung, da der Zahlungsvorgang ganz bewußt auf Intermediäre verlegt ist und von beiden Parteien im Grunde gewollt ist, daß es keine Aufrechnung geben soll.

Allerdings kann auch in einer Netto-Kasse-Klausel ein stillschweigender Ausschluß der Aufrechnung zu sehen sein, da der Verwender der Klausel in jedem Fall mit einer Bezahlung rechnet, sobald die Rechnung vorgelegt wird (Kasse gegen Rechnung). Ansonsten enthält das Gesetz weitere Ausnahmetatbestände, wonach eine Aufrechnung unzulässig ist, in den §§ 392 bis 395 BGB. – Im übrigen ist bei gegenseitig fälligen Forderungen die Geltendmachung eines Zurückbehaltungsrechts wie eine Aufrechnung zu werten, sofern durch die Ausübung des Zurückbehaltungsrechts (wie bei einer Aufrechnung der Fall) ein Erlöschen der Leistungspflicht eintritt.

3. Lieferzeit

Nach den Einkaufsbedingungen kann festgelegt sein, daß die Lieferung, soweit dies ausdrücklich im Individualvertrag festgehalten wurde, am vereinbarten Liefertag erfolgen soll. Fehlt eine solche Vereinbarung, dann ist mit der Bestimmung des § 271 BGB zu folgern, daß bei Fehlen einer Leistungszeit (weder fest vereinbart noch aus den Umständen des Falles zu entnehmen) der Besteller die Lieferung sofort verlangen kann und der Lieferant verpflichtet ist, seine Leistungspflicht sofort zu erbringen.

In jedem Fall bestimmt sich die Rechtzeitigkeit der Leistung durch den Lieferanten mittels Feststellung des *Erfüllungsortes*. Für die Frage, wo der Lieferant zu leisten hat, ist die Vorschrift des § 269 BGB heranzuziehen. Der im Gesetz genannte Begriff der „*Leistung*“ versteht sich in der Weise, daß der „*Leistungsort*“ der Ort ist, an dem der Lieferant die Leistungshandlung vornehmen muß, damit dort der *Leistungserfolg* eintreten kann. Der Leistungsort ist – insbesondere im internationalen Handel – meistens sofort anhand der angewandten Lieferbedingung (der „Incoterms-Klausel“) herauszufinden.

4. Leistungsstörungen

In den Bestimmungen der Allgemeinen Einkaufsbedingungen kann ferner festgelegt werden, daß der Lieferant bei drohendem Liefer*verzug* den Besteller hiervon schriftlich in Kenntnis zu setzen hat. Tritt der Lieferverzug schließlich ein, soll der Besteller berechtigt sein, den Lieferanten bis zur Höhe des Vertragswertes in Regreß zu nehmen. In den Allgemeinen Einkaufsbedingungen wird dann also begrifflich zunächst davon ausgegangen, daß der Lieferant die Lieferung zwar verspätet (Verzug), aber immerhin doch erbringt.

Der Lieferverzug setzt voraus, daß die Leistung noch nachgeholt werden kann. Vorausgesetzt wird nach § 284 Abs. 1 BGB, daß der Anspruch des Bestellers wirksam und fällig ist (es darf keine Einrede entgegenstehen). Eine Mahnung an den Lieferanten ist immer dann entbehrlich (nach § 284 Abs. 2 BGB), wenn für die Leistung durch Vertrag oder durch Gesetz eine Zeit nach dem Kalender bestimmt ist.

Soweit nicht nur Verzug, sondern sogar *Unmöglichkeit* der Leistung vorliegt, was im Sinne des § 275 BGB dann der Fall ist, wenn die Leistung weder vom Lieferanten noch von Dritten erbracht werden kann, unterscheidet das Gesetz weiter nach anfänglicher (§§ 306ff BGB) und nachträglicher Unmöglichkeit (§§ 275ff und §§ 323ff BGB). Das Gesetz geht von der dauernden Unmöglichkeit (§§ 275 und 280 BGB) aus, da begrifflich eine vorübergehende Unmöglichkeit unter den Begriff des Verzugs fällt.

Der Lieferant haftet für Verzug und Unmöglichkeit aber nur dann, wenn er die Leistungsstörung durch ein vorwerfbares Verhalten (mit-)verursacht hat. Für die Interpretation ist § 276 BGB heranzuziehen, der ein Vertretenmüssen des Lieferanten in den Fällen des Vorsatzes und der Fahrlässigkeit (§ 276 Abs. 1 Satz 2 BGB) und des Einstehenmüssens für Erfüllungsgehilfen (§ 278 BGB) festlegt.

Rechtsfolge der vom Lieferanten zu vertretenden *Unmöglichkeit* ist nach § 280 BGB, daß der Lieferant dem Besteller Schadensersatz zu leisten hat (für den gegenseitigen Kaufvertrag ist § 325 BGB anzuwenden, der auf dasselbe Ergebnis kommt). Der Schadensersatz geht auf das sogenannte „positive Interesse" (BGH NJW 1983, 443), das heißt, daß der Lieferant den Besteller materiell so zu stellen hat, als wäre ordnungsgemäß erfüllt worden (nach § 325 BGB darf der Besteller Schadensersatz wegen Nichterfüllung verlangen oder vom Vertrag zurücktreten). Der auf Geld gerichtete Anspruch des Bestellers, wie hier in den Allgemeinen Einkaufsbedingungen der Fall, geht daher bis zur Höhe des Betrages, den der Besteller für eine ordnungsgemäße Lieferung aufgewandt hätte.

Rechtsfolge des Lieferverzugs, den der Lieferant zu vertreten hat, ist nach § 286 BGB der Ersatz des durch den Verzug entstandenen Schadens. Daneben bleibt der Erfüllungsanspruch des Bestellers bestehen (sofern nicht die Besonderheit des § 286 Abs. 2 BGB eingreift und wegen Fortfalls des Interesses nur Schadensersatz wegen Nichterfüllung beansprucht wird). Bei Vorliegen der besonderen Voraussetzungen kann auch die Regelung des § 326 BGB eingreifen.

5. Lieferbedingungen

Die Allgemeinen Einkaufsbedingungen legen in den „Lieferbedingungen", die in der Außenhandelspraxis meist die „Incoterms 1990" der Internationalen Handelskammer sind, fest, wer die Kosten für Transport und Versicherung tragen muß und wann der Gefahrübergang vom Verkäufer auf den Käufer erfolgt. Mit der Festlegung des Gefahrübergangs wird niedergelegt, bis zu welchem Zeitpunkt der Verkäufer das Risiko der Untergangs oder der Beschädigung der Ware selbst trägt und ab wann diese Risiken auf den Käufer übergehen. Dabei hängt der Begriff des Gefahrübergangs mit demjenigen des Eigentumsübergangs zusammen, doch ist beim Versendungskauf hinsichtlich der Transportgefahren auch die Bestimmung in § 447 BGB zu beachten, soweit der Versand der Ware an einen anderen Ort als den Erfüllungsort vorgenommen wird.

Allerdings muß beachtet werden, daß es sich stets nach einer Incoterms-Klausel richtet, ob der Verkäufer die Risikoverlagerung auf den Importeur sehr früh schon vor oder bei Versand der Ware abgeben kann oder ob er noch alle Gefahren bis zur Anlieferung der Ware beim Importeur trägt. Mangels konkreter Absprache im Individualvertrag soll daher die aus Sicht des Importeurs besonders begünstigende Regelung „delivery duty paid" zur Anwendung gelangen.

Die Internationale Handelskammer, Paris, hat mit ihrer Publikation 460 die Incoterms (1990) herausgegeben. Die hierin enthaltenen Musterklauseln können Außenhandelsverträgen zugrunde gelegt werden. Die D-Klauseln gehören dabei zu der einen von vier Klauselgruppen. Sie ist stark auf die Vorteile eines Importeurs ausgerichtet. Von daher ist es verständlich, daß der Importeur in seinen Allgemeinen Einkaufsbedingungen auf die Geltung einer D-Klausel Wert legt. Alle Incoterms-Klauseln regeln den Kostenübergang, den Gefahrübergang und den Übergang der Sorgfaltspflicht vom Verkäufer auf den Käufer. Den Gefahrübergang behandeln die Incoterms als Übergang der Preisgefahr (anders als § 447 BGB, der nur die Transportgefahr anspricht). Sobald danach die Gefahr auf den Warenabnehmer übergegangen ist, muß der Kaufpreis bezahlt werden, selbst wenn die Ware nach diesem Zeitpunkt zufällig untergeht oder eine schädigende Wertminderung eintritt.

Welche der 13 zur Verfügung stehenden Incoterms-1990-Klauseln letztlich vertraglich vereinbart wird, hängt stark von der Markt- und Verhandlungsposition der Vertragspartner ab. Gibt es einen „Verkäufer"-Markt mit starker Nachfrage, dann kann der Verkäufer eine E- oder C- Klausel durchsetzen. Im Gegenteil wird der Importeur in einem Käufermarkt möglichst eine D-Klausel durchsetzen wollen, wie hier im Formular der Allgemeinen Einkaufsbedingungen auch geschehen. D-Klauseln sind sogenannte „Ankunftsklauseln", weil hier der Verkäufer bis zur Ankunft der Ware am vereinbarten Bestimmungsort verantwortlich ist. Der Verkäufer hat alle Gefahren und Kosten bis zur Ankunft der Ware an diesem Ort zu tragen.

6. Haftung für Rechtsmängel und Leistungsstörungen

Der Einkäufer wird in seinen „Einkaufsbedingungen" versuchen, mit Hilfe der Klauseln eine für ihn günstigere Position zu erreichen. Auf diese allgemeinen Problemstellungen in diesem Bereich soll hier nicht vertieft eingegangen werden. Im übrigen ist dieser Bereich bereits oben bei Besprechung der „Allgemeinen Lieferbedingungen" behandelt worden.

7. Weitere Bestimmungen

Auf weitere Bestimmungen der Einkaufsbedingungen braucht an dieser Stelle nicht eingegangen zu werden, da sie bereits oben unter den „Lieferbedingungen“ angesprochen wurden (z.B. Rechtswahl, Gerichtsstand).

4. Teil

Besondere Vertragsarten im Auslandsgeschäft

§ 24. Der internationale Anlagenvertrag

Literatur: *Böckstiegel* (Hrsg.), Vertragsgestaltung und Streiterledigung in der Bauindustrie und im Anlagenbau (II), 1995; *Flocke*, Risiken beim internationalen Anlagenvertrag, 1986; *Hautkappe*, Unternehmereinsatzform im Industrieanlagenbau, 1986; *Joussen*, Der Industrieanlagen-Vertrag, 2. Aufl. 1996; *Krumm*, Anlagenverträge im Osthandel, 1986; *Nicklisch*, Rechtsfragen des Subunternehmervertrages bei Bau- und Anlagenprojekten im In- und Auslandsgeschäft, NJW 1985, 2361ff; *Rosener*, Verträge für das Anlagengeschäft, Münchener Vertragshandbuch Bd. 3, 2. Halbbd., 4. Aufl. 1997, S. 445ff; *Stein/Berner*, Praxis des Exportgeschäfts, Bd. II: Rechtsfragen, Industrieanlagenexport, 1981; *Tiling*, Vertragsgestaltung im Industrieanlagenexport, RIW 1986, 91ff; *Vasconcellos*, Garantieklauseln und Risikoverteilung im internationalen Anlagenvertrag, 1987; *Vetter*, Gefahrtragung beim grenzüberschreitenden Industrieanlagen-Vertrag, RIW 1984, 170, *ders.*, Kollisionsrechtliche Fragen bei grenzüberschreitenden Subunternehmerverträgen, ZVglRWiss 1987, 248ff.; *Zirkel*, Das Verhältnis zwischen Zulieferer und Assembler – Eine Vertragsart sui generis? NJW 1990, 345ff.

I. Grundbegriffe

Der internationale Anlagenvertrag ist im deutschen Recht gesetzlich nicht ausdrücklich geregelt. Auch die Praxis zeigt angesichts dieser Thematik keine klare und einheitliche Struktur eines Vertragstypus „*Anlagenvertrag*“, sondern hat eine Fülle von vertraglichen Ausgestaltungen entwickelt, die meist strukturell ähnlich sind und vor allem Inhaltsmerkmale aufweisen, die Garantien, Vertragsstrafen, Regelungen zu Leistungsstörungen, Force-majoure-Klauseln usw. enthalten. Festzuhalten bleibt an dieser Stelle bereits, daß der Anlagenvertrag jeweils nach den Bedürfnissen der Vertragspartner ausgerichtet wird, so daß es eine Fülle von Vertragsvarianten mit jeweils noch größerer Vielfalt der Vertragsklauseln und vereinbarten Nebenleistungen gibt. Auch die zum internationalen Anlagenvertrag inzwischen vorhandene Literatur spiegelt diesen Umstand wider.

Im deutschen Recht wird der Anlagenvertrag als ein gemischter Vertrag mit kauf-, dienst- und werkvertraglichen Elementen angesehen, der allerdings daneben auch noch andere Bestandteile (z.B. aus einem Miet- und Pacht-, Leasing- oder Transportvertrag) haben kann. Dies ist im internationalen Geschäft von Bedeutung, wenn es im Streitfall darum geht, welche nationale Rechtsordnung diesen Vertrag nach ihren zivilrechtlichen Vorschriften behandelt; bezüglich der allgemeinen vertraglichen Grundprobleme wird auf die oben gemachten Ausführungen zum internationalen Liefervertrag (insbesondere auf die rechtsvergleichenden Aspekte des Vertrages, z.B. das Erfordernis der consideration im anglo-amerikanischen Recht o.ä.) verwiesen.

Die Literatur findet für den internationalen Anlagenvertrag unter anderem die nachfolgende *Definition:* Danach ist ein internationaler Anlagenvertrag ein Vertrag zwischen einem Anlagenanbieter, dem Unternehmer, und einem Anlagenbesteller, die unterschiedlichen nationalen Wirtschaftsgebieten angehören, über die Einrichtung und Übergabe einer Industrieanlage. Dabei ist eine Industrieanlage ein durch seine Vermarktungsfähigkeit abgegrenztes und in einem geschlossenen Angebot erstelltes komplexes und ortsgebundenes Hardware-Software-Bündel zur wirtschaftlichen Dekkung eines bestimmten der Anlagenentwicklung zugrundeliegenden Bedarfs.[270]

II. Standardbedingungen

Wegen des Fehlens von Hilfsmitteln und einheitlichen Regelungen haben internationale Institutionen Musterverträge entwickelt und Standardbedingungen entworfen, die sich im wesentlichen wie folgt darstellen: die *Bedingungen der Economic Commission for Europe* der Vereinten Nationen (ECE) und die *internationalen Vertragsbedingungen der Fédération Internationale des Ingénieurs-Conseils* (FIDIC).

270 *Bretschneider,* Strukturentwicklungen zur Akquisition im Großanlagenbau, Diss. Aachen 1980 S. 6, zitiert nach *Flocke,* Risiken beim internationalen Anlagenvertrag, Heidelberg 1986, S. 24. Auf Anbieterseite braucht allerdings nicht nur *ein* Unternehmer tätig werden, sondern es können ebenso Generalunternehmer, Subunternehmer und Anbieterkonsortien tätig werden, dazu *Hautkappe,* Unternehmereinsatzforum im Industrieanlagenbau, Heidelberg 1986.

Daneben sind für den deutschen Beteiligten eines internationalen Anlagenvertrages auch die Vorschriften des Werkvertragsrechts (im BGB) sowie die VOB, Teil B, einschlägig. Die VOB, Teil B, die dazu verwandt werden kann zu überprüfen, was im allgemeinen bei der Bauvertragsgestaltung und -abwicklung als angemessen angesehen werden kann, kann, da sie keine Gesetzeskraft hat, nur dadurch für einen Vertrag zur Grundlage werden, daß ihre Geltung ausdrücklich vereinbart wird.

1. Die internationalen Standardbedingungen ECE

Die ECE-Bedingungen[271] haben die wohl breiteste Verwendung im Anlagengeschäft zu verzeichnen. Sie entstanden innerhalb der englischen Rechtsordnung und gehen hier auf Bedürfnisse der Berufsstände zurück; dieser Umstand erklärt auch, daß trotz späteren deutschen und französischen Einflusses vor allem die Probleme des englischen Vertragsrechts zu beachten sind. Konsequenterweise entstehen vielfältige Probleme, wenn dem Anlagenvertrag ein anderes als das englische Recht zugrunde gelegt wird, da dann viele der im Anlagenrecht (nach ECE-Regeln) bekannten Begriffe oder Rechtswirkungen in anderen Rechtsordnungen nicht oder in anderer Form vorhanden sind. Der Vorteil der ECE-Regeln liegt darin, daß die Risikoverteilung zwischen den Vertragspartnern relativ gleich erfolgt.

2. Die internationalen Standardbedingungen FIDIC

Auch die FIDIC-Regeln[272] basieren auf englischem Recht, so daß die in diesem Buch erörterten Grundfragen des englischen Rechts wieder zur Anwendung gelangen. Bei den FIDIC-Regeln geht es um Vertragsbedingun-

271 Es bestehen derzeit folgende ECE-Standardbedingungen (die Texte sind beim Maschinenbau-Verlag, Lyoner Str. 18, 60528 Frankfurt/M., erhältlich): *Allgemeine Lieferbedingungen* für den Export von Maschinen und Anlagen (ECE-Westfassung) LW 188; *Allgemeine Lieferbedingungen* für den Export von Maschinen und Anlagen (ECE-Ostfassung) LO 574; *Allgemeine Liefer- und Montagebedingungen* für den Import und Export von Maschinen und Anlagen (ECE-Westfassung) LMW 188 A (als ECE-Ostfassung LMO 574 A); *Zusatzbestimmungen* für die Überwachung der Montage von Maschinen und Anlagen im Ausland (ECE-Westfassung ZMU 188 B; ECE-Ostfassung ZMU 574 B); *Allgemeine Verkaufsbedingungen* für den Import und Export von langlebigen Konsumgütern und anderen Serienerzeugnissen der metallverarbeitenden Industrie (ECE) LK 730 A. – West- und Ostfassung stimmen weitgehend überein, weichen aber jedoch z.B. bei Fragen des Gefahrübergangs und bei Entlastungsgründen teilweise voneinander ab.

272 Abdruck und ausführliche Kommentierung bei Rosener, Münchener Vertragshandbuch, Bd. 3, 2.Halbbd., 4. Auflage, München 1997, S. 445ff.

gen von Ingenieurarbeiten, die im Tiefhau zur Anwendung gelangen; mangels weiterer Standardbedingungen werden die FIDIC-Regeln aber auch für den Ingenieurshochbau häufig zur Vertragsgrundlage gemacht.

III. Vertragsgegenstand des Anlagenvertrages

Wegen der Grundlage im englischen Recht wird die typische Terminologie des üblichen Vertragsgegenstands eines internationalen Anlagenvertrags am besten in der folgenden Definition deutlich:

„The object of the contract is to establish a modern, *reliable,* efficient and integrated *plant, suitable to* the location, *for the production of* ... together with the off-sites required for the purposes of the contract. *The scope of the contract* covers a *turnkey supply,* which includes the *grant of license* and know-how, to provide basic and detailed engineering to supply all the plant and equipment, to design and construct all civil works, to erect the plant and equipment, to commission and start-up the plant and to demonstrate the ability of the plant to continuously produce products at a capacity of ... – The Contract includes the provision of both on-sites and off-sites training services and facilities, for the Purchaser's personnel, to enable them to operate and manage the Works at optimum capacity and efficiency".[273]

IV. Inhaltsmerkmale des internationalen Anlagenvertrages

Es ist bereits mehrfach darauf hingewiesen worden, daß der internationale Anlagenvertrag sich inhaltlich nicht genau nach bestimmten Mustern richtet, sondern den Bedürfnissen des Einzelfalls folgt, so daß bei jeder neuen Kooperation im Anlagenbau neue Vertragsklauseln auftreten können.

Dennoch hat sich in der Praxis ein Katalog von regelungsbedürftigen Vertragsbestandteilen herausgebildet, so daß sich ein Anlagenvertrag anhand der nachstehend angeführten Bestandteile untergliedern läßt.

Es wird mit dieser Ubersicht deutlich, daß wiederum – wie schon beim internationalen Liefervertrag – allgemeine vertragsrechtliche Fragen, vor allem auch aus rechtsvergleichender Sicht, auftauchen und sich oft nur mit Kenntnis der allgemeinen Grundstrukturen lösen lassen. Wegen der Ver-

273 UNIDO Model Form of Turnkey Lump Sum Contract for the Construction of a Fertilizer Plant including Guidelines and Annexures, UNIDO PC 25/Rev. 1, Wien 1983, Art. 2.1/3.

tragsinhalte (wie Leistungsstörungen, Gefahrübergang, Eigentumsvorbehalt, Rechtswahl-, Gerichtsstands- oder Schiedsgerichtsvereinbarungen) wird daher auf Teil 2 dieses Buches verwiesen.

Übersicht

Anlagenvertrag (Aufbaumerkmale)

Der internationale Anlagenvertrag kann entweder an Standardbedingungen (z.B. der ECE oder der FIDIC) ausgerichtet werden, oder aber er wird nach den Bedürfnissen des Einzelfalls individuell gestaltet. Typische Inhaltsmerkmale eines *individuell* gestalteten internationalen Anlagenvertrags sind folgende:

Präambel

Einleitender Hinweis auf die Geschäftsverbindung,
auf die Vertragsparteien
sowie Darstellung des Vertragszwecks

Definition

Insbesondere im englischen Rechtskreis üblich:
Darstellung der wichtigsten im Vertrag verwendeten Begriffe;
Interpretation und Definition der im Vertrag vorkommenden Begriffe

Leistungspflichten des Unternehmers

Vertragsgegenstand; Leistungsumfang
Leistungsgrundlagen; Prüfungspflichten
Zusatzleistungen und Nebenpflichten
Mitwirkungspflichten des Ingenieurs als Erfüllungsgehilfe des Auftraggebers
Termine; Organisation des Anlagenbaus und Durchführung
Abnahme der Anlage: Gefahrübergang

Leistungspflichten des Auftraggebers

Zahlung des Vertragspreises
Zollfragen; Abgaben; Steuern
Stellung von Bankgarantien; Akkreditiveröffnung, je nach Zahlungsbedingung

Schlußbestimmungen

Übertragung von Unteraufträgen
Vertraulichkeit; Veröffentlichung; Zustellungsfragen
Vertragssprache; Vertragsänderungen
Inkrafttreten und Beendigung des Vertrages
Rechtswahl
Gerichtsstand oder Schiedsgerichtsvereinbarung

1. Risikoverteilung im Anlagenvertrag

Im internationalen Anlagenvertrag wird die *Risikoverteilung* zwischen den beteiligten Parteien insbesondere durch Garantie- und andere Vertragsklauseln vorgenommen. Hier ist zunächst die *Rechtsgarantieklausel zu* nennen.[274] Diese bezieht sich insbesondere auf die zu gewährenden Verfahrenslizenzen. Hierin verspricht der die Garantie Abgebende, daß die gelieferte Lizenz dem Besteller eine ungestörte Nutzung der Anlage ermöglichen wird und daß insbesondere keine fremden Schutzrechte verletzt werden; für den Fall einer Verletzung schuldet der Garant Schadensersatz.[275]

Die *Sachmängelgarantieklausel* beinhaltet gewöhnlich Regeln zu Qualitäts-, Material- und Funktionsgarantien und läuft über die gesamte Vertragsdauer; bei Auftreten von Mängeln muß der Auftragnehmer Nachbesserungsleistungen erbringen und die Kosten hierfür tragen; meist hat der Besteller eine zwölfmonatige Frist ab provisorischer Abnahme des Werkes für die Geltendmachung seiner Rechte zu beachten.

Schließlich enthält der Anlagenvertrag *Leistungsgarantien,* die Zusagen üher spezielle Eigenschaften der Anlage umfassen sowie gelegentlich auch Lizenzgarantien, die aus der Zusage bestehen, daß der Besteller mit dem gelieferten Herstellungsverfahren bei einer Anlage auch einen bestimmten Herstellungserfolg erreichen wird.

2. Weitere Vertragsklauseln

Neben den oben – in Auswahl (und nicht vollständig) – genannten Garantieklauseln, die das Risiko im Anlagenvertrag auf beide Parteien verteilen, gibt es noch weitere typische Bestimmungen, die Einfluß auf die Rechte und Pflichten der Vertragsparteien haben.

a) Force-majeure-Klauseln

Force-majeure-Klauseln sind nicht spezifisch für den Anlagenvertrag, jedoch meist als wichtiges Element enthalten. Sie sehen eine Haftungsentlastung für Fälle außergewöhnlicher oder auch unvermeidbarer Ereignisse vor, welche die Erbringung der geschuldeten Leistung unmöglich machen

274 Dazu ausführlich *Vasconcellos,* Garantieklauseln und Risikoverteilung im internationalen Anlagenvertrag, Heidelberg 1987 S. 128ff mwN.

275 *Vasconcellos* aaO (vorige FN) S. 128; UNIDO Model Form, Art. 7.1, 7.15; UNIDO Model License Agreement. Art. 7.1 A/B. (vgl. Fn oben).

oder verzögern. Es ist bei Vertragsabfassung darauf zu achten, daß die Force-majeure-Klausel nicht in direktem Widerspruch zu den übrigen vertraglichen Regelungen zu Verzug und Mängelhaftung steht und damit Unklarheiten bei der Vertragsauslegung und -beurteilung schafft.

In diesen Bereich fallen auch die sogenannten Hardship-Klauseln, die für den Fall äußerer, nicht kontrollierbarer Umstände und Ereignisse die hervorgerufenen Störungen nicht nur einseitig einer Vertragspartei anlasten, sondern eine Vertragsanpassung ermöglichen und eine gewisse Risikoteilung bei Auftreten eines *hardship* ermöglichen. Ein typisches Beispiel sind hierfür die Preisänderungsklauseln in Langzeitverträgen, wonach in gewissen Zeitabständen eine Preis(neu)festsetzung mittels eines Kostenindex erfolgt.

b) Haftungsbegrenzungsklauseln

Es ist in internationalen Verträgen aller Art üblich, Haftungsbegrenzungsklauseln aufzunehmen; in Anlagenverträgen gibt es jedoch zusätzliche Besonderheiten zu berücksichtigen.

So „beziehen sich Haftungsbegrenzungen auf Verschulden meist nur auf mittelbare (Dritt-)Schäden und nicht auf Schäden an der Anlage selbst. Jedem Anlagenvertrag liegt eine Garantiehaftung des Auftragnehmers in dem Sinne zu Grunde, daß er verschuldensabhängig dafür haftet, daß die Anlage betriebsbereit mit den vereinbarten Leistungsdaten vom Auftragnehmer errichtet wird. Eine generelle verschuldensabhängige Haftung würde dieses unabdingbare Grundprinzip in das Gegenteil verkehren“.[276]

3. Risikoverteilung auf der Grundlage der Standardbedingungen von ECE und FIDIC

Es soll abschließend noch auf einige Details der ECE- und FIDIC-Regeln hingewiesen werden, die von den Parteien zu beachten sind, wenn sie ihrem Anlagenvertrag diese Standardbedingungen zugrunde legen.

a) Rechtswahl und Vertragsdurchsetzung

Üblicherweise haben die Vertragsparteien das Recht, ihren internationalen Vertrag einem bestimmten nationalen Recht zu unterwerfen. Nach Art. 28.2

276 *Vasconcellos,* Garantieklauseln und Risikoverteilung im internationalen Anlagenvertrag, Heidelberg 1987 S. 170 mwN.

ECE-Regeln wird grundsätzlich das Recht des Herstellerlandes als vereinbartes Recht bezeichnet, soweit dies nach dem Recht des Bestellerlandes zulässig ist; wollen die Parteien eine andere Regelung vereinbaren, so müssen sie dies ausdrücklich verabreden. – In den FIDIC-Regeln wird in Art. 5 Abs. 1 b auf die Notwendigkeit einer Rechtswahl hingewiesen; hiernach müssen die Vertragsparteien ein Recht wählen und festlegen.

Eine Vertragsdurchsetzung bei Vereinbarung der Geltung der ECE-Regeln läßt sich nur über ein Schiedsgericht erreichen. – Die FIDIC-Bestimmungen gehen noch einen Schritt weiter und legen zwar ebenfalls fest, daß ein Streitfall nur durch ein Schiedsgericht entschieden werden kann, doch muß dem Schiedsverfahren gemäß Art. 67 FIDIC stets eine Entscheidung des beratenden Ingenieurs zugrunde gelegt werden, auch dann, wenn der Ingenieur in dem Verfahren selbst Partei ist.

b) Gefahrtragung

Die ECE verzichten auf eine eigene Regelung des Gefahrübergangs und verweisen statt dessen in Art. 9.1 auf die Geltung der Incoterms. Fehlt eine konkrete Lieferbedingung, dann gilt danach grundsätzlich die Klausel „ab Werk“ als vereinbart, also die für den Unternehmer günstigste Lösung. – Bei den FIDIC-Regeln ist Art. 20 zu beachten; hiernach hat der Unternehmer nicht für den zufälligen Untergang der Sache einzustehen. Im übrigen haftet der Unternehmer nicht für den Eintritt der Risiken, die auch ein erfahrener Unternehmer nicht vorhersehen und gegen die er keine Vorkehrungen treffen konnte (Art. 20.2. FIDIC-Regeln).

Die Force-majeure-Klauseln sind in Art. 25 ECE-Regeln und in Art. 20.2, 22.1 und 65.1 und 5 der FIDIC-Regeln enthalten. Bei den ECE-Regeln zählen hier vor allem Arbeitskonflikte als typische Force-majeure-Gründe, während die FIDIC-Bestimmungen detailliert und im einzelnen auf die in Frage kommenden Gründe (Krieg; Benutzung eines Teils der Bauten durch den Bauherrn u.a.) eingehen.

c) Mängelhaftung

Nach den ECE-Bedingungen muß der Unternehmer die Gewähr dafür übernehmen, daß die Leistung gemäß Art. 23.1 bei der Abnahme keine Mängel aufweist und die Gebrauchsfähigkeit nicht beeinträchtigt ist. Etwaige Mängel sind sofort zu beseitigen, wobei für etwa notwendig werdende Transportkosten (für Ersatzteile o.ä.) der Besteller (!) aufzukommen hat. Schon vor Abnahme des Werkes kann der Besteller Nachbesserungsansprüche geltend machen.

Nach den FIDIC-Bedingungen überwacht von Anfang an der Ingenieur den Fortgang des Anlagenbaus; etwaige Nachbesserungsarbeiten, die auf Verlangen des Ingenieurs nicht vom Unternehmer erbracht werden, dürfen auch durch Dritte (auf Kosten des Unternehmers) durchgeführt werden (Art. 39 FIDIC-Regeln). Bezüglich der zu beachtenden Fristen ist Art. 49 FIDIC-Regeln heranzuziehen.

d) Leistungsstörungen

Nach den ECE-Bedingungen Art. 20.3 hat der Unternehmer bei Verzug pro Woche einen prozentualen Teil des Vertragspreises als pauschalierten Schadensersatz zu leisten; ähnliches gilt nach Art. 47 FIDIC-Regeln; bei beiden Standardbedingungen ist ein Höchstsatz nicht zu überschreiten.

V. Zusammenfassendes Ergebnis

Der internationale *Anlagenvertrag* hat, wie der *Liefervertrag* auch, eine Fülle von Ausgestaltungsmöglichkeiten. Mangels ausdrücklicher gesetzlicher Regelung in fast allen Staaten kann für die Vertragsgestaltung hier in der Regel auf Standardbedingungen (wie z.B. die ECE- oder FIDIC-Regeln) zurückgegriffen werden. Geschieht dies nicht, mangelt es also an einer allgemein akzeptierten Auslegungshilfe, dann kommt es darauf an, nach welcher nationalen Rechtsordnung sich der internationale Anlagenvertrag zu richten hat. In der Regel unterliegen die Anlagenverträge (soweit sie anhand der ECE- und FIDIC-Regeln entworfen werden, ohne diesen ausdrücklich unterworfen zu sein) dem *englischen* Recht, da die Standardbedingungen in dieser Rechtsordnung geschaffen wurden. Es sind daher für die Vertragsgestaltung alle im 1. und 2. Teil dieses Buches gemachten Grundausführungen zum englischen Recht zu berücksichtigen. Ansonsten steht es den Vertragspartnern des internationalen Anlagenvertrages natürlich frei, ihren Vertrag einem anderen Recht zu unterwerfen; sollte danach dann zum Beispiel das deutsche Recht zur Anwendung kommen, sind vor allem die kauf- und werkvertraglichen Vorschriften des BGB (und auch die VOB, Teil B, sofern sie von den Parteien für anwendbar erklärt wird) zu beachten.

§ 25. Lizenz- und Kooperationsverträge

Literatur: *Deringer*, Internationale Lizenzverträge und Antitrustrecht, GRUR Int. 1968, 179ff; *Chrocziel*, Lizenz- und Know-how-Verträge, Münchener Vertragshandbuch, Band 3, 2. Halbbd., 4. Aufl. 1997, S. 1157ff; *Gaul/Bartenbach*, Patentlizenz- und Know-how-Vertrag, 3. Auflage 1993; *Grützmacher/Schmidt-Cotta/Laier*, Der internationale Lizenzverkehr, 7. Aufl. 1985; *Henn*, Patent- und Know-how-Lizenzvertrag, 3. Aufl. 1992; *Lichtenstein*, Der Lizenzvertrag mit dem Ausland, NJW 1964, 1345ff; *Loewenheim*, Gewerbliches Schutzrecht, freier Warenverkehr und Lizenzverträge, GRUR 1982, 461ff; *Lutz*, Technologie-, Patent- und Know-how-Lizenzverträge im EG-Recht, RIW 1996, 269; *Martin/Grützmacher*, Der Lizenzverkehr mit dem Ausland, 6. Aufl., 1977; *Moecke*, Vertragsgestaltung bei anlagebegleitenden Lizenzverträgen, RIW 1983, 488; *Stumpf/Groß*, Der Lizenzvertrag, 6. Aufl. 1993.

Sofern es für einen Produzenten aussichtsreich erscheint, seine Produkte und sein Know-how auch an ausländischen Märkten zu verkaufen, ohne dabei allerdings selbst produzierend tätig zu werden, bietet es sich an, ausländischen Lizenznehmern die Möglichkeit zu eröffnen, ein Nachbauprodukt im Ausland herauszubringen. Dem ausländischen Vertragspartner kann dies ein beträchtliches Maß an Entwicklungsaufwendungen und Entwicklungszeit ersparen helfen, und er hat mit einem Nachbau in Lizenz die Gewähr, sofort ein fertigungsreifes Produkt auf den ausländischen Markt bringen zu können. Den Vorteilen für den ausländischen Lizenznehmer stehen aber durchaus auch Nachteile gegenüber, da die Lizenznahme eventuell auf mangelndes Know-how schließen läßt und damit eine gewisse Abhängigkeit zum Lizenzgeber auftreten kann. Dieselben Grundlagen gelten im wesentlichen auch für Kooperationsverträge, in denen die Vertragspartner sich mit Hilfe ausländischer Partner einen Weg in den Auslandsmarkt erschließen können und damit die Chance haben, ihre eigenen Produkte auch im Ausland absetzen zu können, ohne dort notwendigerweise selbst (z.B. durch eine kostenintensive Niederlassung) vertreten zu sein.

I. Grundbegriffe

Es wird oft erwartet, daß die Lizenznahme beim Lizenznehmer ohne weiteres zum Nachbau eines Produkts führen kann. Meist stellt jedoch die Lizenzgebühr nur einen kleinen Teil der tatsächlichen Kosten dar, die der Lizenznehmer insgesamt aufbringen muß, um mit der Fertigung des Lizenzproduktes beginnen zu können. Dies kann zum Beispiel daran liegen, daß im Ausland nach anderen Normen (entsprechend oder ähnlich der deutschen DIN-Norm) gearbeitet wird und zunächst Umstellungen bei der Fertigung erfolgen müssen. So liegt der größte Wert des internationalen Lizenzvertrages auch darin, daß dem Lizenznehmer eigene Anstrengungen erspart bleiben, ein konkurrenzfähiges Produkt für seinen inländischen Markt entwickeln zu müssen, um wettbewerbsfähig zu bleiben; die Lizenznahme führt dazu, ohne Verzögerung mit einem attraktiven Produkt an den Markt gehen zu können. Dies bedingt vor allem, daß das in Lizenz zu produzierende Gut bereits beim Lizenzgeber Serienreife erlangt hat.

Für den Lizenzgeber, der auch im Ausland mit seinen Produkten vertreten sein möchte, andererseits aber eine eigene Expansion aus wirtschaftlichen Gründen nicht für attraktiv hält, bietet die internationale Vermarktung der von ihm entwickelten Produkte einen ansonsten nicht erreichbaren Ertrag und zudem die Möglichkeit, den Lizenznehmer quasi als „Vertriebsersatz" zu sehen.

II. Gesetzesgrundlagen

Beim internationalen Lizenzvertrag handelt es sich im weitesten Sinne um einen zwischen Lizenzgeber und Lizenznehmer vereinbarten *Technologietransfer,* der die Übertragung von Know-how, Erfahrungen usw. beinhaltet. Eine eigene gesetzliche Regelung für den *Lizenzvertrag* findet sich in den in diesem Buch behandelten vier großen Rechtsordnungen nicht, so daß auf Auffangvorschriften (in Deutschland z.B. auf § 305 in Verbindung mit § 241 BGB) zurückzugreifen ist. Wegen dieser Vorschrift gibt es keine klaren gesetzlichen Vorgaben für die Gestaltung des Lizenzvertrages, so daß – wie schon beim zuvor besprochenen Anlagenvertrag – die Möglichkeit besteht, ganz konkret auf die jeweiligen Bedürfnisse der Vertragspartner einzugehen und entsprechende vertragliche Regelungen vorzunehmen. Allerdings sind bei der Vertragsgestaltung einige Gesetzesvorschriften zu bachten.

1. Kartellrechtliche Schranken

Die wohl wichtigste durch Gesetz entstehende Einschränkung der Gestaltungsfreiheit bei Lizenzverträgen findet sich im Kartellrecht (auch „Wettbewerbsrecht"). Hierzu ist insbesondere im deutschen Recht, aber auch in den USA *(„Antitrust")* und in den Europäischen Gemeinschaften mit einschränkenden Regelungen zu rechnen.

a) Das deutsche Recht

Im deutschcn Recht ist das *Gesetz gegen Wettbewerbsbeschränkungen* (GWB) heranzuziehen, wenn sich die durch Lizenzvertrag vereinbarte ausländische Nachbaumöglichkeit von Inlandsprodukten auf den Wettbewerb in Deutschland auswirken kann.[277] Klauseln in Lizenzverträgen sind danach unwirksam, wenn sie Beschränkungen enthalten, die über den Inhalt der lizenzierten Rechte (also zum Beispiel Patente o.ä.) hinausgehen.

b) Das englische Recht

Das englische Recht hat den *Protection of Trading Interests Act 1980,* der im wesentlichen auch die in den USA bekannten Regeln des Antitrust-Rechts berücksichtigt und im übrigen hauptsächlich gerichtliche Verfahrensfragen zum Kartellrecht enthält.

c) Das französische Recht

Die französische Rechtsordnung hat erst seit wenigen Jahren zusammenhängende gesetzliche Regelungen zum Wettbewerbsrecht.[278] Im übrigen gilt für Frankreich, wie auch für die anderen Mitgliedsstaaten der Europäischen Union, daß die Vollendung des europäischen Binnenmarktes auch hinsichtlich des Kartellrechts Änderungen mit sich brachte und voraussichtlich noch weiter bringen wird.[279]

277 GWB in der Fassung vom 20.1.1990 (BGBl I S. 235); hier vor allem die Beschränkungen durch die §§ 20 und 21 GWB.

278 Ordonnance du 1.12.1986 (Nr. 86–1243), JCP 1986.III.59487; und Décret du 30.12.1986 (Nr. 86–1309), JCP 1987.III.59564; vgl. auch *Bach,* Reform des französischen Wettbewerbsrechts, RIW 1987 S. 419ff.

279 Hierzu – wie für alle anderen EU-Staaten – ist anzumerken: Ein Lizenz- und Know-how-Vertrag unterlag bis zum 31.3.1996 entweder den Regelungen der Patent-Lizenz-Gruppenfreistellungsverordnung (VO Nr. 2349/84) oder der Know-how-Lizenzgruppenfreistellungsverordnung Nr. 556/89, je nachdem, wo der Schwerpunkt der Vereinbarung lag. Seit dem 1.4.1996 gilt die „Technologietransfer-Gruppenfreistellungsverordnung" (VO 240/96, Abl EG L 1996, 31/1), wonach jetzt eine Gruppenfreistellungsverordnung für reine Patent- und Know-how-Lizenzverträge, aber auch für gemischte Know-how und Patentlizenzverträge gilt.

Übersicht

Internationaler Lizenzvertrag (Inhaltsmerkmale)

Der zwischen Lizenzgeber und Lizenznehmer vereinbarte Technologietransfer mit dem Ziel der Übertragung von Know-how und Wahrnehmungsrechten (zur Fertigung und Vermarktung von Lizenzgütern) hat keine eigenen gesetzlichen Bestimmungen. Daher kann der internationale Lizenzvertrag in jedem Einzelfall gestaltet werden. Ein Vertragsbeispiel findet sich *im Anhang* dieses Buches.

Präambel
- Hinweis auf die Geschäftsverbindung
- Vertragsparteien; Vertragszweck

Definition der im Vertrag benutzten Begriffe

Geltungsbereich der Lizenz
- Sachlicher und örtlicher Geltungsbereich
- Persönlicher Geltungsbereich

Umfang der Lizenz
- Lizenz für die Produktion, Montage, Fertigung usw.
- Lizenz in Abschnitten (für mehrere Fertigungszeiträume)
- Alleinlizenz

Form der Know-how-Übertragung
- Übergabe der technischen Dokumentation
- Ausbildung von Personal des Lizenznehmers
- Entsendung eigener Fachkräfte zum Lizenznehmer
- Technische Unterstützung (z.B. durch Zulieferungen)

Gewährleistungsrecht
- Für Know-how; Patente; Produkte

Umgang des Lizenznehmers mit der Lizenz
- Sorgfaltspflichten; Konkurrenzverbot
- Keine unautorisierte Weitergabe des Know-how

Gegenleistung
- Lizenzgebühren; Steuern
- Abrechnungsweise
- Zahlungsverzug

Rechtswahl

Gerichtsstand/Schiedsklausel

d) Das US-amerikanische Recht

Das US-amerikanische Kartellrecht erlegt bestimmte Beschränkungen bei Warenzeichenlizenzen auf. So ergeben sich wettbewerbsrechtliche Probleme vor allem dann, wenn vertraglich vereinbarte Gebietsbeschränkungen und Koppelungsgeschäfte vorliegen. Die Rechtsprechung hat so zum Beispiel die in einem Lizenzvertrag enthaltene Beschränkung des Verkaufsgebietes eines Lizenznehmers für rechtswidrig gehalten. Insgesamt und kurzgefaßt läßt sich sagen, daß das US-amerikanische Antitrust-Recht im wesentlichen auf einen gerechten Interessenausgleich zwischen Lizenzgeber und Lizenznehmer ausgerichtet ist.

2. Weitere Einschränkungen

Es ist ferner zu beachten, daß ein internationaler Lizenzvertrag möglicherweise bestimmte steuerliche Vorschriften zu beachten hat, soweit Lizenzgebühren zum Beispiel einer Steuer unterworfen sind. Dies geschieht in vielen Ländern vor allem in Form der Quellensteuer, was jedoch dann nur eine geringe Rolle spielt, wenn Doppelbesteuerungsabkommen vorhanden sind.

III. Inhaltsmerkmale des internationalen Lizenzvertrags

Da hinsichtlich des internationalen Lizenzvertrags Freiheit der Vertragsgestaltung besteht (in den Grenzen der Gesetze), empfiehlt es sich bei Verhandlung eines solchen Vertrages, die in der Übersichtstabelle genannten Inhaltsmerkmale zu berücksichtigen. Im wesentlichen geht es darum, nach Präambel und „Definitionen“ den Geltungsbereich der Lizenz und deren Umfang und Anwendungsbereich zu beschreiben, die Form der Know-how-Übertragung zu spezifizieren und festzulegen, wie der Lizenznehmer mit der Lizenz umgehen darf. Die Gegenleistung des Lizenznehmers ist zu bezeichnen. Wie in einem internationalen Vertrag üblich, schließt die Vereinbarung mit Regelungen zum anwendbaren Recht und zum Gerichtsstand.

§ 26. Internationale Leasingverträge

Literatur: *Autenrieht,* Vertragsgestaltung und Gesetzesanwendung beim Leasing, JA 1980 S. 407; *Dageförde,* Inkrafttreten der UNIDROIT-Konvention in Ottawa vom 28.5.1988 über internationales Finanzierungsleasing, RIW 1995, 265ff; *Girsberger,* Grenzüberschreitendes Finanzierungsleasing, Internationales Vertrags-, Sachen- und Insolvenzrecht, 1997; *Goergen,* Crossborder-Leasing – Ökonomischer Wert und steuerliche Bedingungen in der Gegenüberstellung, BB 1987, Beil.10 zu Heft 14, S. 17ff; *Hagemüller/Stoppok,* Leasinghandbuch für die betriebliche Praxis, 5. Auflage, Frankfurt 1988; *Hövel,* Internationale Leasingtransaktionen unter besonderer Berücksichtigung der Vertragsgestaltung, DB 1991, 1029ff; *Knebel,* Inhaltskontrolle von Leasingverträgen auf der Grundlage der UNIDROIT-Leasing-Konvention, RIW 1993, 537; *Kronke,* Finanzierungsleasing in rechtsvergleichender Sicht, AcP 190 (1990), 383ff; *Graf v.Westphalen,* Grenzüberschreitendes Finanzierungsleasing, RIW 1922, 257ff.

In den letzten vier Jahrzehnten hat sich das Leasing entwickelt. Es bietet, gerade auch im Auslandsgeschaft, viele wirtschaftliche Vorteile für die Beteiligten. Der *Hersteller* kann mehr Umsatz verzeichnen; der *Leasinggeber* kann sein Kapital besser nutzen. Der *Leasingnehmer* schließlich braucht nicht den vollen Kaufpreis für ein Produkt aufzubringen, sondern kann das Leasinggut in vollem Umfang nutzen, ohne es kaufen zu müssen; zudem stellen die zu erbringenden Leasingraten (den Gewinn schmälernde) Betriebsausgaben dar, so daß das Leasing sich auch steuerlich günstig auswirkt.

Üblicherweise wird das *Finanzierungsleasing* in den Mittelpunkt des Interesses gestellt. Daneben gibt es weitere bedeutende Formen des Leasings, die nachfolgend, insbesondere aus der vertragsrechtlichen und internationalen Sicht, betrachtet werden sollen.

I. Arten des Leasing

Der Begriff des Leasing *(to lease = vermieten, verpachten)* ist in den USA entwickelt worden. Dieser Vertragsform liegt stets eine vertragliche Verbindung zwischen drei beteiligten Personen zugrunde. Zu unterscheiden sind der *Hersteller* (oder Lieferant), der *Leasinggeber* und der *Leasingnehmer.* Der Leasinggeber erwirbt das Leasinggut vom Hersteller auf der Grundlage eines Kaufvertrages. Zwischen dem Leasinggeber und dem Leasingnehmer kommt dann der eigentliche *Leasingvertrag* zustande, worin sich der

Leasinggeber verpflichtet, dem Leasingnehmer das Leasinggut zum Gebrauch zu überlassen. Der Leasingnehmer muß als Gegenleistung für den Gebrauch der Sache ratenweise Zahlungen erbringen, und er hat die Sachgefahr (also die Gefahr für Beschädigung und Untergang bzw. Verlust des Leasinggutes) zu tragen. Da für den Leasingvertrag Formfreiheit besteht, gibt es eine Fülle von Möglichkeiten der Vertragsgestaltung; meist finden sich jedoch Leasingverträge mit standardisierten Bedingungen in AGB, in denen weitere Einzelheiten zur Gefahrtragung, Mängelhaftung usw. geregelt sind.

Die Rechtsprechung hat als typisches Hauptmerkmal des Leasingvertrags herausgestellt, daß die Sach- und Preisgefahr nach kaufrechtlichem Vorbild auf den Leasingnehmer abgewälzt werde, und zwar unter Abtretung aller Gewährleistungsansprüche einschließlich des Wandlungsrechts oder auch durch Ermächtigung des Leasingnehmers, die kaufrechtlichen Gewährleistungsansprüche gegenüber dem Lieferanten geltend zu machen.[280]

1. Das Finanzierungsleasing

Diese Form des Leasings hat den Namen von der Funktion des Leasinggebers, der beim Finanzierungsleasing die Rolle des Kreditgebers trägt. Der Leasingnehmer darf den Vertrag während einer bestimmten Grundlaufzeit nicht kündigen (zwischen 40 und 90% der betriebsgewöhnlichen Nutzungsdauer nach der amtlichen Abschreibungstabelle), und er zahlt ein Entgelt, welches den Anschaffungs- und Finanzierungskosten sowie dem Gewinn des Leasinggebers entspricht.

Wesentlich für das Finanzierungsleasing ist die Trennung zwischen der Finanzierungsfunktion beim Leasinggeber und der Nutzungsfunktion beim Leasingnehmer. Der *Leasingnehmer* sucht das Investitionsgut selbst aus und trägt auch das *Investitionsrisiko*. Der *Leasinggeber* finanziert die Nutzungsmöglichkeit und trägt das *Finanzierungsrisiko* (also das Bonitätsrisiko in der Person des Leasingnehmers).

Das Internationale Institut für die Vereinheitlichung des Privatrechts (UNIDROIT in Rom) hat einheitliche Regeln zum Finanzierungsleasing entwickelt, die am 28.5.1988 in Ottawa als „Konvention zur Regelung des Internationalen Finanzierungsleasing" (UNIDROIT Convention on International Financial Leasing, CIFL) verabschiedet wurden.[281] Diese Konven-

280 BGH NJW 1987 S. 1072ff.

281 Diese Konvention trat – zeitgleich mit einer Konvention zum internationale Factoring – nach Ratifikation durch Frankreich, Italien und Nigeria am 1.5.1995 in Kraft.

tion enthält Sachnormen für das internationale Finanzierungsleasing. Kollisionsnormen gibt es nur im Hinblick auf dingliche Rechte des Leasinggebers am Leasinggut.

Beim Finanzierungsleasing kommen meist AGB zur Anwendung. Die häufigste AGB-Regelung sieht vor, daß der Leasinggeber von der Mängelhaftung und der Lastentragung freigestellt wird; dennoch werden dem Leasingnehmer alle Gewährleistungsansprüche des Leasinggebers gegen den Hersteller des Leasinggutes abgetreten. Der Leasingnehmer trägt die Gefahr des Untergangs und der Beschädigung des Leasinggutes, und er muß sich um die Instandhaltung der Sache kümmern und die Kosten dafür tragen. All dies versteht man unter dem Begriff der Übernahme des *Investitionsrisikos.*

Vertragsrechtlich ist das Finanzierungsleasing nicht unproblematisch, da diese Leasingform zwar am ehesten dem Mietvertrag ähnelt, aber wegen der Ratenzahlungen des Leasingnehmers auch Elemente des Abzahlungskaufes und anderer Vertragstypen vorliegen.

2. Das Operating-Leasing

Das Operating-Leasing ist eine vertragliche Vereinbarung entweder auf eine nur *kurzfristige Gebrauchsüberlassung,* oder aber es liegt ein Vertrag vor, der zwar auf unbestimmte Zeit abgeschlossen ist, der aber dem Leasingnehmer das Recht gibt, jederzeit eine *kurzfristige Kündigung* auszusprechen. Für die zeitweilige Gebrauchsüberlassung ist ein entsprechendes Entgelt vom Leasingnehmer zu leisten. Der besondere Vorteil dieser Vertragsform liegt darin, daß der Leasingnehmer sich jederzeit – wegen der Kurzfristigkeit des Operating-Leasingvertrags – vom Vertrag lösen darf und mit den neuesten Produkten des Leasinggutes eindecken kann. Bei dieser Vertragsform trägt also diesmal der Leasinggeber das *Investitionsrisiko,* und er übernimmt mit dem Vertrag üblicherweise auch die Wartung des Leasinggutes (typisch z.B. bei Kraftfahrzeug-Leasingverträgen o.ä.).

Für die Fragen der Vertragsgestaltung bedeutet diese Leasingform, daß hier *mietvertragliche* Vorschriften (im deutschen Recht also die §§ 535ff BGB) zur Anwendung gelangen. Sieht der Leasingvertrag vor, daß das Leasinggut nach einer bestimmten Vertragsdauer vom Leasingnehmer gekauft werden darf, wobei die bisher geleisteten Leasingzahlungen verrechnet werden können, dann liegt nach deutschem Recht ein Mietkauf vor; es kommen dann bei Kauf des Leasinggutes die *kaufvertraglichen* Vorschriften zur Anwendung.

a) Einschaltung Dritter

Betreibt ein Hersteller Leasinggeschäfte über eine eigens für diese Zwecke gegründete Tochtergesellschaft, dann sind in diesen Fällen die obengenannten Grundsätze des Finanzierungsleasings anzuwenden.

Wird dagegen für das Operating-Leasing nicht eine abhängige (eigene) Gesellschaft, sondern eine unabhängige Leasinggesellschaft eingeschaltet, dann geschieht dies meist auf der Grundlage des nachstehend beschriebenen sogenannten *„sale* and *lease back"*.

b) Sale and Lease Back

Beim Sale and Lease Back hat der Leasinggeber nur *Finanzierungsfunktionen*. Zwischen dem Hersteller und der Leasinggesellschaft besteht ein „Vor- oder ein Teilamortisationsvertrag, wonach der *Hersteller* das Recht hat, weitere (Unter-)Leasingverträge mit wechselnden Leasingnehmern abzuschließen. Die Leasinggesellschaft kauft vom Hersteller die Objekte an und least diese zurück mit dem Recht, Operating-Leasingverträge abzuschließen. Der Hersteller übernimmt die Wartungspflichten bezüglich des Leasingobjektes. Die Unter-Leasingverträge können auch Finanzierungs-Leasingverträge sein.

3. Abgrenzungsfragen

Finanzierungs- und Operating-Leasing sind noch abzugrenzen vom bereits erwähnten *Mietkauf* und der sogenannten *Mietfinanzierung*. Beim Mietkauf kommen kaufvertragliche Vorschriften zur Anwendung, sofern der Käufer von seinem Recht der Übernahme des Gutes Gebrauch macht. Eine Mietfinanzierung ist üblicherweise ein z.B. von Teilzahlungsbanken angebotenes Geschäft, bei welchem ein Darlehen an den Hersteller einer Sache gewährt wird, wobei die Bank sich den Mietgegenstand zur Sicherheit übereignen und die Mietzinsforderung abtreten läßt.

II. Vertragspflichten aus dem Leasingvertrag

Zu unterscheiden sind beim Leasingvertrag zwei Vertragsverhältnisse: das Vertragsverhältnis zwischen *Hersteller und Leasinggeber* und das Vertragsverhältnis zwischen *Leasinggeber und Leasingnehmer.*

1. Hersteller und Leasinggeber

Zwischen dem Hersteller und dem Leasinggeber kommen kaufvertragliche Vorschriften zur Anwendung, wonach der Hersteller zur Eigentums- und Besitzverschaffung und der Leasinggeber zur Bezahlung des Kaufpreises verpflichtet ist. Etwaige Mängelansprüche sind nach den kaufrechtlichen Vorschriften, so wie oben zum allgemeinen Vertragsrecht bereits erörtert, geltend zu machen.

2. Leasinggeber und Leasingnehmer

Nach deutschem Recht kommen mietvertragliche Vorschriften zur Anwendung. Nach § 535 Satz 1 BGB ist der Leasinggeber zur Gebrauchsüberlassung des Leasinggutes verpflichtet. Die sonstigen mietrechtlichen Pflichten der *Gebrauchserhaltung* und *Instandhaltung* werden dagegen, da sie dem Finanzierungszweck des Leasing widersprechen, durch die AGB des Leasinggebers auf den Leasingnehmer abgewälzt, was aufgrund der höchstrichterlichen Rechtsprechung zulässig ist.

Für etwaige *Leistungsstörungen* (wie oben zum Liefervertrag bereits erörtert) bei der Gebrauchsüberlassung haftet der Leasinggeber dem Leasingnehmer gegenüber; liegen Rechtsmängel vor, ist § 541 BGB, und bei Sachmängeln sind die §§ 537ff BGB zu beachten.

Der Leasingnehmer seinerseits ist zur Ratenzahlung verpflichtet. Bei Nichterfüllung kommt § 554 BGB zur Anwendung, wonach der Leasinggeber zur Kündigung des Vertrages berechtigt ist, sofern nicht der Einzelvertrag (AGB) anderes bestimmt.

Zwischen diesen Parteien kann das Abzahlungsgesetz zur Anwendung kommen. Die Rechtsprechung bejaht ein Vorliegen eines „verdeckten Abzahlungsgeschäfts" im Sinne des § 6 AbzG, wenn der Leasingnehmer nach Ablauf der Grundmietzeit das Leasinggut *kaufen* darf – die bloße Möglichkeit, das Gut für eine weitere Periode zu nutzen, steht allerdings der Anwendung des Schutzgedankens des AbzG entgegen.

III. Inhalt des internationalen Leasingvertrages

Handelt es sich um grenzüberschreitendes Leasing, sind wiederum die entsprechenden Länderbestimmungen zum Leasing zu beachten. Daher wird nachstehend auch kurz auf einige Länderbestimmungen hingewiesen.

Üblicherweise handelt es sich beim Leasingvertrag um einen *Formularvertrag,* dessen nähere Ausgestaltung durch Allgemeine Geschäftsbedingungen erfolgt. Für den internationalen Leasingvertrag bedeutet dies, daß die Grundfragen zur wirksamen *Einbeziehung von Allgemeinen Geschäftsbedingungen* zu beachten sind.

In den Allgemeinen Geschäftsbedingungen finden sich daher auch die Regelungen zu Leistungsstörungen, Gewährleistungsfragen, zur Haftung der Vertragspartner, Klauseln zu Rechtswahl, Gerichtsstand oder Schiedsgerichtsvereinbarung.

1. Gewährleistung beim Finanzierungsleasing

Die für das Finanzierungsleasing typische Vertragsgestaltung hinsichtlich der Gewährleistung ist etwas näher zu betrachten. Beim Finanzierungsleasing zeichnet sich der Leasinggeber, wie ausgeführt, über seine dem Finanzierungs-Leasingvertrag zugrunde gelegten Allgemeinen Geschäftsbedingungen gegenüber dem Leasingnehmer von der Eigen-Gewährleistungshaftung (§§ 537 und 538 BGB) frei und tritt dem Leasingnehmer statt dessen seine aus dem Kaufvertrag mit dem Lieferanten resultierenden Gewährleistungsansprüche ab.

Beim internationalen Leasing hat dieses Verfahren zur Konsequenz, daß neben den Problemen der Gewährleistungsansprüche auch die Situation bei der Forderungsabtretung – je nach Rechtswahl möglicherweise aus auslandsrechtlicher Sicht – zu beachten ist.

2. Leistungsstörungen beim Finanzierungsleasing

Leistungsstörungen sind beim Finanzierungsleasing dann problematisch, wenn die Störungen ihren Grund im *Liefervertrag* haben. Tritt im Liefervertrag Unmöglichkeit, Verzug oder eine positive Vertragsverletzung auf seiten des *Herstellers* bzw. Lieferanten auf, dann wirkt sich dies auch auf die rechtlichen Beziehungen zwischen Leasinggeber und Leasingnehmer aus.

Es wird daher empfohlen, bereits das *Zustandekommen* des Leasingvertrages vom wirksamen Abschluß des Liefervertrages abhängig zu machen; nicht ausreichend ist es dagegen, den Leasingvertrag von der Erfüllung des Liefervertrages durch den Lieferanten abhängig zu machen.

Es wird weiter darauf hingewiesen. daß der Leasinggeber sich nicht wirksam von der ihm gegenüber dem Leasingnehmer obliegenden Pflicht der Sachverschaffung und Gebrauchsüberlassung des Leasingobjekts frei-

Übersicht

Der internationale Leasingvertrag

Bei internationalen Leasingverträgen haben die vertragsschließenden Parteien grundsätzlich die Möglichkeit zur individuellen Absprache der Vertragsinhalte. Meist wird aber auf Allgemeine Leasingbedingungen zurückgegriffen, so daß die Problematik der wirksamen Einbeziehung dieser AGB, wie sie oben dargestellt wurde, zu berücksichtigen ist.

Die nachfolgende Übersicht gibt daher die wichtigsten Vertragskomponenten sowie die Hauptelemente der AGB wieder.

Präambel

Hinweis auf die Geschäftsverbindung
Vertragsparteien
Vertragszweck

Definition

der wichtigsten im Vertrag benutzten Begriffe

Leasinggut

Beschreibung des Leasingguts; Standort; Einsatzort; Verbindung mit Gebäude, Grundstück usw.
Zulässige Veränderungen

Regelungen zum Leasing

Dauer des Leasings
Leasingentgelt (Raten, Nebenkosten, Fälligkeiten)
Mietzeit

Leasing-AGB

Versicherungen
Wartungsarbeiten
Garantie- und Gewährleistungsansprüche
Verfügungen über das Leasinggut
Regelungen zur Sachgefahr
Regelungen zu Leistungsstörungen
Kündigungsmöglichkeiten
Forderungsabtretung durch Leasinggeber an Dritte

Rechtswahl

Gerichtsstands- oder Schiedsgerichtsvereinbarung

Einbeziehung der Leasing-AGB

zeichnen kann. Es ist aber im kaufmännischen Bereich zulässig, daß der Leasinggeber seine ihm gegen den Lieferanten aus Leistungsstörungen im Liefervertrag zustehenden Rechte an den Leasingnehmer abtritt.

IV. Leasing in ausländischen Rechtsordnungen

Für internationale Leasingtransaktionen ist es entscheidend zu wissen, wie ausländische Rechtsordnungen das Leasing beurteilen, damit Besonderheiten bei der Gestaltung des Leasingvertrages berücksichtigt werden können.

1. Das englische Recht

Das englische Wort *leasing* leitet sich ab von „lease" (Miete), wobei *lease* allerdings eine dingliche Miete von Grundstücken und Gebäuden bezeichnet. Ansonsten gibt es im englischen Recht eine Begriffsvielfalt: *Hire* bezeichnet kurzfristige Warenmieten, wobei die Praxis bei einigen Gegenständen (z.B. bei Kraftfahrzeugen) den Ausdruck *rental* verwendet. Auch der Begriff *leasing* ist bekannt; er bezeichnet in den Untergliederungen *operating lease und finance lease* die längerfristigen Mietverträge, die ähnlich dem oben beschriebenen deutschen Gegenstück behandelt werden. Im englischen Recht ist der *Consumer Credit Act 1974 zu* beachten, wenn die Warenmiete einen Sachwert von 5.000 engl. Pfund nicht überschreitet. Bezüglich der auch im englischen Recht problematischen Frage der Gewährleistung und der Leistungsstörungen kann wiederum auf die grundlegenden Ausführungen oben verwiesen werden.

2. Das US-amerikanische Recht

Das Leasing ist in den USA vor allem aus steuerlichen Gründen attraktiv, wenn auch der *Tax Reform Act 1968 zu* einem Rückgang der Geschäfte führte und eine Anpassung an neue Umstände erforderlich wurde. Dagegen ist für die US-amerikanischen Banken durch den *Competitive Equality Banking Act 1987* die Möglichkeit eröffnet, bis zu 10% ihrer Vermögenswerte über Leasing zu finanzieren, wobei es sich stets um *Finanzierungsleasing* handeln muß. Das Operating-Leasing ist US-Banken nach wie vor nicht gestattet, wobei aber dieser Markt über Tochtergesellschaften bespielt werden kann.

Der bereits häufig genannte Uniform Commercial Code normiert in seinem Artikel 2 die kaufrechtliche Haftung des Verkäufers, insbesondere die Regelung der Gewährleistungspflichten (vgl. die §§ 2–313, 2–314 und 2–315 UCC). Der Ergänzungsartikel (Art. 2 A) befaßt sich näher mit den leasingrechtlichen Problemen.

Handelt es sich beim Finanzierungsleasing auf seiten des Leasinggebers um Banken oder andere Finanzinstitute, dann haften diese nicht für Schäden, die dem Leasingnehmer selbst oder üblicherweise damit in Berührung kommende Dritte durch das Leasinggut zugefügt werden. Der Leasinggeber hat auch keine Sachgefahr zu tragen. Der Leasingnehmer bleibt in den USA dem Leasinggeber (beim Finanzierungsleasing) gegenüber auch bei Mängeln am Leasinggut zur Zahlung des Leasingentgelts verpflichtet.

3. Das französische Recht

Das Leasing ist in Frankreich seit Anfang der 60er Jahre bekannt. Es werden heute verschiedene Ausgestaltungen der hier denkbaren Verträge unterschieden.

Durch Gesetz[282] wurde zunächst das sogenannte *„Credit-bail"-Geschäft* gestattet. Hier handelt es sich um das Vermieten von Anlagegütern oder Ausrüstungsgegenständen. Aufgrund der gesetzlichen Regelung ist der „Kauf zum Zweck der Vermietung" Vorbedingung eines Credit-bail-Geschäfts, so daß das Herstellerleasing damit ausgeschlossen ist. Beim Crédit-bail ist für den Mieter von Anfang an eine Kaufoption eingeräumt.[283]

Andere Leasingformen sind in Frankreich nicht durch Gesetze oder Erlasse geregelt. Es gibt beispielsweise Leasing in der Form der „Miete mit Verlängerungsoption" oder das direkte Herstellerleasing, die jedoch allesamt im französischen Mietrecht miterfaßt sind. Das „internationale" Leasing spielt in Frankreich keine große Rolle, da angesichts der komplexen Vertragsgestaltung und der aus französischer Sicht vorhandenen wirtschaftlichen Risiken diese Form wenig Attraktivität besitzt.

4. Überblick über das Leasing in den EU-Staaten

Das Finanzierungsleasing unterliegt in den einzelnen Staaten erheblichen Unterschieden, wenn man die *steuerrechtlichen, bilanziellen* oder allgemeinen *rechtlichen Fragestellungen* betrachtet. Ein kurzer Überblick über die

282 Loi No. 66–455 vom 2.7.1966 und Loi No. 86–12 vom 6.1.1986.
283 *Bongers,* Leasing in Frankreich, in: Leasing-Handbuch, Frankfurt 1988 S. 217ff, 218.

Unterschiede in den EU-Staaten sollte daher an dieser Stelle abschließend zum Themenbereich des „Leasings“ angebracht sein. Hierbei wird vor allem auf die länderspezifischen Besonderheiten hingewiesen.

a) Belgien

In Belgien kennt man eine gesetzliche Definition des Leasings, was insgesamt betrachtet bei den Staaten eher eine Ausnahme darstellt. Verschiedene Leasingerlasse regeln genau die Anforderungen an den gesetzlichen Status von Leasinggesellschaften und an Leasinggeschäfte. Leasing wird verstanden als Geschäft, bei dem der Leasinggeber rechtlich Eigentümer bleibt, bis der Leasingnehmer seine Kaufoption ausübt. Steuerrechtlich und bilanziell dagegen folgt man der wirtschaftlichen Betrachtungsweise, wonach der Leasinggegenstand beim Leasingnehmer auf der Aktivseite der Bilanz ausgewiesen und entsprechend abgeschrieben wird. Auf der Passivseite werden zwei entsprechende Gegenpositionen gebildet, nämlich Verbindlichkeiten mit Laufzeiten von bis zu einem und von über einem Jahr. – In Belgien wird das Leasinggeschäft nicht als Kreditgeschäft oder bankähnliches Geschäft gewertet.

b) Dänemark

In Dänemark unterliegt das Leasing nicht der Bankenaufsicht, da das Finanzierungsleasing als eine Art „Kauf“ gewertet wird. Ist hier keine klare Aussage getroffen, kann der Vertrag möglicherweise als *Mietkaufvertrag* fehlinterpretiert werden. Sollte dies geschehen, kann es mit der Eigentumsstellung Probleme geben. Jeglicher Hinweis auf einen Eigentumserwerb durch den Leasingnehmer sowie eine Anzahlung führt bereits dazu, daß der Leasinggeber sein Eigentumsrecht verliert und im Konkursfall des Leasingnehmers nur noch einen schuldrechtlichen Anspruch gegenüber dem Leasingnehmer hat.

c) Frankreich

Ergänzend zu den Ausführungen oben ist zu sagen, daß in Frankreich vor allem zwischen *crédit bail* und *location* zu unterscheiden ist. Crédit-bail ist Finanzierungsleasing mit einer niedrigen Kaufoption, deren Höhe der eingetretenen vollen Amortisierung Rechnung trägt. Weicht der Leasingvertrag von den Crédit-bail-Voraussetzungen ab, dann führt dies dazu, daß die steuerliche Abzugsfähigkeit der Leasingzahlungen für den Leasingnehmer entfällt. Für den Leasinggeber bedeutet dies den Fortfall des Eigentumsschutzes, welcher ansonsten durch Registrierung des Leasinggegenstandes zugunsten des Leasinggebers beim zuständigen Handelsgericht gewährleistet ist. Fehlt es an einer solchen Eintragung, unterliegt das Leasinggut der Pfändung und Zwangsversteigerung, sofern entsprechende Rechte gegenüber dem Leasingnehmer geltend gemacht werden können.

d) Griechenland

Das Finanzierungsleasing mit Kaufoption wird als bankähnliches Geschäft angesehen. Griechenland hat die *französischen* Vorschriften zum *crédit bail* übernommen, so daß die für Frankreich aufgezeigten Grundsätze auch in Griechenland zu beachten sind.

e) Italien

Leasing zählt in Italien bislang nicht zum Bankengeschäft. Auf der Basis von in den Jahren 1991 und 1992 entstandenen neuen italienischen Gesetzen und Verordnungen ist erkennbar, daß Leasing in Italien immer stärker normiert wird. So werden beispielsweise Form und Inhalt von *Leasingverträgen* zwecks erhöhter Markt- und Konditionentransparenz vorgeschrieben. Leasinggesellschaften gelten als registrierungspflichtige Finanzunternehmen mit einer vorgeschriebenen Mindesteigenkapitalausstattung von 1 Billion Lire.

Leasingverträge unterliegen in Italien den Vorschriften des Codice Civile. Bei Insolvenzfällen besteht noch eine große Rechtsunsicherheit, da klare gesetzliche Regelungen für diese Fälle fehlen. Aus steuerrechtlicher Sicht sind Leasingzahlungen im Falle von Finanzierungsleasing-Verträgen über bewegliche Güter grundsätzlich als Betriebsausgaben des Leasingnehmers zu verbuchen, wenn die Vertragslaufzeit mindestens die Hälfte der zulässigen Abschreibungsdauer beträgt.

f) Luxemburg

Das Finanzierungsleasing wird in Luxemburg als bankenähnliches Geschäft angesehen. Die steuerliche Behandlung in Luxemburg entspricht weitgehend derjenigen der deutschen Leasingerlasse.

g) Niederlande

Anders ist es mit den Regelungen in den Niederlanden, die damit weder den Bestimmungen Belgiens noch Luxemburgs ähneln. In den Niederlanden gibt es bisher noch kein eigenes Leasinggesetz. Die in den Niederlanden vorhandenen Steuererlasse zum Leasing (sowohl für Verträge mit als auch für Verträge ohne Kauf- oder Verlängerungsoption) bewirken eine volle Abzugsfähigkeit der Leasingraten nur beim Operating-Leasing. Der Optionspreis muß dem voraussichtlichen Verkehrswert des Leasinggegenstandes am Ende der Vertragslaufzeit entsprechen und darf keinesfalls geringer als fünf Prozent der steuerlichen Anschaffungskosten sein. – Sale- and Lease-Back-Verträge sind in den Niederlanden verboten.

h) Portugal

In Portugal ähneln die Leasingvorschriften weitgehend denjenigen Spaniens, wie nachstehend beschrieben. Unterschiede gibt es bei den Steuerfragen. Leasingzahlungen sind für den Leasingnehmer voll als Betriebsausgaben anzusetzen, doch ist hier mit einer Änderung dieser Bestimmungen zu rechnen.

i) Spanien

In Spanien gibt es seit 1988 ein Finanzierungsleasing-Gesetz. Finanzierungsleasing-Gesellschaften werden als Finanzinstitute betrachtet und unterliegen damit der Bankenaufsicht. Folglich gelten für Leasinggesellschaften auch die Grundsätze zu Eigenkapital, Liquidität, Mindestreservehaltung usw. Leasinggeschäfte dürfen seit 1990 von allen Arten der Kreditinstitute betrieben werden, so daß der Markt entsprechend weit gefächert ist.

Steuerrechtlich stellen Leasingzahlungen für den Leasingnehmer nicht voll abzugsfähige Betriebsausgaben dar, sondern es erfolgt eine Aufteilung in Finanzierungskosten (zu 100% als steuermindernde Kosten anerkannt) und Tilgung bzw. Amortisation. Letztere darf nur innerhalb der Vertragslaufzeit in gleichen oder ansteigenden Teilbeträgen steuerlich abgesetzt werden.

§ 27. Vertretungen im Ausland

Literatur: *Ankele*, Harmonisiertes Handelvertreterrecht für die Europäischen Gemeinschaften, DB 1987, 569; *Birk*, Das Handelsvertreterrecht im deutsch-italienischen Wirtschaftsverkehr, ZvglRW 79 (1980) 268; *Detzer/Thamm*, Verträge mit ausländischen Handelsvertretern, 3. Aufl. 1995; *Hepting/Detzer*, Die Abdingbarkeit des Ausgleichsanspruchs ausländischer Handelsvertreter, RIW 1989, 337; *Eberstein*, Der Handelsvertretervertrag, 7. Aufl. 1991; *Freund*, Handelsvertreterverträge und EG-Kartellrecht, EuZW 1992, 408ff; *Hurstel*, Umsetzung der Handelsvertreterrichtlinie in Frankreich, DB 1992, 826; *Kessel*, Probleme des neuen Handelsvertreterrechts in Großbritannien, RIW 1994, 562; *Kiethe/Fruhmann*, Probleme des Ausgleichsanspruchs bei Verträgen mit osteuropäischen Handelsvertretern und Vertragshändlern, WiRO 1993, 418; *Kindler*, Neues deutsches Handelsvertreterrecht aufgrund der EG-Richtlinie, RIW 1990, 358; *Stumpf/Ulrich*, Internationales Handelsvertreterrecht, Teil 1: Verträge mit ausländischen Handelsvertretern – Hinweise für den Abschluß von Vertreterverträgen, 6. Aufl. 1987; *Graf von Westphalen*, Handbuch des Handelsvertreterrechts in der EU und der Schweiz, 1995; *ders.*, Agency Contract (Handelsvertretervertrag), Münchener Vertragshandbuch, Band 3, 2. Halbbd., 4. Aufl. 1997, S. 47ff; *Witthoff*, Das neue Handelsvertreterrecht in Großbritannien, RIW 1994, 246.

Bei der Vertragsgestaltung für Vertretungen im Ausland geht es im wesentlichen darum festzustellen, auf welcher rechtlichen Grundlage Handelsvertreter im Ausland tätig werden können und welche Besonderheiten bei der Vertragsgestaltung mit ihnen zu beachten sind. Dabei sind im Einzelfall Sonderregelungen – des oben schon behandelten Stellvertretungsrechts – zu beachten.

I. Anwendbares Recht bei Vertretungen im Ausland

1. Feste Niederlassung im Ausland

Bei Fragen der Vertretung ist zunächst danach zu unterscheiden, ob die Vertreter des (inländischen) Geschäftsherrn im Ausland eine feste Niederlassung haben oder nicht und ferner, ob die Vertreter innerhalb oder außerhalb des Landes der Niederlassung auftreten.

Zum ersten Fall der *Vertreter im Ausland mit fester Niederlassung* gehören zum einen die Mitarbeiter des Geschäftsherrn, die, mit entsprechender Vollmacht versehen, von einer Auslandsniederlassung aus tätig werden.

Zum anderen sind hier die selbständigen Personen, wie zum Beispiel die Handelsvertreter, zu nennen, die für den in einem anderen Land ansässigen Geschäftsherrn handeln. Zu klären ist zunächst, nach welchem nationalen Recht sich die auftauchenden Fragen des Stellvertretungsrechts entscheiden lassen, wenn zwei Anknüpfungspunkte, nämlich das (inländische) Recht des Geschäftsherrn und das (ausländische) Recht des Vertreters, zur Auswahl stehen.

Aufgrund der international-privatrechtlichen Grundsätze ist auf die Stellvertretung das *Recht* anzuwenden, welches am Standort *der Niederlassung* gilt. Ein von einem deutschen Unternehmen aus tätiger Vertreter, der im Ausland für den Geschäftsherrn Tätigkeiten ausübt, unterliegt bezüglich seiner Vollmacht dem Recht des Landes, in dem sich die Niederlassung befindet, solange er im Lande der Niederlassung den Geschäften nachgeht.

Tritt der Vertreter außerhalb des Landes auf, in welchem sich die feste Niederlassung befindet, dann ist streitig[284], nach welcher Rechtsordnung die Vollmacht des Vertreters zu beurteilen ist. Es empfiehlt sich aus praktischen Gesichtspunkten, das Recht desjenigen Landes zur Anwendung gelangen zu lassen, in welchem der Vertreter von seiner Vollmacht Gebrauch macht.

2. Keine feste Niederlassung im Ausland

Dasselbe hier vertretene Ergebnis kommt zur Anwendung, wenn die für einen Geschäftsherrn auftretenden Vertreter im Ausland tätig werden und dort keine feste Niederlassung haben. Ist eine Frage zur Vollmacht zu klären, dann hat dies auf der Grundlage des am Gebrauchsort der Vollmacht gültigen Rechts zu geschehen.

II. Anwendung dieser Grundsätze

Diese hier genannten Grundsätze haben praktische Bedeutung, wenn ein deutsches Unternehmen beispielsweise durch Handelsvertreter im Ausland vertreten wird. Treten Probleme auf, die mit der Vollmacht des Handelsver-

284 So vertreten *v. Caemmerer*, RabelsZ 24 (1959) S. 207, und *Staudinger/Firsching*, Einführungsgesetz zum BGB, Teil 2b, 10./11. Auflage, Berlin 1978, vor Art. 12, Rn 228, die Auffassung, daß das Recht der Niederlassung gelten solle (sofern ein erkennbarer Zusammenhang zur Niederlassung besteht); ansonsten solle gelten, was die andere Ansicht vertritt: Es gilt danach das Recht des Ortes, an dem von der Vollmacht Gebrauch gemacht wird; *Vischer*, Internationales Vertragsrecht, Bern 1962 S. 232; *Soergel/Kegel*, EGBGB, Band 7, vor Art. 7 EGBGB, Rn 205.

treters im Zusammenhang stehen, dann kommt es auf die genannten Grundsätze an, um herauszufinden, auf der Grundlage welchen nationalen Rechts die Vollmacht beurteilt werden kann.

Weiter gehende Fragestellungen hängen mit den Hilfspersonen des Geschäftsherrn zusammen. Zunächst sind einmal die Grundtypen (z.B. aus der Sicht des deutschen Rechts) zu unterscheiden.

Nach deutschem Recht (§ 84 Abs. 1 Satz 1 HGB) ist der Handelsvertreter als selbständiger Gewerbetreibender ständig damit betraut, für einen anderen Unternehmer Geschäfte zu vermitteln oder in dessen Namen abzuschließen.

Mit dieser Tätigkeitsbezeichnung unterscheidet sich der Handelsvertreter zum Beispiel vom *Handlungsgehilfen* (§ 59 Satz 1 HGB), der in einem Handelsgewerbe zur Leistung kaufmännischer Dienste gegen Entgelt angestellt ist. Hier geht es um ein arbeitsrechtliches Vertragsverhältnis mit dem Geschäftsherrn.

Eine weitere Abgrenzung ist zum *Kommissionär* erforderlich. Nach § 383ff HGB übernimmt dieser es gewerbsmäßig, Waren oder Wertpapiere für Rechnung eines anderen im eigenen Namen zu kaufen oder zu verkaufen. Wie der Handelsvertreter ist er selbständig; er schließt aber Verträge im eigenen und nicht im fremden Namen ab.

Der in § 93 HGB geregelte Begriff des *Handelsmaklers* bedeutet die gewerbsmäßige Vermittlung von Verträgen des Handelsverkehrs; der Handelsmakler ist unabhängig tätig.

Ein *Vertragshändler* schließlich ist mit seinem Unternehmen in die Verkaufsorganisation eines Produktherstellers eingegliedert und hat darin die Aufgabe, die Waren des Produzenten im eigenen Namen und für eigene Rechnung zu verkaufen.

III. Der Handelsvertreter

Da der Handelsvertreter die bedeutendste Rolle als im Ausland auftretender Vertreter eines Geschäftsherrn spielt, soll auf ihn besonders eingegangen werden.

Vorwegzuschicken ist zunächst, daß im Rahmen der Europäischen Union das materielle Handelsvertreterrecht weitgehend angeglichen wurde. Die Richtlinie zur Koordinierung der Rechtsvorschriften der Mitgliedstaaten betreffend die selbständigen Handelsvertreter vom 18.12.1986[285] setzte den Mitgliedstaaten eine Frist zur Umsetzung der Richtlinie bis zum

285 RL 86/653, ABl.EG 1986 Nr. L 382/17.

1.1.1990 (Italien 1.1.1993, Großbritannien 1.1.1994).[286] Sie soll dazu beitragen, Wettbewerbsverzerrungen zu beseitigen und die Rechtsstellung des Handelsvertreters zu stärken. Mit der Richtlinie werden die Rechte und Pflichten der Parteien (Art. 3ff), die Vergütung (Art. 6ff) und der Abschluß sowie die Beendigung des Handelsvertretervertrages (Art. 13ff) geregelt und für den Geltungsbereich der Richtlinie harmonisiert.[287]

Der hier zu besprechende Handelsvertretervertrag unterliegt dem Anwendungsbereich des Haager Übereinkommens über das auf die Stellvertretung anzuwendende Recht vom 14.3.1978[288], doch ist das Abkommen in Deutschland bislang nicht in Kraft getreten. Somit gelten für den Handelsvertretervertrag die allgemeinen Grundsätze: Eine Rechtswahl (im Sinne des Art. 27 EGBGB) ist zulässig. Fehlt eine Rechtswahl, kommt es auf die gewerbliche Niederlassung (Aufenthalt) des Vertreters an. Gibt es mehrere Niederlassungen, gilt das Recht desjenigen Landens, zu dem die engste Verbindung besteht.

1. Weitere Hinweise zum deutschen Recht

Für die Rechte und Pflichten des Handelsvertreters ist der Handelsvertretervertrag maßgeblich, soweit dieser nicht den zwingenden Vorschriften der §§ 84ff HGB entgegensteht. Die gesetzliche Regelung der §§ 84ff HGB greift auch dann ein, wenn die Vertragspartner keine entsprechende Regelung im Handelsvertretervertrag getroffen haben. Zum – grundsätzlich formlos gültigen – Handelsvertretervertrag werden weiter unten Hinweise zur Vertragsgestaltung gegeben.

286 Vgl. hierzu *Ankele*, DB 1987, 569ff mwN.

287 In *Deutschland* erfolgte dies durch eine Neufassung der §§ 84ff HGB, in *Belgien* durch ein neues Handelsvertretergesetz von 1995, in *Dänemark* durch das Gesetz Nr. 272 über Handelsvertreter und Handelsreisende von 1990, in *England* durch die Verordnung Nr. 3053 vom 8.12.1993, in *Finnland* durch das neue Gesetz Nr. 417/1992, in *Frankreich* durch Umsetzung in den beiden Gesetzen vom 25.6.1991 und vom 10.6.1992, in *Griechenland* durch Präsidialverordnung über die Anpassung des Handelsvertreterrechts vom 18.5.1991, in *Italien* durch Änderung der Art. 1742ff Codice Civile, in den *Niederlanden* durch Art. 7:428 bis 445 Burgerlijk Wetboek, in *Österreich* durch das neue Handelsvertretergesetz vom 11.2.1993, in *Portugal* durch Anpassung des Gesetzes über den Agentur- oder Handelsvertretervertrag von 1986, in *Schweden* durch das neue Gesetz vom 1.5.1991 über die Handelsagentur und in *Spanien* durch das Gesetz über den Handelsvertretungsvertrag vom 27.5.1992.

288 Vertiefend *Müller-Freienfels*, Der Haager Konventionsentwurf über das auf die Stellvertretung anwendbare Recht, RabelsZ 43 (1979) 80. Dieser Staatsvertrag gilt seit 1992 erst für Argentinien, Frankreich und Portugal (jeweils seit 1.5.1992) und seit dem 1.10.1992 für die Niederlande.

a) Innenverhältnis

Im Innenverhältnis zwischen Handelsvertreter und Unternehmer hat der Handelsvertreter die Pflicht, seine Aufgaben mit der Sorgfalt eines ordentlichen Kaufmanns wahrzunehmen, wie sich aus § 86 Abs. 3 HGB ergibt. Zu den Pflichten gehört nach § 86 Abs. 1 HGB das Bemühen darum, sich um die Vermittlung oder den Abschluß von Geschäften zu kümmern und dem Unternehmer von jeder erfolgreichen Geschäftsvermittlung Bericht zu erstatten (§ 86 Abs. 2 HGB). Die besondere Treuepflicht des Handelsvertreters (Weisungsgebundenheit, Wahrung der Betriebsgeheimnisse und ordnungsgemäße Verwahrung der anvertrauten Gegenstände) ergibt sich teilweise aus dem Gesetz (§§ 90 und 90a HGB); ferner besteht die Möglichkeit, mit vertraglicher Abrede ein Wettbewerbsverbot für den Handelsvertreter zu begründen.

Zu den Rechten des Handelsvertreters zählt vor allem sein Anspruch auf Entgelt (vgl. §§ 86 und 87 HGB zur Provision). Über den Provisionsanspruch hinaus hat der Handelsvertreter keinen Anspruch auf Aufwendungsersatz (§ 87 d HGB), sondern er hat die im regelmäßigen Geschäftsbetrieb entstandenen Aufwendungen als selbständiger Kaufmann selbst zu tragen.

b) Außenverhältnis

Im Außenverhältnis zum Kunden besteht für den Handelsvertreter selbst kein Vertragsverhältnis. Es ist zu unterscheiden danach, ob der Handelsvertreter ein Geschäft *vermittelt* oder ob er dessen *Abschluß* herbeiführt.

Vermittelt er nur und nimmt er ein Angebot des Vertragspartners nur entgegen, tritt er als Stellvertreter des Unternehmers auf. Bei Annahme eines Angebots seitens des Unternehmers übermittelt der Handelsvertreter die entsprechende Erklärung an den Vertragspartner (wie ein Erklärungsbote).

Führt der Handelsvertreter dagegen den Abschluß des Geschäfts selbst herbei, wird der Unternehmer durch die Handlung seines Vertreters gebunden; bei Überschreiten der Vertretungsmacht haftet der Handelsvertreter.

c) Beendigung des Vertragsverhältnisses

Nach deutschem Recht endet das Vertragsverhältnis des Handelsvertreters durch Kündigung (§ 89 HGB), außerordentliche Kündigung aus wichtigem Grunde (§ 89a HGB), wenn z.B. die Fortsetzung des Vertragsverhältnisses nicht mehr zumutbar ist, ferner durch Zeitablauf eines befristeten Vertrages (§ 620 Abs. I BGB), durch Tod des Handelsvertreters (§§ 675 und 673 BGB) oder durch Konkurs des Unternehmers (§ 23 KO). Der Handelsvertreter hat nach Beendigung des Vertragsverhältnisses gemäß § 89b HGB einen Ausgleichsanspruch[289], sofern die Kündigung nicht aus wichtigem Grunde erfolgte oder der Handelsvertreter selbst gekündigt hat (§ 89b Abs. 3 HGB).

2. Besonderheiten im englischen Recht

Das englische Recht hat die EU-Richtlinie umgesetzt[290], wobei diese Umsetzung nicht durch (ein dem englischen Recht eher fremdes) „Gesetz", sondern durch ein statutory instrument (Rechtsverordnung) erfolgte. Diese Verordnung folgt dem Text der EG-Richtlinie eng. Dem Wortlaut der neuen Verordnung können die Vertragspartner eines Handelsvertretervertrages nur entgehen, wenn sie ihre Vereinbarung einem Recht eines anderen EU-Staates unterwerfen.[291] Im übrigen hat das englische Recht von der Befugnis in Art. 2 Abs. 2 der EG-Richtlinie Gebrauch gemacht und nebenberufliche Handelsvertreter von dem Anwendungsbereich ausgenommen, während das deutsche Recht seine Regelung in § 92b HGB beibehalten hat.

Im übrigen beschränkt sich das neue englische Handelsvertreterrecht nur auf den Warenvertreter. Bei Mischvertretern werden die Verträge aufgeteilt, und nur das Warenvertretungsrecht wird dem neuen Handelsvertreterrecht unterworfen. Im übrigen gilt das englische Recht zur „agency". Der Begriff des „agent" wird von der Praxis für Stellvertreter ganz allgemein, also auch für Eigenhändler, Makler, Kommissionäre usw. gleichermaßen angewandt. Es empfiehlt sich daher eine klare vertragliche Bestimmung bei der Festlegung der Aufgaben des agent.

289 Dieser unabdingbare Ausgleichsanspruch wird für die auf den Vertreter zurückzuführende Erweiterung des Kundenkreises des Unternehmers gewährt. Diesen Ausgleichsanspruch kennen neben der deutschen (§ 89b BGB) z.B. auch die Rechtsordnungen Finnlands, Italiens, der Niederlande, Österreichs und Schwedens. Das Recht Frankreichs gewährt dagegen einen Schadensersatzanspruch.

290 Durch „The Commercial Agents (Council Directive) Regulations 1993" mit Wirkung vom 1.1.1994, allerdings nur in Großbritannien (nicht in Nordirland!).

291 Regulations 1 (1) und (2), 2 (5) Commercial Agents (Council Directive) Regulations 1993.

3. Besonderheiten im französischen Recht

Auch das französische Recht hat die EG-Richtlinie durch zwei Gesetze von 1991 und 1992 umgesetzt. Daneben wird aber weiterhin unterschieden, welchem Vertragstyp die Vereinbarung mit dem Unternehmer zuzuordnen ist. So kennt das französische Recht selbständige und unabhängige Handelsvertreter. Ein selbständiger, unabhängiger Vertreter ist der agent commercial. Ein solcher Handelsvertreter ist berechtigt, gegen Provision Geschäfte vorzubereiten, auszuhandeln oder abzuschließen.

Die angestellten, unselbständigen Handelsvertreter (représentants de commerce) des französischen Rechts sind im deutschen Recht unbekannt, wenn man den „Handelsgehilfen" außer Betracht läßt. Sie werden unter dem Begriff „*voyageur, représentant, placier* (V.R.P)" erfaßt. Der Vertrag mit ihnen ist ein Arbeitsvertrag[292] und kein Handelsvertrag.

IV. Inhalt des Handelsvertretervertrages

Angesichts der hier nur ansatzweise aufgegriffenen oft erheblichen Unterschiede der Rechtsregelungen zum Handelsvertreter gestaltet sich die Vertragsgestaltung schwierig, wenn die Vertragsbeziehung einer ausländischen Rechtsordnung unterworfen ist. Schon von daher empfiehlt sich, das Vertragsverhältnis der deutschen Rechtsordnung zu unterwerfen. Wo dies nicht möglich ist, sollten einige wichtige Mindestanforderungen an den Handelsvertretervertrag beachtet werden. Bei einer Vereinbarung deutschen Rechts kann für Vertreter, die ihre Tätigkeit nicht innerhalb der EU ausüben, von zwingenden Vorschriften (vor allem hinsichtlich des Ausgleichsanspruchs) abgewichen werden, § 92c Abs. 1 HGB.

Soll der Handelsvertretervertrag einem anderen als dem deutschen Recht unterstellt sein, dann ist zu beachten, daß oft die Vertragsbeendigung sowie Ausgleichs- und Schadensersatzansprüche sowie Registrierungspflichten zwingend geregelt werden. Das Vertragsmuster im Anhang des Buches folgt dem deutschen Recht.

Im einzelnen erfaßt der Vertrag folgende Schwerpunkte:

Zunächst ist die vertragliche Festlegung der *Vertretungen* und des *Vertretungsgebiets* zu regeln. Bei der Festlegung der *Aufgaben und Rechte des Handelsvertreters* wird bestimmt, ob der Vertreter nur zur Vermittlung oder daneben auch zum Abschluß von Geschäften befugt sein soll; es wird in diesem Zusammenhang auch geregelt, ob eine Berechtigung zum Inkasso

292 Art L 751 – 1ff Code de travail.

bestehen soll oder nicht. Der Vertrag sollte auch eine Regelung darüber enthalten, ob der Geschäftsherr Wert darauf legt, daß der Handelsvertreter seine Aufgaben ausschließlich persönlich wahrnimmt oder ob eine Hilfsperson hinzugezogen werden darf.

Zu den wichtigsten Vertragsklauseln bezüglich der *Pflichten des Handelsvertreters* gehört die Regelung des Wettbewerbsverbots, welches insbesondere auch noch für einige Zeit für die Periode nach Beendigung des Handelsvertretervertrages fortbestehen sollte. Jede mittelbare oder unmittelbare Tätigkeit für Konkurrenzunternehmen kann während der Vertragsdauer und für mindestens ein Jahr nach Beendigung des Handelsvertretervertrages untersagt werden. Der Geschäftsherr muß dem Handelsvertreter bei nachvertraglichem Wettbewerbsverbot für die Dauer desselben eine Entschädigung zahlen. Zu dem Wettbewerbsverbot kommt schließlich noch eine Verschwiegenheitspflicht des Handelsvertreters hinzu.

Für seine Tätigkeit ist dem Handelsvertreter eine *Provision* zu zahlen. Im internationalen Vertrag ist von Interesse, ob nach Beendigung des Vertragsverhältnisses ein Ausgleichsanspruch des Handelsvertreters gegen den Geschäftsherrn besteht, sofern der Geschäftsherr nach Beendigung des Handelsvertretervertrages noch aus der Geschäftsverbindung mit den vom Handelsvertreter geworbenen Kunden erhebliche Vorteile hat und dem Handelsvertreter wegen der Vertragsauflösung sonst keine Provisionsansprüche mehr zustehen. Dieser Gedanke des § 89b Absatz 1 HGB ist inzwischen in den EU-Rechtsordnungen verankert. Sonst muß er einzelvertraglich vereinbart werden, wenn die Parteien diesen Ausgleichsanspruch wirksam begründet haben wollen; fehlt eine entsprechende Vereinbarung, dann gibt es meist keine gesetzliche Grundlage, auf die der (ehemalige) Handelsvertreter seinen Ausgleichsanspruch stützen könnte.

Es ist bei dieser Vereinbarung zu beachten, daß nach der im deutschen Recht vorhandenen gesetzlichen Regelung des § 89b Absatz 1 HGB ein Ausgleichsanspruch von bis zu einer Jahresprovision besteht, wenn der Handelsvertreter infolge der Beendigung des Vertragsverhältnisses Provisionsansprüche verliert, die er sonst ohne Beendigung des Vertrages gehabt hätte (§ 89b Abs. 1 Nr. 2 HGB). Allerdings ist der Ausgleichsanspruch ausgeschlossen, wenn eine vom Handelsvertreter verursachte ordentliche oder außerordentliche Kündigung vorliegt oder wenn der Geschäftsherr aus einem wichtigen Grund (z.B. wegen schuldhaften Verhaltens des Handelsvertreters) den Vertrag aufgelöst hat (vgl. § 89b Abs. 3 HGB).

§ 28. Der internationale Joint-venture-Vertrag

Literatur: *Eser*, Internationale Joint Ventures und EG-Kartellrecht, RIW 1984, S. 489ff; *Gansweid*, Gemeinsame Tochtergesellschaften im deutschen Konzern- und Wettbewerbsrecht, 1976; *Immenga*, Gemeinschaftsunternehmen als Kartell und Zusammenschluß, ZHR 150 (1986) S. 36ff; *Langefeld-Wirth*, Joint Ventures im internationalen Wirtschaftsverkehr, Schriftenreihe Recht der Internationalen Wirtschaft, Band 35, Heidelberg 1990; *ders*, Rechtsfragen des internationalen Gemeinschaftsunternehmens-Joint Venture, RIW 1990 S. 1ff.

Die stark exportorientierte deutsche Wirtschaft hat sich seit etwa Beginn der 80er Jahre auch mit Fragen des internationalen Gemeinschaftsunternehmens auseinanderzusetzen. Der Bereich des Joint-venture-Vertragsrechts hat sich in den vergangenen Jahren stets weiterentwickelt und soll an dieser Stelle erläutert werden. Verfolgt man die Statistiken der Deutschen Bundesbank, so wird erkennbar, daß die Kapitalinvestitionen der deutschen Industrie im Ausland ständig wachsen. Die deutsche Industrie reagiert mit ihren Auslandsinvestitionen auf unterschiedliche Entwicklungen: Zum einen ist erkennbar geworden, daß es vorteilhaft ist, auf Auslandsmärkten durch eigene Firmen vertreten zu sein. Zum anderen kann das Ausland selbst Standortvorteile bieten, welche sich durch lokale Produktion, lokale Teilfertigung, Endmontage oder Serviceleistungen besonders manifestieren. Schließlich gilt es auch, die in einigen Branchen *begrenzten Wachstumsmöglichkeiten* des heimischen Marktes zu umgehen und der Schaffung des Europäischen Binnenmarktes und den Neuerungen der europäischen Unternehmensstrukturen Rechnung zu tragen.

Die nachfolgenden Ausführungen gehen aus von einem grundlegenden Überblick über das Joint-venture-Recht, beschreiben den Begriff des internationalen Gemeinschaftsunternehmens und stellen die Grundlagen der Joint-venture-Vertragsgestaltung vor. Eine Übersicht über einige besondere Länderbestimmungen schließen dieses Kapitel ab.

I. Begriffsbestimmungen

Zunächst ist herauszustellen, warum Direktinvestitionen im Ausland für die deutsche Wirtschaft vorteilhaft sein können, und es ist anschließend in diesem Abschnitt der Begriff des Joint-venture zu bestimmen. Dabei ist vor allem das Joint-venture von einer bloßen Lizenzvergabe, einer Vertragskooperation oder einer eigenen Niederlassung abzugrenzen.

1. Direktinvestitionen im Ausland

Der Begriff der *Direktinvestition im Ausland* wird in einem Monatsbericht der Deutschen Bundesbank definiert.[293] Danach versteht man unter Direktinvestitionen:

- die Gründung und den Erwerb von Unternehmen, Zweigniederlassungen oder Betriebsstätten,
- den Erwerb von Beteiligungen an Unternehmen, sofern die Beteiligung mindestens 25 % beträgt,
- den Zufluß von Anlagemitteln und Zuschüssen in diese Investition – und die Gewährung von Darlehen an solche Investitionen.

Die Gründe für Direktinvestitionen sind recht zahlreich und lassen sich schwerpunktmäßig wie folgt zusammenfassen. Zunächst kann in der Größe des Absatzmarktes im Ausland ein wesentlicher Vorteil für die deutsche Exportwirtschaft zu sehen sein. Die Marktnähe erhöht sich wesentlich durch die Investition im Ausland, die Abhängigkeit von Wechselkursschwankungen kann stark eingegrenzt werden, und es lassen sich auch – je nach Einzelfall – Kostenvorteile durch Fertigungen im Ausland erzielen.

Ein wichtiger Grund liegt auch in der Überwindung von Handelshemmnissen tarifärer und nichttarifärer Art, und es ist auch auf der Basis des englischen Begriffs „buy local" oder „buy national" verständlich, daß lokale Anbieter oder solche mit lokalem Engagement im jeweiligen Markt eine größere Chance haben.

Häufig genannt werden zudem der Bereich der Steuervorteile in anderen Märkten, eine andere Kosten- und Lohnstruktur, die Chance zur Nutzung von Subventionen und schließlich auch die Wachstumschance ausländischer Märkte, nachdem die eigenen, inländischen Märkte weitgehend gesättigt sind. Besonders wichtig scheint in diesem Zusammenhang zu sein, daß die Marktpräsenz im Ausland die dortige Nachfrage steigern kann und daß durch Zulieferungen aus Deutschland auch hier im Inland weitere Geschäftschancen entstehen.

293 Monatsberichte der Deutschen Bundesbank, 30. Jg (1978), Nr. 20 S. 31; weitere Quellen sind auch die Zahlen zur wirtschaftlichen Entwicklung der Bundesrepublick Deutschland, herausgegeben vom Institut der Deutschen Wirtschaft, Köln.

2. Begriff des Joint-venture

Eine einheitliche Verwendung des Begriffs „Joint-venture“ ist bisher in der Praxis nicht ersichtlich. Zwar wird grob definiert, daß es sich bei Joint-ventures um Gemeinschaftsunternehmen handelt, doch ist diese weite Fassung für die Fragen der Vertragsgestaltung unzureichend. Joint-ventures können im Bereich der industriellen Kooperation auftauchen, und zwar als Gemeinschaftsunternehmen, die rechtlich selbständige Gesellschaften im gemeinsamen Besitz und unter gemeinsamer Leitung bezeichnen. Andererseits kann es sich im Bereich der Bau- und Anlagenlieferung um Konsortialgeschäfte handeln, bei denen eine gemeinsame Leistungserbringung aufgrund einer BGB-Gesellschaft, also ohne Gründung einer Gesellschaft mit eigener Rechtsperson, durch mehrere Lieferunternehmen, erfolgt.[294] Im nachhinein soll, der Praxis folgend, der Begriff Joint-ventures als Gemeinschaftsunternehmen, welche als industrielle grenzüberschreitende Kooperation in der Form rechtlich selbständiger Gesellschaften bestehen, behandelt werden. Für die in diesem Buch zu behandelnden Fragen der internationalen Vertragsgestaltung spielt es im übrigen keine herausragende Rolle, die Joint-ventures noch weiter zu untergliedern. So soll die Begriffsbestimmung nunmehr mit einer Definition der wichtigsten Merkmale eines Joint-venture abgeschlossen werden.

a) Merkmale des Joint-venture

Ein Gemeinschaftsunternehmen der industriellen grenzüberschreitenden Kooperation in der Form der rechtich selbständigen Gesellschaft enthält folgende Hauptmerkmale:

- Es handelt sich um eine rechtlich selbständige Wirtschaftseinheit, und zwar typischerweise um eine Kapitalgesellschaft;
- dabei geht es um einen auf Dauer angelegten Zusammenschluß
- und um eine Kapitalbeteiligung mindestens zweier voneinander unabhängiger Partner,
- wobei alle Partner an der Leitung und Kontrolle des Unternehmens nach unter ihnen festgelegten Regeln mitwirken.

294 So die Abgrenzung von *Langefeld-Wirth*, aaO RIW 1990, S. 1.

- Schließlich sollten zwei der Muttergesellschaften in verschiedenen Ländern angesiedelt sein, um dadurch die Abgrenzung zu einem nationalen Joint-venture zu ermöglichen.[295]

Auf der Basis dieser Definition ist eine Abgrenzung zu ähnlichen Institutionen nötig.

b) Abgrenzung des Joint-venture

Joint-ventures müssen von anderen Kooperationsformen abgegrenzt werden. In Frage stehen die oben schon beschriebenen Lizenz- und Kooperationsverträge sowie die Möglichkeit, mit 100%igen Niederlassungen direkt im Ausland tätig zu werden.

aa) Lizenzvergaben

Bei Lizenzvergaben ist – anders als beim Joint-venture – keine Kapitalbindung erforderlich. Dagegen partizipiert man bei Lizenzen nur in begrenztem Umfang am wirtschaftlichen Erfolg, indem man die Lizenzgebühr erhält; beim Joint-venture dagegen hat man Gewinnchancen, denen allerdings auch Verlustrisiken gegenüberstehen. Während es beim Joint-venture einen hohen Betreuungs- und Managementaufwand gibt, bindet eine Lizenz nur wenig Personal. Bei Joint-ventures besteht die Möglichkeit der Kontrolle (zum Beispiel durch Mitwirkung in Organen), während dies bei Lizenzen in der Regel nicht möglich ist. Schließlich kann ein Lizenznehmer sogar bis hin zu einem Wettbewerber erstarken, während bei einem Joint-venture ein hohes Maß an Rücksichtnahme auf die Muttergesellschaften gefordert werden kann.

bb) Kooperationen

Bei Vertragskooperationen ist gewährleistet, daß die Partner – anders als beim Joint-venture – unabhängig bleiben. Auch ist das finanzielle Risiko meist limitierbar, und es ist nicht erforderlich, eine eigene Organisation zu schaffen. Dagegen hat ein Joint-venture die besseren Chancen auf dem Finanzierungssektor und kann beispielsweise leichter auf den Kapitalmarkt zugreifen, während sich Kooperationspartner eine Finanzierung durch ihre Muttergesellschaften besorgen müssen. Ähnlich sieht es bei der Haftung aus: Das Joint-venture-Unternehmen haftet selbst, während bei Koopera-

295 Begriffs- und Merkmalbestimmung nach *Langefeld-Wirth*, Rechtsfragen des internationalen Gemeinschaftsunternehmens, RIW 1990 S. 1ff (11).

tionen die Muttergesellschaften unbeschränkt in der Verantwortung stehen. Schließlich ist es oft besser, für umfangreiche Geschäfte und Investitionen einen eigenen Rechtsträger (mit dem Joint-venture) zu schaffen, als hiermit die Partner einer Kooperation zu belasten. Dies erweist sich auch gerade im Hinblick auf die aufwendige Gestaltung eines Joint-venture (mit eigenen Organen, Bilanzen, Steuererklärungen usw.) als vorteilhaft, wenn es nur um kleinere Investionen oder nur geringe Drittbeziehungen geht.

cc) Eigene Niederlassungen

Ein besonderes Augenmerk verdient schließlich die Situation einer 100%igen Auslandstochter. Eine eigene Niederlassung hat ihre Vorzüge darin, daß hier ein „Allein"gang möglich ist, Fragen der Finanzierung „im Hause" geklärt werden können und man sich als „Herr im Hause" fühlen kann. Die alleinige Weisungsgewalt und Kontrolle sprechen für eine eigene Niederlassung, wenn es im konkreten Fall einer Investition gerade auf diesen Umstand entscheidend ankommt. Eine lästige Anbindung an einen Partner ist ausgeschlossen und führt zu einer Entscheidungsfreiheit. Diesen augenscheinlichen Vorteilen stehen auch Nachteile gegenüber, die beispielsweise darin bestehen können, daß man im Ausland als „im Wettbewerb stehender Ausländer" erschwerten Marktzugang hat und sich gegebenenfalls sogar einem Verbot eines Tätigwerdens im Ausland gegenübersieht und schon deshalb auf das Institut des Joint-venture ausweichen muß, um im betreffenden Ausland Fuß fassen zu könen.

3. Anwendungsformen des Joint-venture

Einige typische Anwendungsformen von Gemeinschaftsunternehmen sollen nunmehr angesprochen werden, bevor auf die Grundfragen der Vertragsgestaltung einzugehen sein wird.

So läßt sich beispielsweise mit Hilfe von Joint-ventures – und unter Abgrenzung von anderen Instituten, wie oben beschrieben – eine Verlagerung von Produktionen vornehmen, der Aufbau einer eigenen Zulieferindustrie an einem kostengünstigen Auslandsstandort bewerkstelligen, eine Sicherung von Rohstoffquellen erreichen, ein möglicherweise leichterer Zugang zu öffentlichen Aufträgen im Ausland erzielen und auch eine gemeinsame Forschung und Entwicklung in einem von mehreren Technologiepartnern gegründeten Gemeinschaftsunternehmen erreichen.

Joint-ventures, die diese Vorteile nutzen wollen, profitieren auch von intensiven Liefer- und Leistungsbeziehungen zwischen den Gemeinschaftsunternehmen und den Muttergesellschaften. Der Hauptzweck von Joint-ventures besteht für Muttergesellschaften oft darin, mit Hilfe der Joint-venture-Unternehmen Liefer-, Leistungs-, Abnahme-, Bezugs- und Vermarktungsinteressen im Ausland wahrzunehmen. Daraus folgt konsequenterweise, daß es oft technische, wirtschaftliche oder finanzielle Abhängigkeiten der Gemeinschaftsunternehmen von den Muttergesellschaften gibt, die Möglichkeiten der Gewinn- und Risikoverschiebung zwischen den Beteiligten genutzt werden und möglicherweise das Gemeinschaftsunternehmen gar nicht als Profit center geführt wird, weil die Muttergesellschaften das Joint-venture-Unternehmen mit bestimmten Nebeninteressen, die nicht auf direkte Gewinnerzielung gerichtet sind, betreiben.[296]

4. Grundprobleme bei der Gründung eines Joint-venture

Die nachfolgend genannten Grundprobleme juristischer Art müssen vor Abschluß des Joint-venture-Vertrags abgeklärt werden. So sind zunächst die Rechtsform und der Sitz des Projektträgerunternehmens festzulegen. Sodann sind die Kapitalverhältnisse (Mehrheit oder Minderheit bzw. Parität) zu bestimmen, und es ist des weiteren zu klären, wie die Organe des Joint-venture-Unternehmens besetzt sein sollen, ob es gegebenenfalls zu Personalabstellungen kommen soll und wie die Leistungsbeziehungen zu den Muttergesellschaften beschaffen sein sollen. Schließlich spielen auch Finanzierungs- und Währungsfragen sowie die Stellung des schwächeren Joint-venture-Partners eine wichtige Rolle.[297] Hierzu ist im einzelnen folgendes anzumerken.

a) Das Unternehmenskonzept

Wie bereits ausgeführt, wird als Rechtsform für ein Joint-venture-Unternehmen üblicherweise eine Kapitalgesellschaft gewählt, da die Partner des Gemeinschaftsunternehmens in der Regel eine Beschränkung ihrer Haftung und eine Begrenzung ihres finanziellen Einsatzes erreichen wollen. Es spielt dabei dann nur noch eine untergeordnete Rolle, welche der Kapitalgesellschaften konkret gewählt wird. Meist kommt es darauf an, welche der Rechtsformen – und in welcher Ausgestaltung – man im Gründungsland des Joint-venture-Unternehmens kennt und welche speziellen Rechts- und Steuervorschriften zu beachten sind.

296 Hierzu ausführlich *Langefeld-Wirth* aaO, RIW 1990 S. 2.

297 Nennung der Problembereiche in Anlehnung an *Langefeld-Wirth*, Joint Ventures im internationalen Wirtschaftsverkehr, Heidelberg 1990, S. 60ff mwN zur Literatur.

Die Fragen einer Kapitalmehr- oder -minderheit klärt sich aus der jeweiligen Verhandlungsposition der Vertragspartner und Gründungsmitglieder. Bei gleich starker Position wäre die Kapitalparität angebracht. Da dies aber das Risiko von Pattsituationen in wichtigen Entscheidungsprozessen mit sich bringt, ist in der Praxis eine Kapitalparität kaum von Interesse.

Die Kapitalstruktur wirkt sich auf die Besetzung der Organe des Joint-venture-Unternehmens aus. Der Mehrheitsgesellschafter wird sich in der Regel die Möglichkeiten der Einflußnahme und der Aufsicht in den entsprechenden Gremien sichern wollen, wobei dies – je nach Rechtsordnung – durch Entsendung von Vertrauensmännern in das Board of Directors (englischer Rechtskreis) oder den Verwaltungsrat (deutscher und französischer Rechtskreis) geschieht.

b) Finanzierungs- und Währungsfragen

Oft wird Fremdkapital zur Finanzierung der Projekte, welche vom Joint-venture-Unternehmen in Angriff genommen werden sollen, benötigt. Zur Besicherung dieser Darlehen können Bürgschaften oder Garantien der Gesellschaft bestehen, doch lassen sich auch Fertigstellungsgarantien (Verlagerung des Risikos auf den Anlagelieferanten), Liquiditätszusagen Dritter, Abnahmegarantien o.ä. heranziehen.

Bei internationalen Joint-venture-Unternehmen liegt es nahe zu überprüfen, in welcher Währung Fremdmittel aufgenommen werden sollten. Am sichersten ist es für das Joint-venture-Unternehmen, Darlehen in der Währung aufzunehmen, in der auch Unternehmenserlöse erzielt werden können. Dies ist allerdings auch risikobehaftet, wenn die Währung, in welcher das Gemeinschaftsunternehmen Erlöse erwirtschaftet, von einem starken Kursverfall und von einer hohen Inflation bedroht ist. Es ist darüber hinaus nicht nur auf die Währung zu achten, in der die Erlöse erwirtschaftet werden, sondern auch auf etwaige Währungsrisiken in sonstigen Liefer- und Leistungsbeziehungen des Gemeinschaftsunternehmens.

Soll in Entwicklungsländern ein Gemeinschaftsunternehmen gegründet werden, dann sollten die Möglichkeiten der Deutschen Investitions- und Entwicklungs GmbH in Köln nicht außer acht gelassen werden. Dieses staatliche Spezialfinanzierungsinstitut dient der Förderung von Joint-ventures in Entwicklungsländern und hat vergleichbare Institutionen etwa in den USA, England, Belgien, den Niederlanden sowie anderen Ländern. In diesem Bereich können auch alle sonstigen Entwicklungsbanken wertvolle Unterstützung bieten.

c) Rahmenbedingungen für ein Joint-venture

Schließlich sind noch die Rahmenbedingungen zu analysieren, denen sich ein Joint-venture-Unternehmen im Gastland gegenübersieht.

Zum einen können Handelshemmnisse bestehen, die ausländische Konkurrenten vom Markt abhalten sollen. Schutzzölle oder andere administrative Regularien können die Gründung und das Betreiben eines Gemeinschaftsunternehmens stark behindern. Auch das Investitionsrecht mit Vorschriften über die mögliche Beteiligung an Unternehmen, die Arbeitsbestimmungen und sonstige Auflagen (bezüglich Waren, Roh- und Betriebsstoffen, Preisen und Preisfestsetzungen, Exportauflagen usw.) können zu starken Beeinträchtigungen führen. Das Devisenrecht (Transfergenehmigungen, Führung von Währungskonten usw.) kann ebenfalls einem unproblematischen Agieren eines Gemeinschaftsunternehmens entgegenstehen. Eng im Zusammenhang mit diesen Problembereichen steht die Notwendigkeit, grundsätzlich das politische Risiko des Gastgeberlandes eines Gemeinschaftsunternehmens richtig einschätzen zu können. Die Länderrisiken sind ein nicht zu unterschätzender Faktor für Joint-venture-Unternehmen, da hierzu nicht nur Probleme mit der Zahlung (resultierend zum Beispiel aus Zahlungs- und Transferverboten sowie Moratorien) zählen, sondern auch politische Risiken wie etwa die Gefahr einer Verstaatlichung eines Gemeinschaftsunternehmens, einer Enteignung sowie sonstiger Zwangsmaßnahmen, welche die reibungslose Führung des Gemeinschaftsunternehmens nachhaltig gefährden oder gar unmöglich machen.

II. Vertragsgestaltung bei internationalen Joint-ventures

Nach diesen Vorbemerkungen zum internationalen Joint-venture-Recht ist nunmehr auf die Fragen der Vertragsgestaltung einzugehen. Dabei ist zunächst der Grundaufbau eines solchen Vertrages näher zu untersuchen, bevor auf die Inhaltsmerkmale im einzelnen eingegangen werden kann.

1. Grundaufbau eines Joint-venture-Vertrages

Bei internationalen Joint-venture-Verträgen geht es nicht nur darum, gesellschaftsrechtliche Regelungen in ein Vertragswerk einzubinden, sondern es sind auch Bestimmungen aufzunehmen, die nicht unmittelbar Gegenstand von Liefer- und Leistungsverträgen zwischen dem Joint-venture-Unternehmen und den Muttergesellschaften ist. Im Grunde läßt sich ein dreistufiger

Vertragsaufhau feststellen. Danach besteht ein Joint-venture-Vertrag aus einem Gesellschaftsvertrag, einzelnen Liefer- und Leistungsverträgen sowie einem übergreifenden Vertrag für alle sonstigen Vertragsbestimmungen.

a) Gesellschaftsvertrag

Der Gesellschaftsvertrag besteht als erster der drei Vertragsteile im wesentlichen aus der Satzung des zu gründenden Gemeinschaftsunternehmens und kann ergänzt werden durch Bestimmungen zu den Gesellschaftsorganen, der Rechtsform des Gemeinschaftsunternehmens, der Kapitalanteile der Partner.

b) Know-how-Vertrag/Technologietransfer

Dieser Teil des einheitlichen Joint-venture-Vertrages regelt nur einzelne Teilaspekte des Vertragswerkes, wie etwa den Technologietransfer zwischen den Beteiligten oder die Weitergabe von Know-how.

c) Übergreifender Vertrag

Der dritte Teil, der alles übergreifende Vertrag zwischen den Müttern, der das Unternehmenskonzept in seiner Gesamtheit und mit allen daraus folgenden Konsequenzen und Abhängigkeiten regelt, wird auch als Joint Venture Agreement, Shareholders' Agreement, Basic Agreement oder ähnliches bezeichnet. Der Inhalt dieses Vertragsteils ist einzelfallbezogen meist unterschiedlich, doch gehört typischerweise eine Vereinbarung über das Unternehmenskonzept, das Investitionsvolumen, das Management, die Geschäftspolitik und über den Markt hierher. Der nachfolgende Abschnitt soll dies noch weiter konkretisieren.

2. Vertragsinhalte

a) Überblick

Aus alldem läßt sich nun ein Vertragsaufbau entwickeln, der im Schaubild systematisch zugeordnet wurde.

b) Anmerkungen zum Vertragsaufbau

Zu diesen Merkmalen läßt sich aussagen: Von Bedeutung ist zunächst die klare Festlegung des Unternehmenskonzepts, der Produktpalette und der

Übersicht

Internationale Joint-venture Verträge (Inhaltsmerkmale)

Präambel

Gesellschaftsvertrag
- Satzung der zu gründenden Joint Venture Company
- Rechtsform
- Kapital
- Kapitalanteile
- Organe; Organbesetzung
- Mehrheitsverhältnisse

Know-how-Vertrag/Technologievertrag
- Einzelne Liefer- und Leistungsverträge des Gemeinschaftsunternehmens zu den Muttergesellschaften (z.B. bei Produktabnahmen)
- Lizenzen; Patente; Schulungsmaßnahmen

Übergreifendes Joint Venture Agreement
- Festlegung des Unternehmenskonzepts
- Produktpalette
- Märkte
- Management- und Organisationsstruktur
- Investitionsvolumen; Finanzierung
- Rechnungswesen; Prüfung des Jahresabschlusses; Berichtswesen
- Beginn und Beendigung des Joint-venture

Rechtswahl

Gerichtsstands- und Schiedsgerichtsvereinbarung

Ein ausformuliertes Vertragsmuster befindet sich im Anhang

Unternehmensplanung, damit die Rahmenbedingungen geklärt sind. Hinzu kommen Bestimmungen zum Investitionsvolumen, zur Finanzplanung, zum Markt und zum Vertrieb. Die Management- und Organisationsstruktur und die Fragen zu den Kompetenzen in der Führung des Gemeinschaftsunternehmens stehen ebenfalls am Anfang der Überlegungen, vor allem dann, wenn die Muttergesellschaft eigene Mitarbeiter an das Gemeinschaftsunternehmen entsendet.

Zu beachten sind auch die Bezugsrechte oder Lieferpflichten von Müttern an das Gemeinschaftsunternehmen oder umgekehrt. Dies spielt dann eine Rolle, wenn eine ganze Produktion oder größere Teile davon an einzelne Beteiligte geliefert werden oder Rohmaterialien – zumindest teilweise – von den Muttergesellschaften bezogen werden. Ein Vertragsmuster im Anhang dieses Buches soll diese Aspekte nochmals verdeutlichen.

c) Probleme zur Rechtswahl

Joint-venture-Verträge enthalten typischerweise eine Rechtswahlklausel. Allerdings besteht eine Schwierigkeit darin, daß der Vertrag – wie oben beschrieben – mehrere Bestandteile enthält, in deren Zusammenhang die Rechtswahlbestimmung problematisch sein kann.

Bei schuldrechtlich verpflichtenden Verträgen besteht eine sogenannte „Parteiautonomie". Dies bedeutet, daß die Vertragspartner sich schuldrechtlich beliebig gegenseitig verpflichten dürfen; sie dürfen sich daher beispielsweise auch einem von ihnen gewählten Recht unterwerfen. Die Probleme beim Joint-venture-Vertrag entstehen, wenn eine klare Parteiabsprache über das anzuwendende Recht fehlt. Nach den Grundsätzen des Internationalen Privatrechts ist danach innerhalb eines internationalen Joint-venture-Vertrages zu differenzieren:

- Haben die Vertragspartner ein anzuwendendes Recht nicht ausdrücklich bestimmt und läßt sich auch aus den Umständen des Falles eine solche Rechtswahl nicht hinreichend sicher bestimmen, dann unterliegt der Joint-venture-Vertrag dem Recht des Landes, mit dem er die engsten Verbindungen aufweist;

- beim Gesellschaftsvertrag der Kapitalgesellschaft dagegen unterliegt – mangels Rechtswahl – dieser Vertragsteil dem Recht des Landes, in dem das Gemeinschaftsunternehmen seinen Sitz oder (in einigen Staaten) sein registered office hat (Sitztheorie).

In Verträgen über die Gründung internationaler Gemeinschaftsunternehmen lassen sich zudem häufig Rechtswahlklauseln finden, die auf ein neutrales Recht – also nicht auf die Rechtsordnungen der Mütter – verweist. Dies geschieht aus mehreren Motiven. Oft wird ein neutrales Recht gewählt, weil das Vertragswerk ohnehin in großen Teilen einem bestimmten Recht unterliegt. Dies gilt dort, wo die Vertragsteile betroffen sind, die sich mit dem Devisen-, Investitions- und Wettbewerbsrecht auseinandersetzen. Haben darüber hinaus auch die Vertragsteile zum Know-how- und Technologietransfer in etwa vorhandenen Separatverträgen weitere Rechtswahlklauseln, dann empfiehlt es sich schon aus Gründen der Übersichtlichkeit und Einheitlichkeit aller Vertragsbeziehungen, sich über die Anwendung eines einzigen nationalen Zivilrechts grundsätzlich zu einigen. So kann es dann möglicherweise auch ein „neutrales“ Recht eines Drittstaates sein, welches für den Joint-venture „gewählt“ wird.

d) Selbständigkeit der Vertragsteile

Die oben beschriebenen drei Vertragsteile sind formell eigenständig zu sehen, bilden allerdings aus wirtschaftlicher Sicht einen Gesamtvertrag, welcher nur in der Addition der drei Vertragsteile sinnvoll ist. Problematisch in diesem Zusammenhang ist die Beantwortung der Frage, was zu geschehen hat, wenn es zu einer Leistungsstörung innerhalb eines dieser Vertragsteile kommt. Ähnlich schwierig ist es, wenn sich einer der Vertragsteile als rechtlich unwirksam erweist. Es ist auch denkbar, daß die Vertragsparteien eines Joint-venture-Vertrages nicht mit den Vertragspartnern des Gesellschaftsvertrages identisch sind. All diese Probleme lassen sich am besten dadurch umgehen, daß man zu einer solchen Verknüpfung der einzelnen Vertragsteile kommt, daß ein einheitlicher Rechtsbindungswillen der Vertragspartner des Joint-venture erkennbar wird und daß für die Problemfälle schon im vorhinein vorgesorgt wird. Dies kann etwa dadurch geschehen, daß

- die Laufzeit eines Vertragsteils bzw. dessen Rechtswirksamkeit an die Laufzeit und/oder Rechtswirksamkeit der übrigen Vertragsteile geknüpft wird;
- Vertragsklauseln aufgenommen werden, wonach bestimmte Ereignisse automatisch Folgen für den übrigen Vertrag haben sollen (z.B. die Kündigung der Lizenzvereinbarung hat automatische Verpflichtungen der anderen Gesellschafter zur Folge);
- der Joint-venture-Vertrag als dem Gesellschaftsvertrag vorrangig angesehen wird. Mängel im Gesellschaftsvertrag müssen dann beseitigt werden, um den Zweck des Joint-venture-Vertrages nicht zu gefährden.

Im übrigen ist zu beachten, daß die Gestaltungsfreiheit im Vertragsrecht innerhalb der Grenzen des ordre public besteht.

3. Die Absicherung gegen politische Risiken

Internationale Gemeinschaftsunternehmen werden oft in Staaten gegründet, in denen die Investition aufgrund politischer Risiken mehr oder weniger gefährdet ist. Hilfreich ist es, zum Schutz der Investitionen mit den

Regierungsstellen der Gaststaaten Niederlassungsvereinbarungen abzuschließen, in denen durch den jeweiligen Gaststaat Enteignungsschutz, Stabilisierung der Rechtsverhältnisse (Freistellung von künftigen, das Jointventure benachteiligenden Gesetzesänderungen), steuerrechtliche Sonderregelungen, Befreiung von Zöllen usw. garantiert werden.[298] Diese Stabilisierungsklauseln in Verträgen mit Staaten sind auf Regelungen zum bloßen Liefer- und Leistungsaustausch, etwaige Kapitalbeteiligungen des Staates usw., gerichtet. Nicht immer ist erkennbar, ob solche Verträge einen dauerhaften Schutz gewähren können.

Schließlich besteht die Gefahr, daß eine nachfolgende Regierung diese Verträge nicht als für sich verbindlich anerkennt, daß bei Streitigkeiten über diese Verträge der staatliche Vertragspartner Immunitäten für sich in Anspruch nimmt usw. Auf diese Aspekte ist daher von vornherein zu achten, wenn zum Schutze von Investitionen mit Regierungsstellen des Gaststaates eines Gemeinschaftsunternehmens vertragliche Vereinbarungen getroffen werden. Hilfreich kann es sein,

- grundsätzlich alle Streitigkeiten zwischen Investoren und staatlichen Stellen einem Schiedsgericht zu unterbreiten,
- welches auf der Basis eines „neutralen" Rechts entscheiden soll.

Im übrigen steht es natürlich offen – neben den vertragsgestaltenden Möglichkeiten –, nach einer Versicherung des politischen Risikos zu suchen. Die wohl bekanntesten Versicherungen sind zum einen die MIGA, eine internationale, auf Konvention beruhende Versicherungsagentur, welche am 12.4.1988 gegründet wurde[299], die Kapitalanlagegarantien des Bundes, welche die Treuarbeit AG bearbeitet, und die Möglichkeiten auf dem privaten Versicherungsmarkt.

298 So ausführlich *Langefeld-Wirth*, S. 163, und *Mengel*, Erhöhter völkerrechtlicher Schutz durch Stabilisierungsklauseln in Investitionsverträgen zwischen Drittstaaten und privaten Investoren, RIW 1983 S. 739ff; *Stoll*, Vereinbarungen zwischen Staat und ausländischem Investor, 1982; *Becker*, Investitionsförderung und Investitionsschutz in Entwicklungsländern, EuR 1981, S. 139ff.

299 Hierzu *Ebenroth/Karl*, Die Multilaterale Investitions Garantie-Agentur, Kommentar zum MIGA Übereinkommen, Heidelberg 1989. Die MIGA hat die Aufgabe, durch Garantien gegen nichtkommerzielle Risiken sowie durch sonstige Maßnahmen zur Verbesserung des Investitionsklimas beizutragen und die Vornahme von ausländischen Direktinvestitionen in den Entwicklungslandern zu fördern. Die MIGA als neues Mitglied der Weltbankgruppe ergänzt zudem deren Aktivitäten im Rahmen der Gesamtstrategie zur Überwindung der Verschuldungskrise. Die MIGA ist die erste weltweit operierende Versicherungsagentur auf multilaterater Ebene. Die MIGA, die seit 1988 tätig ist, hat bereits den Beitritt von über 50 Industrie- und Entwicklungsländern zu verzeichnen können.

III. Joint-ventures im Ausland

Internationale Gemeinschaftsunternehmen spielen für deutsche Exportunternehmen vor allem in denjenigen Ländern eine große Rolle, wo es besondere Standortvorteile gibt, eine Präsenz im Markt für absolut notwendig angesehen wird oder wo sonstige Handelsrestriktionen einen Anreiz zum Tätigwerden bieten. Joint-ventures machen für deutsche Exporteure vor allem dort Sinn, wo ein wichtiger Absatzmarkt für eigene Produkte gesehen wird. Nachfolgend wird nun noch auf einige wenige Länderregelungen zu Joint-ventures hingewiesen.

In Belgien sind Joint-ventures bekannt.[300] Typische Gesellschaftsformen sind das „Konsortium" oder eine „Association en Participation"; ein rechtlich eigenständiges Unternehmen braucht nicht gegründet zu werden, kann aber angesichts der Haftungsfragen (direkte Haftung der Partner usw.) von Vorteil sein. Eine Unterscheidung zwischen Vorstand und Aufsichtsrat ist nicht bekannt, doch ist es erforderlich, einen vereidigten Wirtschaftsprüfer mit Überwachungsaufgaben zu betrauen. – In England wie auch im übrigen *englischen Rechtskreis* sind Joint-ventures bekannt, wobei ein eigenständiges Unternehmen nicht gegründet zu werden braucht. Üblich sind Joint-ventures in der Form eines „Cooperation Agreement" (Konsortialvertrag), einer Partnership oder einer Private Limited Company (plc).[301] Da im englischen Rechtskreis kaum Gesetzesgrundlagen bestehen, bedürfen Gemeinschaftsunternehmen einer sehr umfangreichen Vertragsregelung, insbesondere zu Fragen der Gesellschaft, des Kapitals, der Zusammenarbeit usw.

Joint-ventures in Frankreich sind – wie auch im übrigen *französischen Rechtskreis* – in den Kapitalgesellschaftsformen der GmbH oder der AG bekannt.[302] Daneben sind weitere Erlaubnisvorbehalte der staatlichen Stellen sowie die jeweiligen nationalen Besonderheiten, die sich aus der Rechtsprechung ergeben, zu beachten.

Joint-ventures stellen sich im Ergebnis als eine besonders komplexe Form der Auslandsniederlassung dar. Durch eine enge Kooperation mit ausländischen Partnerunternehmen und Gründung einer gemeinsamen Tochtergesellschaft lassen sich wirtschaftliche Konzepte leichter realisieren und Marktchancen besser nutzen. Joint-ventures begegnen der besonderen Problematik einer ständigen Auseinandersetzung mit der Rechtsordnung

300 *Vandeplas/de Koster*, Joint Ventures nach belgischem Recht, in: *Langefeld-Wirth* aaO, S. 221ff mwN.

301 *Müller*, Rechtsform und Praktiken von Joint Ventures im englischen Rechtskreis, in: *Langefeld-Wirth* aaO, S. 263ff.

302 *Strauch*, Joint Ventures in Frankreich, in: *Langefeld-Wirth*, aaO, S. 279ff.

und den Vorschriften des Gaststaates. Wegen weiterer Einzelheiten wird auf die hierzu vorliegende Literatur[303] verwiesen.

303 *Bea*, Diversifikation durch Kooperation, Der Betrieb 1988 S. 2521ff; *Beyfuß*, Direktinvestitionen im Austand, Beitrage zur Wirtschafts- und Sozialpolitik Nr. 155, Köln 1987; *Draguhn*, Gemeinschaftsgründung steht im Vordergrund, FAZ vom 23.5.1989, Beilage B 36; *Ebenroth*, Das Verhältnis zwischen Joint Venture Vertrag, Gesellschaftssatzung und Investitionsvertrag, JZ 1987 S. 265ff; *Enderlein*, Zur rechtlichen Selbständigkeit sozialistischer staatlicher Unternehmen in den internationalen Wirtschaftsbeziehungen, RIW 1988 S. 333ff; *Fischer*, Joint Ventures in Entwicklungsländern, ZVglRWiss 1987 S. 313ff; *Langefeld-Wirth*, Joint Ventures im Internationalen Wirtschaftsverkehr, Heidelberg 1990; *Schiessel*, Haftung im grenzüberschreitenden Konzern, RIW 1988 S. 951ff.

5. Teil

Vertragsmuster

I. Beispiel eines internationalen Liefervertrages

Kurzfassung

Kaufvertrag

zwischen

der *Ramsch-Verkaufs-GmbH*, Alter Hafen 2, 28000 Bremen, (Verkäufer),

und

der *Rubbish plc*, Dust-bin Square, London EC 91, England, (Käufer).

Der Käufer kauft hierdurch vom Verkäufer *50.000 Joysticks*, Modell xyZ-09, zum *Preis von* je *DM 18,–*, Lieferung *fob Bremen (Incoterms 1990)*. Die Ware wird auf Verlangen des Käufers versandt und ausschließlich seefest verpackt geliefert. Die *Zahlung* der Ware erfolgt auf der Grundlagc *„d/p“* (ERI, Revision 1995). Der Verkäufer wird die Ware am 15. Juni 1998 zur Verschiffung in Bremen (Hafen) anliefern.

Ausschließlicher *Gerichtsstand* für beide Teile ist Bremen. Dieser Vertrag unterliegt dem Recht der Bundesrepublik Deutschland. Die Geltung des Gesetzes über den internationalen Warenkauf ist für diesen Vertrag ausgeschlossen.

Ergänzend zu diesem Vertrag gelten die *Allgemeinen Geschäftsbedingungen* des Verkäufers, die Bestandteil dieses Vertrages sind. Der Käufer hat ein Exemplar der Allgemeinen Geschäftsbedingungen des Verkäufers erhalten und erklärt sich mit deren Geltung ausdrücklich einverstanden.

Bremen, den 2.12.1997

II. Beispiel eines englischen Kaufvertrages

Agreement

made between

Messrs .... whose registered office is at:

....
(hereinafter called „*the seller*“)

and

Messrs .... whose registered office is at:

....
(hereinafter called „*the buyer*“)

1. Definitions/Interpretation of Terms

Affiliate	of a party hereto shall mean any corporation controlling or under common control with that party.
Business Day	shall mean any day on which ordinary banks are open for business in .... (Name of Place). References to dates which do not fall on a business day shall be construed as references to the immediately subsequent business day.
Buyer	means the person who accepts a quotation of the seller for the sale of the goods or whose order for the goods is accepted by the seller.
Day	shall mean a period of twenty four hours ending at twelve o'clock night. Whereever in this agreement a period of time is referred to, the day upon which that period commences shall be the day after the day from which the period is expressed to run, or the day after the day upon which the event occurs which causes the period to start running.
Goods	means the goods (including any instalment of the goods or any parts for them) which the seller is to supply in accordance with these conditions.

Group	of a party hereto shall mean the group composed of that party together with all of its subsidiaries and affiliates.
Month	shall mean calendar month.
Seller	whereever used in this agreement includes every subsidiary/affiliate/group of the seller to the intent and effect that each reference therein to the seller shall be construed as a reference to the seller as a reference to each such subsidiary/affiliate/group.
Seller's Group	shall mean the group composed of the seller, its holding company (if any) and all (wholly-owned) subsidiary companies of the seller and of the seller's Holding Company (if any).
Subsidiary	of a party hereto shall mean any corporation controlled by such party.
Year	shall mean any period of twelve consecutive months.

2. Transfer of Risks

The risk in the goods shall pass to the buyer when the seller delivers the material to the buyer.

If the agreement involves carriage of the goods and the seller is not bound to hand them over at a particular place, the risk passes to the buyer when the goods are handed over to the first carrier for transmission to the buyer.

Risk does not pass to the buyer until the goods are clearly identified to the agreement.

3. Warranties and Exclusion Clauses

The seller warrants that all items delivered under this agreement will be free from defects in material and workmanship, conform to applicable specifications, and, to the extent that detailed designs have not been furnished by the buyer, will be free from design defects and suitable for the purposes intended by the buyer.

The buyer's approval of designs furnished by the seller shall not relieve the seller of his obligations under any provisions of this agreement including the warranty.

The seller's warranties hereunder shall extend to any defect or non-conformity arising of manifesting itself within days/months/years after delivery. With respect to items not in accordance with any such warranties, the buyer, without waiving any rights or remedies provided by law and/or elsewhere under this agreement, may require the seller

- to correct or replace such items at the seller's risk and expense, or
- to refund such portion of the price as is equitable under the circumstances.

Items corrected or replaced shall be subject to the provisions of this agreement in the same manner as those originally delivered hereunder. If the seller refuses or fails promptly to correct or replace such items when requested by the buyer, the buyer may itself correct or replace such items and the seller agrees to reimburse the buyer for the costs incurred thereby.

This warranty does not cover defects in or damage to the products which are due to improper installation or maintenance, misuse, neglect or any cause other than ordinary commercial application.

4. Retention of Title

Title to the goods shall not pass to the buyer but shall be retained by the seller until the contract price has been paid to the seller in full by the buyer. Until such time as title in the goods has passed to the buyer:

- the seller shall have absolute authority to retake, sell or otherwise deal with or dispose of all or any part of the goods in which title remains vested in the seller;
- for the purpose specified above, the seller or any of its agents or authorised representatives shall be entitled at any time and without notice to enter upon any premises in which the goods or any part thereof is installed, stored or kept, or is reasonably believed so to be;
- the seller shall be entitled to seek a court injunction to prevent the buyer from selling, transferring or otherwise disposing of the goods.

5. Conditions of Payment

Payment of the price including taxes (if any) shall be due within ..... days/months of the date of the invoice. Time for payment shall be of the essence.

The buyer has to furnish the seller with an irrevocable letter of credit to be issued by the buyer's bank. Any payment conditional on the fulfilment of an obligation by the seller shall not be due until such obligation has been fulfilled, unless the failure of the seller is due to an act or omission of the buyer. If the buyer delays in making any payment, the seller may postpone the fulfilment of his own obligations until such payment is made, unless the failure of the buyer is due to an act or omission of the seller.

6. Terms of Delivery

As far as „Incoterms“ shall apply for this agreement it is hereby specified that this agreement will be governed by „Incoterms 1990“, ICC-Publication No. 460.

The parties hereby agree on the application of the following term of delivery: .... (Incoterms 1990).

7. Liquidated and Ascertained Damages

Subject to the terms ..... of this contract (above) and if delivery is delayed or damaged then the seller shall pay to the buyer a sum calculated at the rate of ..... % of the contract price (of the goods in delay) per week/month and at the rate of ..... % of the damaged merchandise (if the goods were damaged) up to but not exceeding the maximum of ..... % (in case of delay) or ..... % in case of merchandise being damaged.

Such sum shall be paid as liquidated and ascertained damages by the seller to the buyer in full and final settlement and satisfaction of the seller's entire liability for any loss, damage, costs or expenses suffered or incurred by the buyer arising from such circumstances.

8. Miscellaneous Clauses

The seller reserves the right to improve or modify any of the products without prior notice, provided that such improvement or modification shall not affect the form and function of the product.

This agreement supersedes and invalidates all other commitment and warranties relating to the subject matter hereof which may have been made by the parties either orally or in writing prior to the date hereof, and which shall become null and void from the date of the agreement is signed.

This agreement shall not be assigned or transferred by either party except with the written consent of the other.

Each party shall be responsible for all its legal, accountancy or other costs and expenses incurred in the performance of its obligation hereunder.

9. Commencement and Termination

This agreement shall commence upon .... (the Effective Date) (the date of signature hereof) and shall (subject to earlier termination as set ..... out ..... below) terminate automatically without notice (upon .....) (..... years ..... from the date of its commencement) (on ..... latest [date of expiry]).

This agreement may be terminated by any party by not less than ..... days/months prior written notice (termination by notice – without cause).

Either party may terminate this agreement at any time upon written notice to the other if the other party defaults by failing to perform any substantial obligation on its part (termination by notice – with cause).

10. Implementation of Standard Terms of Business

It is agreed between the parties that the (seller's or buyer's, to be indicated) Standard Terms of Business shall form an integral part of this agreement and shall be binding on the other party.

11. Place of Jurisdiction; Choice of Law

This agreement shall be governed by and construed in accordance with .... law and each party agrees to submit to the (non-exclusive) (exclusive) jurisdiction of the courts in ....

....	....
Place, Date	Place, Date
....	....
Signature(s)	Signature(s)

III. Allgemeine Lieferbedingungen (Export)

(englisch und deutsch)

Standard Terms and Conditions for the Sale of Goods (Export)

1. Preamble

These Standard Terms and Conditions for the Sale of Export Goods shall exclusively apply, save as varied by express agreement accepted in writing by both parties.

The offer, order acknowledgment, order acceptance or sale of any products covered herein is conditioned upon the terms contained in this instrument. Any conditional or different terms proposed by the buyer are objected to and will not be binding upon the seller unless assented in writing by the seller.

These conditions shall govern any future individual contract of sale between the seller and the buyer to the exclusion of any other terms and conditions subject to which any such quotation is accepted or purported to be accepted, or any such order is made or purported to be made, by the buyer.

Any typographical, clerical or other error or omission in any sales literature, quotation, price list, acceptance of offer, invoice or other document of information issued by the seller shall be subject to correction without any liability on the part of the seller.

The provisions of these Standard Terms and Conditions extend to standard contract conditions which are used in a contract with a merchant in the course of business only.

2. Orders and Specifications

No order submitted by the buyer shall be deemed to be accepted by the seller unless and until confirmed in writing by the seller or the seller's representative within 21 days after submittal.

The quantity, quality and description of and any specification for the goods shall be those set out in the seller's quotation (if accepted by the buyer) or the buyer's order (if accepted by the seller). Any such specification, sales literature, quotation etc. shall be strictly confidential and must not be made available to third parties.

The buyer shall be responsible for the seller for ensuring the accuracy of the terms of any order submitted by the buyer, and for giving the seller any necessary information relating to the goods within a sufficient time to enable the seller to perform the contract in accordance with its terms.

If the goods are to be manufactured or any process is to be applied to the goods by the seller in accordance with a specification submitted by the buyer, the buyer shall indemnify the seller against all loss, damages, costs and expenses awarded against or incurred by the seller in connection with or paid or agreed to be paid by the seller in settlement of any claim for infringement of any patent, copyright, design, trade mark or other industrial or intellectual property rights of any other person which results from the seller's use of the buyer's specification.

The seller reserves the right to make any changes in the specification of the goods which are required to conform with any applicable statutory requirements or, where the goods are to be supplied to the seller's specification, which do not materially affect their quality or performance.

3. Price of the Goods

The price of the goods shall be the seller's quoted price or, where no price has been quoted, the price listed in the seller's published price list current at the date of acceptance of the order. Where the goods are supplied for export from Germany, the seller's published export price list shall apply.

The seller reserves the right, by giving notice to the buyer at any time before delivery, to increase the price of the goods to reflect any increase in the cost to the seller which is due to any factor beyond the control of the seller (such as foreign exchange fluctuation, currency regulation, alteration of duties, significant increase in the costs of materials or other costs of manufacture) or any change in delivery dates.

Except as otherwise stated under the terms of any quotation or in any price list of the seller, and unless otherwise agreed in writing between the buyer and the seller, all prices are given by the seller on an ex works basis, and where the seller agrees to deliver the goods otherwise than at the seller's premises, the buyer shall be liable to pay the seller's charges for transport, packaging and insurance.

The price is exclusive of any applicable value added tax, which the buyer shall be additionally liable to pay to the seller.

4. Terms of Payment

The buyer shall pay the price of the goods within 30 days of the date of the seller's invoice.

Payment shall be effected by interbank payment transaction only; no cheque or bill of exchange will be considered as fulfilment of the payment obligation.

It may be agreed between the parties that the buyer has to deliver a letter of credit issued by his bank (or any bank acceptable to the seller). In this individual case it is assumed that any letter of credit will be issued in accordance with the Uniform Customs and Practice for Documentary Credits, 1993 Revision, ICC Publication No. 500.

If the buyer fails to make any payment on the due date then, without prejuce to any other right or remedy available to the seller, the seller shall at his discretion be enitled to:

- cancel the contract or suspend any further deliveries to the purchaser; or
- charge the buyer interest on the amount unpaid, at the rate of 4 per cent per annum above Federal Reserve Bank Rate/Bundesbank Discount Rate from then being valid, until payment in full is made.The buyer shall be entitled to prove that the delay of payment caused no or little damage only.

5. Delivery

Delivery of the goods shall be made by the buyer collecting the goods at the seller's premises at any time after the seller has notified the buyer that the goods are ready for collection or, if some other place for delivery is agreed by the seller, by the seller delivering the goods to that place.

Where delivery of the goods is to be made by the seller in bulk, the seller reserves the right to deliver up to 3% more or 3% less than the quantity ordered without any adjustment in the price, and the quantity so delivered shall be deemed to be in the quantity ordered.

If a fixed time for delivery is provided for in the contract, and the seller fails to deliver within such time or any extension thereof granted, the buyer shall be entitled, on giving notice in writing to the seller within a reasonable time, to claim a reduction of 3% per week of the price payable under the contract, unless it can be reasonably concluded from the circumstances of the particular case that the buyer has suffered no loss. This limit shall not apply if the business had to be settled on a fixed date or if the delay was caused negligently or intentionally by the seller, his agents or representatives or if there is any further breach of any essential contractual obligation.

If for any reason whatever the seller fails within such time to effect delivery, the buyer shall be entitled by notice in writing to the seller to fix a deadline after the expiry of which the buyer shall be entitled to terminate the contract. He may also recover from the seller any loss suffered by the buyer by reason of the failure of the seller. Damages may only be claimed for by the buyer if the seller (or his representatives) intentionally or negligently failed to fulfil the contract. The seller shall nevertheless be held responsible for not fulfilling any further essential contractual obligation.

If the buyer fails to accept delivery on due date, he shall nevertheless make any payment conditional on delivery as if the goods had been delivered. The seller shall arrange for the storage of the goods at the risk and cost of the buyer. If required by the buyer the seller shall insure the goods at the cost of the buyer.

6. Transfer of Risks

Risk of damage to or loss of the goods shall pass to the purchaser as follows:

- in the case of goods to be delivered otherwise than at the seller's premises, at the time of delivery or, if the buyer wrongfully fails to take delivery of the goods, the time when the seller has tendered delivery of the goods;
- in the case of goods to be delivered at the seller's premises („ ex works", Incoterms 1990) at that time when the seller notifies the purchaser that the goods are available for collection.

7. Retention of Title

Notwithstanding delivery and the passing of risk in the Goods, or any other provision of these conditions, the property in the goods shall not pass to the buyer until the seller has received payment in full of the price of the goods and all other goods agreed to be sold by the seller to the buyer for which payment is then due.

The seller shall have absolute authority to retake, sell or otherwise deal with or dispose of all or any part of the goods in which title remains vested in the seller.

Until such time as the property in the goods passes to the buyer, the buyer shall hold the goods as the seller's fiduciary agent, and shall keep the goods properly stored, protected and insured.

Until that time the buyer shall be entitled to resell or use the goods in the ordinary course of business, but shall account to the seller for the proceeds of sale or otherwise of the goods includings insurance proceeds, and shall keep all such proceeds separate from any moneys or properties of the buyer and third parties.

If the goods are processed or reshaped by the buyer and if processing is done with goods that seller has no property in, seller shall become co-owner of the goods. The same shall apply if seller's goods are completely reshaped and mixed with other goods.

If third parties take up steps to pledge or otherwise dispose of the goods, the buyer shall immediately notify the seller in order to enable the seller to seek a court injunction in accordance with § 771 of the German Code of Civil Procedure. If the buyer fails to do so in due time he will be held liable for any damages caused.

The seller shall on demand of the buyer release any part of the collateral if the value of the collateral held in favour of the seller exceeds the value of the claims being secured. It is to the seller's decision to release those parts of the collateral suitable for him.

8. Warranties and Exclusion Clauses

The buyer shall examine the goods as required by German Law (§§ 377, 378 of the German Commercial Code) and in doing so check every delivery in any respect.

The seller warrants that all items delivered under this agreement will be free from defects in material and workmanship, conform to applicable specifications, and, to the extent that detailed designs have not been furnished by the buyer, will be free from design defects and suitable for the purposes intended by the buyer.

The seller shall not be liable for the goods being fit for a particular purpose unless otherwise agreed upon, to which the buyer intends to put them.

The above warranty is given by the seller subject to the following conditions:

- the seller shall not be liable in respect of any defect in the goods arising from any design or specification supplied by the buyer;
- the seller shall not be liable under the above warranty if the total price for the goods has not been paid by the due date for payment;
- the above warranty does not extend to parts, materials or equipment manufactured by or on behalf of the buyer unless such warranty is given by the manufacturer to the seller.

This warranty does not cover defects in or damage to the products which are due to improper installation or maintenance, misuse, neglect or any cause other than ordinary commercial application.

Any discharge from liability will be void if a defect results from a negligent or intentional breach of contract on the part of the seller. The same applies if the seller may be held responsible for the breach of any further essential contractual obligation.

Any claim by the buyer which is based on any defect in the quality or condition of the goods or their failure to correspond with specification shall be notified to the seller within six months from the date of delivery.

The buyer is entitled to demand the delivery of any substitute goods, or repair or a reduction of the purchase price as set forth with the terms of each individual contract of sale.

Where any valid claim in respect of any goods which is based on any defect in the quality or condition of the goods or their failure to meet specification is notified to the seller in accordance with these conditions, the seller shall be entitled at the seller's sole discretion to either replace the goods free of charge or repair the goods. If the seller is neither ready nor able to either repair or replace the goods the buyer shall be entitled at the buyer's sole discretion to claim for a reduction of price or a cancellation of the contract.

9. Miscellaneous Clauses

The seller reserves the right to improve or modify any of the products without prior notice, provided that such improvement or modification shall not affect the form and function of the product.

This agreement supersedes and invalidates all other commitment and warranties relating to the subject matter hereof which may have been made by the parties either orally or in writing prior to the date hereof, and which shall become null and void from the date of the agreement is signed.

This agreement shall not be assigned or transferred by either party except with the written consent of the other.

Each party shall be responsible for all its legal, accountancy or other costs and expenses incurred in the performance of its obligation hereunder.

10. Choice of Law; Place of Jurisdiction

This agreement shall be governed by and construed in accordance with German law and each party agrees to submit to the jurisdiction of the courts having jurisdiction for the seller.

The seller shall have the right to bring a claim before a court at the buyer's principal place of business or at his discretion before any other court being competent according to any national or international law.

....
Place, Date

....
Signature(s)

Übersetzung

1. Präambel

Diese Standardbedingungen für den Verkauf von Exportgütern gelten ausschließlich, soweit sie nicht durch ausdrückliche schriftliche Vereinbarung zwischen den Parteien abgeändert werden.

Das Angebot, die Angebotsannahme, Auftragsbestätigung oder der Verkauf jeglicher Produkte unterliegt den vorliegenden Bedingungen. Jeglichen Bedingungen oder vertragsändernden Bestimmungen des Käufers wird widersprochen; sie werden dem Verkäufer gegenüber nur wirksam, wenn der Verkäufer diesen Änderungen schriftlich zustimmt.

Diese Bestimmungen sind Grundlage für jegliches künftige Einzelkaufgeschäft zwischen Käufer und Verkäufer und schließen jedwede andere Vereinbarung aus. Etwaige irrtumsbedingte Fehler in Verkaufsprospekten, Preislisten, Angebotsunterlagen oder sonstigen Dokumentationen des Verkäufers dürfen vom Verkäufer berichtigt werden, ohne daß er für Schäden aus diesen Fehlern zur Verantwortung gezogen werden darf.

Diese Allgemeinen Verkaufsbedingungen gelten nur gegenüber Kaufleuten.

2. Bestellung und Angebotsunterlagen

Vom Käufer vorgelegte Bestellungen gelten durch den Verkäufer nur dann als angenommen, wenn sie vom Verkäufer oder seinem Repräsentanten/Vertreter innerhalb von 21 Tagen ab Vorlage schriftlich angenommen werden.

Menge, Qualität und Beschreibung sowie etwaige Spezifizierung der Ware entsprechen dem Angebot des Verkäufers (wenn es vom Käufer angenommen wird) oder der Bestellung des Käufers (wenn diese vom Verkäufer angenommen wird). Alle Verkaufsunterlagen, Spezifizierungen und Preislisten sind streng vertraulich zu behandeln und dürfen Dritten nicht zugänglich gemacht werden.

Hinsichtlich der Genauigkeit der Bestellung trägt der Besteller die Verantwortung, und der Besteller ist dafür verantwortlich, dem Verkäufer jegliche erforderliche Information bezüglich der bestellten Ware innerhalb angemessener Zeit zukommen zu lassen, damit die Bestellung vertragsgemäß ausgeführt werden kann.

Müssen die Waren durch den Verkäufer hergestellt oder sonstwie ver- bzw. bearbeitet werden und hat der Besteller hierfür eine Spezifizierung vorgelegt, hat der Besteller den Lieferanten von jeglichem Verlust, Schaden, Kosten oder sonstigen Ausgaben des Lieferanten freizuhalten, die dieser zu zahlen hat oder zu zahlen bereit ist, weil sich die vertragliche Ver- oder Bearbeitung der Ware aufgrund der Spezifizierung des Bestellers als Bruch eines Patents, Copyrights, Warenzeichens oder sonstigen Schutzrechts eines Dritten herausgestellt hat.

Der Verkäufer behält sich das Recht vor, die Warenbeschreibung im Hinblick auf die Spezifizierung insoweit abzuändern, als gesetzliche Erfordernisse zu berücksichtigen sind, soweit durch diese Änderung keine Verschlechterungen der Bestellung hinsichtlich Qualität und Brauchbarkeit auftreten.

3. Kaufpreis

Der Kaufpreis soll der vom Verkäufer genannte Preis sein oder, wo dies nicht im einzelnen geschehen ist, der in den aktuellen Preislisten des Verkäufers aufgestellte Preis, wie er zum Zeitpunkt der Bestellung gültig ist.

Der Verkäufer behält sich das Recht vor, nach rechtzeitiger Benachrichtigung des Käufers und vor Ausführung der Auslieferung der Ware, den Warenpreis in der Weise anzuheben, wie es aufgrund der allgemeinen außerhalb der Kontrolle stehenden Preisentwicklung erforderlich (wie etwa Wechselkursschwankungen, Währungsregularien, Zolländerungen, deutlicher Anstieg von Material- oder Herstellungskosten) oder aufgrund der Änderung von Lieferdaten nötig ist.

Soweit nicht anders im Angebot oder in den Verkaufspreislisten angegeben oder soweit nicht anders zwischen Verkäufer und Käufer schriftlich vereinbart, sind alle vom Verkäufer genannten Preise auf der Basis „ex works“ genannt. Soweit der Verkäufer bereit ist, die Ware an anderen Orten auszuliefern, hat der Käufer die Kosten für Transport, Verpackung und Versicherung zu tragen. – Preise verstehen sich exclusive Mehrwertsteuer, welche der Käufer zusätzlich an den Verkäufer zahlen muß.

4. Zahlungsbedingungen

Der Käufer hat den Kaufpreis innerhalb von 30 Tagen nach Rechnungsdatum zu entrichten.

Zahlungen sollen nur durch Banküberweisung erfolgen; Wechsel- und Scheckzahlung werden nicht als Erfüllung der Zahlungspflicht anerkannt.

Es kann zwischen den Vertragspartnern vereinbart sein, daß der Käufer über seine Bank (oder eine für den Verkäufer akzeptable [andere] Bank) ein Dokumentenakkreditiv zu eröffnen hat. In diesem Einzelfall ist festgelegt, daß die Akkreditiveröffnung in Übereinstimmung mit den Allgemeinen Richtlinien und Gebräuchen für Dokumentenakkreditive, Revision 1993, ICC-Publikation Nr. 500, vorgenommen wird.

Falls der Käufer seiner Zahlungspflicht am Fälligkeitstag nicht nachkommt, darf der Verkäufer – ohne Aufgabe etwaiger weiterer ihm zustehender Rechte und Ansprüche – nach seiner Wahl:

- den Vertrag kündigen oder weitere Lieferungen an den Käufer aussetzen; oder
- den Käufer mit Zinsen auf den nichtbezahlten Betrag belasten, die sich auf 4% p.a. über dem jeweiligen Diskontsatz der Deutschen Bundesbank belaufen, bis endgültig und vollständig gezahlt worden ist.

5. Warenlieferung

Die Warenlieferung soll in der Weise erfolgen, daß der Käufer die Ware an den Geschäftsräumen des Verkäufers zu jeder Zeit entgegennimmt, sobald der Verkäufer den Käufer benachrichtigt hat, daß die Ware zur Abholung bereitsteht, oder, soweit ein anderer Lieferort mit dem Verkäufer vereinbart wurde, durch Anlieferung der Ware an diesem Ort.

Soweit es um die Lieferung von Massengütern geht, darf der Verkäufer bis zu 3% mehr oder weniger der Warenmenge anliefern, ohne seinen Kaufpreis angleichen zu müssen, und es ist vereinbart, daß die derart gelieferte Warenmenge als vertragsgerecht angesehen wird.

Soweit ein konkreter Lieferzeitpunkt im Vertrag vereinbart wurde und der Verkäufer nicht innerhalb der vereinbarten (oder verlängerten) Lieferzeit liefert, darf der Käufer nach vorheriger schriftlicher Ankündigung einen Preisnachlaß von 3% pro Woche vom Kaufpreis geltend machen, es sei denn, daß aus den Umständen des Falles erkennbar ist, daß der Käufer keinen Nachteil erlitten hat. Die Begrenzung gilt nicht, wenn ein kaufmännisches Fixgeschäft vereinbart wurde, wenn der Verzug auf Vorsatz oder grober Fahrlässigkeit des Lieferanten, seiner Vertreter oder Erfüllungsgehilfen beruhte oder wenn irgendeine weitere wesentliche Vertragspflicht auf seiten des Lieferanten verletzt wurde.

Falls der Verkäufer nicht rechtzeitig liefert, muß der Käufer dem Verkäufer schriftlich eine Nachfrist setzen, nach deren Ablauf er den Vertrag kündigen darf. Schadensersatz wegen Nichterfüllung darf der Käufer nur dann geltend machen, wenn der Lieferverzug auf Vorsatz oder grober Fahrlässigkeit beruhte oder wenn seitens des Verkäufers durch (einfaches) Verschulden eine wesentliche Vertragspflicht verletzt wurde.

Wenn der Käufer sich am Fälligkeitstag im Annahmeverzug befindet, muß er dennoch den Kaufpreis zahlen. Der Verkäufer wird in diesen Fällen die Einlagerung auf Risiko und Kosten des Käufers vornehmen. Auf Wunsch des Käufers wird der Verkäufer die Waren auf Kosten des Käufers versichern.

6. Gefahrübergang

Das Risiko der Beschädigung oder des Verlusts der Ware soll auf den Käufer wie folgt übergehen:

- Soweit die Ware nicht an den Geschäftsräumen des Verkäufers ausgeliefert wird, im Zeitpunkt der Übergabe oder, wenn der Käufer sich im Annahmeverzug befindet, in dem Zeitpunkt, in dem der Verkäufer die Übergabe anbietet;
- soweit die Ware an den Geschäftsräumen des Verkäufers ausgeliefert werden („ex works", Incoterms 1990), in dem Zeitpunkt, in dem der Verkäufer den Käufer darüber informiert, daß die Ware zur Abholung bereitsteht.

7. Eigentumsvorbehalt

Ungeachtet der Lieferung und des Gefahrübergangs oder anderer Bestimmungen dieser Lieferbedingungen, soll das Eigentum an den Waren nicht auf den Käufer übergehen, solange nicht der gesamte Kaufpreis gezahlt worden ist.

Der Verkäufer hat das Recht, die Ware zurückzufordern, anderweitig zu veräußern oder sonstwie darüber zu verfügen, solange der Kaufpreis nicht vollständig bezahlt ist.

Solange die Ware nicht vollständig bezahlt ist, muß der Käufer die Ware treuhänderisch für den Verkäufer halten und die Ware getrennt von seinem Eigentum und dem Dritter aufbewahren sowie das Vorbehaltsgut ordnungsgemäß lagern, sichern und versichern sowie als Eigentum des Verkäufers kennzeichnen.

Bis zur vollständigen Bezahlung darf der Käufer die Ware im gewöhnlichen Geschäftsbetrieb nutzen oder weiterveräußern, doch muß er jegliches Entgelt (einschließlich etwaiger Versicherungszahlungen) für den Verkäufer halten und die Gelder getrennt von seinem Vermögen und demjenigen Dritter halten.

Sind die Waren weiterverarbeitet und ist die Weiterverarbeitung auch mit Teilen, an denen der Vorbehaltsverkäufer kein Eigentum hat, erfolgt, so erwirbt der Vorbehaltsverkäufer entsprechendes Teileigentum. Dasselbe soll gelten für den Fall der Vermischung von Gütern des Verkäufers mit denjenigen anderer.

Bei Pfändungen oder sonstigen Eingriffen Dritter hat der Käufer den Verkäufer unverzüglich zu benachrichtigen, damit der Verkäufer Klage gemäß § 771 ZPO erheben kann. Soweit der Käufer dieser Aufgabe nicht nachkommt, haftet er für den entstandenen Schaden.

Der Verkäufer verpflichtet sich, die ihm zustehenden Sicherheiten auf Verlangen des Käufers insoweit freizugeben, als der realisierbare Wert der Sicherheiten die dem Verkäufer zustehenden Forderungen übersteigt. Die Auswahl der freizugebenden Sicherheiten trifft der Verkäufer.

8. Gewährleistung und Haftungsausschluß

Der Käufer muß die Ware im Sinne der §§ 377 und 378 BGB untersuchen und etwaige Rügen erheben.

Der Verkäufer sichert zu, daß die gelieferte Ware frei von Material- und Verarbeitungsfehlern ist, Spezifikationen einhält und, bei vom Käufer vorgegebenen Design, keine Designfehler enthält und den Wünschen des Käufers entspricht.

Der Verkäufer übernimmt keine Verantwortung dafür, daß die Ware für einen bestimmten Zweck geeignet ist, es sei denn, er hat dieser Haftung ausdrücklich zugestimmt.

Die Haftung des Verkäufers wird unter folgenden Bedingungen übernommen:

- Für Defekte der Ware, die auf eine Warenbeschreibung oder Spezifikation des Käufers zurückgeht, übernimmt der Verkäufer keine Verantwortung;
- der Verkäufer übernimmt keine Verantwortung für die Fehlerhaftigkeit der Ware, wenn der fällige Kaufpreis bis zum Fälligkeitstag nicht bezahlt worden ist;
- die Verantwortung des Verkäufers erstreckt sich nicht auf Teile, Material oder sonstige Ausrüstungsgegenstände, die vom Käufer oder in dessen Auftrag hergestellt wurden, es sei denn, der Hersteller dieser Teile übernimmt dem Verkäufer gegenüber die Verantwortung.

Diese Gewährleistung erfaßt keine Produktfehler, die aufgrund fehlerhafter Installation oder Nutzung, Fehlgebrauch, Fahrlässigkeit oder anderen Gründen entstehen.

Eine Haftungsfreizeichnung des Verkäufers gilt nicht, wenn eine Mängelursache auf Vorsatz oder grobe Fahrlässigkeit zurückzuführen ist oder wenn sonstige wesentliche Vertragspflichten verletzt sind. Die Gewährleistungspflicht beträgt sechs Monate, gerechnet ab Gefahrübergang.

Der Käufer darf Ersatzgüter verlangen oder die Reparatur oder einen Preisnachlaß, wenn dies im konkreten Einzelvertrag entsprechend festgelegt ist.

Soweit ein vom Verkäufer zu vertretender Mangel der Kaufsache vorliegt und dem Verkäufer mitgeteilt wird, ist der Verkäufer zur kostenfreien Ersatzlieferung oder Mangelbeseitigung berechtigt. Ist der Verkäufer zu Mangelbeseitigung oder Ersatzlieferung nicht bereit oder in der Lage, ist der Käufer nach seiner Wahl berechtigt, die Wandlung (Rückgängigmachung des Vertrages) oder eine Minderung (Herabsetzung des Kaufpreises) zu verlangen.

9. Weitere Bestimmungen

Der Verkäufer ist berechtigt, die Ware zu verändern und zu verbessern, ohne den Käufer hiervon vorher informieren zu müssen, soweit Veränderung oder Verbesserung weder Form noch Funktion der Ware nachhaltig belasten oder verschlechtern.

Diese Bedingungen ersetzen alle anderen Vereinbarungen, die die Vertragspartner vorher schriftlich oder mündlich getroffen haben und die mit Unterzeichnung dieser Bedingungen unwirksam werden. – Diese Bedingungen sollen ohne schriftliche Zustimmung der anderen Vertragspartei keinem Dritten zugänglich gemacht werden.

Jede Vertragspartei kommt für die Kosten der Durchführung dieser Vereinbarung selbst auf.

10. Rechtswahl; Gerichtsstand

Diese Vereinbarung unterliegt deutschem Recht, und beide Parteien erklären sich mit der ausschließlichen Zuständigkeit des Gerichtsstands am Geschäftssitz der Verkäufers einverstanden.

Der Verkäufer hat das Recht, auch am für den Käufer zuständigen Gericht zu klagen oder an jedem anderen Gericht, das nach nationalem oder internationalem Recht zuständig sein kann.

....

Ort, Datum, Unterschriften

IV. Internationaler Handelsvertretervertrag

(Kurzform)

Handelsvertretervertrag

zwischen

....
(nachfolgend „Hersteller" genannt)

und

....
(nachfolgend „Handelsvertreter" genannt)

I.

Der Hersteller überträgt dem Handelsvertreter mit Wirkung vom .... (Datum) die Vertretung für die im Unternehmen des Herstellers produzierten Waren und Güter .... (Bezeichnung). Die Vertretung gilt für die in der Anlage zu diesem Vertrag bezeichneten Produkte in den dort ebenfalls genannten Ländern (Regionen; Bezirken o.ä.). Die Übertragung der Vertretung gilt für unbestimmte Zeit. Sie endet mit der Kündigung einer der Parteien (Frist: sechs Monate zum Jahresende) oder durch Tod des Handelsvertreters.

II.

Der Handelsvertreter hat nur die Aufgabe, Geschäfte für den Hersteller zu vermitteln; zum Abschluß von Geschäften ist er ausdrücklich nicht befugt. Der Handelsvertreter darf kein Inkasso für den Hersteller vornehmen. Seine Tätigkeit für den Hersteller hat der Handelsvertreter ausschließlich persönlich zu leisten. Der Handelsvertreter berichtet dem Hersteller in monatlichen Abständen über seine Tätigkeit und informiert über seine Erfahrungen mit der Marktsituation, der Marktentwicklung und über Besonderheiten der von ihm vermittelten Geschäfte.

III.

Der Handelsvertreter verpflichtet sich, nicht gleichzeitig für einen im Wettbewerb zum Hersteller stehenden Unternehmer tätig zu werden, es sei denn, der Hersteller hat diese Tätigkeit ausdrücklich gestattet. Nach Beendigung des Vertragsverhältnisses wird der Handelsvertreter für mindestens ein Jahr nicht für ein mit dem Hersteller in Wettbewerb stehendes Unternehmen tätig werden; für den durch diese Vertragsbestimmung möglicherweise entstehenden Provisionsausfall entschädigt der Hersteller den Handelsvertreter mit einer monatlich zu leistenden Ausgleichszahlung.

IV.

Der Handelsvertreter hat aufgrund seiner Vermittlungstätigkeit Anspruch auf eine Provision in Höhe von ..... % des Vertragswertes der von ihm vermittelten und zum Abschluß gelangten Geschäfte. Diese Provision umfaßt etwaige Steuern und Abgaben und ersetzt auch etwaige weitere Aufwendungen des Handelsvertreters.

V.

Veränderungen, Ergänzungen oder die Kündigung des Vertrages bedürfen der Schriftform. Mündliche Nebenabreden binden die Parteien nicht, solange sie nicht schriftlich bestätigt und vereinbart sind. Sind einzelne Teile dieses Vertrages unwirksam, so soll der Vertrag im übrigen wirksam bleiben.

VI.

Dieser Vertrag unterliegt deutschem Recht; Gerichtsstand für beide Teile ist .... (Ort in Deutschland).

....

Ort, Datum, Unterschriften

V. Internationaler Schiedsvertrag

(Kurzform)

Schiedsvertrag

zwischen ....

und ....

(nachfolgend „die Parteien" genannt)

I.

Alle aus dem zwischen den Parteien geschlossenen Liefervertrag (Vertragsnummer, Ware, Abschlußdatum) erwachsenden Rechtsstreitigkeiten sollen grundsätzlich nicht auf dem ordentlichen Rechtswege durch staatliche Gerichte, sondern ausschließlich durch ein nach Maßgabe dieses Vertrages tätig werdendes Schiedsgericht entschieden werden. Dieses Schiedsgericht soll nach dem Willen der Vertragspartner befugt sein, endgültig und für die Parteien bindend über den Vertrag, dessen Klauseln, deren Gültigkeit und auch über diese Schiedsvereinbarungen zu entscheiden.

Das Schiedsgericht soll die vorgetragenen streitigen Sachverhalte auf der Grundlage des deutschen Rechts entscheiden; es sind dabei hinsichtlich des Verfahrensrechts die Vorschriften der deutschen Zivilprozeßordnung anzuwenden, soweit dieser Schiedsvertrag nichts Abweichendes bestimmt.

II.

Das Schiedsgericht soll aus zwei Schiedsrichtern bestehen, wobei jede der Vertragsparteien das Recht hat, jeweils einen der Schiedsrichter zu benennen. Benennt eine der Parteien keinen Schiedsrichter, so soll der Geschäftsführer bzw. Präsident der am Tagungsort des Schiedsgerichts ansässigen Handelskammer oder aber (in den Hauptstädten einiger Staaten) der Geschäftsführer der deutscher Auslands-Handelskammer den noch fehlenden Schiedsrichter benennen.

Beide Schiedsrichter sollen sich auf einen Obmann, der zur Zusammensetzung des Schiedsgerichts gehört, einigen, so daß das Schiedsgericht mit einer ungeraden Personenzahl besetzt ist. Können sich die Schiedsrichter nicht auf einen Obmann einigen, dann soll entsprechend den Vorschriften des vorhergehenden Absatzes der Geschäftsführer oder Präsident einer Handelskammer den Obmann bestimmen.

III.

Der Obmann sitzt dem Schiedsrichterkollegium vor. Er sorgt für die Anhörung der streitenden Parteien, beraumt Termine an, ermittelt den streitigen Sachverhalt und erhebt Beweis. Dabei ist unter allen Umständen sicherzustellen, daß das Verfahren geheim bleibt und die Öffentlichkeit ausgeschlossen ist. Gelingt es den Schiedsrichtern nicht, einen Vergleich zwischen den Parteien zu erzielen, dann ergeht nach Beratung des Schiedsrichterkollegiums ein Schiedsspruch, der vom Obmann zu verfassen und mit Gründen zu versehen ist. Dieser Schiedsspruch ist vom Kollegium zu unterzeichnen und in .... Originalen (Angabe der Anzahl) auszufertigen.

IV.

Über die Verfahrenskosten entscheidet das Schiedsrichterkollegium (auf der Grundlage der deutschen Zivilprozeßordnung). Die übrigen Kosten (z.B. des Schiedsgerichts) setzt das Kollegium auf der Grundlage des Schiedsvertrages fest. Der Schiedsspruch wird mit vom Obmann zu bewirkender Zustellung an die Parteien und nach Niederlegung auf der Geschäftsstelle des örtlich zuständigen Gerichts wirksam.

V.

Der Schiedsvertrag unterliegt deutschem Recht.

....

Ort, Datum, Unterschriften

VI. Internationaler Joint-venture-Vertrag

(Kurzform)

Präambel

Das Unternehmen A .... fertigt und vertreibt die Produkte .... (Beschreibung), die im eigenen Hause entwickelt wurden. A ist allein berechtigt zur Herstellung der oben bezeichneten Produkte, verfügt über das benötigte Know-how (.....) und ist allein berechtigter Inhaber der gewerblichen Schutzrechte (Beschreibung).

Das Unternehmen B .... hat als Handelsgesellschaft in .... die Produkte des A im Lande .... vertrieben.

Auf der Grundlage dieser Fakten schließen A und B den nachfolgenden *Joint-venture-Vertrag.*

Danach soll im Lande .... (Beschreibung) ein gemeinsames Unternehmen gegründet und betrieben werden, welches die Aufgabe haben soll, als Produktionsstätte zur Fertigung der oben bezeichneten Produkte und zur Deckung der Nachfrage im Lande der zu tätigenden Investition zu dienen. Das Gemeinschaftsunternehmen soll als Kapitalgesellschaft auf der Grundlage des Rechts des Gastlandes gegründet werden.

Unternehmen A erteilt dem Gemeinschaftsunternehmen die ausschließliche Lizenz zur Fertigung und zum Vertrieb ihrer Produkte.

Die Fertigungsstätte soll jährlich etwa .... (Menge) des Produkts herstellen. Die Investitionskosten werden etwa .... (Betrag) betragen.

I. (Gesellschaft)

Die Parteien gründen eine Kapitalgesellschaft in der Rechtsform einer .... (Rechtsform) mit einem Kapital von .... (Betrag/Währung). Dieses Kapital wird von den Vertragspartnern wie folgt aufgebracht: A erbringt ..... %, B erbringt ..... % des Gesellschaftskapitals. Die Gesellschaft wird erst gegründet, wenn die erforderliche staatliche Genehmigung .... vorliegt sowie alle sonstigen Erfordernisse erfüllt worden sind.

In der Geschäftsführung der Gesellschaft sind A und B wie folgt vertreten: .... Das Management der Gesellschaft wird entsprechend den Gesellschaftsanteilen besetzt. Danach hat A die Möglichkeit, ... Personen, B dagegen die Möglichkeit, ... Personen in die Leitung/Board of Directors zu wählen. Das Tagesgeschäft wird von (Name der Person) geleitet. Es besteht eine Verantwortung gegenüber dem Aufsichtsrat/Board. Außerdem stellen A und B jeweils ..... Personen zur Mitarbeit im Gemeinschaftsunternehmen ab, die wie folgt tätig sein sollen: ....

II. (Know-how/Lizenz)

A verpflichtet sich, das Gemeinschaftsunternehmen mit den zur Herstellung der Produkte erforderlichen Teilen/Fertigteilen/Rohstoffen .... zu beliefern.

Außerdem verpflichtet sich A, dem Gemeinschaftsunternehmen das erforderliche Know-how nach Maßgabe der Vertragsanlage 1) zu verschaffen. Dieses Know-how wird streng vertraulich behandelt und Dritten nicht zugänglich gemacht.

III. (Joint Venture Agreement)

B verpflichtet sich, den Exklusiv-Vermarktungsvertrag für das Land, in dem das neue Gemeinschaftsunternehmen tätig wird, nicht mehr auszunutzen. A und B werden beide alles unterlassen, was zu einem Wettbewerb mit dem Gemeinschaftsunternehmen führen könnte.

Das Unternehmenskonzept des Gemeinschaftsunternehmens soll nach Maßgabe der Anlage 2) zu diesem Vertrag ausgeführt werden. Darin ist auch die Marktbeschreibung und die zu fertigende Produktpalette genau aufgeführt. Die Unternehmensorganisation sowie das Management des Gemeinschaftsunternehmens sind in Anlage 3) zu diesem Vertrag enthalten.

Der Jahresabschluß des Gemeinschaftsunternehmens soll der im Lande .... üblichen Form einer solchen Gesellschaft entsprechen. Eine Prüfung des Jahresabschlusses durch eine Wirtschaftsprüfungsgesellschaft ist ausdrücklich vorgesehen. Ausgewiesene Gewinne des Gemeinschaftsunternehmens sollen stets ausgeschüttet werden.

Das Gemeinschaftsunternehmen stellt den Vertragspartnern A und B jeweils zu .... (Zeitangabe) jeweils folgende Daten zur Verfügung (z.B. Umsätze, Aufträge, Lagerbestand ....).

IV. (Verschiedenes)

Beide Vertragsparteien haben das Recht, diesen Vertrag mit einer Kündigungsfrist von .... bis spätestens zum .... zu kündigen, jedoch nicht vor .... Eine Kündigung muß mittels .... (z.B. eingeschriebenen Briefes) erfolgen. Die kündigende Vertragspartei muß der anderen Partei einen Preis für ihre Anteile benennen. In jedem Falle haben die Partner stets ein Vorkaufsrecht für die Geschäftsteile des jeweils anderen.

Sofern Unstimmigkeiten zwischen dem Joint Venture Agreement und der Satzung der Gesellschaft auftreten oder ein Teil nichtig ist oder wird, so soll stets der Joint-venture-Vertrag Vorrang vor der Gesellschaftssatzung haben und bei Nichtigkeit derselben selbständig weitergelten. In diesem Falle sind die notwendigen Änderungen/Ergänzungen/Handlungen vorzunehmen, um zu einer wirksamen Gesellschaftssatzung zu kommen.

V. (Schlußbestimmungen)

Dieser Vertrag unterliegt dem Recht des Landes ....

Streitigkeiten aus diesem Vertrag sollen nach Maßgabe der Schiedsgerichtsvereinbarung (Anlage 4) zu diesem Vertrag entschieden werden.

....

Ort, Datum, Unterschriften

(Anlagen 1)–4))

VII. Internationaler Lizenzvertrag

Lizenzvertrag

zwischen

....
(nachstehend „Lizenzgeber" genannt)

und

....
(nachstehend „Lizenzgeber" genannt)

Der Lizenzgeber ist Inhaber des .... (Patentrecht/Gebrauchsmuster) über ....

I. Lizenzverteilung/Vertragsgebiet

Der Lizenzgeber gestattet hiermit dem Lizenznehmer, von dem Lizenzgegenstand Gebrauch zu machen. Dies kann geschehen durch die Herstellung und den Vertrieb von .... in folgendem Vertragsgebiet: ....

Der Vertrieb von Produkten des Lizenzgebers in anderen als den vorgenannten Staaten ist ausdrücklich ausgeschlossen.

II. Umfang der Lizenz

Durch diese Vereinbarung wird der Lizenzgeber nicht daran gehindert, die Lizenzgegenstände selbst in den Vertragsgebieten herzustellen und zu vertreiben und/oder Dritten gegenüber die Herstellung und den Vertrieb der Lizenzgegenstände ebenfalls zu gestatten.

Nicht betroffen von der hiermit dem Lizenznehmer gegenüber erteilten Lizenz sind die bereits bestehenden Lizenz- und Vertriebsvereinbarungen mit ....

III. Lizenzgebühr

Für die Einräumung dieser Lizenz verpflichtet sich der Lizenznehmer gegenüber dem Lizenzgeber verbindlich, nach Maßgabe eines zusätzlich vereinbarten Warenkaufvertrages die zur Herstellung erforderlichen Materialien .... ausschließlich beim Lizenzgeber zu beziehen und diesen Warenbezug ausschließlich gemäß der jeweils gültigen Angebotsliste des Lizenzgebers vorzunehmen.

Mit der Abnahme und der Bezahlung dieses Materials gelten die Lizenzansprüche/Lizenzgebühren des Lizenzgebers als abgegolten.

IV. Lizenzvermerk

Der Lizenznehmer wird auf den unter diese Lizenz fallenden Waren/Gegenständen, die von ihm hergestellt werden, sowie auf allen Verpackungen und Werbeunterlagen einen Hinweis darauf anbringen, daß Herstellung und/oder Vertrieb der Waren in Lizenz des Lizenzgebers erfolgte.

Der Lizenznehmer wird darüber hinaus die Lizenzierung in der Weise nach außen deutlich machen, daß er

- firmiert mit dem Namen (Namenszusatz) ....,
- den handelsrechtlichen Firmennamen mit den Worten .... ergänzt;
- den Namen des Lizenzgebers nicht in seinen Firmennamen aufnimmt, wohl aber beim Vertrieb der Waren einen Lizenzvermerk nach den Vorgaben des vorangehenden Absatzes anbringt.

(Nichtzutreffendes streichen)

V. Bezugsbindung

Der Lizenznehmer verpflichtet sich, während der Laufzeit dieses Lizenzvertrages die zur Fertigung notwendigen Materialien ausschließlich nur beim Lizenzgeber zu beziehen. Der Lizenzgeber ist seinerseits verpflichtet, den Lizenznehmer entsprechend seinem Bedarf mit den notwendigen Produkten nach Maßgabe des zusätzlich vereinbarten Warenkaufvertrags zu beliefern. Die Verpflichtung zur Belieferung des Lizenznehmers mit Grundmaterial und Ersatzteilen besteht für jeweils Jahre, gerechnet ab Auftragsdatum der jeweiligen Warenlieferung.

VI. Konkurrenzklausel

Der Lizenznehmer verpflichtet sich, das mit dem Bezug der vom Lizenzgeber erhaltenen Materialien offengelegte Know-how des Lizenzgebers nicht an Dritte weiterzugeben oder anders einzusetzen, als in diesem Vertrag vereinbart wurde.

Diese Konkurrenzklausel behält auch nach Beendigung dieses Lizenzvertrages für weitere 24 Monate nach Ablauf des Lizenzvertrages Gültigkeit.

VII. Fortentwicklung der Lizenzgegenstände

Der Lizenzgeber wird sich bemühen, die Entwicklung der Vertragsgegenstände/Lizenzware zu fördern und die technische Entwicklung auf neuem Stand zu halten. Sollten Fortentwicklungen der Lizenzgegenstände eintreten, so wird der Lizenzgeber dem Lizenznehmer auch für das weiterentwickelte Produkt die Lizenz nach Maßgabe des vorliegenden Vertrages einräumen, sofern dieser Vertrag weiterhin seine Gültigkeit zwischen den vertragsschließenden Parteien behält.

VIII. Kündigungsklausel

Dieser Vertrag wird auf unbestimmte Zeit abgeschlossen und ist mit einer Frist von (in Worten: . . . .) Monaten jeweils zum Quartals-/Jahresende kündbar, erstmals jedoch zum . . . . – Der Vertrag ist aus wichtigem Grunde fristlos kündbar. Ein wichtiger Grund liegt insbesondere vor, wenn

- der Lizenznehmer nicht mindestens . . . . Produkte pro Jahr absetzt;
- der Lizenznehmer nicht mindestens . . . . Abnehmer pro Jahr gewinnen kann;
- der Lizenznehmer trotz Abmahnung durch den Lizenzgeber wesentliche Verpflichtungen dieses Vertrages verletzt;
- der Lizenznehmer Vertragsprodukte in vertragsfremde Gebiete liefert;
- nicht vertragsgerechte, den Spezifikationen des Know-how entsprechende Produkte ausgeliefert werden;
- der Lizenznehmer Wettbewerbsprodukte herstellt oder vertreibt;
- eine der beiden Vertragsparteien zahlungsunfähig ist;

- auf seiten des Lizenznehmers ein Eigentümerwechsel (mehrheitliche Übernahme durch Dritte) eintritt; gemeint ist eine mehr als 50%ige Übernahme von Gesellschafts-, Stimm- oder Aktienrechten durch dritte Unternehmen oder Personen, nicht aber eine Übernahme im verwandtschaftlichen Bereich des Lizenznehmers.

IX. Sonstige Bestimmungen

Der Lizenznehmer darf keine Unterlizenzen vergeben und die Vertragsprodukte auch nur in seinen eigenen Betrieben herstellen.

Der Vertrag unterliegt der Schriftform. Gleiches gilt für Änderungen und Ergänzungen.

Sollten einzelne Bestimmungen dieses Vertrages unwirksam sein, so berührt dies die Wirksamkeit des Vertrages im übrigen nicht. Die Parteien verpflichten sich vielmehr, die unwirksame Bestimmung durch eine wirksame Regelung zu ersetzen, die dem wirtschaftlichen Zweck der unwirksamen Bestimmungen am nächsten kommt. Sollte der Vertragszweck mit wirksamen Regelungen nicht erzielbar sein, kann jede Partei den Vertrag fristlos kündigen.

X. Schiedsklausel; Rechtswahl

Etwaige Streitigkeiten der Parteien, welche nicht einvernehmlich geregelt werden können, sollen mit Hilfe eines Schiedsverfahrens entschieden werden.

Das Schiedsgericht soll an der Handelskammer in .... zusammentreten und ein Schiedsverfahren auf der Grundlage der Schiedsverfahrensordnung der Internationalen Handelskammer, Paris, in der jeweils neuesten Fassung durchführen.

Für diesen Vertrag und seine Ausführung kommt das deutsche Recht zur Anwendung.

XI. Einbeziehung des Liefervertrags

Lizenzgeber und Lizenznehmer werden zur Durchführung dieses Lizenzvertrages zusätzlich Warenkaufverträge abschließen, in denen der Bezug der notwendigen Rohmaterialien/die Weitergabe von Know-how .... im einzelnen geregelt wird.

....

Ort, Datum, Unterschriften

6. Teil

ECE-Bedingungen und UN-Kaufgesetz

I. ECE-Bedingungen

„Allgemeine Lieferbedingungen für den Export von Maschinen und Anlagen"
vom März 1953

1. Präambel

1.1. Diese allgemeinen Bedingungen gelten, soweit nicht die Vertragsparteien ausdrücklich und schriftlich Abweichendes vereinbart haben.

2. Vertragsschluß

2.1. Der Vertrag gilt als geschlossen, wenn der Verkäufer nach Eingang einer Bestellung, gegebenenfalls innerhalb der vom Käufer gesetzten Frist, eine schriftliche Annahmeerklärung abgesandt hat.

2.2. Hat der Verkäufer bei Abgabe eines schriftlichen Angebots eine Annahmefrist gesetzt, so gilt der Vertrag als geschlossen, wenn der Käufer vor Fristablauf eine schriftliche Annahmeerklärung abgesandt hat. Dies gilt jedoch nur, wenn diese Annahmeerklärung spätestens innerhalb einer Woche nach Fristablauf eingeht.

3. Pläne und Unterlagen

3.1. Die in Katalogen, Prospekten, Rundschreiben, Anzeigen, Abbildungen und Preislisten enthaltenen Angaben über Gewicht, Maße, Fassungsvermögen, Preis, Leistung und dgl. sind nur annähernd maßgeblich. Verbindlich sind sie nur, wenn im Vertrag ausdrücklich auf sie Bezug genommen ist.

3.2. Pläne und technische Unterlagen, die dem Käufer vor oder nach Vertragsschluß ausgehändigt werden und zur Herstellung des Liefergegenstands oder einzelner Teile benutzt werden können, bleiben ausschließliches Eigentum des Verkäufers. Ohne dessen Zustimmung darf der Käufer sie nicht benutzen, kopieren, vervielfältigen oder Dritten aushändigen oder bekanntgeben. Sie werden Eigentum des Käufers,

a) wenn eine ausdrückliche Vertragsbestimmung dies vorsieht; oder
b) wenn sie auf einem vor dem Liefervertrag geschlossenen, selbständigen Vertrag beruhen, der die Anfertigung eines Entwurfs zum Gegenstand hat und der keinen Eigentumsvorbehalt zugunsten des Verkäufers enthält.

3.3. Pläne und technische Unterlagen, die vom Käufer dem Verkäufer vor oder nach Vertragsschluß ausgehändigt werden und die zur Herstellung des Liefergegenstands oder einzelner Teile benutzt werden können, bleiben ausschließliches Eigentum des Käufers. Ohne dessen Zustimmung darf der Verkäufer sie nicht benutzen, kopieren, vervielfältigen oder Dritten aushändigen oder bekanntgeben.

3.4. Auf Verlangen des Käufers stellt ihm der Verkäufer bei Beginn der Gewährleistungsfrist (vgl. Art. 9) kostenlos Anleitungen und Zeichnungen – ausgenommen Werkstattzeichnungen – zur Verfügung, die genügend Einzelangaben enthalten, um dem Käufer die Aufstellung, Inbetriebnahme und Benutzung des Liefergegenstands sowie die Instandhaltung aller Teile (einschließlich laufender Reparaturen) zu ermöglichen. Diese Anleitungen und Zeichnungen werden Eigentum des Käufers; die in Nr. 2 dieses Artikels gemachten Einschränkungen bezüglich ihrer Benutzung gelten nicht, jedoch kann der Verkäufer ihre vertrauliche Behandlung vorschreiben.

4. Verpackung

4.1. Mangels abweichender Vereinbarung

a) verstehen sich die in Preislisten und Katalogen angegebenen Preise ohne Verpackung;
b) schließen die in verbindlichen Angeboten und im Vertrag angegebenen Preise die notwendige Verpackung oder den notwendigen Schutz ein, um unter normalen Transportbedingungen Beschädigungen des Liefergegenstands auf dem Weg zu dem im Vertrag festgelegten Bestimmungsort zu vermeiden.

5. Kontrolle und Abnahmeprüfung

Kontrolle

5.1. Enthält der Vertrag eine ausdrückliche Bestimmung über ein Kontrollrecht des Käufers, so ist dieser berechtigt, während der Fabrikation und nach deren Beendigung die Qualität des verwendeten Materials und der hergestellten Teile durch bevollmächtigte Vertreter kontrollieren und prüfen zu lassen. Die Kontrolle und Prüfung finden nach vorheriger Vereinbarung von Tag und Stunde während der normalen Arbeitszeit in der Fabrikationsstätte statt.

5.2. Sind nach Meinung des Käufers auf Grund dieser Prüfung bestimmte Werkstoffe oder Teile des Liefergegenstands mangelhaft oder vertragswidrig, so muß er seine Einwendungen schriftlich mit Begründung niederlegen.

Abnahmeprüfung

5.3. Abnahmeprüfungen finden mangels abweichender Vereinbarung im Werk des Verkäufers während der normalen Arbeitszeit statt. Enthält der Vertrag keine Bestimmung bezüglich der technischen Einzelheiten, so ist für die Prüfungen die im Herstellungsland bestehende allgemeine Praxis des betreffenden Industriezweigs maßgeblich.

5.4. Der Verkäufer muß den Käufer so rechtzeitig verständigen, daß dieser seine Vertreter an den Prüfungen teilnehmen lassen kann. Läßt sich der Käufer nicht vertreten, so erhält er vom Verkäufer das Prüfungsprotokoll, dessen Richtigkeit er nicht bestreiten kann.

5.5. Erweist sich bei einer Prüfung (abgesehen von einer vertraglich vorgesehenen Prüfung am Aufstellungsort) der Liefergegenstand als mangelhaft oder vertragswidrig, so hat der Verkäufer so schnell wie möglich den Mangel zu beseitigen oder den vertragsmäßigen Zustand herzustellen. Auf Verlangen des Käufers ist die Prüfung zu wiederholen.

5.6. Mangels abweichender Vereinbarung trägt der Verkäufer alle Kosten der in seinem Werk durchgeführten Prüfungen, nicht jedoch die persönlichen Ausgaben der Vertreter des Käufers.

5.7. Sind im Vertrag Abnahmeprüfungen am Aufstellungsort vorgesehen, so werden die hierfür geltenden Bedingungen von den Parteien besonders vereinbart.

6. Gefahrübergang

6.1. Vorbehaltlich Artikel 7 Nr. 6 bestimmt sich der Zeitpunkt des Gefahrübergangs nach den internationalen Regeln für die Belegung von Handelsklauseln der Internationalen Handelskammer (Incoterms) in der am Tage des Vertragsschlusses geltenden Fassung. Bestimmt der Vertrag nichts über die Art des Verkaufs, so gilt der Liefergegenstand als „ab Werk“ verkauft.

6.2. Bei Verkauf „ab Werk“ muß der Verkäufer dem Käufer schriftlich den Zeitpunkt mitteilen, in dem die Lieferung abzunehmen ist. Diese Mitteilung muß so rechtzeitig erfolgen, daß der Käufer die üblicherweise notwendigen Maßnahmen treffen kann.

7. Lieferfrist

7.1. Mangels abweichender Vereinbarung beginnt die Lieferfrist mit dem spätesten nachstehenden Zeitpunkt:

a) Datum des Vertragsschlusses nach Artikel 2,

b) Datum, an dem der Verkäufer von der Erteilung einer notwendigen Einfuhrlizenz Kenntnis erhält,

c) Datum, an dem der Verkäufer eine vertraglich vor Fabrikationsbeginn zu leistende Anzahlung erhält.

7.2. Verzögert sich die Lieferung durch einen in Artikel 10 vorgesehenen Umstand oder durch eine Handlung oder Unterlassung des Käufers, so wird eine den Umständen angemessene Verlängerung der Lieferfrist gewährt. Dies gilt auch – abgesehen von dem in Nr. 5 dieses Artikels erwähnten Fall –, wenn die Ursache der Verzögerung nach Ablauf der vertraglich vereinbarten Lieferfrist eintritt.

7.3. Ist im Vertrag eine verbindliche Lieferfrist vorgesehen, liefert der Verkäufer aber nicht innerhalb der vereinbarten (oder nach Nr. 2 dieses Artikels verlängerten) Frist, so kann der Käufer eine Ermäßigung des Vertragspreises verlangen, vorausgesetzt, daß er innerhalb angemessener Frist dieses Verlangen an den Verkäufer schriftlich stellt; dies gilt jedoch nicht, wenn sich aus den Umständen ergibt, daß er keinen Schaden erlitten hat. Die Ermäßigung entspricht dem unter A des Anhangs angegebenen Prozentsatz, wie er sich aus dem Vertrag für den Teil des Liefergegenstands ergibt, der infolge der Lieferverzögerung nicht in der vorgesehenen Weise benutzt werden konnte. Sie wird für jede volle Woche der Verzögerung vom vertraglichen Lieferzeitpunkt an berechnet, kann jedoch den unter B des Anhangs angegebenen Höchstsatz nicht überschreiten. Sie wird mit den vom Käufer ab Lieferung zu leistenden Zahlungen verrechnet. Vorbehaltlich Nr. 5 dieses Artikels schließt diese Preisermäßigung jede weitere Schadensersatzpflicht des Verkäufers wegen Lieferverzögerung aus.

7.4. Ist die vertraglich vorgesehene Lieferfrist nur annähernd maßgeblich, so kann nach Ablauf von zwei Dritteln dieser Frist jede der Parteien die andere schriftlich auffordern, eine verbindliche Lieferfrist zu vereinbaren.

Ist im Vertrag keine Lieferfrist angegeben, so kann jede Partei 6 Monate nach Vertragsschluß in gleicher Weise verfahren.

Einigen sich die Parteien in einem dieser Fälle nicht, so kann jede Partei nach Artikel 13 zur Festlegung einer angemessenen Lieferfrist das Schiedsgericht anrufen. Die auf diese Weise festgelegte Lieferfrist gilt als vertragliche Lieferfrist, die Bestimmungen Nr. 5 dieses Artikels finden daher auf sie Anwendung.

7.5. War der Käufer berechtigt, hinsichtlich eines Teiles des Liefergegenstands den in Nr. 3 dieses Artikels bestimmten Höchstbetrag der Preisermäßigung zu verlangen (oder hätte ihm ein solches Recht zugestanden, wenn er nach dieser Bestimmung eine Preisermäßigung verlangt hätte), so kann er dem Verkäufer schriftlich eine letzte Frist zur Lieferung setzen; diese Frist muß in angemessener Weise die bereits vorliegende Lieferverzögerung berücksichtigen. Unterläßt es der Verkäufer aus irgendeinem Grund, alles zu tun, was ihm obliegt, um innerhalb dieser Frist seine Lieferverpflichtung zu erfüllen, so kann sich der Käufer hinsichtlich dieses Teiles des Liefergegenstands durch einfache schriftliche Mitteilung (ohne gerichtliche Mitwirkung) vom Vertrag lossagen und sodann vom Verkäufer Ersatz für den durch die Nichterfüllung erlittenen Schaden verlangen; der Schadensersatz beschränkt sich auf den unter C des Anhangs angegebenen Betrag oder – bei Fehlen einer solchen Angabe – auf den Wert, der sich aus dem Vertrag für den Teil des Liefergegenstands ergibt, der infolge der Nichtlieferung des Verkäufers nicht wie vorgesehen benutzt werden konnte.

7.6. Nimmt der Verkäufer die Lieferung nicht im vertraglich vereinbarten Zeitpunkt ab, so hat er trotzdem die von der Lieferung abhängigen Zahlungen zu leisten, als ob die Lieferung erfolgt wäre. Der Verkäufer hat für die Einlagerung des Liefergegenstandes auf Kosten und Gefahr des Käufers zu sorgen. Auf Verlangen des Käufers muß er auf dessen Kosten den Liefergegenstand versichern. Beruht jedoch die Verzögerung der Abnahme der Lieferung auf einem in Artikel 10 vorgesehenen Umstand und kann der Verkäufer den Liefergegenstand ohne Beeinträchtigung seines Betriebs bei sich aufbewahren, so werden die Kosten der Einlagerung dem Käufer nicht in Rechnung gestellt.

7.7. Beruht die Verzögerung der Abnahme nicht auf einem in Artikel 10 vorgesehenen Umstand, so kann der Verkäufer den Käufer schriftlich zur Abnahme der Lieferung innerhalb einer angemessenen Frist auffordern.

Kommt der Käufer aus irgendeinem Grund dieser Aufforderung nicht nach, so kann sich der Verkäufer hinsichtlich des nicht abgenommenen Teiles des Liefergegenstands durch einfache schriftliche Mitteilung (ohne gerichtliche Mitwirkung) vom Vertrag lossagen und sodann vom Käufer Ersatz für den durch die Nichterfüllung erlittenen Schaden verlangen; der Schadensersatz beschränkt sich auf den unter D des Anhangs angegebenen Betrag oder – bei Fehlen einer solchen Angabe – auf den Wert, der sich aus dem Vertrag für den betreffenden Teil des Liefergegenstands ergibt.

8. Zahlung

8.1. Die Zahlungen sind entsprechend den vereinbarten Zahlungsbedingungen zu leisten.

8.2. Die vom Käufer geleisteten Anzahlungen werden auf den Lieferpreis angerechnet; sie stellen kein Reugeld dar, dessen Preisgabe zur Vertragsauflösung berechtigen würde.

8.3. Wurde der Liefergegenstand vor Zahlung aller vom Käufer aus dem Vertrag geschuldeten Beträge geliefert, so bleibt er bis zur vollständigen Zahlung Eigentum des Verkäufers, soweit das nach dem Recht, in dessen Bereich sich der Liefergegenstand befindet, zulässig ist. Läßt dieses den Eigentumsvorbehalt nicht zu, gestattet es aber dem Verkäufer, sich andere Rechte an dem Liefergegenstand vorzubehalten, so kann der Verkäufer alle Rechte dieser Art ausüben. Der Käufer ist verpflichtet, bei Maßnahmen des Verkäufers mitzuwirken, die dieser zum Schutz seines Eigentumsrechts oder an dessen Stelle eines anderen Rechtes am Liefergegenstand treffen wird.

8.4. Der Verkäufer kann eine Zahlung, die von der Erfüllung einer eigenen Verpflichtung abhängt, vor Erfüllung seiner Verpflichtung nicht fordern, es sei denn, daß die Nichterfüllung auf einer Handlung oder Unterlassung des Käufers beruht.

8.5. Ist der Käufer mit seinen Zahlungen im Rückstand, so kann der Verkäufer die Erfüllung seiner eigenen Verpflichtungen bis zur Bewirkung der rückständigen Zahlungen aufschieben, es sei denn, daß der Zahlungsrückstand auf einer Handlung oder Unterlassung des Verkäufers beruht.

8.6. Ist der Käufer mit seinen Zahlungen infolge eines in Artikel 10 vorgesehenen Umstands im Rückstand, so kann der Verkäufer keine Verzugszinsen verlangen.

8.7. In allen übrigen Fällen kann der Verkäufer für rückständige Zahlungen des Käufers von diesem auf Grund einer an ihn in angemessener Frist gerichteten schriftlichen Mitteilung Verzugszinsen ab Fälligkeit zu dem unter E des Anhangs angegebenen Zinssatz verlangen. Zahlt der Käufer die geschuldete Summe nicht innerhalb der unter F des Anhangs angegebenen Frist, so kann sich der Verkäufer durch einfache schriftliche Mitteilung (ohne gerichtliche Mitwirkung) vom Vertrag lossagen und Schadensersatz bis zu der unter D des Anhangs genannten Höhe verlangen.

9. Gewährleistung

9.1. Der Verkäufer ist verpflichtet, nach Maßgabe der folgenden Bestimmungen jeden die Gebrauchsfähigkeit beeinträchtigenden Mangel zu beheben, der auf einem Fehler der Konstruktion, des Materials oder der Ausführung beruht.

9.2. Diese Verpflichtung besteht nur für solche Mängel, die während eines Zeitraums erkannt worden sind, dessen Dauer unter G des Anhangs angegeben ist (im folgenden „Gewährleistungsfrist" genannt).

9.3. Bei Festlegung dieser Frist ist die normale Dauer des beabsichtigten Transports ausreichend zu berücksichtigen.

9.4. Für einzelne ausdrücklich genannte Teile des Liefergegenstands (gleichgültig ob vom Verkäufer hergestellt oder nicht) können im Vertrag abweichende Fristen festgelegt werden.

9.5. Die Gewährleistungsfrist beginnt mit dem Tage, an dem der Käufer vom Verkäufer schriftlich von der Versandbereitschaft des Liefergegenstands Kenntnis erhält. Verzögert sich der Versand, so verlängert sich die Gewährleistungsfrist um die Dauer der Verzögerung, so daß der Käufer voll in den Genuß der für die Erprobung des Liefergegenstands vorgesehenen Zeit kommt. Hat diese Verzögerung eine vom Willen des Verkäufers unabhängige Ursache, so ist die Verlängerung jedoch auf die unter H des Anhangs genannte Anzahl von Monaten beschränkt.

9.6. Die tägliche Betriebszeit des Liefergegenstands sowie die Verkürzung der Gewährleistungsfrist im Fall einer längeren täglichen Benutzungszeit sind unter I des Anhangs festgelegt.

9.7. Für die auf Grund dieses Artikels gelieferten Ersatzteile oder reparierten Teile gelten die gleichen Gewährleistungsbedingungen wie für den ursprünglichen Liefergegenstand mit der unter G des Anhangs angegebenen neuen Gewährleistungsfrist. Für die anderen Teile des Liefergegenstands wird die Gewährleistungsfrist lediglich um die Zeit verlängert, während der der Liefergegenstand infolge eines unter diesen Artikel fallenden Mangels stillgelegen hat.

9.8. Der Käufer kann sich auf diesen Artikel nur berufen, wenn er dem Verkäufer unverzüglich schriftlich die erkannten Mängel anzeigt. Er muß diesem jede Möglichkeit geben, diese Mängel festzustellen und zu beseitigen.

9.9. Der Verkäufer muß auf diese Mitteilung hin den Mangel so schnell wie möglich und – abgesehen von den in Nr. 10 dieses Artikels genannten Fällen – auf seine Kosten beheben. Sofern nicht der Mangel die Reparatur am Auffstellungsort bedingt, hat der Käufer dem Verkäufer die mangelhaften Teile zur Reparatur oder Ersatzleistung zu übersenden. In einem solchen Fall gilt die Gewährleistungspflicht des Verkäufers hinsichtlich des mangelhaften Teiles als erfüllt, wenn er dem Käufer den ordnungsgemäß reparierten Teil zurücksendet oder ein Ersatzteil liefert.

9.10. Mangels abweichender Vereinbarung übernimmt der Käufer auf seine Kosten und Gefahr den Transport der mangelhaften Teile, der reparierten Teile oder Ersatzteile zwischen dem Aufstellungsort und einem der folgenden Orte:

a) dem Werk des Verkäufers, wenn der Vertrag „ab Werk“ oder „frei Waggon“ geschlossen ist;
b) dem Hafen, von dem aus der Verkäufer den Liefergegenstand versandt hat, wenn der Vertrag FOB, FAS, CIF oder C & F geschlossen ist;
c) der Grenze des Landes, von dem aus der Verkäufer den Liefergegenstand versandt hat, in allen anderen Fällen.

9.11. Hat nach Nr. 9 dieses Artikels die Reparatur am Aufstellungsort zu erfolgen, so gelten für die Anwesenheit der Vertreter des Verkäufers die von den Parteien besonders zu vereinbarenden Bestimmungen.

9.12. Die gemäß diesem Artikel ersetzten mangelhaften Teile stehen dem Verkäufer zur Verfügung.

9.13. Weigert sich der Verkäufer, seiner Verpflichtung nachzukommen, oder handelt er trotz Mahnung nicht mit der nötigen Eile, so kann der Käufer die notwendigen Reparaturen auf Kosten und Gefahr des Verkäufers vornehmen lassen; Voraussetzung ist jedoch, daß er dabei mit der notwendigen Sorgfalt verfährt.

9.14. Die Gewährleistungspflicht des Verkäufcrs erstreckt sich nicht auf Mängel, die auf den vom Käufer gelieferten Materialien oder einer von ihm vorgeschriebenen Konstruktion beruhen.

9.15. Die Gewährleistungspflicht des Verkäufers gilt nur für Mängel, die unter den vertraglich vorgesehenen Betriebsbedingungen und bei ordnungsgemäßem Gebrauch entstehen. Sie gilt nicht für Mängel, deren Ursache erst nach Gefahrübergang eingetreten ist. Sie gilt insbesondere nicht für Mängel, die beruhen auf: schlechter Instandhaltung, schlechter Aufstellung durch den Käufer, Änderungen ohne schriftliche Zustimmung des Verkäufers, schlecht ausgeführten Reparaturen durch den Käufer, normaler Abnutzung.

9.16. Vom Zeitpunkt des Gefahrübergangs an (Art. 6) übernimmt der Verkäufer keine weiter gehende Haftung, als in diesem Artikel bestimmt ist, auch nicht für Mängel, deren Ursache vor dem Gefahrübergang liegt. Es gilt als ausdrücklich vereinbart, daß der Verkäufer dem Käufer keinen Schadensersatz zu leisten hat für Verletzungen von Personen, für Schäden an Gütern, die nicht Vertragsgegenstand sind, oder für Gewinnentgang, sofern sich nicht aus den Umständen des Einzelfalls ergibt, daß dem Verkäufer grobes Verschulden zur Last fällt.

9.17. Grobes Verschulden liegt nicht in jedem Mangel an Sorgfalt oder Geschicklichkeit; grobes Verschulden liegt vielmehr nur vor, wenn ein Verkäufer schwerwiegende Folgen einer Handlung oder Unterlassung, die er bei Aufwendung fachmännischer Sorgfalt normalerweise hätte voraussehen müssen, außer acht läßt oder wenn er bewußt die Folgen seiner Handlungsweise mißachtet.

10. Entlastungsgründe

10.1. Folgende Umstände gelten als Entlastungsgründe, falls sie nach Abschluß des Vertrags eintreten und seiner Erfüllung im Wege stehen: Arbeitskonflikte und alle vom Parteiwillen unabhängigen Umstände wie z.B. Brand, Mobilisierung, Beschlagnahme, Embargo, Verbot der Devisentransferierung, Aufstand, Fehlen von Transportmitteln, allgemeiner Mangel an Versorgungsgütern, Einschränkungen des Energieverbrauchs.

10.2. Die Partei, die sich auf einen der obengenannten Umstände beruft, hat die andere Partei von seinem Eintreten und seinem Wegfall unverzüglich schriftlich in Kenntnis zu setzen.

10.3. Die Folgen dieser Umstände hinsichtlich der Frist für die Erfüllung der Parteiverpflichtungen sind in Artikel 7 und 8 bestimmt. Machen diese Umstände jedoch die Vertragserfüllung in angemessener Frist unmöglich, so hat – unbeschadet Artikel 7 Nr. 5 und Artikel 8 Nr. 7 – jede Partei das Recht, sich durch einfache schriftliche Mitteilung (ohne gerichtliche Mitwirkung) vom Vertrag loszusagen.

10.4. Im Falle der Auflösung des Vertrags gemäß Nr. 3 dieses Artikels werden sich die Parteien über die Verteilung der für seine Ausführung bereits entstandenen Kosten im Wege gütlichen Einvernehmens verständigen.

10.5. Wird ein gütliches Einvernehmen nicht erzielt, so obliegt es dem Schiedsgericht zu entscheiden, welche Partei an der Erfüllung ihrer Verpflichtungen verhindert wurde; diese Partei hat dann die gesamten Kosten zu tragen. Trifft diese Verpflichtung den Käufer, hat er aber schon vor Vertragsauflösung an den Verkäufer mehr gezahlt, als dessen Aufwendungen betragen, so hat er Anspruch auf Rückzahlung des Mehrbetrags.

Entscheidet das Schiedsgericht, daß beide Parteien an der Erfüllung ihrer Verpflichtungen verhindert wurden, so verteilt es die Kosten unter Berücksichtigung aller Umstände des Falles nach billigem Ermessen.

10.6. Unter „Kosten“ im Sinne dieses Artikels sind die angemessenen, tatsächlichen Aufwendungen zu verstehen; jede Partei hat dafür zu sorgen, daß ihr Verlust in möglichst engen Grenzen bleibt; soweit jedoch eine Lieferung an den Käufer erfolgt ist, gilt als Aufwendung des Verkäufers der Teil des Vertragspreises, der dieser Lieferung entspricht.

11. Begrenzung des Schadensersatzes

11.1. Ist eine Partei zum Schadensersatz verpflichtet, so ist dieser nur in Höhe des Schadens zu leisten, der für die schuldige Partei bei Vertragsschluß voraussehbar war.

11.2. Die Partei, die sich auf Nichterfüllung des Vertrags beruft, ist verpflichtet, alles zu tun, um den entstandenen Schaden zu mindern, vorausgesetzt, daß ihr dadurch keine unzumutbaren Kosten oder Nachteile entstehen. Andernfalls kann die Partei, die den Vertrag nicht erfüllt hat, auf Grund dieser Unterlassung Herabsetzung des Schadensersatzes verlangen.

12. Vertragsauflösung

12.1. Die Vertragsauflösung, gleichgültig aus welchem Grund sie erfolgt, bewirkt nicht den Verlust der Rechte der Parteien, die während der Vertragsdauer bis zur Vertragsauflösung entstanden sind.

13. Schiedsgericht, anwendbares Recht

13.1. Alle sich aus dem Vertrag ergebenden Streitigkeiten werden nach der Vergleichs- und Schiedsordnung der Internationalen Handelskammer von einem oder mehreren gemäß dieser Ordnung ernannten Schiedsrichtern endgültig entschieden.

13.2. Der Vertrag unterliegt dem Recht des Verkäufers, sofern die Parteien nichts anderes vereinbaren.

13.3. Die Schiedsrichter entscheiden nur dann nach billigem Ermessen, wenn die Parteien dies ausdrücklich vereinbaren.

Anhang

(nicht abgedruckt)

II. UN-Kaufgesetz

Übereinkommen der Vereinten Nationen über Verträge über den internationalen Warenkauf[1]

(UNCITRAL-Kaufrechtsabkommen)
(Vom 11. April 1980)

[Präambel]

Die Vertragsstaaten dieses Übereinkommens –

im Hinblick auf die allgemeinen Ziele der Entschließungen, die von der Sechsten Außerordentlichen Tagung der Generalversammlung der Vereinten Nationen über die Errichtung einer neuen Weltwirtschaftsordnung angenommen worden sind,

in der Erwägung, daß die Entwicklung des internationalen Handels auf der Grundlage der Gleichberechtigung und des gegenseitigen Nutzens ein wichtiges Element zur Förderung freundschaftlicher Beziehungen zwischen den Staaten ist,

in der Meinung, daß die Annahme einheitlicher Bestimmungen, die auf Verträge über den internationalen Warenkauf Anwendung finden und die verschiedenen Gesellschafts-, Wirtschafts- und Rechtsordnungen berücksichtigen, dazu beitragen würde, die rechtlichen Hindernisse im internationalen Handel zu beseitigen und seine Entwicklung zu fördern –

haben folgendes vereinbart:

1 In Deutschland gültig seit dem 1.1.1991 als „Gesetz über den internationalen Warenkauf“.

Teil I: Anwendungsbereich und Allgemeine Bestimmungen

Kapitel I: Anwendungsbereich

Artikel 1

(1) Dieses Übereinkommen ist auf Kaufverträge über Waren zwischen Parteien anzuwenden, die ihre Niederlassung in verschiedenen Staaten haben,

a) wenn diese Staaten Vertragsstaaten sind oder
b) wenn die Regeln des Internationalen Privatrechts zur Anwendung des Rechts eines Vertragsstaates führen.

(2) Die Tatsache, daß die Parteien ihre Niederlassung in verschiedenen Staaten haben, wird nicht berücksichtigt, wenn sie sich nicht aus dem Vertrag, aus früheren Geschäftsbeziehungen oder aus Verhandlungen oder Auskünften ergibt, die vor oder bei Vertragsabschluß zwischen den Parteien geführt oder von ihnen erteilt worden sind.

(3) Bei Anwendung dieses Übereinkommens wird weder berücksichtigt, welche Staatsangehörigkeit die Parteien haben, noch ob sie Kaufleute oder Nichtkaufleute sind oder ob der Vertrag handelsrechtlicher oder zivilrechtlicher Art ist.

Artikel 2

Dieses Übereinkommen findet keine Anwendung auf den Kauf

a) von Ware für den persönlichen Gebrauch oder den Gebrauch in der Familie oder im Haushalt, es sei denn, daß der Verkäufer vor oder bei Vertragsabschluß weder wußte noch wissen mußte, daß die Ware für einen solchen Gebrauch gekauft wurde,
b) bei Versteigerungen,
c) aufgrund von Zwangsvollstreckungs- oder anderen gerichtlichen Maßnahmen,
d) von Wertpapieren oder Zahlungsmitteln,
e) von Seeschiffen, Binnenschiffen, Luftkissenfahrzeugen oder Luftfahrzeugen,
f) von elektrischer Energie.

Artikel 3

(1) Den Kaufverträgen stehen Verträge über die Lieferung herzustellender oder zu erzeugender Ware gleich, es sei denn, daß der Besteller einen we-

sentlichen Teil der für die Herstellung oder Erzeugung notwendigen Stoffe selbst zur Verfügung zu stellen hat.
(2) Dieses Übereinkommen ist auf Verträge nicht anzuwenden, bei denen der überwiegende Teil der Pflichten der Partei, welche die Ware liefert, in der Ausführung von Arbeiten oder anderen Dienstleistungen besteht.

Artikel 4

Dieses Übereinkommen regelt ausschließlich den Abschluß des Kaufvertrages und die aus ihm erwachsenden Rechte und Pflichten des Verkäufers und des Käufers. Soweit in diesem Übereinkommen nicht ausdrücklich etwas anderes bestimmt ist, betrifft es insbesondere nicht
a) die Gültigkeit des Vertrages oder einzelner Vertragsbestimmungen oder die Gültigkeit von Handelsbräuchen,
b) die Wirkungen, die der Vertrag auf das Eigentum an der verkauften Ware haben.

Artikel 5

Dieses Übereinkommen findet keine Anwendung auf die Haftung des Verkäufers für den durch die Ware verursachten Tod oder die Körperverletzung einer Person.

Artikel 6

Die Parteien können die Anwendung dieses Übereinkommens ausschließen oder, vorbehaltlich des Artikels 12, von seinen Bestimmungen abweichen oder deren Wirkung ändern.

Kapitel II: Allgemeine Bestimmungen

Artikel 7

(1) Bei der Auslegung dieses Übereinkommens sind sein internationaler Charakter und die Notwendigkeit zu berücksichtigen, seine einheitliche Anwendung und die Wahrung des guten Glaubens im internationalen Handel zu fördern.
(2) Fragen, die in diesem Übereinkommen geregelte Gegenstände betreffen, aber in diesem Übereinkommen nicht ausdrücklich entschieden wer-

den, sind nach den allgemeinen Grundsätzen, die diesem Übereinkommen zugrunde liegen, oder mangels solcher Grundsätze nach dem Recht zu entscheiden, das nach den Regeln des Internationalen Privatrechts anzuwenden ist.

Artikel 8

(1) Für die Zwecke dieses Übereinkommens sind Erklärungen und das sonstige Verhalten einer Partei nach deren Willen auszulegen, wenn die andere Partei diesen Willen kannte oder darüber nicht in Unkenntnis sein konnte.
(2) Ist Absatz 1 nicht anwendbar, so sind Erklärungen und das sonstige Verhalten einer Partei so auszulegen, wie eine vernünftige Person der gleichen Art wie die andere Partei sie unter den gleichen Umständen aufgefaßt hätte.
(3) Um den Willen einer Partei oder die Auffassung festzustellen, die eine vernünftige Person gehabt hätte, sind alle erheblichen Umstände zu berücksichtigen, insbesondere die Verhandlungen zwischen den Parteien, die zwischen ihnen entstandenen Gepflogenheiten, die Handelsbräuche und das spätere Verhalten der Parteien.

Artikel 9

(1) Die Parteien sind an die Handelsbräuche, mit denen sie sich einverstanden erklärt haben, und an die Gepflogenheiten gebunden, die zwischen ihnen entstanden sind.
(2) Haben die Parteien nichts anderes vereinbart, so wird angenommen, daß sie sich in ihrem Vertrag oder bei seinem Abschluß stillschweigend auf Handelsbräuche bezogen haben, die sie kannten oder kennen mußten und die im internationalen Handel den Parteien von Verträgen dieser Art in dem betreffenden Geschäftszweig weithin bekannt sind und von ihnen regelmäßig beachtet werden.

Artikel 10

Für die Zwecke dieses Übereinkommens ist,

a) falls eine Partei mehr als eine Niederlassung hat, die Niederlassung maßgebend, die unter Berücksichtigung der vor oder bei Vertragsabschluß den Parteien bekannten oder von ihnen in Betracht gezogenen Umständen die engste Beziehung zu dem Vertrag und zu seiner Erfüllung hat;
b) falls eine Partei keine Niederlassung hat, ihr gewöhnlicher Aufenthalt maßgebend.

Artikel 11

Der Kaufvertrag braucht nicht schriftlich geschlossen oder nachgewiesen zu werden und unterliegt auch sonst keinen Formvorschriften. Er kann auf jede Weise bewiesen werden, auch durch Zeugen.

Artikel 12

Die Bestimmungen der Artikel 11 und 29 oder des Teils II dieses Übereinkommens, die für den Abschluß eines Kaufvertrages, seine Änderung oder Aufhebung durch Vereinbarung oder für ein Angebot, eine Annahme oder eine sonstige Willenserklärung eine andere als die schriftliche Form gestatten, gelten nicht, wenn eine Partei ihre Niederlassung in einem Vertragsstaat hat, der eine Erklärung nach Artikel 96 abgegeben hat. Die Parteien dürfen von dem vorliegenden Artikel weder abweichen noch seine Wirkung ändern.

Artikel 13

Für die Zwecke dieses Übereinkommens umfaßt der Ausdruck „schriftlich" auch Mitteilungen durch Telegramm oder Fernschreiben.

Teil II: Abschluß des Vertrages

Artikel 14

(1) Der an eine oder mehrere bestimmte Personen gerichtete Vorschlag zum Abschluß eines Vertrages stellt ein Angebot dar, wenn er bestimmt genug ist und den Willen des Anbietenden zum Ausdruck bringt, im Falle der Annahme gebunden zu sein. Ein Vorschlag ist bestimmt genug, wenn er die Ware bezeichnet und ausdrücklich oder stillschweigend die Menge und den Preis festsetzt oder deren Festsetzung ermöglicht.
(2) Ein Vorschlag, der nicht an eine oder mehrere bestimmte Personen gerichtet ist, gilt nur als Aufforderung, ein Angebot abzugeben, wenn nicht die Person, die den Vorschlag macht, das Gegenteil deutlich zum Ausdruck bringt.

Artikel 15

(1) Ein Angebot wird wirksam, sobald es dem Empfänger zugeht.
(2) Ein Angebot kann, selbst wenn es unwiderruflich ist, zurückgenommen werden, wenn die Rücknahmeerklärung dem Empfänger vor oder gleichzeitig mit dem Angebot zugeht.

Artikel 16

(1) Bis zum Abschluß des Vertrages kann ein Angebot widerrufen werden, wenn der Widerruf dem Empfänger zugeht, bevor dieser eine Annahmeerklärung abgesandt hat.
(2) Ein Angebot kann jedoch nicht widerrufen werden,
a) wenn es durch Bestimmung einer festen Frist zur Annahme oder auf andere Weise zum Ausdruck bringt, daß es unwiderruflich ist, oder
b) wenn der Empfänger vernünftigerweise darauf vertrauen konnte, daß das Angebot unwiderruflich ist, und er im Vertrauen auf das Angebot gehandelt hat.

Artikel 17

Ein Angebot erlischt, selbst wenn es unwiderruflich ist, sobald dem Anbietenden eine Ablehnung zugeht.

Artikel 18

(1) Eine Erklärung oder ein sonstiges Verhalten des Empfängers, das eine Zustimmung zum Angebot ausdrückt, stellt eine Annahme dar. Schweigen oder Untätigkeit allein stellen keine Annahme dar.
(2) Die Annahme eines Angebots wird wirksam, sobald die Äußerung der Zustimmung dem Anbietenden zugeht. Sie wird nicht wirksam, wenn die Äußerung der Zustimmung dem Anbietenden nicht innerhalb der von ihm gesetzten Frist oder, bei Fehlen einer solchen Frist, innerhalb einer angemessenen Frist zugeht; dabei sind die Umstände des Geschäfts einschließlich der Schnelligkeit der vom Anbietenden gewählten Übermittlungsart zu berücksichtigen. Ein mündliches Angebot muß sofort angenommen werden, wenn sich aus den Umständen nichts anderes ergibt.
(3) Äußert jedoch der Empfänger aufgrund des Angebots, der zwischen den Parteien entstandenen Gepflogenheiten oder der Handelsbräuche seine Zustimmung durch eine Handlung, die sich zum Beispiel auf die Absendung der Ware oder die Bezahlung des Preises bezieht, ohne den Anbietenden davon zu unterrichten, so ist die Annahme zum Zeitpunkt der Hand-

lung wirksam, sofern diese innerhalb der in Absatz 2 vorgeschriebenen Frist vorgenommen wird.

Artikel 19

(1) Eine Antwort auf ein Angebot, die eine Annahme darstellen soll, aber Ergänzungen, Einschränkungen oder sonstige Änderungen enthält, ist eine Ablehnung des Angebots und stellt ein Gegenangebot dar.
(2) Eine Antwort auf ein Angebot, die eine Annahme darstellen soll, aber Ergänzungen oder Abweichungen enthält, welche die Bedingungen des Angebots nicht wesentlich ändern, stellt jedoch eine Annahme dar, wenn der Anbietende das Fehlen der Übereinstimmung nicht unverzüglich mündlich beanstandet oder eine entsprechende Mitteilung absendet. Unterläßt er dies, so bilden die Bedingungen des Angebots mit den in der Annahme enthaltenen Änderungen den Vertragsinhalt.
(3) Ergänzungen oder Abweichungen, die sich insbesondere auf Preis, Bezahlung, Qualität und Menge der Ware, auf Ort und Zeit der Lieferung, auf den Umfang der Haftung der einen Partei gegenüber der anderen oder auf die Beilegung von Streitigkeiten beziehen, werden so gesehen, als änderten sie die Bedingungen des Angebots wesentlich.

Artikel 20

(1) Eine vom Anbietenden in einem Telegramm oder einem Brief gesetzte Annahmefrist beginnt mit Aufgabe des Telegramms oder mit dem im Brief angegebenen Datum oder, wenn keine Datum angegeben ist, mit dem auf dem Umschlag angegebenen Datum zu laufen. Eine vom Anbietenden telefonisch, durch Fernschreiben oder eine andere sofortige Übermittlungsart gesetzte Annahmefrist beginnt zu laufen, sobald das Angebot dem Empfänger zugeht.
(2) Gesetzliche Feiertage oder arbeitsfreie Tage, die in die Laufzeit der Annahmefrist fallen, werden bei der Fristberechnung mitgezählt. Kann jedoch die Mitteilung der Annahme am letzten Tag der Frist nicht an die Anschrift des Anbietenden zugestellt werden, weil dieser Tag am Ort der Niederlassung des Anbietenden auf einen gesetzlichen Feiertag oder arbeitsfreien Tag fällt, so verlängert sich die Frist bis zum ersten darauffolgenden Arbeitstag.

Artikel 21

(1) Eine verspätete Annahme ist dennoch als Annahme wirksam, wenn der Anbietende unverzüglich den Annehmenden in diesem Sinne mündlich unterrichtet oder eine entsprechende schriftliche Mitteilung absendet.

(2) Ergibt sich aus dem eine verspätete Annahme enthaltenden Brief oder anderen Schriftstück, daß die Mitteilung nach den Umständen, unter denen sie abgesandt worden ist, bei normaler Beförderung dem Anbietenden rechtzeitig zugegangen wäre, so ist die verspätete Annahme als Annahme wirksam, wenn der Anbietende nicht unverzüglich den Annehmenden mündlich davon unterrichtet, daß er sein Angebot als erloschen erachtet, oder eine entsprechende schriftliche Mitteilung absendet.

Artikel 22

Eine Annahme kann zurückgenommen werden, wenn die Rücknahmeerklärung dem Anbietenden vor oder in dem Zeitpunkt zugeht, in dem die Annahme wirksam geworden wäre.

Artikel 23

Ein Vertrag ist in dem Zeitpunkt geschlossen, in dem die Annahme eines Angebots nach diesem Übereinkommen wirksam wird.

Artikel 24

Für die Zwecke dieses Teils des Übereinkommens „geht“ ein Angebot, eine Annahmeerklärung oder sonstige Willenserklärung dem Empfänger „zu“, wenn sie ihm mündlich gemacht wird oder wenn sie auf anderem Weg ihm persönlich, an seiner Niederlassung oder Postanschrift oder, wenn diese fehlen, an seinem gewöhnlichen Aufenthaltsort zugestellt wird.

Teil III: Warenkauf

Kapitel I: Allgemeine Bestimmungen

Artikel 25

Eine von einer Partei begangene Vertragsverletzung ist wesentlich, wenn sie für die andere Partei solchen Nachteil zur Folge hat, daß ihr im wesentlichen entgeht, was sie nach dem Vertrag hätte erwarten dürfen, es sei denn, daß die vertragsbrüchige Partei diese Folge nicht vorausgesehen hat und eine vernünftige Person der gleichen Art diese Folge unter den gleichen Umständen auch nicht vorausgesehen hätte.

Artikel 26

Eine Erklärung, daß der Vertrag aufgeboben wird, ist nur wirksam, wenn sie der anderen Partei mitgeteilt wird.

Artikel 27

Soweit in diesem Teil des Übereinkommens nicht ausdrücklich etwas anderes bestimmt wird, nimmt bei einer Anzeige, Aufforderung oder sonstigen Mitteilung, die eine Partei gemäß diesem Teil mit den nach den Umständen geeigneten Mitteln macht, eine Verzögerung oder ein Irrtum bei der Übermittlung der Mitteilung oder deren Nichteintreffen dieser Partei nicht das Recht, sich auf die Mitteilung zu berufen.

Artikel 28

Ist eine Partei nach diesem Übereinkommen berechtigt, von der anderen Partei die Erfüllung einer Verpflichtung zu verlangen, so braucht ein Gericht eine Entscheidung auf Erfüllung in Natur nur zu fällen, wenn es dies auch nach seinem eigenen Recht bei gleichartigen Kaufverträgen täte, die nicht unter dieses Übereinkommen fallen.

Artikel 29

(1) Ein Vertrag kann durch bloße Vereinbarung der Parteien geändert oder aufgehoben werden.
(2) Enthält ein schriftlicher Vertrag eine Bestimmung, wonach jede Änderung oder Aufhebung durch Vereinbarung schriftlich zu erfolgen hat, so darf er nicht auf andere Weise geändert oder aufgehoben werden. Eine Partei kann jedoch aufgrund ihres Verhaltens davon ausgeschlossen sein, sich auf eine solche Bestimmung zu berufen, soweit die andere Partei sich auf dieses Verhalten verlassen hat.

Kapitel II: Pflichten des Verkäufers

Artikel 30

Der Verkäufer ist nach Maßgabe des Vertrages und dieses Übereinkommens verpflichtet, die Ware zu liefern, die sie betreffenden Dokumente zu übergeben und das Eigentum an der Ware zu übertragen.

Abschnitt I: Lieferung der Ware und Übergabe der Dokumente

Artikel 31

Hat der Verkäufer die Ware nicht an einem anderen bestimmten Ort zu liefern, so besteht seine Lieferpflicht in folgendem:
a) Erfordert der Kaufvertrag eine Beförderung der Ware, so hat sie der Verkäufer dem ersten Beförderer zur Übermittlung an den Käufer zu übergeben;
b) bezieht sich der Vertrag in Fällen, die nicht unter Buchstabe a fallen, auf bestimmte Ware oder auf herzustellende oder zu erzeugende Ware und wußten die Parteien bei Vertragsabschluß, daß die Ware sich an einem bestimmten Ort befand oder dort herzustellen oder zu erzeugen war, so hat der Verkäufer die Ware dem Käufer an diesem Ort zur Verfügung zu stellen;
c) in den anderen Fällen hat der Verkäufer die Ware dem Käufer an dem Ort zur Verfügung zu stellen, an dem der Verkäufer bei Vertragsabschluß seine Niederlassung hatte.

Artikel 32

(1) Übergibt der Verkäufer nach dem Vertrag oder diesem Übereinkommen die Ware einem Beförderer und ist die Ware nicht deutlich durch daran angebrachte Kennzeichen oder durch Beförderungsdokumente oder auf andere Weise dem Vertrag zugeordnet, so hat der Verkäufer dem Käufer die Versendung anzuzeigen und dabei die Ware im einzelnen zu bezeichnen.
(2) Hat der Verkäufer für die Beförderung der Ware zu sorgen, so hat er die Verträge zu schließen, die zur Beförderung an den festgesetzten Ort mit den nach den Umständen angemessenen Beförderungsmitteln und zu den für solche Beförderungen üblichen Bedingungen erforderlich sind.
(3) Ist der Verkäufer nicht zum Abschluß einer Transportversicherung verpflichtet, so hat er dem Käufer auf dessen Verlangen alle ihm verfügbaren, zum Abschluß einer solchen Versicherung erforderlichen Auskünfte zu erteilen.

Artikel 33

Der Verkäufer hat die Ware zu liefern,
a) wenn ein Zeitpunkt im Vertrag bestimmt ist oder aufgrund des Vertrages bestimmt werden kann, zu diesem Zeitpunkt,
b) wenn ein Zeitraum im Vertrag bestimmt ist oder aufgrund des Vertrages

bestimmt werden kann, jederzeit innerhalb dieses Zeitraums, sofern sich nicht aus den Umständen ergibt, daß der Käufer den Zeitpunkt zu wählen hat, oder

c) in allen anderen Fällen innerhalb einer angemessenen Frist nach Vertragsabschluß.

Artikel 34

Hat der Verkäufer Dokumente zu übergehen, die sich auf die Ware beziehen, so hat er sie zu dem Zeitpunkt, an dem Ort und in der Form zu übergeben, die im Vertrag vorgesehen sind. Hat der Verkäufer die Dokumente bereits vorher übergeben, so kann er bis zu dem für die Übergabe vorgesehenen Zeitpunkt jede Vertragswidrigkeit der Dokumente beheben, wenn die Ausübung dieses Rechts dem Käufer nicht unzumutbare Unannehmlichkeiten oder unverhältnismäßige Kosten verursacht. Der Käufer behält jedoch das Recht, Schadensersatz nach diesem Übereinkommen zu verlangen.

Abschnitt II: Vertragsmäßigkeit der Ware und Rechte oder Ansprüche Dritter

Artikel 35

(1) Der Verkäufer hat Ware zu liefern, die in Menge, Qualität und Art sowie hinsichtlich Verpackung oder Behältnis den Anforderungen des Vertrages entspricht.

(2) Haben die Parteien nichts anderes vereinbart, so entspricht die Ware dem Vertrag nur,

a) wenn sie sich für die Zwecke eignet, für die Ware der gleichen Art gewöhnlich gebraucht wird;

b) wenn sie sich für einen bestimmten Zweck eignet, der dem Verkäufer bei Vertragsabschluß ausdrücklich oder auf andere Weise zur Kenntnis gebracht wurde, sofern sich nicht aus den Umständen ergibt, daß der Käufer auf die Sachkenntnis und das Urteilsvermögen des Verkäufers nicht vertraute oder vernünftigerweise nicht vertrauen konnte;

c) wenn sie die Eigenschaften einer Ware besitzt, die der Verkäufer dem Käufer als Probe oder Muster vorgelegt hat;

d) wenn sie in der für Ware dieser Art üblichen Weise oder, falls es eine solche Weise nicht gibt, in einer für die Erhaltung und den Schutz der Ware angemessenen Weise verpackt ist.

(3) Der Verkäufer haftet nach Absatz 2 Buchstaben a bis d nicht für eine Vertragswidrigkeit der Ware, wenn der Käufer bei Vertragsabschluß diese Vertragswidrigkeit kannte oder darüber nicht in Unkenntnis sein konnte.

Artikel 36

(1) Der Verkäufer haftet nach dem Vertrag und diesem Übereinkommen für eine Vertragswidrigkeit, die im Zeitpunkt des Übergangs der Gefahr auf den Käufer besteht, auch wenn die Vertragswidrigkeit erst nach diesem Zeitpunkt offenbar wird.
(2) Der Verkäufer haftet auch für eine Vertragswidrigkeit, die nach dem in Abs. 1 angegebenen Zeitpunkt eintritt und auf die Verletzung einer seiner Pflichten zurückzuführen ist, einschließlich der Verletzung einer Garantie dafür, daß die Ware für eine bestimmte Zeit für den üblichen Zweck oder für einen bestimmten Zweck geeignet bleiben oder besondere Eigenschaften oder Merkmale behalten wird.

Artikel 37

Bei vorzeitiger Lieferung der Ware behält der Verkäufer bis zu dem für die Lieferung festgesetzten Zeitpunkt das Recht, fehlende Teile nachzuliefern, eine fehlende Menge auszugleichen, für nicht vertragsmäße Ware Ersatz zu liefern oder die Vertragswidrigkeit der gelieferten Ware zu beheben, wenn die Ausübung dieses Rechts dem Käufer nicht unzumutbare Unannehmlichkeiten oder unverhältnismäßige Kosten verursacht. Der Käufer behält jedoch das Recht, Schadensersatz nach diesem Übereinkommen zu verlangen.

Artikel 38

(1) Der Käufer hat die Ware innerhalb einer so kurzen Frist zu untersuchen oder untersuchen zu lassen, wie es die Umstände erlauben.
(2) Erfordert der Vertrag eine Beförderung der Ware, so kann die Untersuchung bis nach dem Eintreffen der Ware am Bestimmungsort aufgeschoben werden.
(3) Wird die Ware vom Käufer umgeleitet oder von ihm weiterversandt, ohne daß er ausreichend Gelegenheit hatte, sie zu untersuchen, und kannte der Verkäufer bei Vertragsabschluß die Möglichkeit einer solchen Umleitung oder Weiterversicherung oder mußte er sie kennen, so kann die Untersuchung bis nach dem Eintreffen der Ware an ihrem neuen Bestimmungsort aufgeschoben werden.

Artikel 39

(1) Der Käufer verliert das Recht, sich auf eine Vertragswidrigkeit der Ware zu berufen, wenn er sie dem Verkäufer nicht innerhalb einer ange-

messenen Frist nach dem Zeitpunkt, in dem er sie festgestellt hat oder hätte feststellen müssen, anzeigt und dabei die Art der Vertragswidrigkeit genau bezeichnet.
(2) Der Käufer verliert in jedem Fall das Recht, sich auf die Vertragswidrigkeit der Ware zu berufen, wenn er sie nicht spätestens innerhalb von zwei Jahren, nachdem ihm die Ware tatsächlich übergeben worden ist, dem Verkäufer anzeigt, es sei denn, daß diese Frist mit einer vertraglichen Garantiefrist unvereinbar ist.

Artikel 40

Der Verkäufer kann sich auf die Artikel 38 und 39 nicht berufen, wenn die Vertragswidrigkeit auf Tatsachen beruht, die er kannte oder über die er nicht in Unkenntnis sein konnte und die er dem Käufer nicht offenbart hat.

Artikel 41

Der Verkäufer hat Ware zu liefern, die frei von Rechten oder Ansprüchen Dritter ist, es sei denn, daß der Käufer eingewilligt hat, die mit einem solchen Recht oder Anspruch belastete Ware anzunehmen. Beruhen jedoch solche Rechte oder Ansprüche auf gewerblichem oder anderem geistigen Eigentum, so regelt Art. 42 die Verpflichtung des Verkäufers.

Artikel 42

(1) Der Verkäufer hat Ware zu liefern, die frei von Rechten oder Ansprüchen Dritter ist, die auf gewerblichem oder anderem geistigen Eigentum beruhen und die der Verkäufer bei Vertragsabschluß kannte oder über die er nicht in Unkenntnis sein konnte, vorausgesetzt, das Recht oder der Anspruch beruht auf gewerblichem oder anderem geistigen Eigentum
a) nach dem Recht des Staates, in dem die Ware weiterverkauft oder in dem sie in anderer Weise verwendet wird, wenn die Parteien bei Vertragsabschluß in Betracht gezogen haben, daß die Ware dort weiterverkauft oder verwendet wird, oder
b) in jedem anderen Falle nach dem Recht des Staates, in dem der Käufer seine Niederlassung hat.

(2) Die Verpflichtung des Verkäufers nach Abs. 1 erstreckt sich nicht auf Fälle,
a) in denen der Käufer im Zeitpunkt des Vertragsabschlusses das Recht oder den Anspruch kannte oder darüber nicht in Unkenntnis sein konnte oder

b) in denen das Recht oder der Anspruch sich daraus ergibt, daß der Verkäufer sich nach technischen Zeichnungen, Entwürfen, Formeln oder sonstigen Angaben gerichtet hat, die der Käufer zur Verfügung gestellt hat.

Artikel 43

(1) Der Käufer kann sich auf Artikel 41 oder 42 nicht berufen, wenn er dem Verkäufer das Recht oder den Anspruch des Dritten nicht innerhalb einer angemessenen Frist nach dem Zeitpunkt, in dem er davon Kenntnis erlangt hat oder hätte erlangen müssen, anzeigt und dabei genau bezeichnet, welcher Art das Recht oder der Anspruch des Dritten ist.
(2) Der Verkäufer kann sich nicht auf Absatz 1 berufen, wenn er das Recht oder den Anspruch des Dritten und seine Art kannte.

Artikel 44

Ungeachtet des Artikels 39 Absatz 1 und des Artikels 43 Absatz 1 kann der Käufer den Preis nach Artikel 50 herabsetzen oder Schadensersatz, außer für entgangenen Gewinn, verlangen, wenn er eine vernünftige Entschuldigung dafür hat, daß er die erforderliche Anzeige unterlassen hat.

Abschnitt III: Rechtsbehelfe des Käufers wegen Vertragsverletzung durch den Verkäufer

Artikel 45

(1) Erfüllt der Verkäufer eine seiner Pflichten nach dem Vertrag oder diesem Übereinkommen nicht, so kann der Käufer
a) die in Artikel 46 bis 52 vorgesehenen Rechte ausüben;
b) Schadensersatz nach Artikel 74 bis 77 verlangen.
(2) Der Käufer verliert das Recht, Schadensersatz zu verlangen, nicht dadurch, daß er andere Rechtsbehelfe ausübt.
(3) Übt der Käufer einen Rechtsbehelf wegen Vertragsverletzung aus, so darf ein Gericht oder Schiedsgericht dem Verkäufer keine zusätzliche Frist gewähren.

Artikel 46

(1) Der Käufer kann vom Verkäufer Erfüllung seiner Pflichten verlangen, es sei denn, daß der Käufer einen Rechtshehelf ausgeübt hat, der mit diesem Verlangen unvereinbar ist.

(2) Ist die Ware nicht vertragsgemäß, so kann der Käufer Ersatzlieferung nur verlangen, wenn die Vertragswidrigkeit eine wesentliche Vertragsverletzung darstellt und die Ersatzlieferung entweder zusammen mit einer Anzeige nach Artikel 39 oder innerhalb einer angemessenen Frist danach verlangt wird.
(3) Ist die Ware nicht vertragsgemäß, so kann der Käufer den Verkäufer auffordern, die Vertragswidrigkeit durch Nachbesserung zu beheben, es sei denn, daß dies unter Berücksichtigung aller Umstände unzumutbar ist. Nachbesserung muß entweder zusammen mit einer Anzeige nach Artikel 39 oder innerhalb einer angemessenen Frist danach verlangt werden.

Artikel 47

(1) Der Käufer kann dem Verkäufer eine angemessene Nachfrist zur Erfüllung seiner Pflichten setzen.
(2) Der Käufer kann vor Ablauf dieser Frist keinen Rechtsbehelf wegen Vertragsverletzung ausüben, außer wenn er vom Verkäufer die Anzeige erhalten hat, daß dieser seine Pflichten nicht innerhalb der so gesetzten Frist erfüllen wird. Der Käufer behält jedoch das Recht, Schadensersatz wegen verspäteter Erfüllung zu verlangen.

Artikel 48

(1) Vorbehaltlich des Artikels 49 kann der Verkäufer einen Mangel in der Erfüllung seiner Pflichten auch nach dem Liefertermin auf eigene Kosten beheben, wenn dies keine unzumutbare Unannehmlichkeiten noch Ungewißheit über die Erstattung seiner Auslagen durch den Verkäufer verursacht. Der Käufer behält jedoch das Recht, Schadensersatz nach diesem Übereinkommen zu verlangen.
(2) Fordert der Verkäufer den Käufer auf, ihm mitzuteilen, ob er die Erfüllung annehmen will, und entspricht der Käufer der Aufforderung nicht innerhalb einer angemessenen Frist, so kann der Verkäufer innerhalb der in seiner Aufforderung angegebenen Frist erfüllen. Der Käufer kann vor Ablauf dieser Frist keinen Rechtsbehelf ausüben, der mit der Erfüllung durch den Verkäufer unvereinbar ist.
(3) Zeigt der Verkäufer dem Käufer an, daß er innerhalb einer bestimmten Frist erfüllen wird, so wird vermutet, daß die Anzeige eine Aufforderung an den Käufer nach Absatz 2 enthält, seine Entscheidung mitzuteilen.
(4) Eine Aufforderung oder Anzeige des Verkäufers nach Absatz 2 oder 3 ist nur wirksam, wenn der Käufer sie erhalten hat.

Artikel 49

(1) Der Käufer kann die Aufhebung des Vertrages erklären,

a) wenn die Nichterfüllung einer dem Verkäufer nach dem Vertrag oder diesem Übereinkommen obliegenden Pflicht eine wesentliche Vertragsverletzung darstellt oder

b) wenn im Falle der Nichtlieferung der Verkäufer die Ware nicht innerhalb der vom Käufer nach Artikel 47 Absatz 1 gesetzten Nachfrist liefert oder wenn er erklärt, daß er nicht innerhalb der so gesetzten Frist liefern wird.

(2) Hat der Verkäufer die Ware geliefert, so verliert jedoch der Käufer sein Recht, die Aufhebung des Vertrages zu erklären, wenn er

a) im Falle der verspäteten Lieferung die Aufhebung nicht innerhalb einer angemessenen Frist erklärt, nachdem er erfahren hat, daß die Lieferung erfolgt ist, oder

b) im Falle einer anderen Vertragsverletzung als verspäteter Lieferung die Aufhebung nicht innerhalb einer angemessenen Frist erklärt,
   i) nachdem er die Vertragsverletzung kannte oder kennen mußte,
   ii) nachdem eine vom Käufer nach Artikel 47 Absatz 1 gesetzte Nachfrist abgelaufen ist oder nachdem der Verkäufer erklärt hat, daß er seine Pflichten nicht innerhalb der Nachfrist erfüllen wird, oder
   iii) nachdem eine vom Verkäufer nach Artikel 48 Absatz 2 gesetzte Frist abgelaufen ist oder nachdem der Käufer erklärt hat, daß er die Erfüllung nicht annehmen wird.

Artikel 50

Ist die Ware nicht vertragsgemäß, so kann der Käufer unabhängig davon, ob der Kaufpreis bereits gezahlt worden ist oder nicht, den Preis in dem Verhältnis herabsetzen, in dem der Wert, den die tatsächlich gelieferte Ware im Zeitpunkt der Lieferung hatte, zu dem Wert steht, den die vertragsgemäße Ware zu diesem Zeitpunkt gehabt hätte. Behebt jedoch der Verkäufer nach Artikel 37 oder 48 einen Mangel in der Erfüllung seiner Pflichten oder weigert sich der Käufer, Erfüllung durch den Verkäufer nach den genannten Artikeln anzunehmen, so kann der Käufer den Preis nicht herabsetzen.

Artikel 51

(1) Liefert der Verkäufer nur einen Teil der Ware oder ist nur ein Teil der gelieferten Ware vertragsgemäß, so gelten für den Teil, der fehlt oder der nicht vertragsgemäß ist, die Artikel 46 bis 50.

(2) Der Käufer kann nur dann die Aufhebung des gesamten Vertrages erklären, wenn die unvollständige oder nicht vertragsgemäße Lieferung eine wesentliche Vertragsverletzung darstellt.

Artikel 52

(1) Liefert der Verkäufer die Ware vor dem festgesetzen Zeitpunkt, so steht es dem Käufer frei, sie anzunehmen oder die Annahme zu verweigern.
(2) Liefert der Verkäufer eine größere als die vereinbarte Menge, so kann der Käufer die zuviel gelieferte Menge annehmen oder ihre Annahme verweigern. Nimmt der Käufer die zuviel gelieferte Menge ganz oder teilweise an, so hat er sie entsprechend dem vertraglichen Preis zu bezahlen.

Kapitel III: Pflichten des Käufers

Artikel 53

Der Käufer ist nach Maßgabe des Vertrages und dieses Übereinkommens verpflichtet, den Kaufpreis zu zahlen und die Ware anzunehmen.

Abschnitt I: Zahlung des Kaufpreises

Artikel 54

Zur Pflicht des Käufers, den Kaufpreis zu zahlen, gehört es auch, die Maßnahmen zu treffen und die Formalitäten zu erfüllen, die der Vertrag oder Rechtsvorschriften erfordern, damit Zahlung geleistet werden kann.

Artikel 55

Ist ein Vertrag gültig geschlossen worden, ohne daß er den Kaufpreis ausdrücklich oder stillschweigend festsetzt oder dessen Festsetzung ermöglicht, so wird mangels gegenteiliger Anhaltspunkte vermutet, daß die Parteien sich stillschweigend auf den Kaufpreis bezogen haben, der bei Vertragsabschluß allgemein für derartige Ware berechnet wurde, die in dem betreffenden Geschäftszweig unter vergleichbaren Umständen verkauft wurde.

Artikel 56

Ist der Kaufpreis nach dem Gewicht der Ware festgesetzt, so bestimmt er sich im Zweifel nach dem Nettogewicht.

Artikel 57

(1) Ist der Käufer nicht verpflichtet, den Kaufpreis an einem anderen bestimmten Ort zu zahlen, so hat er ihn dem Verkäufer wie folgt zu zahlen:
a) am Ort der Niederlassung des Verkäufers oder,
b) wenn die Zahlung gegen Übergabe der Ware oder von Dokumenten zu leisten ist, an dem Ort, an dem die Übergabe stattfindet.

(2) Der Verkäufer hat alle mit der Zahlung zusammenhängenden Mehrkosten zu tragen, die durch einen Wechsel seiner Niederlassung nach Vertragsabschluß entstehen.

Artikel 58

(1) Ist der Käufer nicht verpflichtet, den Kaufpreis zu einer bestimmten Zeit zu zahlen, so hat er den Preis zu zahlen, sobald ihm der Verkäufer entweder die Ware oder die Dokumente, die zur Verfügung darüber berechtigen, nach dem Vertrag und diesem Übereinkommen zur Verfügung gestellt hat. Der Verkäufer kann die Übergabe der Ware oder der Dokumente von der Zahlung abhängig machen.

(2) Erfordert der Vertrag eine Beförderung der Ware, so kann der Verkäufer sie mit der Maßgabe versenden, daß die Ware oder die Dokumente, die zur Verfügung darüber berechtigen, dem Käufer nur gegen Zahlung des Kaufpreises zu übergeben sind.

(3) Der Käufer ist nicht verpflichtet, den Kaufpreis zu zahlen, bevor er Gelegenheit gehabt hat, die Ware zu untersuchen, es sei denn, die von den Parteien vereinbarten Lieferungs- oder Zahlungsmodalitäten bieten hierzu keine Gelegenheit.

Artikel 59

Der Käufer hat den Kaufpreis zu dem Zeitpunkt, der in dem Vertrag festgesetzt oder nach dem Vertrag und diesem Übereinkommen bestimmbar ist, zu zahlen, ohne daß es einer Aufforderung oder der Einhaltung von Formalitäten seitens des Verkäufers bedarf.

Abschnitt II: Abnahme

Artikel 60

Die Pflicht des Käufers zur Annahme besteht darin,
a) alle Handlungen vorzunehmen, die vernünftigerweise von ihm erwartet werden können, damit dem Verkäufer die Lieferung ermöglicht wird, und
b) die Ware zu übernehmen.

Abschnitt III: Rechtsbehelfe des Verkäufers wegen Vertragsverletzung durch den Käufer

Artikel 61

(1) Erfüllt der Käufer eine seiner Pflichten nach dem Vertrag oder diesem Übereinkommen nicht, so kann der Verkäufer
a) die in Artikel 62 bis 65 vorgesehenen Rechte ausüben;
b) Schadensersatz nach Artikel 74 bis 77 verlangen.
(2) Der Verkäufer verliert das Recht, Schadensersatz zu verlangen, nicht dadurch, daß er andere Rechtsbehelfe ausübt.
(3) Übt der Verkäufer einen Rechtsbehelf wegen Vertragsverletzung aus, so darf ein Gericht oder Schiedsgericht dem Käufer keine zusätzliche Frist gewähren.

Artikel 62

Der Verkäufer kann vom Käufer verlangen, daß er den Kaufpreis zahlt, die Ware annimmt sowie seine sonstigen Pflichten erfüllt, es sei denn, daß der Verkäufer einen Rechtsbehelf ausgeübt hat, der mit diesem Verlangen unvereinbar ist.

Artikel 63

(1) Der Verkäufer kann dem Käufer eine angemessene Nachfrist zur Erfüllung seiner Pflichten setzen.
(2) Der Verkäufer kann vor Ablauf dieser Frist keinen Rechtsbehelf wegen Vertragsverletzung ausüben, außer wenn er vom Käufer die Anzeige erhalten hat, daß dieser seine Pflichten nicht innerhalb der so gesetzten Frist erfüllen wird. Der Verkäufer verliert dadurch jedoch nicht das Recht, Schadensersatz wegen verspäteter Erfüllung zu verlangen.

Artikel 64

(1) Der Verkäufer kann die Aufhebung des Vertrages erklären,

a) wenn die Nichterfüllung einer dem Käufer nach dem Vertrag oder diesem Übereinkommen obliegenden Pflicht eine wesentliche Vertragsverletzung darstellt, oder

b) wenn der Käufer nicht innerhalb der vom Verkäufer nach Artikel 63 Absatz 1 gesetzten Nachfrist seine Pflicht zur Zahlung des Kaufpreises oder zur Annahme der Ware erfüllt oder wenn er erklärt, daß er dies nicht innerhalb der so gesetzen Frist tun wird.

(2) Hat der Käufer den Kaufpreis gezahlt, so verliert jedoch der Verkäufer sein Recht, die Aufhebung des Vertrages zu erklären, wenn er

a) im Falle verspäteter Erfüllung durch den Käufer die Aufhebung nicht erklärt, bevor er erfahren hat, daß erfüllt worden ist, oder

b) im Falle einer anderen Vertragsverletzung als verspäteter Erfüllung durch den Käufer die Aufhebung nicht innerhalb einer angemessenen Zeit erklärt,

   i) nachdem der Verkäufer die Vertragsverletzung kannte oder kennen mußte oder

   ii) nachdem eine vom Verkäufer nach Artikel 63 Absatz 1 gesetzte Nachfrist abgelaufen ist oder nachdem der Käufer erklärt hat, daß er seine Pflichten nicht innerhalb der Nachfrist erfüllen wird.

Artikel 65

(1) Hat der Käufer nach dem Vertrag die Form, die Maße oder andere Merkmale der Ware näher zu bestimmen und nimmt er diese Spezifizierung nicht zu dem vereinbarten Zeitpunkt oder innerhalb einer angemessenen Frist nach Eingang einer Aufforderung durch den Verkäufer vor, so kann der Verkäufer unbeschadet aller ihm zustehenden sonstigen Rechte die Spezifizierung nach den Bedürfnissen des Käufers, soweit ihm diese bekannt sind, selbst vornehmen.

(2) Nimmt der Verkäufer die Spezifizierung selbst vor, so hat er dem Käufer deren Einzelheiten mitzuteilen und ihm eine angemessene Frist zu setzen, innerhalb deren der Käufer eine abweichende Spezifizierung vornehmen kann. Macht der Käufer nach Eingang einer solchen Mitteilung von dieser Möglichkeit innerhalb der so gesetzten Frist keinen Gebrauch, so ist die vom Verkäufer vorgenommene Spezifizierung verbindlich.

Kapitel IV: Übergang der Gefahr

Artikel 66

Untergang oder Beschädigung der Ware nach Übergang der Gefahr auf den Käufer befreit diesen nicht von der Pflicht, den Kaufpreis zu zahlen, es sei denn, daß der Untergang oder die Beschädigung auf eine Handlung oder Unterlassung des Verkäufers zurückzuführen ist.

Artikel 67

(1) Erfordert der Kaufvertrag eine Beförderung der Ware und ist der Verkäufer nicht verpflichtet, sie an einem bestimmten Ort zu übergeben, so geht die Gefahr auf den Käufer über, sobald die Ware gemäß dem Kaufvertrag dem ersten Beförderer zur Übermittlung an den Käufer übergeben wird. Hat der Verkäufer dem Beförderer die Ware an einem bestimmten Ort zu übergeben, so geht die Gefahr erst auf den Käufer über, wenn die Ware dem Beförderer an diesem Ort übergeben wird. Ist der Verkäufer befugt, die Dokumente, die zur Verfügung über die Ware berechtigen, zurückzubehalten, so hat dies keinen Einfluß auf den Übergang der Gefahr.
(2) Die Gefahr geht jedoch erst auf den Käufer über, wenn die Ware eindeutig dem Vertrag zugeordnet ist, sei es durch an der Ware angebrachte Kennzeichen, durch Beförderungsdokumente, durch eine Anzeige an den Käufer oder auf andere Weise.

Artikel 68

Wird Ware, die sich auf dem Transport befindet, verkauft, so geht die Gefahr im Zeitpunkt des Vertragsabschlusses auf den Käufer über. Die Gefahr wird jedoch bereits im Zeitpunkt der Übergabe der Ware an den Beförderer, der die Dokumente über den Beförderungsvertrag ausgestellt hat, von dem Käufer übernommen, falls die Umstände diesen Schluß nahelegen. Wenn dagegen der Verkäufer bei Abschluß des Kaufvertrages wußte oder wissen mußte, daß die Ware untergegangen oder beschädigt war, und er dies dem Käufer nicht offenbart hat, geht der Untergang oder die Beschädigung zu Lasten des Verkäufers.

Artikel 69

(1) In den durch Artikel 67 und 68 nicht geregelten Fällen geht die Gefahr auf den Käufer über, sobald er die Ware übernimmt oder, wenn er sie nicht

rechtzeitig übernimmt, in dem Zeitpunkt, in dem ihm die Ware zur Verfügung gestellt wird und er durch Nichtannahme eine Vertragsverletzung begeht.
(2) Hat jedoch der Käufer die Ware an einem anderen Ort als einer Niederlassung des Verkäufers zu übernehmen, so geht die Gefahr über, sobald die Lieferung fällig ist und der Käufer Kenntnis davon hat, daß ihm die Ware an diesem Ort zur Verfügung steht.
(3) Betrifft der Vertrag Ware, die noch nicht individualisiert ist, so gilt sie erst dann als dem Käufer zur Verfügung gestellt, wenn sie eindeutig dem Vertrag zugeordnet worden ist.

Artikel 70

Hat der Verkäufer eine wesentliche Vertragsverletzung begangen, so berühren die Artikel 67, 68 und 69 nicht die dem Käufer wegen einer solchen Verletzung zustehenden Rechtsbehelfe.

Kapitel V: Gemeinsame Bestimmungen über die Pflichten des Verkäufers und des Käufers

Abschnitt I: Vorweggenommene Vertragsverletzung und Verträge über aufeinanderfolgende Lieferungen

Artikel 71

(1) Eine Partei kann die Erfüllung ihrer Pflichten aussetzen, wenn sich nach Vertragsabschluß herausstellt, daß die andere Partei einen wesentlichen Teil ihrer Pflichten nicht erfüllen wird
a) wegen eines schwerwiegenden Mangels ihrer Fähigkeit, den Vertrag zu erfüllen, oder ihrer Kreditwürdigkeit oder
b) wegen ihres Verhaltens bei der Vorbereitung der Erfüllung oder bei der Erfüllung des Vertrages.
(2) Hat der Verkäufer die Ware bereits abgesandt, bevor sich die in Absatz 1 bezeichneten Gründe herausstellen, so kann er sich der Übergabe der Ware an den Käufer widersetzen, selbst wenn der Käufer ein Dokument hat, das ihn berechtigt, die Ware zu erlangen. Der vorliegende Absatz betrifft nur die Rechte auf die Ware im Verhältnis zwischen Käufer und Verkäufer.

(3) Setzt eine Partei vor oder nach der Absendung der Ware die Erfüllung aus, so hat sie dies der anderen Partei sofort anzuzeigen; sie hat die Erfüllung fortzusetzen, wenn die andere Partei für die Erfüllung ihrer Pflichten ausreichende Gewähr gibt.

Artikel 72

(1) Ist schon vor dem für die Vertragserfüllung festgesetzten Zeitpunkt offensichtlich, daß eine Partei eine wesentliche Vertragsverletzung begehen wird, so kann die andere Partei die Aufhebung des Vertrages erklären.
(2) Wenn es die Zeit erlaubt und es nach den Umständen vernünftig ist, hat die Partei, welche die Aufhebung des Vertrages erklären will, dies der anderen Partei anzuzeigen, um ihr zu ermöglichen, für die Erfüllung ihrer Pflichten ausreichende Gewähr zu geben.
(3) Absatz 2 ist nicht anzuwenden, wenn die andere Partei erklärt hat, daß sie ihre Pflichten nicht erfüllen wird.

Artikel 73

(1) Sieht ein Vertrag aufeinanderfolgende Lieferungen von Ware vor und begeht eine Partei durch Nichterfüllung einer eine Teillieferung betreffenden Pflicht eine wesentliche Vertragsverletzung in bezug auf diese Teillieferung, so kann die andere Partei die Aufhebung des Vertrages in bezug auf diese Teillieferung erklären.
(2) Gibt die Nichterfüllung einer eine Teillieferung betreffenden Pflicht durch eine der Parteien der anderen Partei triftigen Grund zu der Annahme, daß eine wesentliche Vertragsverletzung in bezug auf künftige Teillieferungen zu erwarten ist, so kann die andere Partei innerhalb angemessener Frist die Aufhebung des Vertrages für die Zukunft erklären.
(3) Ein Käufer, der den Vertrag in bezug auf eine Lieferung als aufgehoben erklärt, kann gleichzeitig die Aufhebung des Vertrages in bezug auf bereits erhaltene Lieferungen oder in bezug auf künftige Lieferungen erklären, wenn diese Lieferungen wegen des zwischen ihnen bestehenden Zusammenhangs nicht mehr für den Zweck verwendet werden können, den die Parteien im Zeitpunkt des Vertragsabschlusses in Betracht gezogen haben.

Abschnitt II: Schadensersatz

Artikel 74

Als Schadensersatz für die durch eine Partei begangene Vertragsverletzung ist der der anderen Partei infolge der Vertragsverletzung entstandene Verlust, einschließlich des entgangenen Gewinns, zu ersetzen. Dieser Schadensersatz darf jedoch den Verlust nicht übersteigen, den die vertragsbrüchige Partei bei Vertragsabschluß als mögliche Folge der Vertragsverletzung vorausgesehen hat oder unter Berücksichtigung der Umstände, die sie kannte oder kennen mußt, hätte voraussehen müssen.

Artikel 75

Ist der Vertrag aufgehoben und hat der Käufer einen Deckungskauf oder der Verkäufer einen Deckungsverkauf in angemessener Weise und innerhalb eines angemessenen Zeitraums nach der Aufhebung vorgenommen, so kann die Partei, die Schadensersatz verlangt, den Unterschied zwischen dem im Vertrag vereinbarten Preis und dem Preis des Deckungskaufs oder des Deckungsverkaufs sowie jeden weiteren Schadensersatz nach Artikel 74 verlangen.

Artikel 76

(1) Ist der Vertrag aufgehoben und hat die Ware einen Marktpreis, so kann die Schadensersatz verlangende Partei, wenn sie keinen Deckungskauf oder Deckungsverkauf nach Artikel 75 vorgenommen hat, den Unterschied zwischen dem im Vertrag vereinbarten Preis und dem Marktpreis zur Zeit der Aufhebung sowie jeden weiteren Schadensersatz nach Artikel 74 verlangen. Hat jedoch die Partei, die Schadensersatz verlangt, den Vertrag aufgehoben, nachdem sie die Ware übernommen hat, so gilt der Marktpreis zur Zeit der Übernahme und nicht der Marktpreis zur Zeit der Aufhebung.
(2) Als Marktpreis im Sinne von Absatz 1 ist maßgebend der Marktpreis, der an dem Ort gilt, an dem die Lieferung der Ware hätte erfolgen sollen, oder, wenn dort ein Marktpreis nicht besteht, der an einem angemessenen Ersatzort geltende Marktpreis; dabei sind Unterschiede in den Kosten der Beförderung der Ware zu berücksichtigen.

Artikel 77

Die Partei, die sich auf eine Vertragsverletzung beruft, hat alle den Umständen nach angemessenen Maßnahmen zur Verringerung des aus der Vertragsverletzung folgenden Verlustes, einschließlich des entgangenen Gewinns, zu treffen. Versäumt sie dies, so kann die vertragsbrüchige Partei Herabsetzung des Schadensersatzes in Höhe des Betrages verlangen, um den der Verlust hätte verringert werden sollen.

Abschnitt III: Zinsen

Artikel 78

Versäumt eine Partei, den Kaufpreis oder einen anderen fälligen Betrag zu zahlen, so hat die andere Partei für diese Beträge Anspruch auf Zinsen, unbeschadet eines Schadensersatzanspruchs nach Artikel 74.

Abschnitt IV: Befreiungen

Artikel 79

(1) Eine Partei hat für die Nichterfüllung einer ihrer Pflichten nicht einzustehen, wenn sie beweist, daß die Nichterfüllung auf einem außerhalb ihres Einflußbereichs liegenden Hinderungsgrund beruht und daß von ihr vernünftigerweise nicht erwartet werden konnte, den Hinderungsgrund bei Vertragsabschluß in Betracht zu ziehen oder den Hinderungsgrund oder seine Folgen zu vermeiden oder zu überwinden.
(2) Beruht die Nichterfüllung einer Partei auf der Nichterfüllung durch einen Dritten, dessen sie sich zur völligen oder teilweisen Vertragserfüllung bedient, so ist diese Partei von der Haftung nur befreit,
a) wenn sie nach Absatz 1 befreit ist und
b) wenn der Dritte selbst ebenfalls nach Absatz 1 befreit wäre, sofern Absatz 1 auf ihn Anwendung fände.
(3) Die in diesem Artikel vorgesehene Befreiung gilt für die Zeit, während der der Hinderungsgrund besteht.
(4) Die Partei, die nicht erfüllt, hat den Hinderungsgrund und seine Auswirkung auf ihre Fähigkeit zu erfüllen der anderen Partei mitzuteilen. Erhält die andere Partei die Mitteilung nicht innerhalb einer angemessenen Frist, nachdem die nicht erfüllende Partei den Hinderungsgrund kannte oder kennen mußte, so haftet sie für den aus diesem Nichterhalt entstehenden Schaden.
(5) Dieser Artikel hindert die Parteien nicht, ein anderes als das Recht auszuüben, Schadensersatz nach diesem Übereinkommen zu verlangen.

Artikel 80

Eine Partei kann sich auf die Nichterfüllung von Pflichten durch die andere Partei nicht berufen, soweit diese Nichterfüllung durch ihre Handlung oder Unterlassung verursacht wurde.

Abschnitt V: Wirkungen der Aufhebung

Artikel 81

(1) Die Aufhebung des Vertrages befreit beide Parteien von ihren Vertragspflichten, mit Ausnahme etwaiger Schadensersatzpflichten. Die Aufhebung berührt nicht Bestimmungen des Vertrages über die Beilegung von Streitigkeiten oder sonstige Bestimmungen des Vertrages, welche die Rechte und Pflichten der Parteien nach Vertragsaufhebung regeln.
(2) Hat eine Partei den Vertrag ganz oder teilweise erfüllt, so kann sie ihre Leistung von der anderen Partei zurückfordern. Sind beide Parteien zur Rückgabe verpflichtet, so sind die Leistungen Zug um Zug zurückzugeben.

Artikel 82

(1) Der Käufer verliert das Recht, die Aufhebung des Vertrages zu erklären oder vom Verkäufer Ersatzlieferung zu verlangen, wenn es ihm unmöglich ist, die Ware im wesentlichen in dem Zustand zurückzugeben, in dem er sie erhalten hat.
(2) Absatz 1 findet keine Anwendung,
a) wenn die Unmöglichkeit, die Ware zurückzugeben oder sie im wesentlichen in dem Zustand zurückzugeben, in dem der Käufer sie erhalten hat, nicht auf einer Handlung oder Unterlassung des Käufers beruht,
b) wenn die Ware ganz oder teilweise infolge der in Artikel 38 vorgesehenen Untersuchung untergegangen oder verschlechtert worden ist oder wenn der Käufer die Ware ganz oder teilweise im normalen Geschäftsverkehr verkauft oder der normalen Verwendung entsprechend verbraucht oder verändert hat, bevor er die Vertragswidrigkeit entdeckt hat oder hätte entdecken müssen.

Artikel 83

Der Käufer, der nach Artikel 82 das Recht verloren hat, die Aufhebung des Vertrages zu erklären oder vom Verkäufer Ersatzlieferung zu verlangen, behält alle anderen Rechtsbehelfe, die ihm nach dem Vertrag und diesem Übereinkommen zustehen.

Artikel 84

(1) Hat der Verkäufer den Kaufpreis zurückzuzahlen, so hat er außerdem vom Tag der Zahlung an auf den Betrag Zinsen zu zahlen.

(2) Der Käufer schuldet dem Verkäufer den Gegenwert aller Vorteile, die er aus der Ware oder einem Teil der Ware gezogen hat,

a) wenn er die Ware ganz oder teilweise zurückgeben muß oder
b) wenn es ihm unmöglich ist, die Ware ganz oder teilweise zurückzugeben oder sie ganz oder teilweise im wesentlichen in dem Zustand zurückzugeben, in dem er sie erhalten hat, er aber denoch die Aufhebung des Vertrages erklärt oder vom Verkäufer Ersatzlieferung verlangt hat.

Abschnitt VI: Erhaltung der Ware

Artikel 85

Nimmt der Käufer die Ware nicht rechtzeitig an oder versäumt er, falls Zahlung des Kaufpreises und Lieferung der Ware Zug um Zug erfolgen sollen, den Kaufpreis zu zahlen, und hat der Verkäufer die Ware noch in Besitz oder ist er sonst in der Lage, über sie zu verfügen, so hat der Verkäufer die den Umständen angemessenen Maßnahmen zu ihrer Erhaltung zu treffen. Er ist berechtigt, die Ware zurückzubehalten, bis ihm der Käufer seine angemessenen Aufwendungen erstattet hat.

Artikel 86

(1) Hat der Käufer die Ware empfangen und beabsichtigt er, ein nach dem Vertrag oder diesem Übereinkommen bestehendes Zurückweisungsrecht auszuüben, so hat er die den Umständen angemessenen Maßnahmen zu ihrer Erhaltung zu treffen. Er ist berechtigt, die Ware zurückzubehalten, bis ihm der Verkäufer seine angemessenen Aufwendungen erstattet hat.
(2) Ist die dem Käufer zugesandte Ware ihm am Bestimmungsort zur Verfügung gestellt worden und übt er das Recht aus, sie zurückzuweisen, so hat er sie für Rechnung des Verkäufers in Besitz zu nehmen, sofern dies ohne Zahlung des Kaufpreises und ohne unzumutbare Unannehmlichkeiten oder unverhältnismäßige Kosten möglich ist. Dies gilt nicht, wenn der Verkäufer oder eine Person, die befugt ist, die Ware für Rechnung des Verkäufers in Obhut zu nehmen, am Bestimmungsort anwesend ist. Nimmt der Käufer die Ware nach diesem Absatz in Besitz, so werdem seine Rechte und Pflichten durch Absatz 1 geregelt.

Artikel 87

Eine Partei, die Maßnahmen zur Erhaltung der Ware zu treffen hat, kann die Ware auf Kosten der anderen Partei in den Lagerräumen eines Dritten einlagern, sofern daraus keine unverhältnismäßigen Kosten entstehen.

Artikel 88

(1) Eine Partei, die nach Artikel 85 oder 86 zur Erhaltung der Ware verpflichtet ist, kann sie auf jede geeignete Weise verkaufen, wenn die andere Partei die Inbesitznahme oder die Rücknahme der Ware oder die Zahlung des Kaufpreises oder der Erhaltungskosten ungebührlich hinauszögert, vorausgesetzt, daß sie der anderen Partei ihre Verkaufsabsicht in vernünftiger Weise angezeigt hat.
(2) Ist die Ware einer raschen Verschlechterung ausgesetzt oder würde ihre Erhaltung unverhältnismäßige Kosten verursachen, so hat die Partei, der nach Artikel 85 oder 86 die Erhaltung der Ware obliegt, sich in angemessener Weise um ihren Verkauf zu bemühen. Soweit möglich hat sie der anderen Partei ihre Verkaufsabsicht anzuzeigen.
(3) Hat eine Partei die Ware verkauft, so kann sie aus dem Erlös des Verkaufs den Betrag behalten, der den angemessenen Kosten der Erhaltung und des Verkaufs der Ware entspricht. Den Überschuß schuldet sie der anderen Partei.

Teil IV: Schlußbestimmungen

Artikel 89

Der Generalsekretär der Vereinten Nationen wird hiermit zum Verwahrer dieses Übereinkommens bestimmt.

Artikel 90

Dieses Übereinkommen geht bereits geschlossenen oder in Zukunft zu schließenden völkerrechtlichen Übereinkünften, die Bestimmungen über in diesem Übereinkommen geregelte Gegenstände enthalten, nicht vor, sofern die Parteien ihre Niederlassung in Vertragsstaaten einer solchen Übereinkunft haben.

Artikel 91

(1) Dieses Übereinkommen liegt in der Schlußsitzung der Konferenz der Vereinten Nationen über Verträge über den internationalen Warenkauf zur Unterzeichnung auf und liegt dann bis 30. September 1981 am Sitz

der Vereinten Nationen in New York für alle Staaten zur Unterzeichnung auf.
(2) Dieses Übereinkommen bedarf der Ratifikation, Annahme oder Genehmigung durch die Unterzeichnerstaaten.
(3) Dieses Übereinkommen steht allen Staaten, die nicht Unterzeichnerstaaten sind, von dem Tag an zum Beitritt offen, an dem es zur Unterzeichnung aufgelegt wird.
(4) Die Ratifikations-, Annahme-, Genehmigungs- und Beitrittsurkunden werden beim Generalsekretär der Vereinten Nationen hinterlegt.

Artikel 92

(1) Ein Vertragsstaat kann bei der Unterzeichnung, der Ratifikation, der Annahme, der Genehmigung oder dem Beitritt erklären, daß Teil II dieses Übereinkommens für ihn nicht verbindlich ist oder daß Teil III dieses Übereinkommens für ihn nicht verbindlich ist.
(2) Ein Vertragsstaat, der eine Erklärung nach Absatz 1 zu Teil II oder Teil III dieses Übereinkommens abgegeben hat, ist hinsichtlich solcher Gegenstände, die durch den Teil geregelt werden, auf den sich die Erklärung bezieht, nicht als Vertragsstaat im Sinne des Artikels 1 Absatz 1 zu betrachten.

Artikel 93

(1) Ein Vertragsstaat, der zwei oder mehr Gebietseinheiten umfaßt, in denen nach seiner Verfassung auf die in diesem Übereinkommen geregelten Gegenstände unterschiedliche Rechtsordnungen angewendet werden, kann bei der Unterzeichnung, der Ratifikation, der Annahme, der Genehmigung oder dem Beitritt erklären, daß dieses Übereinkommen sich auf alle seine Gebietseinheiten oder nur auf eine oder mehrere derselben erstreckt; er kann seine Erklärung jederzeit durch eine neue Erklärung ändern.
(2) Die Erklärungen sind dem Verwahrer zu notifizieren und haben ausdrücklich anzugeben, auf welche Gebietseinheiten das Übereinkommen sich erstreckt.
(3) Erstreckt sich das Übereinkommen aufgrund einer Erklärung nach diesem Artikel auf eine oder mehrere, jedoch nicht auf alle Gebietseinheiten eines Vertragsstaats und liegt die Niederlassung einer Partei in diesem Staat, so wird diese Niederlassung im Sinne dieses Übereinkommens nur dann als in einem Vertragsstaat gelegen betrachtet, wenn sie in einer Gebietseinheit liegt, auf die sich das Übereinkommen erstreckt.

(4) Gibt ein Vertragsstaat keine Erklärung nach Absatz 1 ab, so erstreckt sich das Übereinkommen auf alle Gebietseinheiten dieses Staates.

Artikel 94

(1) Zwei oder mehr Vertragsstaaten, welche gleiche oder einander sehr nahekommende Rechtsvorschriften für Gegenstände haben, die in diesem Übereinkommen geregelt werden, können jederzeit erklären, daß das Übereinkommen auf Kaufverträge und ihren Abschluß keine Anwendung findet, wenn die Parteien ihre Niederlassung in diesen Staaten haben. Solche Erklärungen können als gemeinsame oder als aufeinander bezogene einseitige Erklärungen abgegeben werden.
(2) Hat ein Vertragsstaat für Gegenstände, die in diesem Übereinkommen geregelt werden, Rechtsvorschriften, die denen eines oder mehrerer Nichtvertragsstaaten gleich sind oder sehr nahekommen, so kann er jederzeit erklären, daß das Übereinkommen auf Kaufverträge oder ihren Abschluß keine Anwendung findet, wenn die Parteien ihre Niederlassung in diesen Staaten haben.
(3) Wird ein Staat, auf den sich eine Erklärung nach Absatz 2 bezieht, Vertragsstaat, so hat die Erklärung von dem Tag an, an dem das Übereinkommen für den neuen Vertragsstaat in Kraft tritt, die Wirkung einer nach Absatz 1 abgegebenen Erklärung, vorausgesetzt, daß der neue Vertragsstaat sich einer solchen Erklärung anschließt oder eine darauf bezogene einseitige Erklärung abgibt.

Artikel 95

Jeder Staat kann bei der Hinterlegung seiner Ratifikations-, Annahme-, Genehmigungs- oder Beitrittsurkunde erklären, daß Artikel 1 Absatz 1 Buchstabe b für ihn nicht verbindlich ist.

Artikel 96

Ein Vertragsstaat, nach dessen Rechtsvorschriften Kaufverträge schriftlich zu schließen oder nachzuweisen sind, kann jederzeit eine Erklärung nach Artikel 12 abgeben, daß die Bestimmungen der Artikel 11 und 29 oder des Teils II dieses Übereinkommens, die für den Abschluß eines Kaufvertrages, seine Änderung oder Aufhebung durch Vereinbarung oder für ein Angebot, eine Annahme oder eine sonstige Willenserklärung eine andere als die schriftliche Form gestatten, nicht gelten, wenn eine Partei ihre Niederlassung in diesem Staat hat.

Artikel 97

(1) Erklärungen, die nach diesem Übereinkommen bei der Unterzeichnung abgegeben werden, bedürfen der Bestätigung bei der Ratifikation, Annahme oder Genehmigung.
(2) Erklärungen und Bestätigungen von Erklärungen bedürfen der Schriftform und sind dem Verwahrer zu notifizieren.
(3) Eine Erklärung wird gleichzeitig mit dem Inkrafttreten dieses Übereinkommens für den betreffenden Staat wirksam. Eine Erklärung, die dem Verwahrer nach diesem Inkrafttreten notifiziert wird, tritt jedoch am ersten Tag des Monats in Kraft, der auf einen Zeitabschnitt von sechs Monaten nach ihrem Eingang beim Verwahrer folgt. Aufeinander bezogene einseitige Erklärungen nach Artikel 94 werden am ersten Tag des Monats wirksam, der auf einen Zeitabschnitt von sechs Monaten nach Eingang der letzten Erklärung beim Verwahrer folgt.
(4) Ein Staat, der eine Erklärung nach diesem Übereinkommen abgibt, kann sie jederzeit durch eine an den Verwahrer gerichtete schriftliche Notifikation zurücknehmen. Eine solche Rücknahme wird am ersten Tag des Monats wirksam, der auf einen Zeitabschnitt von sechs Monaten nach Eingang der Notifikation beim Verwahrer folgt.
(5) Die Rücknahme einer nach Artikel 94 abgegebenen Erklärung macht eine von einem anderen Staat nach Artikel 94 abgegebene, darauf bezogene Erklärung von dem Tag an unwirksam, an dem die Rücknahme wirksam wird.

Artikel 98

Vorbehalte sind nur zulässig, soweit sie in diesem Übereinkommen ausdrücklich für zulässig erklärt werden.

Artikel 99

(1) Vorbehaltlich des Absatzes 6 tritt dieses Übereinkommen am ersten Tag des Monats in Kraft, der auf einen Zeitabschnitt von zwölf Monaten nach Hinterlegung der zehnten Ratifikations-, Annahme-, Genehmigungs- oder Beitrittsurkunde einschließlich einer Urkunde, die eine nach Artikel 92 abgegebene Erklärung enthält, folgt.
(2) Wenn ein Staat dieses Übereinkommen nach Hinterlegung der zehnten Ratifikations-, Annahme-, Genehmigungs- oder Beitrittsurkunde ratifiziert, annimmt, genehmigt oder ihm beitritt, tritt dieses Übereinkommen mit Ausnahme des ausgeschlossenen Teils für diesen Staat vorbehaltlich des Absatzes 6 am ersten Tag des Monats in Kraft, der auf einen Zeitabschnitt von

zwölf Monaten nach Hinterlegung seiner Ratifikations-, Annahme-, Genehmigungs- oder Beitrittsurkunde folgt.
(3) Ein Staat, der dieses Übereinkommen ratifiziert, annimmt, genehmigt oder ihm beitritt und Vertragspartei des Haager Übereinkommens vom 1. Juli 1964 zur Einführung eines Einheitlichen Gesetzes über den Abschluß von internationalen Kaufverträgen über bewegliche Sachen (Haager Abschlußübereinkommen von 1964) oder des Haager Übereinkommens vom 1. Juli 1964 zur Einführung eines Einheitlichen Gesetzes über den internationalen Kauf beweglicher Sachen (Haager Kaufrechtsübereinkommen von 1964) ist, kündigt gleichzeitig das Haager Kaufrechtsübereinkommen von 1964 oder das Haager Abschlußübereinkommen von 1964 oder gegebenenfalls beide Übereinkommen, indem er der Regierung der Niederlande die Kündigung notifiziert.
(4) Eine Vertragspartei des Haager Kaufrechtsübereinkommens von 1964, die das vorliegende Übereinkommen ratifiziert, annimmt, genehmigt oder ihm beitritt und nach Artikel 92 erklärt oder erklärt hat, daß Teil II dieses Übereinkommens für sie nicht verbindlich ist, kündigt bei der Ratifikation, der Annahme, der Genehmigung oder dem Beitritt das Haager Kaufrechtsübereinkommen von 1964, indem sie der Regierung der Niederlande die Kündigung notifiziert.
(5) Eine Vertragspartei des Haager Abschlußübereinkommens von 1964, die das vorliegende Übereinkommen ratifiziert, annimmt, genehmigt oder ihm beitritt und nach Artikel 92 erklärt oder erklärt hat, daß Teil III dieses Übereinkommens für sie nicht verbindlich ist, kündigt bei der Ratifikation, der Annahme, der Genehmigung oder dem Beitritt das Haager Abschlußübereinkommen von 1964, indem sie der Regierung der Niederlande die Kündigung notifiziert.
(6) Für die Zwecke dieses Artikels werden Ratifikationen, Annahmen, Genehmigungen und Beitritte bezüglich dieses Übereinkommens, die von Vertragsparteien des Haager Abschlußübereinkommens von 1964 oder des Haager Kaufrechtsübereinkommens von 1964 vorgenommen werden, erst wirksam, nachdem die erforderlichen Kündigungen durch diese Staaten bezüglich der genannten Übereinkommen selbst wirksam geworden sind. Der Verwahrer dieses Übereinkommens setzt sich mit der Regierung der Niederlande als Verwahrer der Übereinkommen von 1964 in Verbindung, um die hierfür notwendige Koordinierung sicherzustellen.

Artikel 100

(1) Dieses Übereinkommen findet auf den Abschluß eines Vertrages nur Anwendung, wenn das Angebot zum Vertragsabschluß an oder nach dem

Tag gemacht wird, an dem das Übereinkommen für die in Artikel 1 Absatz 1 Buchstabe a genannten Vertragsstaaten oder den in Artikel 1 Absatz 1 Buchstabe b genannten Vertragsstaat in Kraft tritt.
(2) Dieses Übereinkommen findet nur auf Verträge Anwendung, die an oder nach dem Tag geschlossen werden, an dem das Übereinkommen für die in Artikel 1 Absatz 1 Buchstabe a genannten Vertragsstaaten oder den in Artikel 1 Absatz 1 Buchstabe b genannten Vertragsstaat in Kraft tritt.

Artikel 101

(1) Ein Vertragsstaat kann dieses Übereinkommen oder dessen Teil II oder Teil III durch eine an den Verwahrer gerichtete schriftliche Notifikation kündigen.
(2) Eine Kündigung wird am ersten Tag des Monats wirksam, der auf einen Zeitabschnitt von zwölf Monaten nach Eingang der Notifikation beim Verwahrer folgt. Ist in der Notifikation eine längere Kündigungsfrist angegeben, so wird die Kündigung nach Ablauf dieser längeren Frist nach Eingang der Notifikation beim Verwahrer wirksam.
Geschehen zu Wien am 11. April 1980 in einer Urschrift in arabischer, chinesischer, englischer, französischer, russischer und spanischer Sprache, wobei jeder Wortlaut gleichermaßen verbindlich ist.
Zu Urkund dessen haben die Unterzeichneten, hierzu von ihren Regierungen gehörig befugten Bevollmächtigten, dieses Übereinkommen unterschrieben.

Sachregister

(Angegeben sind die Seitenzahlen; Hauptfundstellen sind halbfett gedruckt)